省级精品课程教材

21世纪应用型本科管理系列规划教材

人力资源管理

Human Resource Management

（第二版）

张同全 主编

崔霞 崔沪 吴淑芳 副主编

东北财经大学出版社
Dongbei University of Finance & Economics Press
大连

图书在版编目(CIP)数据

人力资源管理 / 张同全主编. —2版. —大连：东北财经大学出版社，2015.5（2016.5重印）
（21世纪应用型本科管理系列规划教材）
ISBN 978—7—5654—1916—4

Ⅰ. 人… Ⅱ. 张… Ⅲ. 人力资源管理-高等学校-教材 Ⅳ. F241

中国版本图书馆CIP数据核字(2015)第077537号

东北财经大学出版社出版
(大连市黑石礁尖山街217号 邮政编码 116025)
教学支持：（0411）84710309
营 销 部：（0411）84710711
总 编 室：（0411）84710523
网 址：http：//www.dufep.cn
读者信箱：dufep@dufe.edu.cn

大连理工印刷有限公司印刷 东北财经大学出版社发行

幅面尺寸：185mm×260mm 字数：402千字 印张：17

2015年5月第2版 2016年5月第3次印刷

责任编辑：孙晓梅 吴 焕 责任校对：毛 杰 刘咏宁
封面设计：张智波 版式设计：钟福建

定价：35.00元

第二版前言

近年来我国高等教育改革不断深入发展。2014年2月，国务院常务会议部署加快构建以就业为导向的现代职业教育体系，引导一批普通本科高校向应用技术型高校转型，并印发了《国务院关于加快发展现代职业教育的决定》。2015年1月，教育部部长袁贵仁在全国教育工作会上提出，“推动地方本科高校转型发展”，“2015年将印发转型发展改革试点的指导意见，加快建立高校分类设置、分类拨款和分类评估制度，为转型发展提供政策引导和制度保障”。2015年3月，国务院总理李克强在两会政府工作报告中明确提到“引导部分地方本科高校向应用型转变”。可见，地方高校分类发展、应用型转型势在必行。地方高校应用型转型说到底是要打通从中职、专科、本科到研究生的通道，解决职业教育本科和研究生问题。2012年在编写本教材第一版时，我们就注意到这个问题，并将本教材定位为应用型本科适用，但现在看来已经无法满足新形势的要求，因此，我们决定对本教材进行修订。本次修订有以下几个特点：

第一，继承了第一版的精华并有所发展。本次修订是在第一版基础上进行的。鉴于本教材第一版体系比较完善，因此，本次修订继承了第一版的体系，即组织运作管理、获得配置管理、能力开发管理、薪酬福利管理、员工关系管理，加上导论和跨文化人力资源管理。虽然本教材“筋骨”未动，但内容上有较大变动：一是吸收了近年来国内外人力资源管理领域的新思想、新理论和新方法；二是对第一版使用过程中发现的问题（包括读者的意见）加以改进；三是删掉了第一版中陈旧的内容，减少了理论部分，增加了实务内容，更能体现应用性。

第二，“学科体系”与“工作体系”相融合。本次修订兼顾“学科导向”的“纵”与“工作要素”的“横”两个维度，以学科知识为主，兼顾“专业能力”、“社会能力”和“方法能力”；“原理先行、实务跟进、案例总结、实训到位”，循序渐进地展开教材内容。

第三，在内容结构上，环环相扣。“学习目标”分为“理论知识目标”、“实务实训目标”。章首用“引例”提供“学习情境”，章中以“原理”、“实务”展开知识，为章后“单元训练”提供知识铺垫。“本章概要”包括“内容结构”、“主要概念和观念”、“重点实务”、“重点操作”。章后“单元训练”通过“理论题”、“实务题”、“案例题”和“实训题”复习、巩固教学所学知识。结构决定功能，上述内容结构有助于发挥本教材相应的功能和作用，方便教师课堂授课。

第四，加大了实务、实训比例，突出“问题导向”与“创新意识”。每章开始有实务实训目标引导，每章后都增加了有针对性的实务题和为期一周的实训题；每章开始通过目标引导和案例引导，提出问题，让学生带着问题学习和思考。

本次修订范围较大，使本教材第一版得到较大的优化与提升。本教材既可以作为经济、管理等相关专业应用型大学本科人力资源管理课程的教材，也可以作为工商企业人力资源管理者培训、学习的参考书。

本次修订版教材由张同全教授担任主编，崔霞教授、崔沪和吴淑芳副教授按第一版的分工仍担任副主编。张同全教授设计了全书修订的整体思路，并对全部书稿进行了总纂。本次修订作者分工如下：第一章，张同全；第二、三章，高毅蓉；第四、五章，高建丽；第六章，张同全；第七章，杜恒波；第八章，崔沪；第九章，王乐杰；第十章，赵国强；第十一章，汪秋磊。

由于编者水平有限，书中尚存在诸多不足，恳请广大读者批评指正。在修订过程中，我们参考了大量文献，谨向这些文献的作者表示衷心的感谢。同时感谢东北财经大学出版社的编辑对本次修订提出了宝贵的意见。

编者

目　录

第一章　导　论

学习目标　理论知识目标：（1）人力资源的概念与特征。（2）人力资源管理的概念、特征与职能。（3）人力资源管理与人事管理的区别。（4）人力资源管理的产生与发展。（5）人力资源管理理论。（6）人力资源管理的新发展。

实务实训目标：（1）运用人力资源管理相关理论，分析企业人力资源管理模式与理念；根据员工的不同个性，提出相应的管理措施。（2）能研究章后案例“组织承诺缺失带来的员工心理动荡”，培养和提高在特定情境中分析问题、解决问题的能力。（3）能为一个企业设计心理契约在人力资源管理中的运用方案，培养决策、设计能力。

引例　“人才”是最好的财富

被誉为“经营之神”的松下幸之助认为，一个人的能力是有限的，如果只靠一个人的智慧指挥一切，即使一时取得惊人的发展，也肯定会有行不通的一天。因此，松下电器公司不是仅仅靠总经理经营，也不是仅仅靠管理监督者经营，而是靠全体职工的智慧经营。松下幸之助把“集中智慧的全员经营”作为公司的经营方针，其经营思想的精华——人才思想奠定了他事业成功的基础。他说“事业的成功取决于人”，“没有人就没有企业”，松下电器公司既是“制造电器”的公司，又是“造就人才的公司”。

福特公司的历届高管对人才都尤为重视，他们认为人才就是财富。亨利·福特二世曾说过：“我们应该像过去重视机械要素取得成功那样，重视人性要素，这样才能解决战后的工业问题。劳工契约要像两家公司签订商业合同那样，进行有效率、有良好作风的协商。”

企业成功最重要的因素是什么？1969年世界管理大会上，众多美国公司的答案是“金融”或“技术”。20世纪80年代中期，众多企业的经验证明，人才是企业成功最重要的因素。20世纪90年代末期，哈佛商学院对美国企业成功因素的调查中发现，人力资源管理中的企业文化塑造以及文化给企业带来的对精英人才的凝聚力，是过去十年中美国企业成功的最重要因素。现在越来越多的中国企业开始尝试在国内外市场上与国际跨国公司竞争，如何迅速建立自己的人才体系，已成为当今中国企业向国际级企业进军中的难题。

人才是企业的生存之本，企业必须建立健全人才培养、开发、吸引、使用的科学机制。柳传志说过：“人才是利润最高的商品，能够经营好人才的企业才是最好的企业”。盖茨也说过，谁要是挖走他的几个顶尖人才，微软也就完了。在激烈的市场竞争中，人力资本的优劣将导致企业的存在状态发生巨大的变化。

第一节 人力资源与人力资源管理

一、 人力资源

（一）人力资源的概念

要理解人力资源的概念，首先要理解资源的概念。资源是一个经济学术语，泛指社会财富的源泉，是给人们带来新的使用价值和价值的客观存在物。人们一般把资源看做用来进行价值增值的物质实体，是为了创造物质财富而投入生产活动的一切要素。

资源一般分为两大类：一是物质资源；二是人力资源。经济学家对资源做了进一步划分，认为世界上存在四大资源：

（1）自然资源，指用于生产活动的一切未经人加工的自然物，如未经开发的土地、山川、森林、矿藏等，它们有待于人们去开发利用。

（2）资本资源，指用于生产活动的一切经人加工的自然物，如资金、机器、厂房、设备等。人们并不直接消费资本本身，而是利用它去生产和创造新的产品与新的价值。

（3）信息资源，指对生产活动及与其有关的一切活动的事、物描述的符号集合。信息是对客观事物的一种描述。前两种资源具有明显的有限共享性，而信息资源具有无限共享性。

（4）人力资源，指存在于人体的经济资源，它反映一个国家或地区人口总体中所拥有的劳动力。它是生产活动中最活跃的因素，也是一切资源中最重要的资源。由于人力资源具有特殊的重要性，它往往被经济学家称为第一资源。

从广义上说，人力资源是指智力正常的人。从狭义上说，人力资源有若干定义，常见的有以下几种：

（1）人力资源是指为社会创造物质财富和精神财富、为社会提供劳务和服务的人。

（2）人力资源是指包含在人体内的一种生产能力，它是表现在劳动者身上的、以劳动者的数量和质量表示的资源，它对经济起着促进作用，使国民收入持续增长。

（3）人力资源是指劳动力资源，即一个国家或地区有劳动能力的人口总和。

（4）人力资源是指具有智力劳动或体力劳动能力的人们的总和。

（5）人力资源是指能够推动国民经济和社会发展的具有智力劳动和体力劳动能力的人们的总和，它包括数量和质量两个方面。

（二）人力资源的构成

根据我们的理解，人力资源由八部分组成：①处于劳动年龄之内的社会劳动人口，即适龄就业人口；②尚未达到劳动年龄而实际已从事社会劳动的人口，即未成年就业人口；③已经超过法定劳动年龄而实际仍在从事社会劳动的人口，即老年就业人口；④处于法定劳动年龄以内，有能力、有愿望参加社会劳动，但是实际上并未参加社会劳动的人口，即求业人口；⑤处于法定劳动年龄以内的就学人口；⑥处于法定劳动年龄以内的现役军人；⑦处于法定劳动年龄以内的家务劳动人口；⑧处于法定劳动年龄以内的其他人口。①~④部分人口构成现实社会的劳动力供给，可称之为现实人力资源；⑤~⑧部分人口未构成现实社会的劳动力供给，可称之为潜在人力资源。如图1-1所示。

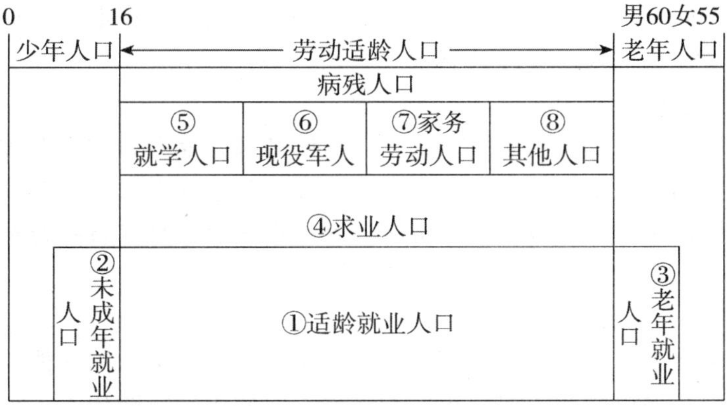

图 1-1 人力资源的构成

（三）人口资源、人力资源、劳动力资源、人才资源的关系

人口资源：一定范围内的人口总和。人口资源重在数量。

人力资源：一定范围内具有劳动能力的人口总量。

劳动力资源：一定范围内符合法定年龄的有劳动能力的人口总和。

人才资源：一个国家或地区具有较强的管理能力、研究能力、创造能力和专门技术能力的人口的总和。人才资源重在质量。

人口资源、人力资源、劳动力资源和人才资源的关系如图 1-2 所示。

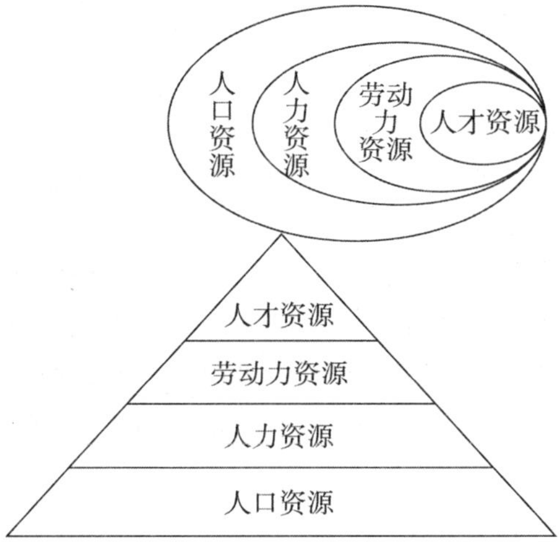

图 1-2 人口资源、人力资源、劳动力资源和人才资源的关系

（四）人力资源的特征

1. 人力资源具有生物属性

人力资源是一种融入人体内的有生命的"活"的资源，与人的自然属性相关联，具有天然生理构成的特征以及出生、成长、发展、衰退、死亡的自然生理发展过程。这是人力资源最基本的特征。

2. 人力资源具有社会属性

从微观来看，人是一种社会动物，不能脱离群体而生存，容易受到群体文化和群体其他人的影响，因此人力资源具有社会属性；从宏观来看，每个国家的社会性质不同，每个民族的文化特征不同，每一个社会和每一种文化都有特定的价值取向，这种价值取向通过人的行为表现出来，也使人力资源具有社会属性。

3. 人力资源具有能动性

人力资源具有思想、情感和思维，具有主观能动性，能有目的、有意识、富有创造性地主动利用其他资源去推动社会和经济的发展，因而它在社会发展和经济建设中发挥主导作用，其他资源则处于被动地位。人力资源的能动性主要体现在自我开发、自主择业、积极劳动、支配其他资源四个方面。

4. 人力资源具有智能性

人力资源包含智力内容，即具有智能性，从而使其具有强大的功能。人力资源不断扩大自身的能力，利用物质资源，取得更大的效益。在知识经济时代，人力资源的智能性不仅具有"效益巨大"的优异性，而且关系个人、企业乃至国家的生死存亡。人类的智力具有继承性，这使人力资源具有的能力随着时间的推移不断积累、延续并进一步增强。

5. 人力资源具有再生性

人力资源与物质资源一样，在使用过程中会出现消耗和磨损。人力资源的消耗和磨损可分为生理的消耗和磨损、心理的消耗和磨损与能力的消耗和磨损等。生理的消耗和磨损主要靠身体休息、饮食营养和新人力资源补充来实现再生；心理的消耗和磨损主要靠良好的个人心理素质、和谐的人际关系、公正有效的企业制度和优秀的企业文化来恢复和再生；能力的消耗和磨损主要靠个人终生学习、在职培训和建立学习型组织来使其再生。

6. 人力资源具有时效性

（1）人力资源存在于人的生命之中，是一种有生命的资源，它的形成、开发和利用都要受到时间的限制。作为生物有机体的人有其生命周期，每个人均要经过幼年期、青年期、中年期、老年期。每个时期人的体能和智能不同，劳动能力也不同，因而人力资源在各个时期的利用程度也不相同。

（2）人力资源的使用受到严格的时间限制，在人的生命周期中，只在职业生涯的几十年间发挥作用，且人力资源在不同年龄段的劳动能力不相同，因而人力资源在各个时期的可利用程度也不相同。人力资源的使用会经历培训期、使用期和淘汰期，因为随着时间的推移，社会不断进步，科学技术也不断发展，这些都会使得人已有的知识和技能相对老化。

二、 人力资源管理

（一）人力资源管理的概念

人力资源管理是指对人力资源的生产、开发、配置、使用等诸环节所进行的计划、组织、指挥和控制的管理活动。它是研究组织中人与人关系的调整、人与事的配合，以充分开发人力资源潜能，调动人的积极性，提高工作效率，改进工作质量，实现组织目标的理论、方法、工具和技术。为了正确理解"人力资源管理"概念，我们可以从以下几个方面去把握：

（1）人力资源管理是对社会劳动过程中人与事、人与人、人与组织之间的相互关系进行管理，而不是直接管理社会劳动过程，也不是简单地对人或事进行管理。它谋求的是社会劳动过程中人与事、人与人、人与组织的相互适应，以便做到事得其人，人尽其才。

（2）人力资源管理是通过组织、协调、控制、监督等手段进行的。

（3）人力资源管理是积极的动态的管理。

（二）人力资源管理的特征

（1）人力资源管理始终贯彻的主题是员工是组织的宝贵财富。

（2）人力资源管理的核心是人力资源开发，强调组织和员工之间的共同利益，重视挖掘员工的潜能，培养员工的主动性和责任感。

（3）人力资源管理是新兴的边缘性学科。现代人力资源管理兴起的时间不长，其理论基础涉及管理学、法学、经济学、心理学、社会学等多个学科。

（4）人力资源管理运作具有整体性。人力资源管理运作必须依赖整个组织的支持，而且各项职能之间应当具有一致性。

（三）人力资源管理与人事管理的区别

人力资源管理与人事管理的区别见表1-1。

表1-1　**人力资源管理与人事管理的区别**

项目	人力资源管理	人事管理
观念	视员工为有价值的重要资源	视员工为成本负担
目的	满足员工自我发展的需要，保障组织长远目标的实现	保障组织短期目标的实现
模式	以人为中心	以事为中心
视野	广阔，远程性	狭窄，短期性
性质	战略，策略性	战术，业务性
深度	主动，注重开发	被动，注重管好
功能	系统，整合	单一，分散
内容	丰富	简单
地位	决策层	执行层
工作方式	参与，透明	控制
与其他部门的关系	和谐，合作	对立，抵触
本部门与员工的关系	帮助，服务	管理，控制
对待员工的态度	尊重，民主	命令式的，独裁式的
角色	挑战，变化	例行，记载
部门属性	生产与效益部门	非生产、非效益部门

（四）人力资源管理的职能

1. 获取

它主要包括人力资源规划、职务分析、招聘与录用。

2. 整合

一方面，通过整合使新招聘的员工不仅在身份上参加到组织中来，而且在思想上、感情上和心理上对组织认同并与组织融为一体。通过对新员工进行培训，介绍组织的宗旨和目标，启发和引导他们接受组织的宗旨和目标，协调好组织中的人际和群际关系，培养新员工对群体和组织的忠诚度；另一方面，通过整合使组织内的员工之间和睦相处、协调共事，取得群体认同，促使员工的个人认知与组织理念、员工的个人行为与组织规范同化，搞好组织与员工之间的劳动关系管理。

3. 奖酬与激励

它是指对员工为组织所作出的贡献而给予奖励的过程，是人力资源管理的激励、凝聚和引导职能。

4. 控制与调整

这是对员工实施合理、公平的动态管理的过程，它包括绩效考评制度的设置与执行，并以绩效考评的结果为根据，对员工实行动态管理，如晋升、调动、奖惩、解雇、离职等。

5. 开发

它是组织对员工素质与技能的培养与提高，目的是充分发掘员工的潜能，有效发挥员工的才干。主要环节有人才发现、人才培养、人才使用与人才调剂。

第二节 人力资源管理的历史发展

人力资源管理的实践活动可以追溯到相当久远的年代，但是作为一种科学的管理理论可以说是近代工业革命的产物，它的每一次变革都是以社会的发展和科学技术的进步为推动力的。

一、西方人力资源管理的发展历史

（一）18世纪中叶至19世纪中叶——人事管理初始阶段（经验管理阶段）

随着资本主义和第一次工业革命的标志——蒸汽机的产生，农村人口涌入城市，雇佣劳动也随之产生，此时出现了工人阶级。这一时期属于人事管理初始阶段，如下特点：

（1）把人视为“物质人”、“经济人”，以金钱为衡量一切的标准，每个工人都在一定的岗位上做简单的、重复的机械劳动。

（2）人事管理在这一时期表现为雇佣管理，主要功能是招录和雇佣工人，其管理以“事”为中心，以“目的”为指导，忽视人在金钱和物质之外的其他需求。

（3）确立了工资支付制度和劳动分工，每个工人都有自己的工作岗位、工作职责和按规定获得的酬劳。

（4）初步有了管理者与生产者的区分。因为是雇佣劳动，也就出现了一些不做工的“监工”，他们的主要任务是指派、强迫和监督工人劳动。

（5）一种新型职业——职业经理人的雏形也已产生，他们是“监工”的头，后来成为工厂的当权者。随之而来的是，工人与当权者、当权者与所有者之间的距离日益加大。

（二）19世纪末至20世纪初——科学管理阶段

随着资本主义从自由竞争到垄断的发展，美国的“科学管理之父”泰罗和德国的社会学家韦伯都提出了一系列比较科学与合理的管理方法和管理手段。在这一时期有如下特点：

（1）劳动方法标准化，有了劳动定额、劳动定时工作制，首次科学而合理地对劳动效果进行计算。

（2）将有目的的培训引入企业，根据标准化的劳动方法对工人实行在职培训，并根据工人的特点分配工作。

（3）明确划分了管理职能和作业职能，出现了劳动人事管理部门，它除了负责招聘外，还负责协调和调配人力。

（4）已经能组织起各级指挥体系，各种职务和职位按照职权的等级原则加以组织，对人的管理形成了下级服从上级的严格的等级观念。

（5）已经注意到劳动低效率问题，并开始对工时、动作规范、专业化分工进行管理。当时在费城的米德维尔钢铁公司担任总工程师的泰罗为了用“最好的方法”完成一项工作，提出了对管理学有重大贡献的三个原则：科学而非经验；合作而非个人主义；最大化产出而非限制性产出。

（三）20世纪初至第二次世界大战——工业心理学阶段

与泰罗对效率的极端关注相反，工业心理学更加关心工作和个体的差异。在这个阶段，专职人事部门产生了。这一阶段有如下特点：

（1）承认人是“社会人”，人除了物质、金钱方面的需要外，还有社会、心理、精神等方面的需要。在这一时期，已经萌发了对人性的尊重和对人的心理需求的满足。

（2）在管理形式上，承认非正式组织的存在，承认在官方或法定的组织之外另有权威人物的存在。这种非正式组织的权威同样能影响和左右人们的行为和意愿。

（3）在管理方法上，承认领导是一门艺术，有方法上的区别；重视工会和民间团体的利益，提倡以人为核心改进管理方法。

（4）将工业心理学引入人事管理，开始重视对个体的心理和行为、群体的心理和行为的管理。

这是人事管理思想最活跃且有质的飞跃的时期，美国人本主义心理学家马斯洛的层次需求理论就源于这个时期。在这一时期，人们将行为科学的理论和方法引入人事管理领域。人事管理部门试图说服管理者什么样的管理措施会达到最佳效果，同时也试图说服工人什么样的工作态度和方法能获得更安全的职业。

（四）第二次世界大战后至20世纪70年代——人际关系管理阶段

第二次世界大战后，虽然人们对人事管理的重要性依然认识不足，但劳资矛盾、人际关系、工作满意度等问题已被正式提了出来。当时著名的管理学家彼得·德鲁克认为，人事工作部分起着“灭火器”的作用。第二次世界大战前后，美国的法律已对劳资矛盾和人事关系的相关纠纷作出了一些规定。这一时期的人事管理比较严格、规范、系统，有如下特点：

（1）就业机会均等，反对四大歧视，即性别歧视、年龄歧视、种族歧视、信仰歧视。由于就业机会均等，大量的人才获得了就业机会。

（2）人事管理规范化。许多企业不仅设立专职人事部门，其下面还设置若干分支部门，分别管理薪酬、考核、劳资矛盾、福利、培训等。

（3）伴随着美国《民权法案》第七章的诞生，许多相关的政令、法律、规定逐步出台，美国的人力资源管理法律渐趋完善。这也影响了其他国家，妇女人力资源和少数民族人力资源得到较大程度开发，劳动力的结构发生了很大变化。

（4）随着科技的发展，人事管理的方式也发生了较大的变化，弹性管理已进入部分企业和部分特殊岗位。

（五）20世纪70年代以来——人力资源管理阶段

人事管理是以事为中心，对人实行刚性管理，工业时代的标准化、大型化、集中化在相当程度上影响和左右着人事管理的思想和方法。随着科技进步和社会发展，人们更多地要求个性解放和个性化管理，要求对人的尊重和人性管理，要求对人的关怀和柔性管理——以人为本的管理。科学技术更新的加速，一方面导致部分工人失业，增加了对员工培训的要求；另一方面使得企业对知识型员工的依赖增强。此外，世界市场的形成和资金、技术、人力的跨国流动对人力资源管理提出了新的要求，再加上国际竞争激化，民权运动广泛开展，通货膨胀加剧，各种反歧视法规纷纷出台，这些都给就业市场带来重大影响。这些因素对企业人事管理提出了更高的要求，促使企业重新审视、检讨以往的人事管理的价值观，进而采取了更为人性化的管理理念和模式。这就引发了把“人事部”的牌子砸掉换成“人力资源部”牌子的变革运动。这个阶段有以下特点：

（1）从以事为中心的管理转为以人为中心的管理，更加重视人的个体需要和发展需要，尊重人的隐私权。

（2）从以管理为主转为以开发为主，注重培训员工的技能，培养员工的职业道德，促进员工的职业发展。

（3）管理从刚性转为柔性，个性化管理的特征逐步明显，对人的关心和爱护超过对人的约束和控制，人性化管理被广为提倡。

（4）开始重视团队建设，重视协作和沟通，让员工参与管理成为组织追求的目标。

二、 我国人力资源管理的发展历程

我国人力资源管理经历了一个从人事管理到战略管理转变的过程，其中包含了人力资源管理从空白到丰富，从从属到主动，从事务性到战略性，从经验式的管理阶段到规范化、制度化的科学管理阶段，从重视显在人才到重视潜在人才储备，从关注自身经济效益向关注以人为本转变的发展历程。

（一）人事管理阶段（1978—1992年）

人事管理与我国长期的计划经济体制密切相关。在计划经济体制下，人才流动受到了严格的政策限制，企业用人选拔凭资历，工资分配平均化，致使员工的积极性、主动性难以被完全调动起来。人事部属于非生产和非效益部门，不讲投入产出，成本意识淡薄，工作也大多为一些流程性极强的事务性工作，是企业不折不扣的“总后勤”。在管理体制上，人事部多为被动反应型，按部就班，强调按领导意图办事或者按上级人事部门的计划要求办事，几乎没有自主性。有人认为人事部是没有任何技术含量、专用于安排闲杂人等的地方。人事部侧重于近期或当前人事工作，就事论事，只顾眼前，缺乏长远的战略眼光。人事管理手段单一，以人工为主，日常的信息检索、报表制作、统计分析多为人工进行，很难保证及时准确，并浪费人力、物力和财力。

（二）人力资源管理兴起阶段（1993—1998年）

随着市场经济的迅速发展，如何选人、用人、留人成为企业关注的焦点。传统人事管理的招聘人员、档案进销调存、造工资表、培训等职能已不能满足企业人才管理的要求，真正着眼于员工和组织可持续发展、实施全方位开发与管理的思想悄然而起。许多企业将人事部改为人力资源部，人事管理开始向人力资源管理转型。此阶段的标志性事件是中国人民大学1993年在全国率先开办了人力资源管理专业。

（三）人力资源管理形成阶段（1999—2002年）

随着企业规模的扩大、人事经理到人力资源经理的角色转变，企业从领导到员工都意识到人力资源管理的重要性，人力资源管理在我国得到前所未有的发展。企业将员工视为能创造价值的最重要资源，重视人的能力，重视对人的投资，致力于建立一种能把人的问题与企业经营问题综合考虑的机制。如何调动员工的积极性，如何吸引和激励人才成为组织思考的问题。人力资源管理职能扩展为企业人力资源状况评估和规划、员工职业生涯规划设计、科学化的考核、企业文化建设、薪酬福利设计、职务分析与设计及后备人才储备。企业初步建立了以招聘、培训、绩效考核为内容的人力资源管理构架，专门设置招聘专员、人力资源规划师和培训师等职位，充分做到以人为本。同时，企业投入大量人力、物力，不遗余力地建设人力资源管理体系，从员工招聘到员工培训、从绩效考核到薪酬设计、从工作分析到员工职业发展规划都制定了相应的制度。此阶段的标志性事件是2002年江泽民在“十六大”报告中指出“人力资源是第一资源”。

（四）人力资源战略管理阶段以及国际人力资源管理阶段（2003年至今）

随着我国加入WTO、国外跨国公司进入我国、信息技术发展和经济全球一体化，越来越激烈的全球人才争夺大战也进入了战略性阶段，人力资源战略管理和国际人力资源管理成为核心问题。企业经营战略的制定、产品结构的调整、科学技术的引进、工艺水平的提升均与人力资源的数量、质量、结构密不可分，人力资源管理上升至企业战略地位，人力资源管理人员也进入企业战略管理层。此阶段的标志性事件有两个：其一，首都经济贸易大学率先在全国开办国际人力资源管理专业；其二，2007年胡锦涛在“十七大”报告中指出“优先发展教育，建设人力资源强国”。

第三节　人力资源管理的理论基础

一、　人性假设理论

（一）“经济人”假设

1.“经济人”假设的主要观点

（1）人们天生懒惰，不愿意多做工作。

（2）人们缺乏雄心和进取心，怕负责任，宁可接受别人的领导。

（3）人们以自我为中心，忽略组织的目标。

（4）人们习惯抵制变革。

（5）多数人是愚笨的，无创造力，常有盲从举动。

（6）人们只有生理与安全的低级需求，没有自尊和自我实现的高级需求。

2. 与“经济人”假设相对应的管理措施

（1）只注重对工作任务的管理。

（2）采用“胡萝卜＋大棒子”的管理方法。

（3）管理工作是少数管理人员的事情，员工只是服从指挥。

（二）“社会人”假设

1.“社会人”假设的主要观点

除了物质条件以外，社会心理因素对调动人的积极性有很大作用。人们的工作是以社会需求为主要动机的。

2. 与“社会人”假设相对应的管理措施

（1）管理人员不应只关注组织目标的实现，还应关注员工的需求。

（2）管理人员要注意员工之间的关系，培养员工的归属感和整体感。

（3）奖励制度应以集体奖励为主、个人奖励为辅。

（4）管理人员不应只对技术问题和经济问题进行处理，应注重人际关系的处理，还应在领导与员工之间起到联络作用。

（5）实施员工参与管理的新型管理模式，让员工不同程度地参与组织决策的研究与讨论。

（三）“自我实现人”假设

1.“自我实现人”假设的主要观点

（1）一般人都是勤奋的，只要环境条件合适，人是乐于工作的。

（2）控制和惩罚不是驱动人工作、实现组织目标的唯一办法，人在执行任务的过程中能够自我指挥和自我控制。

（3）人对工作的态度取决于其对工作的理解和感受。在正常情况下，一般人不仅会接受任务，而且能主动承担责任。

（4）人对目标是否尽力依赖于达成目标所得到的报酬。在这些报酬中，最主要的不是金钱，而是自尊和自我实现需要的满足。

（5）大部分人都有解决问题的想象力和创造力，但在大多数情况下，一般人的智力只是部分地得到了发挥。

（6）员工的自我实现倾向与组织所要求的行为之间并无冲突，如果给员工机会，他会自动地将自己的目标与组织的目标相结合。

2. 与“自我实现人”假设相对应的管理措施

（1）管理的重点从人际关系转移到工作环境上来，主张创造适宜的工作环境，以利于充分发挥员工的潜能，实现员工的自我价值。

（2）管理者的职责在于排除使人的才智难以充分发挥的障碍，创造适宜的工作环境，根据不同人的不同需求分配其富有意义和挑战性的工作。

（3）奖励制度从外在激励转为内在激励。

（4）实行保证员工充分发挥才能和积极性与创造性的管理制度，如管理权限下放，建立决策参与制度、提案制度、劳资会议制度以及制订发展计划等，使个人需要与组织目标结合起来。

（四）“复杂人”假设

1.“复杂人”假设的主要观点

（1）人的需要是多种多样的，不但因人而异，而且因时、因地、因所处情境而异。

（2）人在同一时间内可以有多种需要和动机，它们相互作用，结合为统一的整体，形成错综复杂的动机模式。

（3）动机模式的形成是内部需要和外界环境相互作用的结果。一个人在不同的组织工作或在同一组织的不同部门工作，会产生不同的动机模式。

（4）由于人的需要、能力不同，对同一管理方式会有不同的反应，组织应根据员工的个体差异、具体情况采取灵活多变的管理方式。

2. 与“复杂人”假设相对应的管理措施

（1）采用不同的组织形式提高管理效率。应根据工作性质不同，时而采用固定的组织形式，时而采用灵活的、变化的组织形式。

（2）根据组织情况不同，采用弹性、应变的领导方式，以提高管理效率。

（3）根据员工需要、动机、能力、个性不同，采用不同的激励措施。

（五）“学习型人”假设

“学习型人”假设是彼得·圣吉于1990年提出来的，其主要观点如下：

（1）人能不断地调整和改善自己的观念与行为。

（2）人在组织中工作的动机不只是获得金钱或满足社会需求，工作的意义还在于积极的创造。

（3）每个人都有能力自我管理和自我提高，管理者不应是组织员工的指挥者和控制者，而应该是学习的“辅导员”和“教练员”。

（4）学习型组织的重要任务就是帮助员工克服各种不利于学习的障碍，为员工实现真正意义的学习创造条件。

可见，“学习型人”指的是在组织中有积极主动的心态，以工作为活出生命意义的手段，视学习为生命本性，从而能克服重重障碍，不断调整自己观念和行动的人。这种新的人性假设的提出无疑为组织进行管理提供了新的理论依据。

（六）对各种人性假设的简要评价

上述五种人性假设是随着历史的发展而先后出现的。这五种人性假设以及以此为基础所提出的许多管理措施有其合理性、科学性的一面，至今仍有借鉴意义。这五种人性假设又都有其片面性和非科学性的一面，在应用时应予以摒弃。

此外，这五种人性假设虽是随着历史的发展依次产生的，但我们不能简单地否定前者，而以后者取而代之，应科学、审慎地分析每种人性假设，抛弃其唯心的部分，吸纳其科学的成分，并结合当前实际，对现代组织中的人性做出客观的、科学的、公正的判断，在此基础上构建组织人力资源开发与管理的模式。

二、 人力资本理论

（一）人力资本的概念

所谓人力资本，是指通过费用支出（投资）于人力资源而形成的凝结于人力资源中，并能带来价值增值的智力、知识、技能及体能的总和。

（1）人力资本是活的资本，表现为人的智能（智力、知识、技能）和体能。

（2）智能是人力资本的实质内涵。

（3）人力资本直接由投资转化而来，这种投资在货币上表现为保健费用的支出、教育费用的支出和迁移费用的支出等。

（4）人力资本必须与物质要素相结合，才能转移价值、创造价值，并产生新的价值。

（5）人力资本内含一定的经济关系。

（二）人力资本的特征

（1）人力资本具有与人体的不可分离性。

（2）人力资本具有无形性。

（3）人力资本具有时效性。

（4）人力资本具有收益递增性。

（5）人力资本具有无限的、潜在的创造性。

（6）人力资本具有累计性。

（7）人力资本具有个体差异性。

（三）现代人力资本理论的主要观点

（1）资本包括体现在产品上的物质资本与体现在人身体上的人力资本。

（2）人力资本的投资收益率往往超过物质资本的投资收益率。

（3）并非一切人力资源都是重要的，只有通过一定方式的投资，掌握了一定知识和技能的人力资源才是一切资源中头等重要的资源。

（4）人的能力和素质是通过投资获得的。

（5）既然人力是一种资本，无论是对个人还是对社会，其投资必然有收益。

三、人力资源的心理分析理论

（一）个性心理分析

所谓个性，就是一个人整个的心理面貌，即在先天生理素质基础上，在一定社会历史条件下，在社会实践活动中经常表现出来的、比较稳定持久的、区别于他人的个性倾向性和个性心理特征的总和。个性倾向性包括需要、动机、兴趣、爱好、理想、信念和世界观等。个性心理特征包括能力、气质和性格等。

1. 能力理论与人力资源管理

能力俗称本领、才干，是指人们顺利完成某项活动在主观上必须具备的心理特征的综合。能力总是与各类具体活动相联系；只有直接影响人的活动效率的心理特征才是能力；能力与知识、技术不同，但又相互影响、相互促进。能力可以分为两类，即一般能力和特殊能力。一般能力是指每个个体完成一切活动都必须具有的共同能力，主要包括思维能力、观察能力、语言能力、想像能力、记忆能力和操作能力等。一般能力稳定的、有机的综合就是通常所说的智力。特殊能力是指个体从事某项专业活动应具备的各种能力，如数学能力、管理能力、音乐能力、教学能力等。它是在特殊活动领域中表现出来的。一般能力与特殊能力相互联系，形成辩证统一的有机整体。

由于人与人之间在能力方面存在很大差异，所以应坚持以下原则：关注能力阈限；注重能力的合理安排；努力实现能力互补；用人所长；加强员工能力培训；建立有效人才竞争选拔制度。

2. 气质理论与人力资源管理

所谓气质，就是人的高级神经活动在行为方式上所表现出来的典型的心理活动的动力特征，具体表现为心理活动过程的速度、强度、稳定性和指向性。根据不同的分类标志可以将人的气质划分为多种类型。希波克拉底和盖仑根据人体内四种液体，即血液、黏液、黄胆汁和黑胆汁的不同含量，将人的气质划分为多血质、黏液质、胆汁质和抑郁质。

各种气质类型并无好坏之分，每种气质类型都有积极的一面，也有消极的一面；在现实社会中，只有极少数人具有上述典型气质类型，多数人的气质类型为中间型或混合型。

气质本身不能单独决定一个人的成才方向和成就高低，必须同其他方面结合起来才有意义；气质类型可影响人的智力活动类型，进而影响人的行为方式和活动效率，因此，管理人员应根据员工的不同气质安排其工作。可从人机关系、人际关系和思想教育等方面考虑应用气质差异；在气质应用中，应注意气质绝对原则、气质互补原则和气质发展原则。

3. 性格理论与人力资源管理

所谓性格，就是一个人在对现实的态度和习惯的行为方式中所表现出来的较为稳定的心理特征。简单地说，性格是人对现实的稳定态度和习惯化的行为方式。性格可按多种分类标志来划分，如按心理机能分为理智型、情绪型、意志型；按心理活动倾向分为外倾型和内倾型；按个性独立程度分为独立型和顺从型等。

性格对组织活动的影响是不可忽视的，管理时应注意：注重培养良好的职业性格；选拔人员时，注意性格适应的合理性；做思想工作时，注意每个人不同的性格特征；人际交往中，注意对方的性格差异；性格研究对人的行为预测具有重要意义。总之，应掌握两个原则，即性格顺应原则和性格互补原则。

（二）心理过程分析

1. 认知过程与人力资源管理

所谓认知活动，就是人脑反映客观现实的活动过程。认知活动是人的最基本的心理活动过程。由于每个人的阅历不同，其认知活动也有差异，这又导致其行为不同。一般来说，一个完整的认知过程包括6个环节：

（1）感觉。从心理学角度看，感觉是人脑对客观事物的直接反应，因而，感觉是零散的，是对事物局部属性的认识。感觉是人们获得关于现实世界一切知识的最初源泉，是整个认知过程的基础。感觉有三种，即外部感觉（包括视觉、听觉、嗅觉、味觉和肤觉）、内部感觉（如饥、渴等机体觉）和运动感觉（包括动觉、静觉和平衡觉）。

感觉的产生依赖两个条件，即刺激的程度和主观感觉的能力。人具有感觉阈限，感觉阈限因人而异。感觉的特性主要有适应性、对比性和相互作用性。

（2）知觉。知觉是人脑对客观事物的整体反应。影响知觉的因素有很多，客观因素包括刺激物的强度、对比、活动性、新颖性以及重复性，主观因素包括过去的经验、定势效应的作用、暗示、需要与动机、情绪等。

知觉偏差包括首因效应、晕轮效应、近因效应、定型效应以及知觉防御等。我们可以利用知觉的多种心理效应提高管理水平。

（3）注意。注意是人的心理活动对一定客体的指向和集中。注意的种类有三种：无目的、无意识也不需要意志力努力的注意，如警笛、强光、巨响等；有目的、有意识并经过意志力努力而产生和保持的注意，如听课、工作等；有目的但不经过意志力努力就能保持的注意，如骑车、织毛衣等。注意对人的行为有重要影响。

（4）记忆。记忆是人们感知过的事物在头脑中留下的印象。记忆的过程主要包括识记、保持、再认和重现。人的记忆能力不同，有人善记数字，有人善记文字，但无论其记忆力有多好都会遗忘，即人们对感知过的事物不能再现和回忆。改善记忆能力的方法主要有：明确记忆的任务与目的；理解是记忆的基础；兴趣是记忆的条件；复习是同遗忘做斗争的手段；方法是记忆的桥梁。

（5）思维。思维是人们利用以往的知识、经验对眼前的事物加以分析、综合、比较、抽象和概括等思考活动的过程。思维具有四个特性：社会性、间接性、概括性和与语言的不可分割性。上述特征使思维能够超越感觉、知觉、记忆等提供的材料、信息，认识那些没有直接作用于人的事物，并预见事物的发展进程和结果。

（6）想象。想象是人们对感觉、知觉过的事物进行加工、改造，重新形成新的形象的过程。它是人脑的机能。想象有无意想象和有意想象两种，前者是无目的、无意识、不自觉的想象；后者是有目的、有意识、自觉的想象。

2. 情感过程与人力资源管理

情感是指与人的社会需要和精神需要是否得到满足相联系的态度体验。情感具体可分为理智感、道德感和美感。理智感是人在客观事物的认识过程中所产生的情感体验；道德感是人的言论、行动、思想、态度等是否符合人的道德需要而产生的情感；美感是人们对客观事物和行为、思想是否符合自己的需要而产生的情感。情感对人的行为有重要影响（如身心健康、工作绩效等）。

3. 意志过程与人力资源管理

意志是指人们自觉地确定活动的目的，并为实现该目的而有意识地支配、调节其行动的心理活动。意志活动是一种自觉地克服困难的活动，是由一系列随意活动实现的。人的意志品质的形成往往与其个性特征、所受教育、社会实践以及社会风尚等密切相关。

第四节 人力资源管理的新发展

一、虚拟企业人力资源管理

（一）虚拟企业的概念及特征

1.虚拟企业的概念

虚拟企业是指两个以上独立的实体为迅速向市场提供产品和服务，在一定时间内通过互联网结成的动态联盟。耐克、康柏等公司是虚拟企业的典型代表。与传统企业相比较，虚拟企业有以下特点：

（1）功能专业化。虚拟企业是在核心能力的基础上形成专门化功能，成为单功能或少功能的组织，而不像传统组织那样大而全、小而全。

（2）运作方式合作化。虚拟企业通过与其他企业合作形成强大、完整的功能，而传统企业的整个生产过程主要在自身内部完成。

（3）分散化。虚拟企业的功能与部门都比较分散，工作地点、经营风险也比较分散。

（4）对信息技术和通信网络的依赖程度高。

2.虚拟企业人力资源的特点

（1）人力集成化。虚拟企业的核心企业根据市场信息形成一种产品的整体方案，即开始虚拟制造过程。首先是人力资源的虚拟集成，根据企业自身的人力资源优劣和外部企业进行人力资源优势互补，通过网络把来自不同企业的人员集成在一起，为一个共同的目标而协同工作。一旦虚拟企业解体，这些来自不同企业、职位、互不归属的人员的合作也即告结束。这种“集智”是虚拟企业成败的关键。

（2）文化多元化。虚拟企业的伙伴可能有不同的文化和不同的生活方式，这可能引起冲突。随着网络的广泛使用，拥有不同文化的人员之间将有更多的交流，从而可以减少冲突，故应提倡不同文化和不同生活方式共存。

（3）组织动态化。虚拟企业有组建、生产、解体三个过程，其存在的时间完全取决于项目或产品。虚拟企业是动态的、暂时的，一旦项目或产品完成，虚拟企业就宣告结束或组建另一形式的虚拟企业。

（4）结构虚拟化。虚拟企业的优点是“用最大的组织来实现最大的权能”。由于企业自身资源有限，组织功能有限，为实现某一市场战略而组成的虚拟企业的结构功能也是虚拟的集成结构，在整个企业虚拟联合体中，每个成员只充当其中的某部分结构功能，是分布式动态虚拟联合结构，通过信息网络支持着为虚拟企业依空间分布的生产而设立的复杂的后勤保障工作。这样的企业结构和传统的组织结构相比，有较大的结构成本优势，大大提高了企业的竞争力。

（二）虚拟企业的人力资源管理

在虚拟企业中，“集智”是关键，协调是核心，信任是基础，沟通是手段。虚拟企业的人力资源管理从以下几个方面入手：

1.创造文化协同效应

虚拟企业人力资源管理的文化多元化可能产生文化冲突，而文化协同作为一种管理文化冲突的办法，要求管理人员根据组织成员和顾客的文化倾向，形成组织的战略、策略、结构和管理。

2.开创虚拟企业内部沟通新模式

虚拟企业是一种新型组织形式，面对不确定的、不断变化的合作伙伴，如何进行有效的沟通、避免沟通中信息的缺失，从而进行跨文化、跨背景、跨地域的沟通，对虚拟企业的成败是非常关键的。跨文化沟通是在文化敏感性的基础上，尊重和领悟虚拟企业内部的多元文化，使虚拟企业内部人员能够理解彼此的意图的行为。有了良好的跨文化沟通，跨文化领导、激励和决策也就易如反掌了。基于互联网的、在不确定环境下的柔性沟通将成为未来发展的方向。

3.建立学习型组织，树立共同愿景

虚拟企业应广泛创建学习型组织，使各协作单位树立共同愿景，共同学习，共同发展；应该用超越自我、改善心智、团队学习、系统思考等方法在虚拟企业中创造良好的氛围和解决发展中遇到的困难，并且在学习中建立互相信任的关系，不断创新，以适应快速变化环境。

4.虚拟企业需要新型领导者

虚拟企业从传统的权力直线制变成了平等协调制，从传统的上下级关系变成了平等的协调关系。虚拟企业的经理不再是命令发布者，而是协调者，这种新的角色需要新型领导者。新型领导者应具备全方位的协调能力、系统的思考能力和全球化的视野。

5.虚拟企业需要新型员工

虚拟企业是各合作企业核心竞争力基于信息网络的联姻，需要自我导向型、知识型、技术型且充分可靠的员工，同时能熟练运用计算机。另外，虚拟企业的产品或服务是由各合作企业合作完成的，这要求员工具有持续学习能力和团队精神。面对快速变化的市场环境，传统的决策层与操作层分开的做法已经不再适应市场的要求，新型员工应具有一定的分析能力与决策能力。

6.开展知识管理，整合资源

在知识经济时代，知识已经取代自然资源成为最活跃和最有创造力的因素。虚拟企业要发挥自己的优势，必须进行知识管理，对虚拟企业及相关合作单位的知识进行挖掘、开发、保值、分享等，使个人的知识变为组织的知识，最大限度地整合资源。

二、心理契约与人力资源管理

（一）心理契约的概念与特点

1.心理契约的概念

心理契约，广义上是指组织与员工双方对于相互之间责任和义务的期望；从狭义的角度来说，是员工对于员工个体和组织之间责任和义务的信念，这种信念在组织成员中普遍地存在着，以组织与成员之间正式的书面契约为前提、以相互间的关系为纽带，反映了双方之间对于对方所抱的一系列微妙而含蓄的心理期望。心理契约包括员工对于“组织为员工承担的责任”和“员工为组织承担的责任”的感知，它直接影响员工的工作绩效、工作满意感、对组织的情感投入以及对组织的忠诚。

2.心理契约的特点

（1）心理契约无书面形式及法律认可的形式。企业管理者与员工之间的关系表现为物质层面的交换与精神层面的交换。物质层面的交换往往可以通过正式契约也就是劳动合同来规范；精神层面的交换通过劳动合同很难约定，必须通过心理契约起作用。心理契约反映的是一种心理期望，是人的主观感受，无法通过书面形式或法律认可的形式来规范。

（2）心理契约具有主观性。心理契约的内容是个体对于相互责任与期望的认知，是一种主观的感觉，而不是期望的事实本身。每个独立的个体对于它与组织之间的关系都有自己独特的体验和见解，因此，个人的心理契约可能与书面雇佣契约的内容不一致，也可能与组织（或组织代理人）的理解与解释不一致。

（3）心理契约具有动态性或易变性。正式雇佣契约一般来说相对稳定，很少发生改变，即使发生改变也必须经过双方协商才能生效。心理契约作为一种期望、一种主观感受，会随着工作环境及个人心态的变化而发生变化。心理契约处于不断变更的状态，这就要求双方根据环境变化和企业的发展来确定其内涵，同时，也要求心理契约的内容随着企业的变化及企业成员需求的变化作出相应的调整。

（4）心理契约与期望之间存在差异。在早期心理契约的界定中，它被视为双方的相互期望；现在的研究更多地认为心理契约不仅有期望的性质，更重要的是对责任和义务的承诺和互惠。期望未实现产生的主要是失望感，心理契约被违背则会产生更为强烈的消极情感和后续行为，这会使员工感到组织背信弃义，感觉自己受到不公正对待；这将影响员工对组织的重新评价，并带来一系列对组织承诺、工作绩效、工作满意度和员工流动率等的影响。

（二）心理契约与企业人力资源管理

一般而言，心理契约包含7个方面：良好的工作环境、任务与职业取向的吻合、安全和归属感、报酬、价值认同、培训与发展的机会、晋升。心理契约管理的目的就是通过人力资源管理实现员工的工作满意度，进而实现员工对组织的强烈归属感和对工作的高度投入。心理契约在企业人力资源管理中的具体应用如下：

1. 心理契约与人力资源规划

人力资源规划是人力资源管理的基石，是管理者层面心理契约的体现。管理者通过人力资源规划表达对员工的期望和要求，即需要多少员工、需要什么样的员工。员工可以把个人的心理期望与企业的人力资源规划进行比较，调整、修正个人的心理契约内容，达到双方心理契约的契合。有效的人力资源规划能满足员工的需求，减少企业需要和个人需要之间的矛盾。有效的人力资源规划不仅可以满足员工的个人需要，使员工在心理契约方面有所寄托，还可以满足企业对人才及效益的要求。

2. 心理契约与员工招聘

招聘是员工与企业的初次接触，也是构建心理契约的重要过程。企业如果不实事求是地向应聘者介绍本企业的相关情况，就会使应聘者对企业和职位产生不切实际的幻想。当应聘者成为正式员工并对企业的情况有所了解后，就会感到心理契约与现实不一致，从而产生心理落差，严重时会破坏契约。真实地向应聘者提供有关信息成为构建牢固心理契约的基础。招聘人员应向应聘者客观介绍组织的现状、劳务合同的主要内容、员工的职位和职责等，让应聘者对企业和所要从事的工作有一个比较准确的估计，降低期望与现实的差距，从而提高员工忠诚度，降低员工主动离职意愿。

3. 心理契约与员工培训

现代企业处于一个变革的时代，经济全球化、网络信息技术带来企业组织结构扁平化、虚拟企业、战略兼并重组等组织变革。企业需要根据不同发展阶段制订不同的培训计划，使员工不断提升技能，创造更好的绩效。培训已经成为员工心理契约的重要部分，对于员工建立良好的心理契约具有重要作用。培训应以企业的战略目标为基准，以形成全员学习型文化、提高员工的学习能力和创新能力为终极目的。在实施过程中，应针对不同类别、不同管理层次的员工，采用不同的培训方案，形成符合员工和企业双方要求，能提高员工工作满意度、成就感和忠诚度的心理契约新内容。

4. 心理契约与绩效管理

在企业的人力资源管理中，绩效管理在员工建立心理契约过程中扮演着关键角色。

首先，绩效计划是绩效管理的起点。绩效计划实质上是一个双向沟通的过程，也就是建立心理契约的过程。绩效计划的制订需要管理者和员工全面参与，就工作目标从心理方面达成共识，建立心理契约，这样企业整体目标与全体员工的努力方向就会一致，企业的目标才能实现。

其次，绩效考核是绩效管理中的难点，在实践中，绩效考核经常引起争执、纠纷、抱怨和员工对管理者的抵触心理，其主要原因是企业没有与员工建立良好的心理契约。人被评价时往往会感到焦虑，绩效考核结果与奖惩联系时更是如此。如果员工不知道绩效考核的作用，往往采取抵制态度。这种冲突可以通过建立心理契约来减少甚至消除。

最后，绩效考核的结果应当通过谈话方式向每一个被考核的员工进行反馈，通过面谈使员工回顾自己的行为态度和业绩，正视自己的优缺点和有待提高的地方，解决自己工作中的疑惑和障碍，明确自己的职业发展规划。

5. 心理契约与薪酬管理

薪酬管理就是企业管理者对本企业员工报酬的支付水平、要素结构、管理系统进行确定和调整的过程。薪酬的合理性往往会增加员工的工作满意度，进而使其对组织产生一种归属感和认同感，而这无疑将增加其对组织的忠诚度，使其愿意长期为组织工作。一般而言，薪酬水平越高，员工对企业的忠诚度也越高，长期工作的意愿也较强烈。薪酬的制定一般应遵循公平性原则、激励性原则、竞争性原则、合法性原则。其中，公平性原则对员工的心理契约具有重要的影响。公平性包括外部公平性、内部公平性和自身公平性。任何一方面让员工感到不公平，都会使员工认为自己在企业中不被认可、自己的价值得不到体现、对工作感到灰心和沮丧，甚至对自己在企业中的发展前景产生疑惑。这些都会影响员工对企业心理契约的建立。

6. 心理契约与员工激励

员工激励就是通过有效的措施和方法激发员工内部心理活动的动力，满足员工的需要，使之产生激发、向上的力量，促进员工和组织目标的顺利实现。组织可以从心理契约的新视角去激励员工，通过组织和员工之间内隐的相互期望，使联系员工与组织关系的纽带更加密切，在组织中构建良好的心理契约来实现员工的收入目标和个人的发展空间，形成和谐的人际关系，营造和谐的工作氛围。为此，企业应多设计满足员工心理较高层次需求的方法。例如，提倡以人为本的企业文化，营造尊重人才的良好氛围；提倡参与式管理，满足员工心理上被认可、被信任的需要；设计员工持股或股票期权激励方式，把员工自身利益与企业长远利益结合起来，提高员工的忠诚度，降低员工的离职意愿；考虑实行自助餐福利计划，满足不同员工在不同工作阶段的不同层次需要等。

7. 心理契约与企业文化

企业文化与心理契约相互作用、相互影响。心理契约的无形约定能使员工在动态条件下持续地保持与企业的良好关系，把自己视为个人价值的主体，将个体的发展整合到企业的发展中，从而创造出充满活力的企业文化。企业文化的主体是员工，员工的心理契约会以其在企业中的具体行为展示出来。企业文化最终也会外化为员工的具体行为，建设企业文化是希望员工的行为能符合企业的价值观念和行为规范。

本章概要

□ 内容结构

- 导论
  - 人力资源与人力资源管理
    - 人力资源的概念、构成及特征
    - 人力资源管理的概念、特征与职能
    - 人事管理与人力资源管理的区别
  - 人力资源管理的历史发展
    - 西方人力资源管理的发展历史
    - 我国人力资源管理的发展历程
  - 人力资源管理的理论基础
    - 人性假设理论
    - 人力资本理论
    - 人力资源的心理分析理论
  - 人力资源管理的新发展
    - 虚拟企业人力资源管理
    - 心理契约与人力资源管理

□ 主要概念和观念

人力资源人力资本　心理契约　人力资源管理人性假设理论　人本管理理论

□ 重点实务

人性假设理论的运用　人本管理理论的运用人力资源管理理念的建立

□ 重点操作

人力资源管理理论在实践中的运用

单元训练

□ 理论题

(1) 与其他资源相比，人力资源有什么特性?

(2) 人力资源管理与人事管理有什么区别?

(3) 简述人力资本理论的基本观点。

(4) 简述西方人力资源管理的发展阶段以及每个阶段的特点。

(5) 虚拟企业人力资源有什么特点? 虚拟企业人力资源管理应该注意哪些问题?

□ 实务题

(1) 对于“人的个性”应当从哪些方面看? 试分析自己的个性特征。

(2) 根据自己的工作、生活经历，谈谈你认可哪种人性假设，以及这种人性假设对你在生活和工作中的人际交往的影响。

(3) 如何在人力资源管理中有效地落实心理契约?

□ 案例题

组织承诺缺失带来员工心理动荡

背景与情境：B公司是某国际大型运输企业集团在上海的分支机构，2013年3月招聘到15名新员工，2013年8月就有10名离开了。为什么具有竞争优势和发展潜力的B公司会面临这样尴尬的局面?通过访问几位从B公司离开的新员工，我们发现了真正的原因。

从B公司出走的X先生说，他们被通知面试的时候都很激动，通过面试后又顺利办完有关手续，投入工作岗位的时候特别兴奋，都在想怎样在B公司发展自己。可是两个星期过去了，公司许诺的相关培训却没有进行，只是将他和其他几名新员工随机安排到几个公司老员工的办公桌旁边，让他们自己熟悉环境。然而每位老员工都有自己的工作，大部分人没有热情和时间去指导或帮助新员工。偶尔有些老员工觉得应该让新员工做点什么，也无非是帮助整理一下过期的文件或擦洗一下办公桌。转眼间已经过去两个多月，到第三个月月底的时候X先生和其他新员工一样都在猜测明天就应该有正式的工作或指导老师了。可是第四个月眼看也将过去，公司还没意识到新员工的情绪变化并作出相应反应。实在忍无可忍了，X先生就主动找公司主管询问情况，然而公司主管给的答案令X先生等人非常失望：你们不用干活还照样拿基本工资，应该很不错了!你们还有什么牢骚可言?被公司主管奚落了一顿，X先生很不服气，就径直找招聘他们进来的公司副总经理。副总经理的解释是："当时我们招聘你们进来是为了成立一个新部门，但现在上海的情况要受总部的控制，目前培训你们的专用软件和配套硬件还没有到位，所以只能让你们耐心等待!说不定，下个月的某个时候你们就可以正常上班了!"听完副总经理的解释后，这些员工都很气愤，用X先生的话来说就是："我们感觉好像被这家公司给欺骗了!公司有关负责人却认为可以通过几个月不让我们做事还可以拿基本工资就能留住我们，我们也太不值钱了!"充分权衡之下，X先生等10名新员工没有给公司打任何招呼，仅给负责人力资源管理的副总经理写了一封信就走人了。

B公司所面临的尴尬局面和X先生所说的"好像被公司欺骗"的经历在现实生活中是非常普遍的。出现这类问题的原因在于员工与组织之间建立的心理契约基础受到了动摇或破坏。一项调查表明，新员工在一年内离职的主要原因就是他们认为与组织之间的心理契约没有得到遵守；而在公司工作两年的员工中，仍有55%的人表示公司违背了他们与组织之间的心理契约。简单来说，心理契约就是员工和组织之间的相互理解和信任，如员工可能认为他已经被组织许诺会得到有竞争优势的工资、提升机会、职业培训和丰富化的工作等。在员工心中，作为平等交换的将是为组织发展贡献自己的精力、时间、技术和真诚。被破坏的组织承诺影响了员工对组织的信任和认可，心理契约缺失将带来员工的不满及人才的流失。

问题：

（1）组织在何种情况下会出现破坏心理契约的问题?

（2）新招聘的员工与B公司之间的心理契约是如何被破坏的?

（3）如何建立心理契约的有效管制机制?

（4）如果你是B公司领导，该如何走出现在的管理困境?

□ 实训题

"心理契约在人力资源管理中的运用方案设计"训练

技能Ⅰ 心理契约在人力资源规划中的运用

技能Ⅱ 心理契约在员工招聘中的运用

技能Ⅲ 心理契约在员工培训中的运用

技能Ⅳ 心理契约在员工薪酬管理中的运用

技能Ⅴ 心理契约在员工绩效管理中的运用

技能Ⅵ 心理契约在员工激励中的运用

技能Ⅶ "心理契约在人力资源管理中的运用方案设计"（实训报告）的撰写技能

要求：

（1）能够全面把握心理契约的理论与实务知识。

（2）能够运用心理契约的理论与实务知识分析企业心理契约与人力资源管理存在的问题。

（3）能够初步设计具有一定针对性、创新性和实效性的企业员工心理契约在人力资源管理中的运用改进方案。

（4）能够正确设计、撰写实训报告。

【实训步骤】

将学生分成若干实训组，各实训组可以任选一题。每个实训组结合所选题目，通过实地考察或自行搜集的资料，分别选择不同的企业，运用“心理契约”理论与实务相关知识，分析存在的问题与不足，初步设计具有一定针对性、创新性和实效性的心理契约运用的改进方案，撰写该企业关于“心理契约在人力资源管理中的运用方案”的相应实训报告。

【实训时间】

本章课堂教学内容结束后或者在相对应的章节内容结束后的双休日和课余时间，为期一周。

第二章　组织管理

学习目标　理论知识目标：（1）组织的概念和特征。（2）古典管理理论时期的组织理论、行为组织理论和现代组织理论的主要观点。（3）组织结构的基本类型和各自的特点。（4）组织结构设计的影响因素及不同条件下的组织结构策略。（5）组织结构设计和优化的程序。（6）组织变革的概念、目标、动因和发展趋势。（7）组织变革的步骤。

实务实训目标：（1）运用相关知识，根据企业的战略、技术条件、规模、环境等因素，设计相应的组织结构图。（2）能研究章后案例“扁平化——成功组织管理的代名词”，培养和提高在特定情境中分析问题、解决问题的能力。（3）能根据企业的特定情境和具体情况，提出组织优化或再设计的基本策略。

引例　改制企业的组织结构调整

A集团公司是从计划经济时期的某政府管理机构通过不断改制转变而成的，具有现代企业集团特征。在这个阶段，其组织结构如图2-1所示。

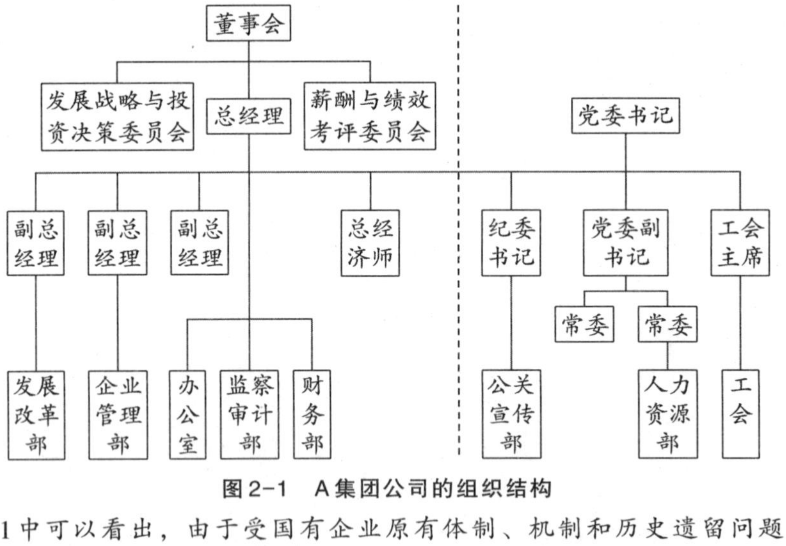

图2-1　A集团公司的组织结构

从图2-1中可以看出，由于受国有企业原有体制、机制和历史遗留问题的影响，与国内外的大型企业集团相比，A集团公司在组织结构上存在很多问题：一是集团公司的组织结构仍然带有管理机关的性质，没有及时按照企业运营要求重新设计。在管理层次上，集团公司的组织层级为四级，包括董事会、总经理、副总经理和部门；职务层级为七级，包括总经理、副总经理、部长、副部长、一级主管、二级主管和三级主管。在组织架构上，经过三次改革，逐步实现了减员增效，但是没有充分考虑企业横向职能分工和组织效率等制约因素，组织机构设置不能很好地支持集团公司的战略发展。二是决策组织和机制不健全。党委会、董事会和经理在决策体系中职责不清，缺乏制度体系和系统性。虽然组建了监事会，但其监督作用并未有效发挥。董事会下设的发展战略与投资决策委员会、薪酬与绩效考评委员会的职能定位不明确，没有发挥为董事会的重大决策提供专业支撑的作用。三是集团公司没有专业化的信息管理部门，缺乏决策支持系统，这增加了决策的风险和失误率。四是存在多头领导现象，无法实现一体化的有效管理，这将导致整个组织管理混乱和运行不畅。五是部门职能交叉，缺乏规范的业务流程管理。财务部与发展改革部在投资、融资方面分工不合理，监察审计部与财务部在资产管理方面也有交叉，涉及的生产安全、机关管理和信访事项等都混在企业管理部，这些不利于各项工作的协调和开展。

组织结构中存在的问题使企业日常经营管理和人员管理也受到影响。例如，法律岗位设在办公室，既要受办公室的日常管理，在业务方面又要服从总法律顾问的调配，而且还要参与各个领导负责的事务中涉及的法律问题，受多个领导管理。忙闲不均、职责交叉和因人设岗成为集团公司岗位设置中存在的主要问题，而且某些关键岗位空缺，如信息管理类岗位。

怎么才能具有较为合理的组织结构，使企业解决目前的困扰？集团公司请专家着手进行组织再设计。

第一节　组织概述

一、组织的概念及特征

（一）组织的概念

组织是社会发展中劳动分工的产物，是人们为了实现一定的目标，有意识地协同劳动而产生的群体。现代组织理论的代表学者巴纳德从功用上把组织定义为：组织是两人或两人以上，用人类意识加以协调形成的活动或力量的系统。组织是有一定目的、结构，互相协作，并与外界相联系的人群集合体。组织可以是营利性机构，也可以是非营利性机构[①]。组织是人们社会活动中分工与协作的方式，主要表现在两个方面：

（1）分工与协作是群体活动的必然现象。两个以上的人共同工作就需要分工与协作。一方面，人的知识和能力是有限的，人们必须进行分工，以求提高效率；另一方面，分工必须协调一致才能发挥综合效益，分工必然与协作相伴随。

（2）有效的分工与协作需要组织。分工与协作要求在共同工作中的每一成员或每一单位的任务、目标、责任与权限相对固定，把在一起工作的人们之间的关系以相对固定的方式确定下来。人们之间这种在分工与协作中被固定下来的稳定的联系就是组织。

有了组织，共同工作的成员才能找到自己的工作职位，每个人的才智才能被调动起来，形成整体的力量，进而以最低的成本消耗使整个工作进展协调。

组织结构是指一个组织内各构成要素以及它们之间的相互关系，它描述组织的框架体

① 王璞.组织结构设计咨询实务[]M.北京：中信出版社，2003：3.

系，包括组织的部门构成、基本设置、权变关系、业务流程、管理流程及企业内部协调与控制机制等[①]。企业的组织结构具有动态性，是一种变动的结构，而非固化的、静态的事物。为了适应客户、市场以及竞争的变化，大部分企业都不定期地对组织结构进行调整，以确保自身的竞争力。

（二）组织的特征

1.有明确的目标

没有目标就不是组织而仅是一个人群。目标是组织的愿望和外部环境结合的产物，它不是无限的，而是受环境影响和制约的。环境包括物质环境及社会文化环境。有了目标，组织才能确定方向。

2.拥有资源

组织的资源包括人、财（包括物）和信息。人是组织最大的资源，是组织创造力的源泉。财主要是指资金，组织在其存在和发展中需要大量资金，有了资金组织的各项工作才能运转起来。信息是组织管理者作出决策和为组织进行战略规划的基础。

3.有一定的权责结构

组织的权责结构层次清晰，任务有明确的承担者，权力和责任是对等的。

二、组织理论的发展演变

（一）古典管理理论时期的组织理论

亨利·法约尔将管理要素划分为计划、组织、指挥、协调和控制五大职能，对“组织”概念进行了规范[②]。在此之前，人们主要凭经验进行管理，因此对组织结构、流程等没有进行统一、准确的规范。“组织理论之父”马克思·韦伯提出了“理想的行政集权制理论”，也称为“科层制”或“官僚制”。古典管理理论的特点在于重视对静态组织的研究，主张集权；强调职责与分工，重视经济效益；从静态角度出发，以效率为目标研究组织内部结构与管理的合理化。其局限性表现为用一种封闭的观点对待组织，不重视人的情感因素和心理因素；只考虑组织内部因素，而不考虑外部环境的影响。

（二）行为组织理论

1927年，美国学者梅奥等人主持的霍桑实验开始对组织中人际关系进行研究。实验结果表明，组织不仅是一个经济和技术结构，也是一个社会和心理结构。人们对于工作、对于管理者和工作群体的态度，对生产率有重要影响。决定组织工作效率的首要因素是人际关系，尤其是管理者与被管理者之间的人际关系，而不是金钱或工作条件。行为组织理论并不是对古典管理理论的全盘否定，而是把人的行为因素加了进去并对某些组织原理提出了修正意见。行为组织理论认为人并非经济动物，而是具有社会需要、心理需要与生理需要的人，在进行组织设计时，要使人们感到工作对他有挑战性和吸引力，强调上下级人员之间的交流[③]。

（三）现代组织理论

现代组织理论是20世纪60年代以来在古典管理理论与行为组织理论基础上逐步发展起来的，其代表人物有巴纳德、西蒙、钱德勒、劳伦斯等。巴纳德从人与人相互合作的角

① 王璞.组织结构设计咨询实务[M].北京：中信出版社，2003：4.
② 法约尔.工业管理与一般管理[M].迟力耕，张璇，译.北京：机械工业出版社，2007：5.
③ 肖鸣政.组织建构与企业管理技术[M].北京：高等教育出版社，2003：12.

度解释组织，提出了激励的新观点，认为经济收入不是唯一要素，要注意信息交流。西蒙认为组织是为了实现共同目标而协作的人群活动系统，其代表作有《行政行为——行政组织中决策程序的研究》。现代组织理论主张把组织中的人的行为作为研究对象，把决策作为管理者的主要工作，既要积极强化人的需求又要节制人的需求。组织领导人的首要任务是塑造和培养人们共同的价值观，搞好组织战略；领导人的权威全靠其自身影响力，而不是靠命令；企业对其成员应该坚持贡献与报酬平衡的原则。

第二节　组织结构设计与优化

合理的组织结构是组织效率的保证，它来源于组织结构设计。组织结构设计是指为了有效地实现组织目标而形成工作分工与协作关系的策划和安排过程，即用以帮助达到组织目标的有关角色、职务、权力、责任、流程、信息沟通、利益等的正式安排。也就是说，对构成组织的各个要素、各个部门进行总体规划，以保证这些要素和部门所构成的组织是一个有机整体，能够协调运作。组织结构设计是一项复杂的系统工程，它通过优化组织结构、降低管理成本、增强组织应对外部环境变化的灵活性，达到提高组织管理效率的目的。

一、　组织结构的基本类型

（一）直线型组织结构

直线型组织结构是比较原始的形式，它的决策、指挥与管理职能基本上由该组织主要管理者执行。这种组织具有结构简单、职权明确、便于指挥和管理等特点。直线型组织中各种职务按垂直系统排列，各级主管人员对所属下级拥有直接的一切职权，组织中每个人只能向一个直接上级报告。直线型组织的最大优点是责任和权力范围明确，信息流通环节少，反馈及时，便于检查和监督。直线型组织的缺点主要表现在三个方面：一是在组织规模较大时，所有管理职能集中于一人，缺乏横向联系和相互协调，可能导致纵向管理失控；二是权力高度集中于最高负责人，不利于发挥下级的能动性和主动性；三是“条线”分割，人们只关心本部门的工作，彼此之间的协调性较差。

直线型组织结构适用于那些没有必要按职能实行专业化管理的小型组织，或者是现场作业管理。一般来说，这种组织结构只适用于规模较小、生产（或工作）过程比较简单的企业。

（二）职能型组织结构

职能型组织结构是一种通过对管理职能进行分类，然后根据不同的管理职能来设立相应部门，共同承担管理工作的组织结构形式。职能型组织有两个特点：一是采用按职能进行专业分工管理的办法来代替直线型组织全能管理者的管理，由不同的职能部门来分担管理业务，能充分发挥专业管理机构的作用。二是在职能型组织中，各部门负责人有权在自己的业务范围内向下级下达命令和指示，这调动了职能部门的积极性，减轻了领导人的负担。

职能型组织结构的缺点是：各职能部门都可以下达命令，易形成多头领导，有可能影响统一指挥；不利于明确划分上层主管人员和职能部门的权限，容易造成管理混乱；各职能部门各管一段，横向联系较差。这种形式最早是泰勒提出的，并未得到大力推广，一般大企业都不愿意采用。

（三）直线职能型组织结构

直线职能型组织结构是从直线型组织结构发展而来的，它将管理人员分成两类：一类是直线指挥人员，他们拥有对下级下达命令的权力，对各自部门的工作负全部责任；另一类是职能管理人员，他们是直线指挥人员的参谋，只能对指挥系统中的下一级进行业务指导，而不能进行指挥和下达命令。在直线职能型组织中，各级主管人员都有相应的参谋机构作为自己的助手，因而可对本部门的业务进行有效的指挥；每个部门又都有统一的领导人，符合统一指挥的要求。这种组织结构相对复杂，比较适合较大型企业的管理。

直线职能型组织结构既保证了权力的集中，又实现了职能的分类，职责清楚、秩序井然、工作效率较高，而且具有较高的稳定性。在直线职能型组织中，经营中的很多问题需要几个部门协调解决，由于各部门分管不同的工作，观察处理问题的角度也不同，如果协调不好、配合不好，容易造成相互扯皮，会影响管理人员研究重大问题时的效率，造成决策迟缓；各部门之间信息沟通较差，难以集思广益作出决策，特别是当参谋部门和直线部门之间目标不一致时，容易产生矛盾，致使协调工作量增大。

（四）事业部制组织结构

事业部制又称“斯隆模型”，是指以某个产品、地区或顾客群为依据，将相关的研究开发、采购、生产、销售等部门结合成一个相对独立单位的组织结构形式。具体表现为：在总公司领导下设立多个事业部，各事业部有各自独立的产品或市场，在经营管理上有很强的自主性，实行独立核算，是一种分权式管理结构。事业部制又称M型组织结构，即多单位企业、分权组织，或部门化结构。事业部制组织结构的主要特点为：

（1）遵循制定政策与业务管理分开的原则，总公司负责制定各种政策，不管具体事务；各事业部在总公司制定的政策指导和控制下发挥自己的主动性，每个事业部都可根据自己的工作需要设置机构。

（2）由于各事业部的盈亏关系到总公司的盈亏，总公司必须明确规定各事业部的责任，同时给每个事业部以相应的权利。

（3）各事业部均为利润中心，实行独立核算，自负盈亏。这就把市场机制引入企业内部，各事业部之间的经济往来遵循等价交换原则。

（4）企业高层和事业部内部仍然按照职能型组织结构进行组织设计。企业高层为了实现集中控制下的分权，提高整个企业管理工作的经济性，要根据具体情况设置一些职能部门，如资金供应和管理、科研、法律咨询、公共关系、物资采购等。事业部由于规模小，产品单一，故一般采用职能型组织结构。

事业部制组织结构有利于公司最高领导层摆脱日常事务，成为强有力的决策机构；有利于加强公司整体的领导，发挥各事业部经营的积极性，增强适应性、灵活性和主动性；有利于把联合化和专业化结合起来，公司比较容易调整经营方向和商品结构，适应市场的变化。事业部制组织结构的缺点是：各事业部之间的利益协调和公司与事业部职能机构的重复设置会带来效率损失。因此，事业部适用于规模大、商品品种多、各商品之间工艺差别大、市场变化快的企业。

（五）矩阵制组织结构

矩阵制组织结构是把按职能划分的部门和按产品（项目）划分的小组结合起来组成一个矩阵，一名管理人员既同原职能部门保持组织与业务上的联系，又参加项目小组的工作。职能部门是固定的组织；项目小组是临时性组织，完成任务以后就自动解散，其成员回原部门工作。职能型组织结构强调纵向的信息沟通，事业部制组织结构强调横向的信息流动，而矩阵制组织结构就是使这两种信息在企业内部同时流动。

（六）其他结构类型的组织

1.网络组织

网络组织特指两个或更多地位平等的组织通过合作关系形成的组织。网络组织是跨公司组织方式，既含有组织的协调因素也含有组织间的交易因素①。为了寻求弹性和专业性，不同组织之间采取战略联盟方式，将全部作业功能外包，通过总部进行协调整合。

2.虚拟组织

虚拟组织是一种区别于传统组织的以信息技术为联系工具，以知识共享、信息共享为基础而组建的动态的人机一体化组织。“虚拟”是相对于“实体”而言的。在组织语言中，虚拟的含义是“真实的超越”，即对企业实际功能、资源及实存空间的超越②。其特征是：以现代通信技术、信息存储技术、机器智能产品为依托，以项目为中心进行合作，可以更好地根据市场需求整合各种资源。在形式上，虚拟企业没有固定的地理空间，也没有时间限制。组织成员通过高度自律和共同的价值取向实现团队目标。虚拟组织的缺点是：可控性太差，要有良好的组织文化以保持一定的凝聚力。

3.无边界组织

组织内外的边界常常使组织的创造性受到制约，浪费时间，降低效率。考虑到传统组织结构的这种局限性，杰克·韦尔奇提出了要建立无边界组织③。所谓无边界组织，是指组织消除了各个部门之间的界限、国内业务和国外业务的界限、不同层次工作之间的界限以及组织与它的消费者和供货商之间的界限。边界通常有横向、纵向和外部边界三种。横向边界是由工作专门化和部门化形成的，通过建立跨部门小组、部门间合作、跨部门合作、跨部门的工作轮调等方法可以减少这种边界；纵向边界是由组织层级所产生的，强调员工参与管理和授权可以消除这种边界；外部边界是组织与其顾客、供应商等之间形成的隔墙，强调提高组织对客户需求的反应速度可以消除这种边界。

二、组织结构设计的原则

（一）任务和目标原则

任务和目标是组织存在与发展的核心。组织为了完成任务，实现目标，就必须把每个员工的力量集中起来，使每个员工明确自己的任务，围绕组织的总目标运转。没有任务、目标的组织是没有存在价值的。组织因任务、目标设事，以事为中心，因事建机构、因事设职位、因事配人员，做到才职相配、人尽其才、才得其用、用得其所，实现人与事的优化组合。

① 张建华，等.工业化进程中企业网络组织的创新与应用[M].北京：中国财政经济出版社，2005：26.
② 程国平，刁兆峰.管理学原理[M].武汉：武汉理工大学出版社，2002：174.
③ 张德，吴志明.组织行为学[M].大连：东北财经大学出版社，2002：362.

（二）分工与协作原则

分工与协作原则是指按照提高管理专业化程度和工作效率的要求，把组织目标分解成各级、各部门以至各个人的目标和任务，分工与协作密切联系在一起，协作以分工为前提，分工必须建立在协作的基础上。分工越细，专业化水平越高，责任越明确，效率也越高。但要注意，分工要根据组织的需要而定，不应过细，也不应过粗。分工过细，容易造成机构增多，协作困难，协调工作量增加，管理成本上升；分工过粗，机构可以较少，协调工作量可以减轻，但专业化水平和效率都会下降，且责任主体不明确。

（三）命令统一原则

有效的组织必须有统一的指挥。组织结构设计从最高的管理层到最低的作业层，要有一条连续的等级链，确保其不被中断；在组织的每一个层级上只能有一个人负责，实行首长负责制；下级组织只接受一个上级组织的命令和指挥，防止出现多头领导；下级只向直接上级请示工作，只能在确信直接上级的指挥是错误的时候，才允许越级上诉；上级不能越级指挥，以维护下级组织的领导权威（允许越级检查工作）；职能管理部门一般只作为同级直线指挥系统的参谋，不对下属直线领导者下达命令。

（四）集权与分权相结合的原则

集权与分权是组织中两种不同的权力体制。集权把权力相对集中于最高层的领导手中，使领导最大限度地拥有组织权威，统管所属单位和人员的活动。分权把权力分配给每个管理层和管理者，授之以权，使其就自己管理范围内的事作出决策。在传统的组织理论中，分权和集权被对立地看待；现代组织理论倾向于把两者结合起来，建立统一领导、分级管理的权力混合体制。上下级之间的上传下达要形成一个“指挥链”，执行机构各司其职，自负其责，这样才能避免和消除责任不明、办事推诿的现象，克服多头领导和政出多门的弊端。

（五）职、责、权、利相对应的原则

组织中每个部门和部门中每个人都有责任按照工作目标的要求保质保量地完成工作任务，组织也必须给他们自主完成任务所必需的权力，职位、职责、权力和利益相对应。分工本身就意味着明确职务，承担责任，还要有与职务和责任相对应的权力，并享有相应的利益。不明确职责会造成工作混乱；有责无权，责任方可能因为缺乏主动性而无法履行职责。

三、组织结构设计的影响因素和策略

（一）环境

我们可以从两方面把组织环境按照特性分成4种不同类型：一个方面是环境的复杂性，即环境构成要素是简单还是复杂；另一个方面是环境的变化，即环境构成因素是少变还是多变。研究表明，环境的不确定性影响组织形态。不确定性低时，组织形态偏于机械型，无需模仿或少模仿，组织着眼于眼前的运作。不确定性高时，组织形态偏于有机型，广泛模仿或迅速模仿，组织重视计划与预测。具体情况如图2-2所示。

（二）战略

美国著名管理学家钱德勒在研究美国企业组织结构和经营战略的演变过程时发现，企业组织结构是随着经营战略的变化而变化的，即“结构跟随战略”。企业组织结构不仅具

	简单	复杂
静态	Ⅰ 低不确定性 功能性组织 （科层结构）	Ⅱ 低-中不确定性 市场取向组织 （分部组织）
动态	Ⅲ 高-中不确定性 功能性组织 （简单结构）	Ⅳ 高不确定性 市场取向组织 （矩阵结构）

图2-2　不确定环境下的组织设计

有多样性特征，还具有动态适应性特征。企业的经营战略决定着企业组织结构模式的设计与选择，反过来，企业经营战略的实施过程及效果又受到所采取的组织结构模式的制约。两者的关系类似经济基础与上层建筑的关系：战略重点决定组织结构，战略重点的转移决定组织结构的调整，组织结构制约战略重点的实施。企业在多样化扩张战略的引导下，规模逐步扩大，在积累一定资源后，会向不同地区或者不同产品市场扩张。迈尔斯和斯诺在《组织战略、结构和方法》一书中将企业战略分为防守型战略、分析型战略和进攻型战略，见表2-1。防守型战略适用于成熟行业中的成熟企业，其采用高效生产、严格控制、连续、可靠的手段，努力保护自己的市场地位。分析型战略在规避风险的同时又能提供创新产品和服务，企业致力于有限的产品和技术，以质量提高为手段，力争超越竞争对手。采用攻击型战略的企业对外部环境缺乏控制，它既缺乏适应外部竞争的能力，又缺乏有效的内部控制机能，没有一个系统化的战略设计与组织规划。

表2-1　**迈尔斯和斯诺的战略-结构类型**

战略类型	战略目标	面临环境	组织结构特征
防守型战略	稳定性	稳定的	高度的劳动分工，高度的规范化、集权化，严密的控制系统
分析型战略	稳定性和灵活性	变化的	适度的集权控制，一部分实行劳动分工，规范化程度高；另一部分实行分权制和低规范化
进攻型战略	灵活性	动荡的	低劳动分工，低规范化，部门化，松散型结构，分权化

（三）技术

1.整个企业的技术特点对组织结构的影响

英国权变理论学派代表人物琼·伍德沃德的研究结果发现，组织绩效固然与组织结构有关，但必须同时将组织使用的技术列为考虑因素，也就是说，高绩效组织的组织结构深受组织所采用的技术的影响。技术是指组织如何将投入转换为产出。每个组织至少有一种技术可以将资金、人力及实体资源转换成产品或服务。琼·伍德沃德将技术复杂度分为10类，然后又合并成3大基本技术群，见表2-2。

（1）小批量与单位生产，这种方式较依赖人员的操作，而无较高的机械化水平。其结构特征为：垂直分化、水平分化与正规化程度低；最有效的组织结构是有机式，如裁缝做西装。

（2）大批量生产，这种方式具有标准化的生产流程，除订单外的产量就成为存货，因为顾客没有特殊要求，所以存货的流动性也很高。其结构特征为：垂直分化、水平分化与正规化程度高；最有效的组织结构是机械式，如企业生产电冰箱、汽车。

表2-2 **整个企业的技术特点对组织结构的影响**

生产类型		小批量与单位生产	大批量生产	连续生产
结构特征	垂直分化	低	高	高
	水平分化	低	高	低
	正规化	低	高	低
最有效的组织结构		有机式	机械式	有机式

（3）连续生产，这种方式以自动化的机械控制整个连续的生产流程，产出是可以高度预测的。其结构特征为：垂直分化程度高，水平分化与正规化程度低；最有效的组织结构是有机式，如制药业和石化业。

当技术进步时，组织会随之改变，通过管理层次的数目、控制幅度、管理者占所有员工比例等不同方面，可以观察组织与技术复杂度的关系。

2.企业内部不同部门的技术特点对组织结构的影响

琼·伍德沃德认为，随着技术的复杂性越来越高，管理层次的数目、管理者占所有员工比例、大学毕业的管理人员所占的比重等都明显增加，高层管理者的管理幅度随着技术的复杂性程度的提高出现增大的趋势，工人的技能水平逐步提高，组织刚性呈现两头小中间大的现象（见表2-3）。

表2-3 **技术类型与组织结构特征的关系**

组织结构特征	小批量与单位生产	大批量生产	连续加工
管理层次的数目	3	4	6
高层管理者的管理幅度	4	7	10
基层管理者的管理幅度	23	48	15
管理者/所有员工比例	低	中	高
工人的技能水平	高	低	高
规范化程序	低	高	低
集权化程度	低	高	低
口头沟通程度	高	低	高
书面沟通程度	低	高	低
整体组织结构类型	有机式	机械式	有机式

3.部门间工作流程的依存性对组织结构的影响

查尔斯·佩罗打破了只在制造业内研究技术与组织之间关系的局限性，提出了从部门层次研究部门技术与部门结构之间的关系框架。组织中每个部门都是由专门技术组成的集合体。技术受两个方面的影响，即任务的多变性与可分析性。任务的多变性是指技术在工作过程中发生意外变化的概率。例如，在程序化的流水线工作，发生意外事件的可能性甚小，任务的多变性就较低。任务的可分析性是指技术在工作过程中可被分析的难易程度。

例如，品酒师的工作需要相当丰富的经验和直觉判断，其工作无法用现成的技术和程序去归纳，这项任务的可分析性就比较低。企业内部不同部门的技术特点对组织结构的影响见表2-4。

表2-4 **企业内部不同部门的技术特点对组织结构的影响**

		任务的可变性	
		少量例外	很多例外
任务的可分析性	确定的	常规技术	工程技术
	不确定的	技艺技术	非常规技术

4.信息技术对组织方面的影响

信息技术对组织方面的影响主要表现在：信息技术使组织结构呈现扁平化的趋势；对集权化和分权化可能带来双重影响，希望集权化的管理者能够运用先进技术去获得更多的信息和作出更快的决策，同时，管理者也能同下属分享信息并且增强下属的参与性与自主性；加强或改善组织内部各部门之间以及各部门内工作人员之间的协调；要求给下属较大的工作自主权；提高了专业人员所占的比例。部门技术类型与组织结构特征的关系见表2-5。

表2-5 **部门技术类型与组织结构特征的关系**

组织结构特征	部门技术类型			
	例行性工作	技艺性工作	工程技术工作	非例行性工作
规范化程度	高	适中	适中	低
人员专业素质	稍需专业训练和经验	需要工作经验	需要正规专业教育	需要专业教育和工作经验
管理幅度	宽	适中偏宽	适中	窄
集权程度	高	适中	适中	低
沟通类型与方式	纵向的 书面的	横向的 口头的	书面的 口头的	横向的 口头的
控制方法	规章、预算、报表	训练和会议	报表和会议	明确责权 目标、会议
目标重点	数量和效率	质量	可靠性和效率	质量
组织结构类型	机械式	偏向有机式	偏向有机式	有机式

（四）规模

对企业规模的衡量可以用多种指标，常用的有职工人数、企业生产能力（年产量）、年销售额、企业投资额等。在组织设计中，大多数组织理论研究者认为，组织规模主要是指一个组织内拥有职员的人数。美国组织学家彼得·布劳在分析规模对组织结构的影响时，明确指出规模是影响组织结构最重要的因素，但是，组织建立初期的规模对组织结构的影响要大于当组织规模达到一定程度后再扩大时对组织结构的影响程度。

在组织结构的正规化方面，大型企业的正规化程度通常高于小型企业。在决策分权化方面，当企业规模扩大时，分权化程度将上升。在人员结构方面，大型企业专业人员的比例上升，而中高层行政人员的比例下降。在组织结构的复杂性方面，随着组织规模扩大，企业的组织结构越来越复杂。组织规模对组织结构的影响见表2-6。

表2-6 **组织规模对组织结构的影响**

组织结构要素	小型企业	大型企业
管理层次数目	少	多
部门和职务数量	少	多
分权化程度	低	高
技术和职能专业化	低	高
正规化程度	低	高
书面沟通和文件数量	少	多
专业人员比率	小	大
文书、办事人员比率	小	大
中高层行政人员比率	大	小

（五）发展阶段

美国的罗伯特·奎因和基姆·卡梅伦在《组织的周期和效益标准》一文中，把组织生命周期简化为四个阶段：创业阶段、集合阶段、正规化阶段和精细阶段。各阶段特点不同，相应的组织、领导和激励模式也不同。在创业阶段，企业往往还没有正式的、稳定的组织结构，分工粗，员工间的交流多采用非正式的方式。在集合阶段，企业建立了按职能划分的组织结构，人员有较明确的职责和分工，企业领导及其高级助手掌握各项指挥、决策权利，下层管理人员只是职能专家，执行命令，没有自主权。在正规化阶段，企业采用分权化的组织结构，日常的生产经营权下放给较低的管理层次来行使。组织结构强调专业化、制度化、规范化，规章制度得到进一步健全并得到严格执行。在精细阶段，企业常常采用矩阵制组织结构。发展阶段对组织结构的影响见表2-7。

表2-7 **发展阶段对组织结构的影响**

项目＼发展阶段	创业阶段	集合阶段	正规化阶段	精细阶段
重点目标	生存	成长	声望，稳定性，扩大市场	独特性，完善的组织
正规化程度	非正规化	初步正规化	正规化	正规化
组织结构	直线型	职能型	职能型或事业部制	职能型加矩阵制
集权程度	个人集权	上层集权	有控制的分权	有控制的分权
高层领导风格	家长式	有权威的指令	分权	参与

四、组织结构设计与优化的程序

（一）组织结构诊断

在为企业做组织结构诊断时，一般要通过资料收集、访谈等获得第一手资料，基本了解企业组织结构运行的外部和内部环境，为进一步的诊断工作提供依据和素材。然后对这些资料进行筛选、分析，找出问题所在，进而根据科学的方法，设计新的适合企业的组织结构。组织结构诊断主要从四个方面进行：

（1）考察组织结构中为实现组织目标所需的各项业务工作及其比例和关系，包括职能交叉（重叠）、职能冗余、职能缺失、职能割裂（或衔接不足）、职能分散、职能分工过细、职能错位、职能弱化等。

（2）考察管理层次的构成及管理人员分管职能的相似性、管理幅度、授权范围、决策复杂性、指导与控制的工作量、下属专业分工的相近性等。

（3）考察各管理部门的构成是否合理、一些关键部门是否缺失或有待优化。

（4）考察职权结构，即各层次、各部门、各职位之间权责关系是否对等。

（二）优化业务流程

由于企业规模扩大，组织结构也会越来越庞大，虽然有书面的职责说明、制度流程，但还是会出现部门间合作不畅，跨部门工作效率低下，决策时间长，制度、流程虽然有却没有达到精细化的程度，流程执行不到位等问题。优化业务流程就是要根据组织的业务管理模式，以价值链为出发点，对现有工作流程进行梳理、完善和改进。优化业务流程不仅指做正确的事，还包括如何正确地做这些事。通常采用的方法是识别业务流程中缺失的关键环节和需要改善的环节。针对业务流程各环节，可以从以下几个角度进行分析：是否过于复杂，是否存在精简的可能性；是否能用更有效率的工具实现目标；各环节的先后顺序可否作调整，以达到改进的目的；是否可以通过改变活动的承担者来使流程更有效率等。此外，可以通过对现有流程的简化、整合、增加、调整等方式提升业务流程的效率，还可以通过明确业务流程所有者的形式来监督业务流程的整体表现，从而避免部门间互相推诿的问题，对现有的业务流程进行改良，同时强调业务流程的有效执行。

（三）进行职能分解，确定部门职责

职能为组织中功能的综合，职能分解是对企业的管理业务进行总体设计，是将企业的所有功能汇总，然后根据业务关系合理划分为不同部门的功能，并层层分解为各个管理层次、管理部门、管理职务和职位的业务工作，最后根据业务流程，确定部门职责，设计管理幅度，管理层次及其责任、权力等。职能分解要求业务活动的独立性、可操作性，部门职能避免重复、脱节和公司职能的完整性。各项经营职能和管理职能要为了完成企业任务、目标而设置，并且要明确其中的关键性职能。职能分解不仅要确定全公司总的管理职能及结构，还要分解为各项具体的管理业务和工作。在确定具体的管理业务时，还应进行初步的管理流程总体设计，以优化流程，提高管理工作效率[①]。一般来说，部门的职能根据其内涵可分为三级（见表2-8）：一级职能是部门

① 许玉林.组织设计与管理[M].上海：复旦大学出版社，2003：109.

功能定位，反映本部门存在的价值；二级职能反映部门开展的管理活动；三级职能是具体的业务活动。

表2-8 职能分解表示例

一级职能	二级职能	三级职能
1. 行政管理、后勤服务与安全保卫	1.1 制定规章制度	1.1.1负责起草公司章程； 1.1.2组织起草公司各项行政管理制度，报领导审批并统一签发； 1.1.3各项行政管理制度的执行与监督； 1.1.4各项行政管理制度的修订
	1.2 会议管理	1.2.1制定会议室使用制度； 1.2.2负责公司的高层决策、经理办公等部门间会议的通知、召开、记录及管理； 1.2.3会议室的统一管理和使用安排
	1.3 行政费用管理	1.3.1制定公司行政费用预算； 1.3.2按公司年度费用预算控制各项费用支出
	1.4 后勤服务保障的监督	1.4.1根据公司日常工作需要，提供必要的后勤服务保障，包括对单身宿舍、餐厅、浴池、通讯、环境卫生等的管理； 1.4.2职工宿舍管理和区域卫生管理
	1.5 车辆管理	1.5.1制定公司的车辆使用制度； 1.5.2对车辆、司机进行统一调度； 1.5.3控制交通费用； 1.5.4建立车辆和驾驶员档案，负责日常管理工作； 1.5.5负责车辆的维护和保养
	1.6 文件管理	1.6.1根据管理制度制定行政文件、档案编码； 1.6.2对公司行政文件进行登记、管理及归档
	1.7 行政性对外关系管理	1.7.1安排外来人员的接待、参观及有关活动； 1.7.2协调与相关单位的关系； 1.7.3会同党办、工会负责大型活动的计划、筹备、组织、接待
	1.8 安全保卫	1.8.1负责公司内外部治安秩序，创造安全的工作环境； 1.8.2协助政府公安、消防机关处理与本公司有关的治安事故和灾害事故； 1.8.3组织开展公司内部的安全教育活动
	1.9 行政物品管理	1.9.1依据各部门提供的所需行政性财产物资申请表，统一协调、购买； 1.9.2对公司行政性财产物资进行登记、造册； 1.9.3定期对公司行政性财产物资进行盘点； 1.9.4对公司行政性财产物资进行维修和保养

续表

一级职能	二级职能	三级职能
1. 行政管理、后勤服务与安全保卫	1.10 法律事务	1.10.1 研究与公司业务相关的法律政策和规定； 1.10.2 协调处理公司的法律诉讼纠纷； 1.10.3 组织对公司各类合同的法律咨询； 1.10.4 为重大经济合同的谈判、起草提供法律支持； 1.10.5 在公司的统一安排下，对员工进行法制教育； 1.10.6 领导交办的其他法律事务
	1.11 证照和印信管理	1.11.1 负责公司证件和执照的管理； 1.11.2 制定印信使用的相关制度； 1.11.3 负责印信的使用、保管和销毁
	1.12 文档管理	1.12.1 负责日常文档的起草； 1.12.2 负责相关文件和信件的收发、归档
	1.13 公司管理制度的监督与检查	1.13.1 监督各部门管理制度的执行情况； 1.13.2 对各部门管理制度的执行情况进行评估； 1.13.3 汇总各部门对管理职能的改进建议
	1.14 处理员工投诉	1.14.1 处理员工投诉，查清员工投诉的事实和问题原因，提出处理意见并上报
	1.15 其他	1.15.1 公司日常打字、复印工作； 1.15.2 政府性摊派费用的管理； 1.15.3 差旅安排(票务、手续、酒店)
2.	……	……

（四）确定职位职责

根据业务流程编写职位指责，进行管理控制、信息交流、分工协作、综合协调等。在设置各部门职位过程中，主要根据以下因素进行：各部门工作目标分解、职能分解、工作类别，职位所要求的知识、技术和技能，工作的难易程度和所承担的责任，以及整体组织设计中各部门的横向、纵向沟通渠道、信息渠道等。力争通过对公司内部各部门（各职位）的重新整合，使各部门事事有人做、人人有事做，职位设置不重复，各项工作不遗漏，从而使组织所有的职位设置合理化、规范化、科学化。职位职责的确定有下行法和上行法。下行法是一种基于组织战略并以业务流程为依托进行工作职责分解的系统方法。具体来说，就是通过战略分解得到职责的具体内容，然后通过业务流程分析界定在这些职责中，该职位应该扮演什么样的角色、拥有什么样的权限。上行法是从工作要素出发，通过对基础性的工作活动进行逻辑归类，形成工作任务，并进一步根据工作任务的归类得到职责描述。虽然上行法较下行法来说不是一种特别系统的分解方法，但在实际工作中更为实用、更具操作性。

（五）构建和完善管理规范

为使组织正常运行，要根据业务流程、主要设计工作程序权责、工作标准和工作方法完善企业的组织管理体系。构建企业管理体系分为四个不同的层次：最下面一层是基础层，包括公司各种规章制度、作业流程等，它是公司正常运行的基础；第二层是保障层，是为了确保这些制度、流程得以有效执行的控制手段与方法，包括责任制约机制、激励机制、绩效管理、薪酬杠杆等几大常规模块；第三层是文化层，是为凝聚力服务的，它将员工的个人价值和企业价值绑在一起，在这个层面上进行的企业管理真正致力于对人力资源效率的开发，如教育训练、职业生涯规划、利益共同体等，从而帮助企业提高生产力水平；处于最顶端的是战略层——战略管理，它要求管理者真正从战略角度出发，构建公司的战略框架。

第三节　组织变革

一、组织变革的概念

（一）组织变革的含义

组织变革是指根据内外环境变化的要求，对组织结构、组织关系、职权层次、指挥和信息系统进行的调整和改变。组织变革主要是指改变组织中大多数人的行为方式，实现对组织整体性能的重大改善的有计划的变革。组织是为实现管理目标服务的，当管理目标发生变化时，组织也需要通过变革自身来适应这种新变化的要求。即使管理目标没有发生变化，但影响组织的外部环境和内部环境如果发生了变化，那么组织也必须对自身进行变革，才能保证管理目标的实现。

（二）组织变革的目标

第一，使组织适应环境，在不断变化的环境中更好地发展。通过组织变革，满足组织成员对尊重和参与的需要，适应竞争加剧和其他环境变动等外部环境变化的要求，使自己在变化的环境中得以发展。

第二，改变组织成员的观念、态度、交往手段和彼此联系的方式。组织的成败取决于人们怎样作出决定。任何一种组织变革，包括工资结构和分配制度、用工制度或组织目标的变动等，都是为了改变人们的观念和修正人们的行为。这种变革是针对个人、群体、组织，以及群体之间的行为方式而进行的，所以，改变组织成员的观念和行为是组织变革的一个最基本、最重要的目标。

二、企业进行组织变革的动因

对管理者来说，在何种情况下维护组织的稳定、在何种情况下促进组织的变革，这是一个非常重要的问题。组织变革大都不是突发性的，而是有先兆可循的。促使企业发生变革的动因既有来自企业外部环境变化的外因，也有来自企业内部环境变化的内因。

（一）企业外部环境的变化

1.信息技术的迅猛发展

信息技术的出现被誉为“第三次科技革命”，其在企业中大量应用，使得“大量生产”方式日益僵化而逐渐被淘汰，取而代之的是与现代大企业生产方式相联系的、被称为

“动态弹性”或“高额弹性生产”的弹性生产方式，这一变化也被称为是从“福特主义”到“后福特主义”的转变。信息技术的发展改变了企业内部和企业之间的信息沟通方式，使得企业中的每一个成员都可以平等地获得自己所需的信息。信息不再严格地按照等级系列进行传递，统一领导原则受到了挑战。信息沟通方式的变化必然引起企业中权力运用方式以及领导者管理控制方式的相应变化，也必然引起企业组织结构的相应变化。

2.市场竞争的加剧

市场竞争的加剧表现在两个方面：一是全球经济一体化；二是消费者权力增加。20世纪90年代以来，世界经济发展呈现两大趋势，即经济全球化和区域经济一体化。全球范围内贸易、投资和金融的国际化、自由化和规范化程度不断提高，区域经济一体化以及区域内生产要素流动的自由化程度进一步提高，这些都对企业经营产生了极大影响。有研究发现，1960年美国只有10%的企业面临国际竞争，而伴随着经济全球化，今天有超过70%的企业不得不同国外同行进行激烈竞争。众多竞争对手的出现使得企业必须将精力放在核心能力上，对企业原有的组织结构和经营模式进行重新设计。经济全球化以及信息技术的应用使得全球性的买方市场正在形成，消费者在交易中拥有越来越多的主动权。消费者告诉生产商他们需要什么，何时需要以及愿付多少钱；消费者为了满足自身特殊的爱好而参与到生产商的产品设计和个性化服务中。这些变化使得企业更多地以市场为导向，采取灵活性和适应性强的新型组织形式。

（二）企业内部环境的变化

1.频繁的决策失误

从表面看来，决策失误是由各种原因造成的，而实际上决策失误的根源是组织问题。例如，企业可能会发生由于信息不畅而造成的决策失误。信息不畅可能是组织自身原因造成的，也可能是环境原因造成的。但是，无论是对管理决策有重大意义的信息传播渠道不畅还是环境障碍，归根到底还是组织自身的问题。

2.组织成员间沟通不灵

组织作为一个有机体，有效的沟通可以使成员间的分工与协作都处在高效状态，使纵向的上下级关系和横向的同级关系都处在高度协调状态。但是，组织成员间的沟通取决于组织的状况，命令链或信息链混乱，或者所采用的传递信息手段不合适，就会造成沟通不灵；管理宽度过大，主管人员和下属之间就不可能进行有效的沟通；管理层次过多，就增加了命令和信息失真的可能性。

3.组织业绩不理想

结构合理、职责分明、行动有序、信息流畅的组织必然意味着较好的管理效益。如果一个管理系统长期士气不高、经营不善、业绩不理想，甚至管理目标得不到实现，那么就必须对组织进行变革。组织业绩不理想的问题在企业管理中是最容易被发现的。比如，一个企业的生产部门进度太慢，成本过高，质量不符合要求；销售部门顾客减少或销售增长未能如期实现；财务部门资金周转不灵；人事部门因为在职责、职权或报酬、待遇的安排上不当引起纠纷等。当这些问题比较严重时，就要对组织进行变革前的全面审查。

4.缺乏创新

即使一个管理系统处在正常的运营状态下，如果长期没有创新，也需要进行变革。比如，一个企业虽然尚未遇到严重的困难，但产品品种、质量和数量等长期保持在一个水平上，那就表明这个企业很快就会面临困境。任何一个管理系统都不是孤立的，都处在与环境的互动中。环境是一个不断变化的因素，如果在变动的环境面前保持不动，很快就会僵化、萎缩甚至丧失生命力。

三、组织变革的实施

（一）组织变革要考虑的因素

1.组织战略

组织战略变化要求组织做相应的调整，重新确立关键性职能及其承担机构的地位，调整好各职能部门之间的分工协作关系，甚至改变组织成员的工作方式、方法。

2.组织成长

组织成长意味着组织规模的扩大、经营范围的拓展、生存期限的延长，在组织成长的不同阶段有不同的组织工作重点和不同的组织特征。从某种意义上说，组织成长是因不断的组织变革而得以实现的。

3.社会发展

纵观世界上成功的企业，无一不把企业发展与社会发展统一起来。关注社会发展、关心大众利益，会使企业获得更加广阔的生存空间，有利于企业的持续发展。组织变革的结果会改变组织成员的思维方式和行为准则。

4.技术创新

技术是组织变革的基本动因。信息技术有助非程序化决策向程序化决策的转变，有助于重大决策问题的集中和次要决策问题的分散，进而能更好地解决组织管理中长期困扰人们的集权与分权相结合的问题。另外，企业内部信息网络将促进信息沟通，使企业真正做到资源共享，也便于控制。

5.组织文化

组织文化建设的重要任务之一就是把职工的个人利益和组织的兴衰融为一体，激励职工尽责尽力的群体意识。组织变革应建立在组织文化的基础上，组织变革也可以改变组织文化的某些内涵，甚至重新塑造组织文化。

（二）组织变革的过程

1.打破平衡阶段

当组织中某些人或某些小组认识到需要改变办事方式时，这一阶段便开始了。一般来讲，组织中经常出现问题便标志着有变革的必要，于是要求变革者对这些问题进行讨论，组织进入了变革的第一阶段——打破现有平衡。在这个阶段，一般要对解决问题所需要进行的变革内容进行详细研究，如是否改变组织的活动方向、组织的结构形式、组织的决策过程，是否进行高层管理人员的变动等。

2.进行变革阶段

当采取第一个变革行动时，变革阶段就开始了。在该阶段中，个人行为或组织行为会发生一些改变。例如，向下属授予更大的权力；对组织中的管理人员进行计算机操作培训，以便用计算机进行日常文件处理等。有时，在变革初期要对某些变革内容进行实验，以确定这些变革内容是否会产生预期的效果，必要时还要对某些变革内容进行调整，以使变革能朝既定方向发展。

3.消除抵制阶段

组织中的人员对变革会持不同态度，有些人愿意试试看，也有很多人会墨守成规，抵制变革。变革一经实施，便要着手消除人们对变革的抵制。对变革进行抵制的不仅有一般职工，还会有管理人员。对变革进行抵制的原因也多种多样，如果能了解这些原因，并采取适当措施，就能更有效地消除抵制行为。

四、企业组织变革的方式

（一）层级扁平化

层级的减少是现代企业组织变革最显著的特征，它使企业的组织效率大幅提高。随着组织成员的独立工作能力大大提高，并且获得充分授权、承担较大责任，上下级关系由传统的发号施令者和被动执行者转变为团队成员之间的平等关系，管理层次逐渐减少。层级扁平化的重点是中间管理层。德鲁克曾明确指出，一个成功的新型大企业最好没有中间管理层。中间管理层之所以存在，一方面是要在信息处理能力有限的情况下负责信息的收集与传递；另一方面则是因为管理幅度有限，他们负责对操作层进行监督与控制。信息技术的应用使得中间管理层失去了存在的基础，企业将实现从“金字塔结构”向“扁平化结构”的转化。

（二）运作柔性化

运作柔性化是指在组织结构上不设固定和正式的组织机构，代之以一些临时性的、以任务为导向的柔性组织，如矩阵组织、团队等。随着信息技术的不断应用，ERP、SCM、CRM、CIMS、FMS、PDM等应用软件所代表的先进管理理念对企业不断渗透，企业的组织结构不断调整并最终向柔性化方向发展。运作柔性化包括产品柔性化、创新柔性化、修改柔性化、批量柔性化、流程柔性化和物料柔性化等。运作柔性化的关键是采用柔性技术，这包括计算机数控、成组技术、计算机辅助设计、计算机辅助制造、柔性制造系统和计算机集成制造系统等。运作柔性化能合理利用资源，提高企业的应变能力和竞争能力。

（三）内部关系网络化

企业组织结构的网络化主要体现在四个方面：一是企业形式集团化。企业集团是一种新的利益共同体，其形成和发展使众多企业之间的联系日益紧密，构成了企业组织形式的网络化。二是经营方式连锁化。很多企业通过发展连锁经营和商务代理等业务，形成了一个庞大的销售网络体系，这使得企业的营销组织实现了网络化。三是企业内部组织网状化。随着企业组织构架日趋扁平，管理层次减少，管理幅度加大，执行层机构增多，每个执行机构都与决策层建立了直接的联系，横向联络也不断增加，企业内部组织网络化正在形成。四是信息传递网络化。随着网络技术的蓬勃发展和计算机的广泛应用，企业的信息传递和人际沟通已逐渐数字化、网络化。

（四）机构设置弹性化

所谓弹性化，就是企业为了实现某一目标而把在不同领域工作的、具有不同知识和技能的人集中于一个特定的动态团体之中，共同完成某个项目，待项目完成后团体成员各回各处。这种动态的团体灵活便捷，能伸能缩，富有弹性。例如，某单位开发出一种新的产品，由于自身不具备其他方面的优势，于是在全社会范围内选择最佳的生产厂家、最佳的销售公司和最佳的供应商等联合组成临时项目机构，任务完成后自行解体。这种团体的优点是灵活机动、博采众长、集合优势，不仅可以大大降低成本，而且能够促进企业人力资源开发，还推动企业组织结构的扁平化。

（五）组织规模小型化

在信息时代，压缩企业规模、划小核算单位，能更好地促使企业进行专业生产，提高社会化协作程度和规模经济水平，提高市场竞争能力。资产运营、委托生产、业务外包等已经为企业规模小型化提供了条件，特别是企业用工制度的改革为建立小型化组织提供了保证。固定工人数量普遍锐减，合同工、季节工、计时工、计件工等在增多，减人增效、内涵式发展已经成为众多企业的选择。例如，云南玉溪烟厂除了保留烟丝核心技术外，其他如过滤嘴、烟卷纸、包装等全部外包；有些资产几十亿、几百亿美元的大公司也不再直接组织生产，而开始走委托生产之路，甚至销售也采取一次性买断的做法，降低企业运行成本。

（六）团队合作虚拟化

在知识产业中，大量劳动力将游离于固定的企业系统之外，分散劳动、家庭作业等将成为新的工作方式。计算机软件及网络技术的蓬勃发展使得虚拟组织的运行得以实现。企业不必再去建造庞大的办公大楼，取而代之的是各种形式的流动办公室。美国、加拿大等国的大型跨国公司在家办公的科技人员数量已达40%以上。随着组织结构的虚拟化和家庭作业人数的增多，如何利用网络技术实施管理成为虚拟组织的管理重点。

本章概要

□ 内容结构

- 组织管理
  - 组织结构的基本类型
    - 直线型组织结构
    - 职能型组织结构
    - 直线职能型组织结构
    - 事业部制组织结构
    - 矩阵制组织结构
  - 组织结构设计的影响因素和策略
    - 企业组织环境
    - 企业战略
    - 技术特点与技术类型
    - 组织规模
  - 组织结构设计与优化的程序
    - 组织结构诊断
    - 优化业务流程
    - 部门职能分解
    - 确定职位职责
    - 构建和完善管理规范
  - 组织变革
    - 企业进行组织变革的动因
    - 组织变革要考虑的因素
    - 组织变革的方式
    - 组织变革的步骤和过程

□ 主要概念和观念

组织结构　业务流程优化　职能分解　直线职能型组织结构　事业部制组织结构　矩阵制组织结构　组织变革　层级扁平化　运作柔性化

□ 重点实务

组织结构设计的策略　组织结构图的设计　组织变革的过程与步骤

□ 重点操作

组织结构方案设计

单元训练

□ 理论题

（1）什么是组织？组织有哪些特征？

（2）简述古典管理理论时期的组织理论、行为组织理论和现代组织理论的主要观点。

（3）简述组织设计的基本原则和影响因素。

（4）简述企业进行组织变革的动因。

（5）简述组织变革的步骤和过程。

（6）组织变革的方式有哪些？

□ 实务题

（1）举例说明组织结构主要有哪些类型？各有何特点？

（2）从哪些方面入手进行组织结构设计？

（3）请比较一家房地产企业和一家IT企业的组织结构，二者有什么不同？为什么会有这些不同？

（4）选择一家企业，分析其组织结构存在的问题，并提出对其进行组织结构优化的策略。

（5）从哪些方面入手进行组织变革？

□ 案例题

扁平化——成功组织管理的代名词

背景与情境：杰克·韦尔奇在担任通用电气总裁后，开始大刀阔斧地改造通用电气的组织结构，迅速砍掉大量的中间管理层，并裁减管理层职位，最终使通用电气从原来的9个管理层次变成3~4个管理层。通用电气的成功使有效管理幅度、适当的管理层等似乎成为过去时，然而，扁平化是否真的如此有效？

1.通用电气组织管理史：战略事业单位-超事业部制-扁平化

在杰克·韦尔奇进行扁平化变革之前，通用电气也有两次非常著名的组织变革：波契主持的“战略事业单位”变革和琼斯主持的“超事业部制”变革。20世纪60年代末，通用电气在企业管理体制上采取了一种新的战略性措施，即在事业部内设立“战略事业单位”（SBU）。它是独立的组织部门，可以在事业部内有选择地对某些产品进行单独管理，以便事业部能够将人力、物力机动、有效地集中使用，对各种产品、销售、设备和组织编制严密的、有预见性的战略计划。这次变革给通用电气带来了立竿见影的效果，该公司1971年在销售额和利润额方面都创造了新的纪录。20世纪70年代中期，通用电气实行“超事业部制”，就是在各事业部之上建立一些“超事业部”，统辖和协调各事业部的活动，也就是在事业部的上面又多了一级管理。这一方面可以使最高领导机构减轻日常事务性工作，集中力量研究有关企业发展的战略计划；一方面也增强了企业的灵活性。

通用电气的每一次组织变革都是一种适应环境的反应：1971年的“战略事业单位”改革，是因为它遇上了威斯汀豪斯电气公司的激烈竞争，这时企业面对的最大问题就是如何战胜竞争对手，巩固市场地位。通用电气要提升企业对市场信息的反应速度和企业市场竞争策略的灵活性，于是“战略事业单位”这样的组织单元应运而生。20世纪70年代中期，美国遭遇能源危机与通货膨胀，经济萧条。这时不适合继续扩大投资和再生产，如何避免资源浪费和制定长期的发展策略成为核心问题。在这种情况下，通用电气推行“超事业部制”组织改革，企业最高层领导从繁忙的日常事务里解脱出来，把精力聚焦于长期战略的制定和资源在集团内的调控。通用电气两次组织变革所走的方向是相反的——“战略事业部”改革是放权，“超事业部制”改革是集权。其结果是通用电气出现了明显的官僚化倾向。为适应环境变化，消除组织内部的官僚习气，杰克·韦尔奇为通用电气开出了著名的扁平化药方。

2.扁平化不是万能的

正确的扁平化能使通用电气生机勃勃，错误的扁平化则会让企业奄奄一息。张总大学毕业第二年开始创业，从事IT产品贸易。由于赶上IT经济热潮，加上经营有道，张总刚30出头就坐拥一个年销售额3 000多万元的企业。IT人对时尚和潮流有着难解的情结，花了两个月的时间，张总把原来四层的企业管理结构简化成三层。由于组织变革的时点选在销售淡季，所以一切都进行得非常顺利。然而淡季过后，公司业务量急升，他桌面的待办公文也越堆越厚，工作时间越来越长。但“天道”没有“酬勤”，反而出现了好几次因为合同迟迟不能敲定而造成客户流失的情况。张总及时反省了一下，发现这几次失误都是因为流程在自己这里“卡壳”——工作太多，没能及时审阅经理们拟好的合同。于是他开始大幅向下授权，使企业具备了更快的应变能力。一切都有了好转，张总终于能从无穷无尽的工作里抽身出来，因反应不及时而导致客户流失的现象再也没有出现。

资料来源　林根祥.管理学基础[M].武汉：武汉理工大学出版社，2006：123-126.

问题：

（1）织结构设计考虑的主要因素是什么？

（2）为什么扁平化能使通用电气生机勃勃，却让张总的企业奄奄一息？

□ 实训题

“组织结构方案设计”训练

技能Ⅰ　组织战略、技术、环境、规模分析技能

技能Ⅱ　组织结构设计技能

技能Ⅲ　组织结构图绘制技能

技能Ⅳ　“组织结构方案（再）设计”（实训报告）撰写技能

要求：

（1）能够全面把握“组织管理”理论与实务知识。

（2）能够运用“组织结构设计”理论与实务相关知识，分析企业组织结构与组织管理中存在的问题。

（3）能够初步设计具有一定针对性、创新性和实效性的企业组织结构设计方案。

（4）能够正确设计、撰写实训报告。

【实训步骤】

将学生分成若干实训组，各实训组可以任选一题。每个实训组结合所选题目，通过实地考察或自行搜集的资料，分别选择不同的企业，运用“组织管理”理论与实务相关知识分析存在的问题与不足，初步设计具有一定针对性、创新性和实效性的组织结构设计方案，撰写该企业关于“组织结构方案”的相应实训报告。

【实训时间】

本章课堂教学内容结束后的双休日和课余时间，为期一周。

第三章 职位分析和职位评价

学习目标

理论知识目标：（1）职位分析和职位评价的基本概念。（2）职位分析的基本原则和程序。（3）职位分析的内容。（4）职位分析的基本方法。（5）职位评价的方法。

实务实训目标：（1）熟练运用职位分析的各种方法，能够设计观察提纲、访谈提纲和职位调查问题。（2）根据企业情境和职位特点，能够编制不同岗位的职位说明书。（3）能研究章后案例“A公司的职位评价”，培养和提高在特定情境中分析问题、解决问题的能力。（4）能够结合一个具体企业，设计职位评价体系并实施，培养决策、设计与执行力。

引例　开展职位分析工作的困惑

KG公司人力资源部张经理最近有些烦，因为总经理给人力资源部安排了一项艰巨的任务，要求他们编制公司内各个职位的职位说明书。张经理理解总经理的目的，她还清楚地记得五年前刚来公司的时候，KG公司还是个四处借钱、白手起家、只有十几个人的小厂，内部没有明确的组织结构，也没有明确的书面职责分工，大家所做的工作经常交叉。不过，由于总经理采取直线领导，很容易进行协调，所以工作效率也很高。

随着近两年市场局面逐步打开，公司进入了高速成长期，经营规模和人员都迅速膨胀，以前总经理根据个人意愿安排工作的方式已经导致内部发生混乱，如职位设置随意、职责界定不清、相互推诿责任等。

在上次高层管理会议上，总经理提出：公司一定要在提高管理水平上下工夫，以组织结构为基础、规范职位职责便是首要工作。这个工作自然而然地落在了人力资源部的头上。让张经理头疼的是：第一，职位分析是一项耗时、耗力且持续性较强的工作，公司目前有600多人，人力资源部只有4人。每个人光是忙招聘、培训、核算工资就占用了大部分时间，哪里还有专门的时间做职位分析。第二，目前的300多个职位都是专业技术性较强的，人力资源部的人几乎没有进行这些专业职位分析与工作设计的经验，如果仅靠人力资源部，这简直是“不可能完成的任务”。第三，张经理与其他公司的人力资源部经理也曾交流过职位分析的事，他们的职位分析往往在动用了公司大量人员之后，内容还是严重脱离实际，最终无疾而终。

经过考虑，张经理制定了前期工作步骤：首先，制订职位分析工作计划；其次，组成职位分析工作小组，进行分工；最后，对职位分析工作在全公司范围内进行宣传动员。对于接下来要做的具体工作，张经理决定请人力资源管理专家来做指导。

资料来源　改编自黄文颖.职位分析，你参与了吗?[J].人力资源，2006（2）.

第一节　职位分析与职位评价概述

一、　职位分析与职位评价的概念

（一）职位分析的含义

职位分析是对企业各类职位的性质、任务、职责、劳动条件、劳动环境以及任职者承担本职位任务应具备的资格条件进行的系统分析和研究过程。更确切地说，它是以企业中各员工的工作职位为对象，采用科学的方法，进行职位调查，收集有关信息，对职位进行分析、评定，制定职位规范、职位说明书等各种人力资源管理文件，为人员的招收、调配、考核、培训、升降、奖惩以及报酬给付提供客观依据的人力资源管理活动的总称。职位分析中会涉及以下几组概念①：

1.任务、职责和职权

任务是指为达到某一明确目的所从事的一系列活动。职责亦称责任，是指由一个人担负的一项或多项任务组成的活动。例如，营销人员的职责之一是进行市场调查，建立销售渠道。职权是指依法赋予职位的某种权利，以保证履行职责，完成工作任务。一项职责一般包括若干项任务，而职责的完成需要相应的职权来支持。

2.职位、工作和职业

职位即岗位，是指组织要求个体完成的一项或多项责任以及为此赋予个体的权力的总和。工作是指一组主要职责相似的职位所要完成的任务。职业是由不同组织中相似工作构成的工作属性。

3.职系、职组、职级和职等

职系又称工作族，是指一些工作性质相同而责任轻重和困难程度不同的职位系列。工作性质相近的若干职系综合而成为职组。职级是指工作内容、困难程度、责任大小、所需资格皆很相似的职位。工作性质不同或主要职务不同，但其困难程度、责任大小、工作所需资格等条件相同的职级为同一职等。一般来说，一个企业的职位可以分为若干职组，每个职组又包含若干职系，每个职系可以划分若干职级，职等是各职系之间的职位进行横向比较的工具。职系、职组、职级和职等之间的关系如图3-1所示。

（二）职位评价的概念

职位评价又称岗位评价或工作评价，是以职位任务在整个工作中的相对重要程度的评估结果为标准，以某具体职位在正常情况下对任职者的要求进行系统分析和对照为依据，实际地测定每一职位在组织内部工资结构中所占位置的一种技术。

制定出职位规范和职位说明书之后，职位已经被客观地确定下来了。根据这些文件对职位的规定，每一职位在职位体系中的相对重要程度已被确定，职位评价的目的就是要找出这种相对程度，作为制定工资结构的参考依据之一。

二、　职位分析的结果文件

职位分析的主要结果文件是职位说明书，它主要包括以下内容：

① 张一弛.人力资源管理教程[M]. 北京:北京大学出版社，2004:27-28.

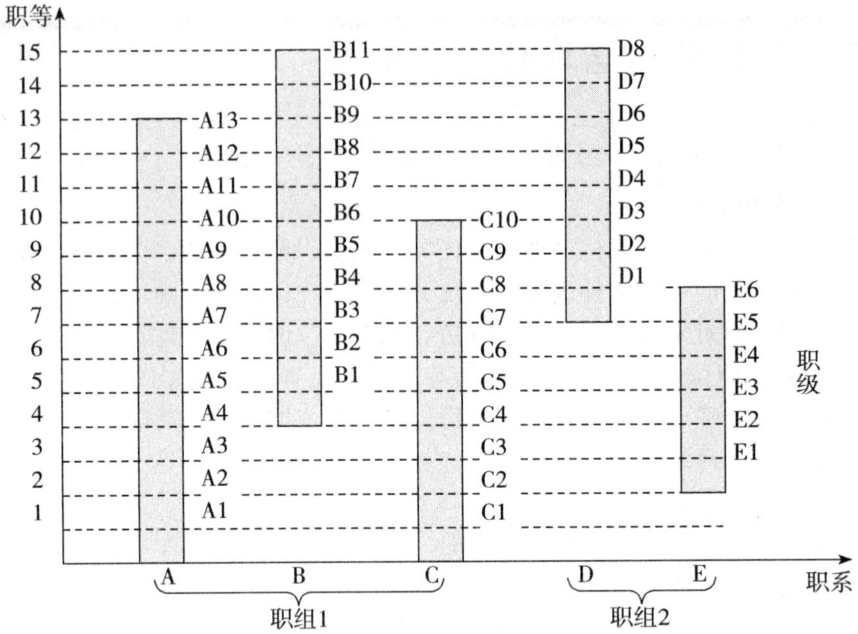

图 3-1 职系、职组、职级和职等

（1）职位名称。

（2）职位编号（可按职位评价与分级的结果对职位进行编码）。

（3）本职位说明，主要包括：①本职位的性质、特征、与其他职位的区别。②本职位的劳动强度、工作繁简难易程度、责任大小、劳动环境和条件。③本职位的工作程序和工作举例。④本职位与其他职位的关系，以及职务升迁、变动路线。⑤职位其他方面的说明。

（4）资格条件。资格条件指出担任本职位的人员应具有的基本资格和条件，如性别、年龄、身体条件、经验、学识、技能等。

（5）职位评价与分级。它说明本职位的相对价值、在生产中的地位和作用，以及归级等情况。

职位说明书的格式有多种，可根据具体内容和情况进行编制。表 3-1 是职位说明书示例。

表 3-1 **职位说明书示例**

职位名称	资本运营部部长	职位编号	SD-ZY-01
所属部门	资本运营部	职位定员数	1
直接上级	总经理、分管副总	直接下级	副部长（投资、融资）
所辖人员	3	职位分析日期	
职位概述： 全面负责资本运营部的各项工作，重点负责集团公司重大资本运作项目的立项初审、组织实施和集团公司的发展改革工作，并对集团公司的重大投资项目提出建议，为董事会决策提供依据			

续表

职责与工作任务		
职责一	职责表述：负责重大资本运作项目的论证和初审	
	工作内容	对集团公司长期股权投资项目的立项申请进行初审
		对集团公司股权融资项目的立项申请进行初审
		对集团公司二级单位提出的资本运作计划与方案进行调研、论证和初审
		代表集团公司处理所持有的上市公司股票在证券市场进行增持或减持的具体事宜
职责二	职责表述：按照集团公司发展战略，负责集团公司改革改制工作	
	工作内容	负责集团公司及二级单位产权制度改革和辅助产业改制工作
		负责对集团公司调整企业组织结构（包括合并、注销、破产、提升管理层级等）提出指导性意见，并对具体方案组织认证和初审
		处理部门归属不清晰的改革事务
职责三	职责表述：负责董事会发展战略及投资决策委员会交办的具体工作	
	工作内容	研究集团公司发展战略及编制中长期发展规划，并对战略管理提出工作建议
		牵头组织相关部门对投资项目进行调研、论证和初审
职责四	职责表述：负责本部门的组织管理工作	
	工作内容	组织制定并完善发展改革相关管理制度，检查制度执行情况
		负责本部门员工队伍建设，提出对下属人员的调配、培训、考核建议
		负责安排部门内的工作任务，监督本部门员工工作目标执行情况，及时给予指导
		负责控制本部门预算，降低费用成本
职责五	职责表述：完成集团公司交办的其他工作事项	
	工作内容	
职位权限：		
有权限内项目管理决定权		
对分管的业务有检查指导权与监督实施权		
对领导的决策有建议权		
对本部门人员调配、奖惩有建议权、考核评价权和任免提名权		

续表

对本部门人员工作安排有决定权	
对本部门人员工作有监督和检查指导权	
有权限内财务审批权	
工作协作关系：	
内部协调关系	集团公司总部各部门、集团公司所属单位
外部协调关系	市政府相关办事机构、农业部农垦局、有关行业协会、有关中介机构
任职资格：	
教育水平	本科及以上
专业	经济管理类相关专业
经验	5年以上相关工作经验，3年以上管理工作经验
知识	熟悉资本运营和发展改革相关政策、法律法规，熟悉企业管理、投资管理等相关知识，精通投资分析和风险评估及各种投资流程，了解集团公司及对外投资企业的经营状况和资本市场（证券市场和债权市场）的运作
技能技巧	掌握Word、Excel等办公软件的使用方法，具备基本的网络知识
个人素质	领导能力、组织协调能力、综合分析能力、人际交往能力、决断能力、计划和执行能力、语言表达能力、文字处理能力
专业资格证书	中级以上专业资格证书
语言要求	无
性别要求	无
政治特征	无
工作特征：	
使用工具/设备	计算机，一般办公设备（电话、打印机、Internet/Intranet、文件柜）
工作环境	在集团公司内办公，偶尔出差
工作时间特征	正常工作时间，偶尔加班
备注：	

第二节　职位分析的内容、方法与实施

一、职位分析的内容

职位分析主要是对每个职位的任务与责任、承担职位的资格条件以及与其他职位的关

系等职位信息进行分析①。

(一) 职位的任务与责任

(1) 职位的名称、工种和职务。

(2) 职位任务的性质、内容、形式、操作步骤、方法，使用的设备、工具和操作对象。

(3) 职位对资金、设备、工具、原材料等在使用与保管方面的责任。

(4) 对职位任务在数量、质量和工作效率方面的规定。

(5) 职位对维护企业信誉、市场开发、产品设计、生产工艺等方面的责任。

(6) 职位的安全责任。

(7) 职位的工作强度与工作环境。

(二) 承担职位的资格条件

1.工作经验

工作经验是工作者承担本职位以前在其他类似或相关职位上工作的实践经验。不论是工作前还是培训后的工作经验，都是圆满完成工作所必需的。

2.智力、知识水平

智力水平涉及头脑反应、注意力集中程度与计划等方面。知识水平体现一个人在文化修养和专业知识方面的综合水平。这两项条件是当工作调整或工作中遇到紧急情况时所需要的，可以用以下能力来衡量：

(1) 主动性：独立工作，独立判断，独立制订工作计划的能力。

(2) 判断能力：根据一系列原始材料，自己作出决策的能力。

(3) 应变能力：在工作过程处理突发事件、作出适当调整的能力。

(4) 敏感能力：在工作中集中精力、避免失误的能力。

(5) 学历。

3.技巧和准确性

技巧和准确性是指达到工作要求的速度和精确程度所需要的操作能力。技巧侧重于速度和敏捷性方面的要求，如打字员每分钟要求打80个汉字；准确性侧重于操作设备时产生的误差方面的要求，如切削三次后误差小于0.0005cm。

4.体力要求

体力要求是指工作本身对工作人员在体力方面的压力。需要强调的是，这种压力是与工作本身相联系的，而不是个人出于自愿的表现，如在空闲时间举哑铃；也不包括偶然性的指派，如替人值班。体力要求用体力活动的频率和剧烈程度来衡量，必要时还要说明怎样的残疾人可以聘用。

(三) 与其他职位的关系

企业中每个职位都有特定的功能，各职位之间又存在不可分割的联系。各职位之间的关系主要有以下几方面：

(1) 各职位之间的协作关系、协作内容。

(2) 各职位之间的监督指挥关系：本职位受谁的监督与指挥，它又监督指挥谁？

---

① 林玳玳，袁伦渠，赵祥宇.现代企业人力资源管理设计[M]. 北京：中国劳动社会保障出版社，2003：60-61.

（3）本职位工作者的升降方向、平调路线。

为了深入研究各职位之间的关系，可采用科学的测定方法，将性质、特点和要求相同或相似的职位划分在同一个工作族内。实践证明，在同一工作族内进行人员调配的成功率大大高于在不同工作族内的人员调配。

（四）其他工作行为的条件

这部分不直接涉及工作责任和质量，通常由政策或企业的临时决议规定，对设立招聘条件有重要参考价值，如工作人员的年龄限制、婚姻状况、国籍、政治面貌等。

二、职位分析的基本方法

科学的职位分析方法是职位分析成败的关键，对职位分析结果的科学性、规范性和有效性有重要影响。职位分析的内容取决于职位分析的目的与用途，且不同组织所进行的职位分析的侧重点会有所不同。在开展职位分析时，收集职位分析信息的方法有很多，我们主要介绍观察法、访谈法、问卷法、典型事例法等。

（一）观察法

1.观察法的概念

观察法是指在工作现场观察员工的工作过程、行为、内容、工具等，以标准格式记录各个环节的内容、原因和方法，并进行分析与归纳总结。这种方法适用于大量标准化的、周期较短的、以体力活动为主的工作。

观察法的优点是职位分析人员能够比较全面和深入地了解工作要求。其缺点有三：一是它不适用于脑力劳动成分比较高的工作，以及处理紧急情况的间歇性工作，如律师、教师、急救站的护士、经理等。二是对有些员工而言难以接受，他们觉得自己受到监视或威胁，从心理上对职位分析人员产生反感，同时也可能造成操作动作变形。三是不能得到有关任职者资格要求的信息。

2.观察法的注意事项

（1）要注意工作行为样本的代表性。

（2）观察者在观察时尽量不要影响被观察者的注意力，不要干扰被观察者的工作。

（3）观察前要有详细的观察提纲和行为标准。

（4）观察者要避免机械记录，应反映工作内容，并对工作信息进行比较和提炼。

（5）观察者的工作应相对稳定，即在一定时间内，工作内容、程序对工作人员的要求不会发生明显变化。

运用观察法时，一定要有一份详细的观察提纲（见表3-2），这样观察才能及时准确。

（二）访谈法

访谈法又称面谈法，是一种应用最为广泛的职位分析方法，是指职位分析者就某一个职务或职位面对面地询问任职者、主管、专家等人对工作的意见和看法。

1.访谈法的准备工作

（1）制订访谈计划。访谈计划应该包括以下几点：明确访谈目标，确定访谈对象，确定访谈时间、地点，准备访谈所需的材料和设备。访谈对象的确定应采取抽样方式，每个职位访谈人数的多少应和该职位人数相关。确定了访谈人数后，具体名单应由每个部门根据实际情况安排。访谈时间以不打搅正常工作为宜，最好提前通知访谈对象，使其有充分

表 3-2　**观察提纲**[①]

被观察者姓名：	日期：	观察者姓名：	观察时间：	工作内容：	工作部门：
观察内容：					

1. 什么时候开始正式工作？
2. 上午工作多少小时？
3. 上午休息几次？
4. 第一次休息时间从____到____。
5. 第二次休息时间从____到____。
6. 上午完成多少件产品？
7. 平均多长时间完成一件产品？
8. 与同事交谈几次？
9. 每次交谈多长时间？
10. 室内温度。
11. 上午喝了几次水？
12. 什么时候开始午休？
13. 出了多少次品？
14. 搬了多少次原材料？
15. 工作场所噪音的分贝是多少？

的准备时间，提高访谈效率和成功率。访谈地点应该保持安静、整洁、明亮，方便谈话进行。访谈者和访谈对象的位置安排应自然合理，不要将距离拉得过大，避免给人一种“审问”的感觉。尽量减轻访谈双方的压力，使访谈在轻松的氛围中进行。访谈前要准备计算机、录音机或者录音笔等工具，以便记录访谈情况。

（2）编制访谈提纲。访谈进行以前，应拟定访谈提纲。访谈提纲的主要作用是为访谈者提供信息补充，防止在访谈过程中出现严重的信息缺失，确保访谈过程的连贯性。编制访谈提纲时，应根据工作说明书、调查表等有关资料和先前经验设计问题，问题的选择要与访谈目的相关和一致。访谈提纲应根据访谈对象不同而有所区别，要充分考虑访谈对象的文化程度和知识背景，问题的设计要与访谈对象的理解能力相吻合，要从一般信息入手逐步深入至问题的细节部分，直到问题已经穷尽或是已经问清楚为止。访谈提纲编制完成后，需要进行有少量访谈对象参加的试访谈，然后补充完善，直至形成最终提纲（见表 3-3）。

（3）培训访谈人员。访谈人员要有较强的亲和力、语言表达能力和人际关系协调能力。培训要明确访谈目的、意义，传达访谈计划，对访谈原则、知识、技巧等进行培训。按照访谈分工，各访谈人员要收集并分析现有职位相关信息，根据实际需要对访谈对象有大致了解与认识。

2.访谈的实施

访谈开始，要营造气氛，切入访谈话题，并介绍访谈流程及有关要求（见示例 3-1）。

① 丁利国，李进.人力资源管理[M]. 重庆：西南交通大学出版，2005：64-65.

表3-3 **管理职位访谈提纲示例**

开始：首先，向被访谈人说明职位分析的重要性，以取得共识和重视；其次，强调职位分析"对岗不对人"，消除对方的紧张感；最后，强调访谈人将对谈话内容严格保密，增强被访谈人的信任感，以利于进一步沟通和交流。

一、基本信息

1. 您的姓名：
2. 您的职位名称：
3. 您的学历和工作背景：
4. 您的工作地点：

二、主要工作任务、责任和权力

1. 请描述您所属科室在本部门组织结构中的功能，以及您在科室中担当什么角色？
2. 您所在职位的主要职务是什么(重要的和不重要的)？请举出典型工作事例。
3. 您所在职位的主要职权、职责是什么？
4. 您对本部门"企业管理规范"中关于您职位的职务、职责、职权的描述有什么补充或建议？
5. 您一天的工作流程是怎样的（举出一个典型工作日的具体工作)？
6. 您必须遵循什么原则、规定、政策、标准等以完成您的职责？
7. 您在贯彻有关的规章、制度、命令、标准时有哪些困难？请举例说明。
8. 您能回答"本部门为什么需要我这个职位"这个问题吗？
9. 您的工作有何风险？对待和承担风险的态度和方式有哪些？

三、职位监督

本职位直接主管科室及负责人、职位名称。

直接主管人对本职位工作监督的性质、范围、方式，请举例。

本职位直接监督的人员数、间接监督的人员数是多少？其职称如何？

本职位对下属监督的性质、范围和方式如何？举例说明。

四、工作效果和范围

1. 本职位所作出的决定、意见、建议对本企业和职工的权益有何影响？发挥作用的范围如何？

2. 本职位工作若有失误，对下属、全体职工、机械设备、原材料、资金和业务发生何种影响？其程度如何？

3. 本职位需要保守机密，如泄露将发生何种影响？造成何种损害？其范围、程度如何？

4. 本职位需要创造力（包括新政策、新计划、新方法、新技术、新产品的设计能力）的范围和程度如何？举例说明。

5. 本职位日常工作中除与上级和下属接触以外，经常与他人接触的范围、目的、方式如何？有何困难？接触的频繁程度如何？举例说明。

五、资格条件

您觉得您的职位在知识和经验上必须具备哪些资格？

六、工作时间和环境

1. 请描述一下您的工作环境，您是否满意？本职位在劳动环境和条件方面有何不舒适、不安全的情况?举例说明。

2. 工作时间是否固定？工作量大约占工作时间的多大比例？是否经常加班？

续表

七、绩效考核 对该职位怎样进行考核？有哪些考核指标与标准？多久考核一次？考核的结果是否做成书面记录？书面记录是否完备？您对现在的考核方法是否满意？有哪些改进方法？
八、职业培训 您觉得承担这个职位需要哪些培训？本职位是否有进修和提高的机会？
九、您的一些想法 1. 这个工作适合您吗？您对自己的工作满意吗？ 2. 现有人事管理制度及其执行中还存在哪些问题？对本部门的经营管理有何影响？应采取怎样的措施加以改进？ 3. 目前本科室同其他科室协调最困难的地方在哪里？如何避免？ 4. 本部门的组织结构存在的主要问题和风险是什么？如何避免？ 5. 本部门各科室是否存在人浮于事或人员过少、人员工作压力过大的现象？内部员工对本职位职责是否清楚？ 6. 生产、经营和管理科室是否健全？是否与职能划分相适应？是否有与科室划分不相适应的业务、责任分担情况？ 7. 各科室和本部门员工在多大程度、多大范围参与本部门战略的制定？ 8. 您认为自己的工作过程可以怎样改善？ 9. 您对个人以及本部门将来的发展有何看法？
结束：向被访谈人表示感谢，表明如需要还会对被访谈人进行深度访谈，欢迎被访谈人有问题前来咨询。

示例3-1　访谈开头语

××先生／女士：

您好，我叫××，是这次职位分析的访谈员。首先感谢您来参加职位分析访谈。职位分析要解决两个问题：企业每个职位都是做什么工作的，这些职位对员工有什么具体的从业要求。这次邀请您面谈，是因为您有丰富的工作经验，您的配合是我们获得必要信息的重要保证。我们将对本次谈话的内容作必要的记录。我们向您保证，访谈内容仅限于职位分析，并且将尊重个人隐私，对您所谈内容保密。请不必顾虑，如实回答。您有什么问题吗？如果没有，我们开始访谈。

按照访谈计划，收集到所有与职位分析相关的信息后，访谈就进入结束阶段。在访谈结束阶段，访谈者应与访谈对象再次沟通，并感谢访谈对象的参与。如有需要，可告知再次深入访谈的有关安排。

3.访谈法应注意的问题

（1）与主管人员合作。进行访谈前，应与主管人员密切合作，寻找那些对工作内容最了解、最可能对自己所承担的工作任务和职责进行客观描述的工作承担者，以获得最有价值的信息。用访谈法收集岗位信息一般有三种类型：访问单个员工；与从事同种工作的多个员工座谈；访问一个或多个主管人员。

（2）与访谈对象建立融洽的沟通关系。访谈是双方面对面的交流互动过程，访谈双方的情绪和心态对于访谈效果起着相当关键的作用。从这个意义上说，在访谈初始阶段与访谈对象建立平和、互信的沟通关系显得格外重要。如果使用计算机、录音机、录音笔等工具进行记录，应征求访谈对象的同意和许可。

（3）对访谈过程进行有效的引导，确保获得有效信息。根据访谈的进程，要对相关信息进行提示，引导访谈对象的思维。要让访谈对象多开口说话，这样才能使收集的信息更加客观，不带访谈者主观强加的意愿。随着访谈的逐步深入，所谈内容由浅入深、由易到难，应逐步趋于具体、详细。如果访谈对象对一个问题没有阐述清楚，访谈者也可以及时追问，使其更加详细地描述出来。

（4）有效控制访谈过程，确保访谈不偏离主题。访谈者还应控制整个访谈的时间和主题，可以及时总结相关话题，不在无关问题上纠缠。在访谈中，许多访谈对象，尤其是职位比较低的人，往往把访谈视为陈情诉苦的机会，把话题转移到他所希望的问题上去。此时，访谈者只能记录现实存在的情况，以保证资料的真实性，同时要努力维持轻松的交流氛围。访谈者应表示对访谈对象所描述的内容感兴趣，经常重复或总结访谈对象说过的主要观点，不要对其陈述提出异议，不要苛求，更不要提议改进或改变工作方法。

（5）访谈时，应尽力避免谈论涉及员工个人的信息。一方面要引导访谈对象谈论与工作有关的信息，另一方面应“被动”地接收信息。所谓的“被动”就是只衡量、评价、分析工作内容，而不评价该职位上的某一位员工怎么样。

4. 访谈数据的整理

（1）与访谈对象的直接主管沟通，确定所收集信息的真实性和有效性。由于访谈对象看待问题的角度和立场的原因，有时其谈话会有失真现象，因此对于有关信息还需要让其直接主管确认。

（2）剔除无效信息。在整理访谈记录时，应找出同一职位的共性，同时将访谈对象没有针对问题作出的回答或具有明显偏差的信息删除掉。

（3）记录分类。在全部访谈结束后，应将整理好的访谈记录分类，将同一职位的访谈记录放在一起，将同一部门的职位归类，以便对访谈结果进行分析。

（4）形成初步职位分析文件。

5.访谈法的优缺点

访谈法的优点有：可以对工作者的工作态度与工作动机等较深层次的内容有比较详细的了解；适用面广，特别是访谈者不可能实际去做的岗位（如飞行员）或者不可能去现场观察或难以观察的岗位（如建筑师）；在访谈中，访谈者与访谈对象相互交流，可以验证已获得的其他资料的可靠性；由任职者亲口讲出工作内容，具体而准确；可以使职位分析者了解到直接观察法不容易发现的情况，有助于管理者发现问题；为任职者解释职位分析的必要性及功能；有助于与员工的沟通，缓解紧张情绪。

访谈法的缺点有：需要专门的技巧，需要受过专门训练的职位分析人员；比较费时、费力，工作成本较高；搜集到的信息往往被扭曲、失真；易被员工认为是对其工作业绩的考核或是一种薪酬调整的依据，故而夸大或弱化某些职责。

（三）问卷法

问卷法是通过精心设计的问卷获取关于某职位的工作内容、工作特征和人员要求等信息的方法。

1.问卷法的基本步骤

（1）问卷设计。问卷法的第一步是根据职位分析的目的、用途，设计个性化的问卷（见表3-4）。设计问卷时应考虑填写说明、问卷所含项目、阅读难度、填写难度、问卷长度等，特别要注意依据不同目的使用不同类型的问卷。若职位分析用于薪酬设计，可以使用结构化程度较高的问卷，便于量化计分；针对管理者的职位分析，则可使用专业问卷。

表3-4　**职位调查问卷（示例一）**

职务名称：　　主管部门：　　所属部门：

工作地点：　　间接主管：　　监督者：　　直接主管：

一、职位设置的目的（本职位设置的目的是什么）

二、职责（列举本职位的工作责任及重要性）

1.每日必做的工作完成　　该任务花费的时间百分比

________________　　________________

2.一定时间内必做的工作（季、月、周）　　完成该任务花费的时间百分比

________________　　________________

3.偶尔要做的工作　　完成该任务花费的时间百分比

________________　　________________

三、教育要求

____对于本职位的工作来说，哪些知识与技能是必需的？这些知识与技能可以从学校获得，也可以通过自学、在职培训或工作实践获得。请确定下列知识与技能中哪些是必要的，在空格处打勾（下同）。

____任职者能够读写并理解基本的口头或书面指令；

____任职者能够理解并执行工作程序，理解上下级的隶属关系，能进行简单的办公室设备操作；

____任职者能够理解并完成交给的任务，具备每分钟打50个汉字的能力；

____具备本职位工作所需要的专业知识；

____具备相近专业领域的一般知识；

____具备商业管理与财政方面的基础知识与技能；

____具备商业管理与财政方面的高级知识与技能；

____其他方面的要求：

四、经验

____只需要1个月的相关实习期或在职培训期；

____只需要1～3个月的相关实习期或在职培训期；

____只需要4～6个月的相关实习期或在职培训期；

____只需要7～12个月的相关实习期或在职培训期；

____只需要1～3年的相关实习期或在职培训期；

____只需要3～5年的相关实习期或在职培训期；

____其他方面的经验要求：

续表

五、担负的管理职责
工作指导
布置工作
检查工作
制订计划
目标管理
协调活动
解决雇员问题
评价下属
任职者直接管理的职工人数
六、工作关系

____

七、本职位所受到的监督与管理
____直接。任职者的工作简单重复进行，处于明确、具体的指导下，基本上每天都接受指导。
____严密性。任职者要按程序工作，从上级部门接受任务安排。
____一般性。任职者有计划地安排自己的工作，需要不定期与上级商讨例外的问题。
____有限性。任职者在一定目标指引下，计划自己一定时期（每月）的工作。
____宏观指导。任职者可独立开展自己的主要工作，只需要在目标上与上级保持一致。
____自主性。任职者可以自主确定工作目标，绩效标准只需与他人协商即可，不需征得上级同意。
八、决策责任

____

九、数据保密
____不保密。工作中没有任何数据需要保密。
____有一点保密。偶尔有些数据需要保密。
____一般保密。一般情况下，需要保密，泄露数据将对公司有负面影响。
____绝大部分工作都需要保密，泄露数据将对公司有重大影响。
____完全保密。数据稍有泄露，便会有损公司的名声和地位。
十、工作条件

____

十一、心理条件

____

十二、列出工作中所使用的机器或设备

____

十三、附加说明
本职位还有哪些方面需要补充说明，请列出：____

____

问卷中的问题要明确，语言应简洁易懂，必要时可以附加说明；要按照逻辑次序排列问题，可按照时间先后顺序、外部到内部顺序安排；容易回答的问题放在前面，难以回答的开放式问题放在后面；要针对具体对象和调查内容，先问范围广泛的、一般的问题，后问与职位相关性很强的问题；要包含职位分析所需的全部内容（见表3-5）。问卷不宜过长，可以采用不同形式提问，以引起回答者的兴趣。

表 3-5　**职位调查问卷（示例二）**

一、职务分析情况

1.职务分析表修订________　2.现行修订________　3.职务分析日期_________

4.预分析_________　5.职务分析人___________　6.核定____________

二、职务身份

1.职务名称____________　2.其他名称____________　3.科室_______________

4.部门______________　5.主管____________

三、职务简述（简要说明职务目的、干什么、为何干）

____

____

四、职责

1. 该职务首要职责最好归为：

______医务　_______技术　_______管理　_______职员　________专业

2. 列出主要职责及每次所占时间比例：

（1）____________________，_____%

（2）____________________，_____%

（3）____________________，_____%

3.哪些职责构成成功的工作？

____

4.为履行这些职责并达到标准绩效，需要多少训练？

____

五、责任

该职务有哪些责任？及其重要性如何？

责任方面	重要性小	重要性大
1.设备操作		
2.使用工具		
3.保护设备		
4.保护工具		
5.使用材料		
6.保护材料		
7.人员安全		
8.其他人的绩效		
9.其他		

六、人员特点/职务资格

1.完成该职务所需的体力特点：

____

续表

2.以下特征中，哪些是需要的?其重要性如何?

特征	无需	有助	必需
视力			
听力			
口语			
触觉			
味觉			
嗅觉			
手眼协调			
整体协调			
紧张			
高度			
健康			
主动性			
独创性			
判断			
注意			
阅读			
算术			
写作			
教育水平			
其他			

3.该职务所需经验：

____

4.培训能够代替经验吗?

_____能，如何培训? ______________________________

_____不能，为什么? ______________________________

续表

七、工作条件

1.描述职务工作时的体力状况：

____

2.是否有与职务有关的特殊心理要求：

____

3.描述为做好工作所需的条件：

____

八、健康或安全特征

1.充分描述与职务有关的安全和健康状况：

____

2.是否需要安全培训及装置？

____

九、工作标准

1.该职务工作成绩如何测量？

____

2.对做好该项工作影响最大的可变因素是什么？

____

3.该职务是否有什么需要注意的地方？

____

职务分析者签字____________　　完成日期______________

（2）问卷试测。设计好的问卷初稿在正式使用前应选取小部分职位进行试测，试测过程中出现的问题要及时加以修订和完善，确保问卷的科学性与合理性。

（3）样本的选择与确定。样本可以包括任职者本人、任职者的直接上级和下级，以及有代表性的其他相关人员。针对某一具体职位进行分析时，如被调查对象较多，应选取适当的样本。

（4）调查过程。调查开始时，要进行必要的职位分析辅导，通过公司内部渠道发放职位分析调查问卷。在调查中，要对问卷中的项目进行必要的说明和解释，最好在专家指导下，由受过职位分析专业训练人员开展调查。

（5）问卷的回收与处理。职位分析人员应按时回收问卷，并认真鉴定，结合实际情况做必要的调整，剔除不合格问卷或重新进行调查，然后将相同职位的调查问卷进行比较分析，提炼正确的信息。

2.问卷法的优缺点

问卷法的优点有：费用低，速度快，节省时间，可以在工作之余填写，不影响正常工作；调查范围广，可用于多种目的、多种用途的职位分析；调查样本量大，适用于需要对很多工作者进行调查的情况；调查的资源可以数量化，由计算机进行数据处理。

问卷法的缺点有：设计理想的问卷要花费较多时间，人力、物力、费用消耗比较大；在问卷使用前需进行试测，以了解员工理解问卷中问题的情况，为避免误解，还经常需要职位分析人员亲自解释和说明，降低了工作效率；填写问卷是由被调查者单独进行的，缺少交流和沟通，因此，被调查者可能不配合，不认真填写，从而影响调查的质量。

（四）典型事例法

典型事例法是对实际工作中具有代表性的员工的工作行为进行描述，通过积累、汇总和分类，得到实际工作对员工的要求的方法。运用典型事例法，就要收集大量典型事例并进行归纳（见表3-6）。

表3-6 **民警任务调查表**

逐项核对，在符合本职任务的项目上划“√”，并说明它对工作的重要性。

代号	N	1	2	3	4	5
重要性	无关	很低	低	一般	高	很高

1.保护交通事故现场证据______
2.在经常发生事故的地段注意防止新事故______
3.使用闪光信号灯指挥交通______
4.使用交通灯指挥交通______
5.捕捉违章驾驶员并填写情况表______
6.估计驾驶员的驾驶能力______
7.对违反交通规则的人解释交通规则和法律知识______
8.跟踪可疑车辆，观察违章情况______
9.签发交通传票______
10.对违反交通规则的人发出警告______
11.监视交通情况，搜寻违章车辆和人员______
12.检查驾驶执照或通行证______
13.护送老人、儿童、残疾人过马路______
14.参加在职培训______
15.参加射击训练______
16.操作电话交换机______
17.擦洗和检查装备______
18.维修本部门的交通工具______

典型事例法的优点是：直接描述工作者在工作中的具体活动，因此可以揭示工作的动态性质。其缺点是：收集、归纳典型事例并进行分类需要耗费大量的时间；由于描述的是典型事例，很难对通常的工作行为形成总体概念，而后者才是职位分析的主要目的。

三、 职位分析的组织实施

职位分析是对工作做一个全面评价的过程，这个过程可以分为四个阶段：

（一）准备阶段

准备阶段的任务是了解有关情况，建立与各种信息渠道的联系，设计全盘的调查方案，确定调查的范围、对象与方法。具体工作如下：

（1）确定职位分析的意义、目的、方法与步骤。

（2）组成由职位分析专家、职位在职人员、上级主管参加的工作小组，以精简、高效为原则。

（3）确定调查和分析对象的样本，同时考虑样本的代表性。

（4）根据职位分析的任务、程序，将职位分析分解成若干工作单元和环节，以便逐项完成。

（5）做好必要的准备工作。在进行职位分析之前，应由管理者向有关人员介绍情况，消除有关人员对分析人员的误解，帮助两者建立起相互信任的关系。

（二）调查阶段

调查阶段主要是对整个工作过程、工作环境、工作内容和工作人员等做全面调查。收集职位分析资料的人通常有三种：职位分析专家、主管和工作的任职者[①]。具体工作如下：

（1）编制各种调查问卷和提纲。

（2）灵活运用观察法、访谈法、问卷法、典型事例法等不同调查方法。

（3）根据职位分析的目的，有针对性地搜集有关工作的特征及各种数据。

（4）重点收集工作人员的特征信息。

（5）要求被调查人员对各种工作特征和人员特征的问题发生频率和重要性作出等级评定。

（三）分析阶段

分析阶段是对调查阶段所获得的信息进行分类、分析、整理和综合的过程，也是整个分析活动的核心阶段。具体工作如下：

（1）整理分析资料。将有关工作性质与功能的调查资料进行加工、整理、分析，分门别类，编入职位说明书与工作规范的项目内。

（2）创造性地分析、揭示各职位的主要成分和关键因素。

（3）归纳、总结职位分析的必需材料和要素等。

（四）总结及完成阶段

总结及完成阶段是职位分析的最后阶段，其主要任务是：在深入分析和总结的基础上，编制职位说明书和工作规范。

（1）将信息处理结果写成职位说明书，并对其内容进行检验。

（2）召开职位说明书和工作规范的检验会，将职位说明书和工作规范初稿复印，分发给到会人员。

（3）将草拟的职位说明书与实际工作对比，以决定是否需要再次调查。

（4）修正职位说明书，对特别重要的职位还应按前面的要求进行再次修订。

（5）将职位说明书应用于实际工作中，并注意收集反馈信息，不断完善。

（6）对职位分析工作进行总结评估，并以文件形式将职位说明书确定下来并归档保存，为今后的职位分析提供经验与信息基础。

职位说明书要定期进行评审，看其是否符合实际的工作变化，同时要让员工参与到职位分析的每个阶段中，一起探讨每个阶段的结果，共同分析原因；对职位说明书进行调整时，也要员工参与其中。只有亲身体验，才能使员工对职位分析有充分的认识和认同，进而在实践中有效执行。

---

① 张一弛.人力资源管理教程[M]. 北京：北京大学出版社，2004：31.

第三节 职位评价的方法与程序

一、职位评价的方法

（一）序列法

序列法亦称排列法或排序法，是一种最简单的职位评定方法。它是由评定人员凭借自己的判断，根据职位的相对价值，按高低次序进行排列。评定人员按事先确定的评判标准，对本企业同类职位中的各职位重要程度作出评判，最重要的排在第一位，次要、再次要的顺序往下排列；将所有评定人员对每个职位的评定结果汇总，得到序数后，再将序数和除以评定人员数量，得到每个职位的平均序数；按平均序数的大小，由小到大评定出各职位的相对价值次序。例如，由甲、乙、丙三人对A、B、C、D、E、F、G 7个职位进行评定，结果见表3-7。

表3-7 **序列法统计分析表**

岗位	A	B	C	D	E	F	G
甲评定结果	1	3	4	2	5	6	7
乙评定结果	2	1	4	3	—	5	—
丙评定结果	1	—	2	3	6	4	5
评判序数和	4	4	10	8	11	15	12
参加评定人数	3	2	3	3	2	3	2
平均序数	1.3	2	3.3	2.67	5.5	5	6
职位相对价值次序	1	2	4	3	6	5	7

根据表3-7可知，被评定的7个职位的相对价值按重要性由大到小排列应为：A、B、D、C、F、E、G。

1.序列法的优点

（1）简单、直观。

（2）无需复杂的量化技术，主管人员可直接参与，不需聘请专家，成本较低。

（3）作为整体对职位进行评定，避免了因工作要素分解而引起的矛盾。

2.序列法的缺点

（1）缺乏科学、规范的评判标准，难以找到熟悉所有职位的评定人员。

（2）凭借评定人员的经验和认识进行评定，受评定主体影响较大，评定结果伸缩性很大。

（3）无法衡量工作等级之间的差异程度。

（4）只适用于生产单一、职位较少的中小企业。

（二）分类法

分类法又称归级法，是排列法的改进，它按照生产经营过程中各类职位的作用和特征，将企业的全部职位分成几个大系统，如产品经营销售系统，技术设计应用系统，财务会计核算系统，物资保管、运输系统，人力资源管理系统，生产管理系统，后勤服务系统，动力供应系统，安全保护系统等。每个大系统按其内部结构、特点可再分为若干子系统，再将各个系统中的各职位分成若干层次，最少为5～6档，最多为15～20档（见表3-8）。

表3-8 **办事员工作类别体系**

第一级	简单工作，没有监督责任，不需要与公众交往
第二级	简单工作，没有监督责任，需要与公众交往
第三级	中度的工作复杂性，没有监督责任，需要与公众交往
第四级	中度的工作复杂性，有监督责任，需要与公众交往
第五级	复杂工作，有监督责任，需要与公众交往

1.分类法的优点

（1）比较简单，所需经费、人员和时间相对较少。在工作内容不太复杂的部门，能在较短的时间内得到满意结果。

（2）因等级标准的制定遵循一定依据，其结果比排列法准确、客观。

（3）出现新工作或工作变动时，容易按照等级标准迅速确定其等级。

（4）应用灵活，适用性强，为劳资双方谈判及争端解决留有余地。

2.分类法的缺点

（1）职位等级的划分和界定存在一定难度，带有一定主观性。

（2）较粗糙，只能将职位归级，但无法衡量职位间价值的量化关系，难以直接运用到薪酬体系中。

（三）评分法

评分法也称点数法，首先选定职位的主要影响因素，并采用一定点数（分值）表示每一因素，然后按预先规定的衡量标准，对现有职位的各个因素逐一评比、估价，求得点数，经过加权求和，最后得到各个职位的总点数。

根据职位的性质和特征，各类职位评价的具体项目有所不同。车间内各生产职位的评价项目包括：体力劳动的熟练程度；脑力劳动的熟练程度；体力和脑力劳动强度、紧张程度；劳动环境、条件对劳动者的影响程度；工作危险性；对人、财、物以及上下级的责任等。职能科室各管理职位的评价项目包括：受教育程度；工作经验、阅历；工作复杂程度；工作责任；组织、协调、创造能力；工作条件；所受监督与所给予的监督等。

评分法的优点是：容易被人理解与接受，它是若干评价因素综合权衡的结果，并且有较多的专业人员参与评价，这大大提高了评价的准确性。其缺点是：工作量大，较为费时、费力，在选择评价项目和各项目的权数时带有一定的主观性。这种方法适用于生产过程复杂、职位的类别和数目多的大中型企业。

（四）因素比较法

因素比较法是一种比较计量性的工作评价方法，与排列法比较相似，可以将它看做改进的排列法。它根据每个报酬因素的评估结果设置一个具体的报酬金额，然后计算出每个职位在各个报酬因素上的报酬总额并将其确定为这个职位的薪酬水平。

因素比较法的优点是：具有一定的弹性；进行评定时，所选定的影响因素较少，各因素均无上限，避免了重复，扩大了适用范围；先确定主要职位的系列等级，然后以此为基础分别对其他各类职位进行评定，简单易行，大大减少了工作量。因素比较法的主要缺点是：各影响因素的相对价值在总价值中所占的百分比完全靠评定人员的直接判断，这就会影响评定的精确程度。由于作为对比基础的主要职位的工资额只是过去的或现行的标准，随着劳动生产率的提高，特别是消费品价格的波动，企业总要适当增加职工的工资，而为了保持职位评定的正确性，增加工资时就要给所有职位增加相同百分比的工资。由于因素比较法在应用中非常繁复，还需要根据劳动力市场的变化及时更新，因此这种方法是应用最不普遍的一种。

二、职位评价体系

（一）职位评价要素及其特征

职位评价要素也称报酬因子，是指职位本身所具有的、决定其价值的因素，换句话说，是指在多个不同职位中都存在并且组织愿意为之支付报酬的一些具有可衡量性质的质量、特征、要求或结构性因素，这些要素一般是技能、责任、努力程度、工作条件等。在具体选择评价要素的时候，管理者应该首先考虑职位的性质，如操作类、管理类、技术类等，考虑哪些要素能够较为准确地反映该类职位的本质，同时还能在不同职位之间进行区分。一般而言，以技术类为主的组织，职位评价要素应选择技能、解决问题难度等；以管理类为主的组织，职位评价要素应选择责任、决策、沟通、能力等；以操作类为主的组织，职位评价要素应选择经验、努力程度、劳动强度、工作条件等。除此以外，还要考虑高低层次职位的差别。对于低层次职位而言，评价要素通常是教育要求、需要接受的监督、体能、经验、培训、设备责任、职位复杂程度以及与他人的联系等；对于高层次职位而言，评价要素可能就是决策能力、管理经营责任、职能范围等。

职位评价要素应体现组织的战略，并客观反映职位的特征，两个方面缺一不可。职位中有一些要素是组织鼓励和大力引导的，比如技能、沟通、能力、责任等；职位中也有一些要素是需要组织补偿的，比如工作条件、劳动强度、危险性等。

（二）主要的职位评价要素

职位评价要素主要有技能、责任、努力程度和工作条件。技能因评价不同类别的职位而有所不同，并且在评分体系中占不同的权重。表 3-9 为某企业的职位评价要素及权重分配表。

（三）职位评价要素的确定

首先，明确要进行评价的职位数量与职位性质。根据职位性质确定评价要素，即组织应该从哪些方面来评价职位，职位中哪些要素使职位在组织中具有重要性和价值，并使组织愿意在这些方面支付报酬。

其次，将要素分解细化，使每项评价要素对应一项或多项指标，并且打分。给要素打分有三种级数可选：算术级数、几何级数和不规则级数。表 3-10 说明了它们之间的差别[①]。

① 芮立新，朱振国.岗位评价[M].北京：中国劳动出版社，1993：56.

表 3-9　　**某企业职位评价要素及权重分配表**

要素指标	因素指标	权重因素	各因素等级评分				
			1	2	3	4	5
工作责任（40%）	决策责任	14%	28	56	84	112	140
	安全责任	10%	20	40	60	80	100
	质量责任	6%	12	24	36	48	60
	监督责任	6%	12	24	36	48	60
	成本控制责任	4%	8	16	24	32	40
知识技能（30%）	学历要求	5%	10	20	30	40	50
	经验要求	5%	10	20	30	40	50
	专业技能	12%	24	48	72	96	120
	工作复杂程度	8%	12	24	36	48	80
工作强度（15%）	体力劳动强度	5.5%	11	22	33	44	55
	脑力紧张程度	5.5%	11	22	33	44	55
	工作时间	4%	8	16	24	32	40
劳动条件（15%）	劳动危害程度	5%	10	20	30	40	50
	劳动危险程度	5%	10	20	30	40	50
	劳动环境	5%	10	20	30	40	50
合计		100%	200	400	600	800	1 000

表 3-10　　**给要素打分可选的级数**

级数	要素	分数				
算术级数	受教育程度	15	30	45	60	75
	经验	20	40	60	80	100
几何级数	受教育程度	15	30	60	120	240
	经验	25	50	100	200	400
不规则级数	受教育程度	15	20	30	45	75
	经验	20	30	45	65	100

选择级数形式时应考虑是否省事。算术级数的优点是易于向人们解释。有时选择几何级数比较好，因为它给高等级较大的分数范围。在每两个等级间差别很大的情况下，可以采用不规则级数。

（四）职位评价标准

职位评价标准由标准分级、标准定义及相关注释说明等构成，是指在职位评价要素与指标体系的基础上，为便于实际操作，而对评价指标进行的纵向分级（见表3-11）。

表3-11 职位评价标准示例

工作责任指在机务段的生产经营活动中，职位要求任职者应承担的决策、安全、经济等方面的责任，主要包括：

（一）决策责任：决策责任的大小以所参与决策的层次高低、影响范围及频次作为判断基准。

1.工作中常作出一些小的决定，一般不影响他人。

2.工作中需要作出一些决定，只影响与自己所分管工作有关的部分员工。

3.工作中需要作出一些决定，对本部门工作有直接影响。

4.参与高层决策，对全段工作有较大影响。

5.需作出对全段生产经营活动产生重大影响的高层决策。

（二）监督责任：从职位的管理幅度大小、层次高低、重要程度等方面来评价该职位在对他人的指导协调、监督检查、考核工作中承担的责任大小。

1.不对他人进行监督检查。

2.不仅完成本职工作，还对单项工作进行检查指导。

3.对生产经营活动部门的工作有一定监督责任。

4.对生产经营活动部门的工作有较大监督责任。

5.对他人负有工作分配、指导、考核等综合管理责任。

（三）安全责任：该职位对机务段安全生产（包括行车安全、劳动安全、消防安全、交通安全）的责任大小，主要从该职位对实现全段安全生产目标的影响程度、被追究责任的频次、承担责任的级别等几方面来考虑。

1.该职位对全段安全生产基本没有影响。

2.该职位对全段安全生产影响小。

3.该职位对全段安全生产有一定影响。

4.该职位对全段安全生产有相当影响。

5.该职位对全段安全生产有重大影响。

（四）质量责任：评价职位对完成机务段质量指标的责任大小，主要从该职位对实现全段质量指标的影响程度、责任追究的频次、承担责任的级别等几方面来考虑。

1.该职位对全段质量基本没有影响。

2.该职位对全段质量影响小。

3.该职位对全段质量有一定影响。

4.该职位对全段质量有相当影响。

5.该职位对全段质量有重大影响。

（五）成本控制责任：评价职位在成本控制方面承担的责任大小，主要从该职位管理决定、工作行为对成本的影响或造成损失的大小等几方面来考虑。

1. 该职位对全段成本控制基本没有影响。

2. 该职位对全段成本控制影响小。

3. 该职位对全段成本控制有一定影响。

4. 该职位对全段成本控制有相当影响。

5. 该职位对全段成本控制有重大影响。

续表

知识与技能指在机务段的生产经营过程中，职位要求任职者应具有的文化知识、专业技术水平和完成其本职工作应具备的经验和能力。

（六）文化技术知识：主要从机务段该职位所需要的文化水平的高低、学习时间的长短、掌握和巩固的难易程度来评价该职位对文化、技术理论知识方面的要求。

1.高中及以下学历。

2.中职及其他同等学历及以上。

3.中专学历及其他同等学历及以上。

4.大专学历及其他同等学历及以上。

5.大学本科学历及以上。

（七）经验要求：基本胜任本职位工作所需的工作时间。

1.需要1年以下工作经验或基本不需要工作经验。

2.需要1~3年工作经验。

3.需要3~5年工作经验。

4.需要5~8年工作经验。

5.需要8年及以上工作经验，并且具有多方面的工作经验。

（八）专业技能：主要从全面、熟练地从事该职位工作所需要的专业技术或管理技术的复杂程度、设备操作的难易程度、掌握及巩固专业技术或管理技术的难易程度等几个方面来评价该职位的技术复杂程度和对技能积累程度的要求。

1.该职位对专业技术、技能几乎没有要求。

2.该职位所需技能比较容易掌握。

3.该职位所需技能掌握起来有难度。

4.该职位需要很高的专业技术，该技能难以掌握。

5.该职位所需要的专业技术、技能非常高。

（九）工作复杂程度：通过从事该职位的工作难易程度、需要的知识和所用精力的多少及难易程度来评价该职位工作内容的复杂程度。

1.从事常规性工作。

2.从事有限难度的工作（问题已确定）。

3.从事有较大难度的工作（问题已确定，需要一些分析）。

4.工作难处理（需要自己确定问题并调查分析）。

5.工作内容复杂（问题很复杂，不易被发现，需深入分析并详细调查）。

工作强度指在机务段的生产经营活动中，该职位的劳动者付出的脑力和体力消耗的程度。

（十）体力劳动强度：在机务段的生产活动中，从职位需要的动作的频率高低、注意力集中程度，以及劳动姿势等评价该职位劳动者的体力消耗程度。

1. 体力劳动强度很低。

2. 体力劳动强度较低。

3. 体力劳动强度一般，工作中有时需要体力劳动。

4. 体力劳动强度较高，工作中经常需要体力劳动。

5. 体力劳动强度很高，基本以体力劳动为主。

续表

（十一）脑力紧张程度：在机务段的生产活动中，从职位需要的脑力劳动的强度、注意力集中程度等评价该职位劳动者的脑力消耗程度和疲劳程度。 1. 工作中几乎不需要脑力劳动。 2. 工作中需要一定的精神集中度，但不容易疲劳。 3. 工作中有时需要精神高度紧张，疲劳度一般。 4. 工作中经常需要精神高度紧张，容易疲劳。 5. 工作中精神必须高度集中，非常紧张，极易疲劳。 （十二）工作时间：主要评价工作班制、劳动时间对该职位劳动者的影响。 1. 日勤制，按正常时间上下班。 2. 日勤制，基本按正常时间上下班，偶尔需要早到迟退。 3. 日勤制，经常加班。 4. 倒班制，按正常时间上下班。 5. 上下班时间根据工作情况而定，并无规律可循，自己无法安排控制。
劳动条件指在机务段的生产经营活动中，职位所处的工作环境和条件状况对劳动者身体健康的影响程度。该指标直接影响劳动的数量和质量，较多地关系到劳动强度。 （十三）劳动危害程度：评价职位工作环境中的温度、湿度、电磁辐射、化学污染、振动程度、噪音和粉尘等对劳动者的身体健康可能引起的危害程度。 1. 该职位劳动中没有劳动危害。 2. 该职位劳动中劳动危害程度较低，基本不影响身体健康。 3. 该职位劳动中劳动危害程度一般，对身体健康有轻微影响。 4. 该职位劳动中劳动危害程度较大，对身体健康有一定影响。 5. 该职位劳动中劳动危害程度很大，影响身体健康。 （十四）劳动危险程度：评价职位对劳动者可能引起的危险程度。 1. 该职位对劳动者没有危险。 2. 该职位对劳动者的危险程度较低。 3. 该职位对劳动者的危险程度一般，劳动者有遭遇危险的可能性。 4. 该职位对劳动者的危险程度较大，劳动者遭遇危险的可能性很大，但不会危及生命安全。 5. 该职位对劳动者的危险程度很大，工作环境十分危险，可能会危及生命安全。 （十五）劳动环境：评价职位的劳动环境对劳动者的影响。 1. 在办公室工作，劳动环境很好。 2. 在场地工作，劳动环境较好或在办公室工作，偶尔需要下现场。 3. 在场地工作，劳动环境较差。 4. 以室外工作为主，室外工作环境以自然条件为主。 5. 劳动环境较差，有噪音、粉尘、高温等危害。

职位评价标准应遵循如下原则：

（1）符合国情和组织实际，客观性、可行性和适用性较强。

（2）标准内容概念性强，合理、全面，适用于各种性质不同的职位。

（3）层次清晰，语言精练，符合行业用语习惯，避免模棱两可的词句。

（4）尽量简化、量化，便于评价人员把握。

三、职位评价的基本步骤

（一）职位评价准备阶段

第一步，组建职位评价实施小组。首先理清职位，准备好职位说明书，确定参加职位测评的职位名称和数量；然后成立职位评价实施小组，负责组织和统计工作。

第二步，组建职位评价评分小组。对评分小组成员有以下要求：

（1）能够客观、公正地看问题，这是衡量职位评价工作结果客观与否的重要因素。

（2）对每个职位的职责和在企业中的重要性有较为客观的了解。

（3）在群众中有一定的影响力，这会使得最后的评价结果更具权威性。

（4）评分小组成员的构成应该有代表性，适当考虑基层员工的参与，增强职位评价结果的可接受性，减少推行阻力。

职位评价评分小组成员中包括高层、中层、基层人员。对评分小组成员应进行职位评价培训，主要包括：什么是职位评价，为什么要进行职位评价，职位评价有哪些方法，为什么要选择评分法，如何使用工具表，打分如何操作，职位评价的流程如何及职位评价的结果与薪酬制度建立有何关系等。

第三步，结合企业实际，职位评价评分小组对职位评价因素和权重进行修订。

（二）职位评价打分阶段

1.试打分

（1）选择参照职位。评分小组选出公司各个层面几个有代表性且容易评价的职位，将其定为标杆职位，对其采用恰当的方法进行评价，并将其作为其他职位评价的依据。

（2）对职位试打分。评分小组首先对标杆职位进行试测以发现问题，进行前馈控制。对标杆职位试打分，以便让评分人员熟悉评分流程，增强对各因素的理解，增加对职位职责的理解和认识，验证各因素的选择及权重是否合理，作为以后正式打分的参照，基本确定企业薪点分布趋势。

（3）评分小组确定评价标准。职位测评结果统计出来并进行有关分析后，可能会发现要直接将其划分为职位等级还有一定差距，有些职位的分值测高了，而有些职位的分值相对偏低。这就难以体现出这些职位的价值和贡献。于是评分小组和有关部门及员工代表共同协调，结合同行业其他企业的做法，按照公司的实际情况对这些职位的测评结果进行微调。

2.正式打分

（1）对参照职位正式打分。评分小组确认标杆职位的测评结果基本符合要求后，进行正式测评，回收评分表并进行评分数据的录入和分析。

（2）对其他各职位正式打分。评分小组对所有职位打分，回收评分表并进行评分数据的录入和分析。

（三）职位排序阶段

1.对全部职位排序

设计职位得分统计表，将所有职位评分表上的数据录入，再将统计结果汇总，并对汇总结果排序，得到职位评定排序表。

2.对普遍认为不合理的职位重新进行评价

在数据分析过程中，应采取偏差控制措施。在职位评价过程中，评分小组成员对各职位评价因素的理解不可能完全相同，为了确保职位评价的科学性和合理性，需要对不符合标准的职位或因素重新打分。

3.评价结束后再排序

正式评分结束后，得到职位评定排序表，可以将全部职位评价要素的相对标准差和变异系数画出分布图。职位评价中需重新打分的指标分为两类：一类是经验指标，总分排序明显不合理的职位需要重新打分；另一类是统计指标，既在相对标准差允许误差范围之外又在变异系数允许误差范围之外的要素需要重新打分。此外，如果某个职位超标的评价要素超过了20%，则该职位就需要重新评价。

本章概要

□ 内容结构

- 职位分析
  - 职位分析的结果文件
    - 职位说明书的基本内容和格式
    - 工作规范的基本内容和格式
  - 职位分析的方法
    - 观察法
    - 访谈法
    - 问卷法
    - 典型事例法
  - 职位分析的组织实施
    - 准备阶段
    - 调查阶段
    - 分析阶段
    - 总结及完成阶段
  - 职位评价的方法
    - 序列法
    - 分类法
    - 评分法
    - 因素比较法
  - 职位评价体系
    - 职位评价要素及其特征
    - 主要的职位评价要素
    - 职位评价要素的确定
    - 职位评价标准
  - 职位评价的方法
    - 准备阶段
    - 打分阶段
    - 职位排序阶段

□ 主要概念和观念

职位分析　职位评价　观察法　访谈法问卷法　序列法　分类法　因素比较法

□ 重点实务

职位说明书的编写　职位评价体系的设计

□ 重点操作

职位分析方案设计

单元训练

☐ 理论题

（1）请辨析以下几组职位分析术语：任务和职责；职位、工作和职业；职系和职组；职级和职等。

（2）对于职位职责和任务的描述主要有哪些？

（3）对于职位任职资格条件的要求主要有哪些？

（4）职位分析的主要方法有哪些？各有何优缺点和适用条件？

（5）职位评价有哪些主要方法？各有何优缺点？

（6）简述职位评价应考虑的主要因素。

☐ 实务题

（1）掌握职位分析的基本流程并制订职位分析计划。

（2）可以采取何种方法搜集信息？对职位分析过程中搜集的信息进行整理和归纳。

（3）运用职位分析的基本方法，选择一家企业某个部门的职位进行职位分析，并撰写包括工作描述与任职资格条件的内容完整、用语规范的职位说明书。

☐ 案例题

A公司的职位评价

背景与情境：A公司在进行了职位分析并获取职位信息以后，着手进行职位评价。为合理确定各职位的相对价值，A公司成立了以人力资源部经理为首的职位评价小组，并邀请外部专家参与。此次评价的职位有80多个，包括管理类、技术类、营销类三种。

公司职位评价的第一步是设计职位评价工具。在外部专家的建议下，A公司采用了国际通行的IPE（International Position Evaluation）作为职位评价工具，为保证职位评价工具的科学性，职位评价小组没有对其进行修正。职位评价方案下发后，立刻在员工中引起较大反应。由于事先没有进行培训，员工根本不理解进行职位评价的意义和作用。

在评分小组成员的确定上，A公司采取了三方评价方式：上级评价占40%，专家评价占30%，员工个人评价占30%。由于职位评价方案过于专业，员工很难对各种描述准确把握，经过一番争论，大家渐渐对职位评价失去了信心。由于对方案的理解不同，每个人对自己职位的评价都超出了常理，最可笑的是公司行政文员对自己职位的评价得分居然超过了行政人事总监。通过这种方式收集的职位评价数据当然不能使用，只好放弃，采取人力资源部会同直接上级评价和专家评价的方式确认职位的价值。

职位评价小组选择了约30个职位作为标杆职位。标杆职位的选择是按照纵向的职位等级进行的，没有考虑横向职位类别的因素，结果就遇到了一个致命的问题：技术类职位的评价结果平均水平低于管理类职位。这一结果显然和公司倡导的薪资分配向技术人员倾斜的导向不相符，而按照这一结果所支付的薪酬显然不能留住技术人员。

职位评价结果出来后，在员工中引起轩然大波。员工纷纷将自己的职位评价结果与其他职位进行对比，然后通过正式或非正式渠道向公司反映。职位评价小组经过仔细审查，发现确实有很多职位横向对比有很大出入；在职位评价的各维度上，各职位也缺乏可比性，甚至出现在“沟通”维度上，人力资源部文员的得分比营销部主管还要高。这些显失公平的地方成为本次职位评价最薄弱的被攻击环节，直接导致本次职位评价的失败。

资料来源　改编自彭剑峰.人力资源管理概论[M]. 上海：复旦大学出版社，2008：163-165.

问题：

（1）A公司职位评价过程中出现了哪些问题？为什么A公司的职位评价最终会失败？

（2）在职位评价中，员工应有多大的参与程度？是不是应完全公开透明？

（3）技术类职位应如何确定报酬水平？

（4）职位评价的适用范围是什么？

□ 实训题

“职位分析方案设计”训练

技能Ⅰ　职位分析计划制订技能

技能Ⅱ　职位信息搜集与分析技能

技能Ⅲ　职位说明书撰写技能

技能Ⅳ　职位评价体系设计技能

要求：

（1）能够全面把握“职位分析与职位评价”理论与实务知识。

（2）能够运用“职位分析”理论与实务相关知识，搜集和归纳整理职位信息。

（3）能够初步设计具有一定针对性、创新性和实效性的职位分析方案和职位评价体系。

（4）能够正确设计、撰写实训报告。

【实训步骤】

将学生分成若干实训组，各实训组可以任选一题。每个实训组结合所选题目，通过实地考察或自行搜集的资料，分别选择不同的企业中的一个部门，运用“职位分析和职位评价”理论与实务相关知识分析存在的问题与不足，初步设计具有一定针对性、创新性和实效性的职位说明书和职位评价体系，撰写该企业关于“职位分析与职位评价”的相应实训报告。

【实训时间】

本章课堂教学内容结束后的双休日和课余时间，为期一周。

第四章 人力资源规划

学习目标 理论知识目标：（1）人力资源规划的概念和原则。（2）人力资源规划的流程。（3）人力资源需求预测和供给预测的程序。（4）人力资源需求预测和供给预测的技术。

实务实训目标：（1）运用相关知识，根据企业实际，有效预测人力资源需求和供给；（2）能制定合理的人力资源年度规划及各模块的详细规划；（3）能研究章后案例“高速成长公司如何进行人力资源规划”，发现问题，提出改进建议，培养和提高在特定情境中分析问题、解决问题的能力。

引例 **苏澳玻璃公司的人力资源规划**

苏澳玻璃公司是一家以生产家具为主营业务的企业，它的长远目标是成为一家世界知名的家具企业。近年来，企业产量不断扩大，公司常因人员不足而影响生产，高层管理者的空缺尤其让人头疼。最近，由于订单增加，原本人手就不足的公司更加被动。

为此，人力资源部经理建议进行一次彻底的人力资源规划，解决公司经营目标、经营战略、生产规模以及经营活动发生变化时人力资源面临的一系列问题。例如，公司的组织结构和人员结构是否需要发生变化？公司需要多少员工？公司现有多少合格员工？从外部能获得多少合格劳动力？公司现在的劳动力供需均衡吗？是整体不均衡还是结构不均衡？应当如何解决这种不均衡？是否需要对现有员工进行培训？

四名人力资源部专员开始收集和分析公司的状况，重点对生产部、市场与销售部、财务部、设计研发部和人力资源部五个职能部门的管理人员、专业人员和普通员工的需求状况以及供给状况作了详细的分析和预测，并以此为基础，为其他部门制定了各种方案。但是，在这五个职能部门制定和实施行动方案的过程是复杂而困难的。四名人力资源部专员克服重重困难，对高层管理人员的短缺作出了较为准确的预测，制定了详细的人力资源规划，使经理层人员空缺减少了70%，跨地区的人员调动大幅减少，公司人力资源数量和质量的稳定性提高了50%，为公司节约了大量人力成本。同时，公司在招聘、培训、晋升以及员工职业生涯规划与发展等方面都取得了较大的进步。

资料来源 杨河清.人力资源管理[M]. 大连：东北财经大学出版社，2006：55.

很多企业没觉得缺人是什么大事，什么时候缺人了，什么时候再去招聘；虽然招来的人不是十分满意，但对企业的发展也没什么大的影响，所以从来没把时间和金钱花在这上面。随着市场的日益规范、企业的日益壮大，企业陷入了发展的瓶颈——缺少人才。人力资源规划是人力资源管理的首要步骤和基础，只有进行恰当的人力资源规划，才能使人力资源管理有的放矢。但是，很多企业仅限于发现缺人，却不知道为什么缺人，以及如何解决这一问题。对此，本章将会有相应阐述。

第一节 人力资源规划概述

人力资源规划处于整个人力资源管理活动的统筹阶段，为人力资源管理的其他活动制定目标、原则和方法，其科学性、准确性直接关系着人力资源管理工作的成效。

一、人力资源规划的概念

关于人力资源规划的含义已有不少论述，总括起来有以下三种：

（1）人力资源规划就是分析组织在环境变化中的人力资源需求状况并制定必要的政策和措施，以满足需要。

（2）人力资源规划就是在组织和员工的目标达到最大一致的情况下，使人力资源的供给和需求达到平衡。

（3）人力资源规划就是确保组织在需要的时间和需要的岗位上获得各种所需的人才（包括数量和质量两个方面），使组织和个人得到长期的益处。

归纳起来，人力资源规划是一套确保企业在适当的时间和在适当的岗位上获得适当的人员（包括数量、质量、种类和层次等）并促使企业和个人获得长期利益的措施。人力资源规划着眼于为未来的生产经营活动做准备，它考虑的不是某个具体的人员，而是一类人员，个人的发展规划寓于某一类人员的发展规划之中。因此，人力资源规划的实质是一种人力资源管理策略，它的制定为企业的人力资源管理活动提供了指导。

二、人力资源规划的原则

人力资源规划是企业为了实现包括个人利益在内的经营目标或经济规划，以量化的角度对人力资源供求进行预测，并制定相应的人事政策和措施，从而使得人员需求量和人员拥有量在企业未来发展过程中相互平衡的过程。制定人力资源规划应坚持以下原则[①]：

（一）目标性

人力资源规划的目标性是指人力资源规划应从企业的发展目标与任务出发，力求企业人力资源的质量、数量和结构符合其特定的生产资料和生产技术条件的要求，实现人力资源和工作岗位的最佳匹配，确保企业的人力资源需要。企业的人力资源保障是人力资源规划应解决的核心问题，它包括人员的流入预测、流出预测，人员的内部流动预测，社会人力资源需求和供给状况分析，人员流动的损益分析等。只有保证对企业的人力资源供给，才能进行更深层次的人力资源开发与管理。

（二）协调性

人力资源规划的协调性是指人力资源规划在实现企业目标和发展的同时，也要满足个人的目标和发展，争取做到企业目标与个人目标的相互协调和共同实现，使企业和员工都得到长期的利益。人力资源规划不仅是面向企业的规划，也是面向员工的规划。企业的发展和员工的发展是互相依托、互相促进的。如果只考虑企业的发展，而忽视了员工的发展，则会有损企业发展目标的达成。优秀的人力资源规划一定是能够使企业和员工得到长

① 常亚平，赵应文，池永明.人力资源管理[M]. 武汉：武汉理工大学出版社，2006：34.

期利益的规划，一定是能够使企业和员工共同发展的规划。

（三）阶段性

人力资源规划的阶段性是指人力资源规划还要保证人力资源与未来企业发展各阶段相适应，为未来的企业生产经营活动准备人力。要做到这一点，就要充分考虑企业内部、外部环境的变化。企业内部变化主要是指销售的变化、开发的变化，或者企业发展战略的变化，还有公司员工流动的变化等。企业外部变化是指社会消费市场的变化、政府有关人力资源政策的变化、人才市场的供求矛盾变化等。为了更好地适应这些变化，人力资源规划应该对可能出现的情况作出预测和风险分析，最好能有应对风险的应急策略。

（四）具体性

人力资源规划的具体性是指人力资源规划要包括为实现企业及个人的目标而制定的具体政策和措施。人力资源规划作为一项重大战略决策，是制定各项具体人事政策和措施的基础，应该包括具体的、可操作的内容。例如，人力资源规划可为制定人员补充政策、晋升政策及培训政策提供依据。

总而言之，人力资源规划应兼顾企业和个人双方利益，为满足企业对员工的需求和调动员工的积极性与创造性发挥作用。有了明确的人力资源规划，员工对自己可获得的物质利益和精神利益就是已知的，当企业所提供的与员工所需求的大致相符时，员工就会在工作中表现出主动性和创造性；否则，在前途和利益未知的情况下，员工往往会离开企业另谋高就，特别是有能力的、有魄力的人员会过多流失。而这会削弱企业的实力，降低企业的士气，进一步加速人员流失，使企业陷入恶性循环。

三、　人力资源规划的分类

人力资源规划有各种不同的分类方法，按规划时间长短可分为长期规划、中期规划与短期规划；按用途可分为战略规划、战术规划与作业规划；按范围可分为整体规划、部门规划和项目规划[①]。

（一）长期规划、中期规划与短期规划

长期规划一般指5～10年或10年以上具有战略意义的规划，它为企业人力资源发展和使用指明了方向、目标和基本政策。人力资源长期规划比较抽象，可能由于企业内外环境的变化而发生改变。

中期规划的时间跨度一般为1～5年，其目标、任务的明确与清晰程度介于长期规划和短期规划之间，是实现人力资源长期规划过程中的具体环节，也是制定人力资源短期规划的具体指导。

短期规划一般指6个月至1年的计划，这种时间的划分不是绝对的。对有些企业来说，长期规划、中期规划、短期规划的时间比上面所说的长，而某些企业则会短。

（二）战略规划、战术规划与作业规划

战略规划是与企业长期战略相适应的人力资源规划，其内容是关于未来企业人力资源的大体需求和供给、人力资源的结构和素质层级以及有关的人力资源政策和策略。它的作用是决定组织的基本目标以及基本政策。战略规划一般由公司的人力资源委员会或人力资源部制定，它对战术规划和作业规划有指导作用。

---

① 王玺.人力资源规划、招聘及测评实务[M]. 北京：中国纺织出版社，2004：6.

战术规划是将战略规划的目标和政策转变为确定的目标和政策，并且规定达到各种目标的时间。人力资源战术规划是在战略规划的指导下制定的，期限较短，预测的准确度较高，对社会经济变化趋势的把握较准确。战术规划可以制定的细一些，以增强对作业规划的指导作用。

作业规划是对一系列操作实务的规划。人力资源作业规划是战略规划和战术规划的分解，包括职务规划、人员配置规划、人员需求规划、人员供给规划、人员补充规划、人员分配规划、人员接替提升规划、教育培训规划、工资薪酬规划、劳动关系规划、退休解聘规划等。

（三）整体规划、部门规划与项目规划

整体规划一般是指具有多个目标和多方面内容的计划。就其对象来说，它关系到整个组织的人力资源管理活动，包括企业的人员招聘及测评实务、人员培训、人员考核、人员激励等，这些活动都有各自的内容，但又互相联系、互相影响、互相制约。

部门规划是各业务部门的人力资源管理活动计划，包括各职能部门制订的计划，如技术部门的人员补充计划、销售部门的培训计划等。部门规划是在整体规划的基础上制定的，其内容专一性强，是整体规划的子计划。

项目规划是针对人力资源管理活动的特定项目所做的规划。项目规划与部门规划不同，部门规划包括单个部门的业务，而项目规划是为某项特定任务而制定的。

四、人力资源规划的内容

人力资源规划是对企业人力资源的预先安排，它和企业的人事政策相联系，是企业各项人力资源管理活动的依据。其内容可以分解为以下几个方面：

（一）人员补充计划

人员补充计划的目的是使企业能够合理地、有目标地填补组织中长期内可能产生的职位空缺。一般来说，需要补充员工的情况有以下几种：一是自然减员，如退休、残疾或丧失劳动能力等；二是随着企业生产技术的改进，需补充相应的专业技术人才；三是离职，如某些员工跳槽而导致职位空缺；四是企业扩大生产经营规模时，需要补充大量员工。人员补充计划可以改变企业人力资源结构不合理的状况，但这种改变必须与其他计划相配合。人员补充计划与晋升计划是密切相关的，晋升也是一种补充。

（二）素质提升计划

素质提升计划的目的是为企业中长期发展所需要的职位事先准备人员。随着新技术的不断发展、企业规模的不断扩大，员工原有的知识结构、技术水平和管理能力等已不能满足需要。只有通过不断培训，更新知识，改善技能，才能在激烈的竞争中立于不败之地。企业要树立“全员培训”思想，针对每位员工的情况制订培训计划。例如，美国IBM曾对逐级推荐的5 000名有发展潜力的员工分别制订素质提升计划，根据可能产生的职位空缺和出现的时间分阶段、有目的地培养他们，当职位空缺时，人员已经培养好了。当缺乏素质提升计划时，员工自己也会培养自己，但是效果不一定理想，也不一定符合组织发展的要求。

（三）人员配备计划

企业员工在未来职位上的安排和使用，是为了填补组织长期内可能产生的职位空缺。

这要通过企业内部人员有计划的流动来实现，这种人员流动计划称为人员配备计划。人员配备计划是根据企业人员配备架构的形态、企业人员配备架构设计的原则以及企业的任务和目标，结合企业人力资源的实际情况来制订的。人员配备计划一般在以下几种情况下执行：第一，当企业要求某种职务的人员同时具备其他职务的经验或知识时，就应使其有计划地流动，以培养高素质的复合型人才。第二，当上层职位较少而等待提升的人较多时，通过人员配备计划进行人员的水平流动，可以减少他们的不满。第三，当企业人员过剩时，通过人员配备计划可以改变工作分配方式，对企业中相同职位的工作量进行调整，解决工作负荷不均的问题。

（四）薪资激励计划

薪资激励计划对于企业来说，一方面是为了保持企业人工成本与企业经营状况的恰当比例，另一方面是为了充分发挥薪酬的激励作用。薪资制度的设计包括基于岗位的薪资制度、基于技能的薪资制度以及基于绩效的薪资制度。在制订薪资激励计划时，必须考虑每种薪资制度的优劣，分析企业的特点、员工的特征，选择其中一种或几种的组合。在企业实践中，员工对于薪资还是比较看重的，因为这一方面可以满足其基本生活的需要，另一方面薪资本身也是其地位、个人价值的体现。通过薪资激励计划，可以在预测企业发展的基础上，对未来的薪资总额进行测算，并确定未来时期内的激励政策，如激励方式的选择、激励倾斜的重点等内容，以充分调动员工的积极性。

（五）接替晋升计划

接替晋升实质上是组织晋升政策的一种表达方式，要根据企业的用人需要和人员分布状况、层次结构，拟定不同人员的晋升方案。对于企业来说，要尽量使人和事达到最大限度的匹配，这对于调动员工积极性和提高人力资源利用率是非常必要的。对于员工来说，晋升在其职业生涯中占有重要地位，有计划地晋升，不仅意味着工资增加，还意味着工作更有挑战性，意味着更受尊重以及自我价值的实现。对晋升的需求是人们成就动机的体现，接替晋升计划就是要满足员工的这种心理需要并根据企业的人员现状和企业结构拟定晋升政策。当然，晋升不仅能实现员工个人利益，也意味着工作责任和挑战的增加。二者结合起来，会使员工产生一种能动性，使企业获得更大的利益。

（六）员工职业计划

员工职业计划就是对员工在企业内的职业发展作出系统安排。这个计划把员工个人的职业发展和组织需要结合起来，对个人和组织都非常重要。特别是对那些有发展前途的员工，企业要设法将其留下来，使其成为企业宝贵的财产。为防止这部分员工流失，就必须有计划地使他们在工作中得到成长和发展。如果企业不能满足个人的发展要求，就会导致人员流失。加强员工职业计划管理，除了晋升、激励、培训以外，制定和实施平行调动或岗位轮换等政策也是激励员工成长的手段。通过有计划、阶段性的工作调动，可以让员工在各部门的工作中积累经验，了解部门间的工作流程并且提高工作能力。这不仅可以为他们将来的管理工作做准备，也便于企业为他们安排最合适的工作岗位。平行调动和岗位轮换有助于员工的职业发展，可以帮助他们成为复合型人才。

（七）退休解聘计划

退休解聘计划的实质是为企业建立淘汰退出机制。现在很多企业都已经不是“铁饭碗”或终身雇用制，但依然存在大量冗余人员。很多员工只要进入企业，就不会被辞退，除非主动辞职或者犯了重大错误。一个重要原因就是企业只设计了向上的晋升通道，而忽略了向下的退出通道。退休解聘计划就是为弥补这一漏洞而设计的。素质提升计划、接替晋升计划、人员补充计划和退休解聘计划是相辅相成的，它们配合运用，效果非常明显。

此外，企业根据自己的特殊情况或需要，还可以制订其他计划，如工资与奖金计划、继任者计划等。

综上所述，人力资源规划在企业人力资源管理中起着先导作用，对整个人力资源管理工作有重要的战略意义。具体说来，人力资源规划能使企业及早地认识到人力资源供求不平衡的可能性，有利于及早采取措施，提高人力资源的利用率；人力资源规划向企业和员工明确展示了组织的人力资源发展计划，把员工的个人行为和组织未来目标结合起来，提高所有员工对人力资源管理重要性的认识；人力资源规划使员工明确其职业生涯发展道路，可以激发员工的积极性，有利于最大限度地挖掘员工的潜力。

第二节 人力资源规划的制定程序

人力资源规划的制定程序可分为七个步骤。

一、确定组织的战略目标

组织的战略目标在很大程度上反映了管理者的偏好，但也受环境因素的制约。组织必须考虑环境因素，如劳动力和产品市场的一般法律规定、与劳动力和产品市场相关的社会和政治倾向，以及影响生产率的技术发展状况。有些环境因素为组织发展创造了机遇，有些环境因素则对组织发展不利。很显然，要实现组织的最大利益，就必须最大限度地利用有利条件，甚至要修正组织的目标。

二、盘点现有人力资源

提供人力资源信息是人力资源规划的基础环节。人力资源信息包括的内容十分广泛，主要有：

（1）个人自然情况，如姓名、性别、出生日期、身体自然状况和健康状况、婚姻、民族和所参加的党派等。

（2）录用资料，包括合同签订时间、候选人征募来源、管理经历、外语种类和水平、特殊技能，以及对企业有潜在价值的爱好或特长。

（3）教育资料，包括受教育程度、专业领域和各类培训证书等。

（4）工资资料，包括工资类别、等级、工资额、上次加薪日期以及对下次加薪日期和量的预测。

（5）工作执行评价，包括上次评价时间、评价或成绩报告和历次评价的原始资料等。

（6）工作经历，包括以往的工作单位和部门、学徒或特殊培训资料、升降职原因、是否受过处分及原因和类型、最后一次内部转换的资料等。

（7）服务与离职资料，包括任职时间长度、离职次数及离职原因。

（8）工作态度，包括生产效率、质量状态、缺勤和迟到早退记录、有否建议及建议数量和采纳数、有否抱怨及其经常性与否、抱怨内容等。

(9) 安全与事故资料，包括因公受伤和非因公受伤，伤害程度，事故次数、类型及原因等。

(10) 工作或职务情况。

(11) 工作环境情况。

(12) 工作或职务的历史资料等。

这些信息和情况可从员工的有关记录中查出，利用计算机进行管理的企业可以方便地存储和利用这些信息。企业应建立自己的人力资源信息系统，随时提供人力资源结构分析所需的信息。企业可利用员工档案来收集员工的初步资料。这一步骤必须获取和参考的另一项重要信息是职位分析的有关情况。职位分析明确地指出了每个职位应有的职务、责任、权力，以及履行这些职、责、权所需的资格条件，这些条件就是对员工素质的要求。

三、人力资源需求预测

这一步骤的工作与盘点现有人力资源可以同时进行，根据企业的发展战略和内外部条件，利用合适的技术和信息，估计在某一目标时间内企业所需要的人员数量。

（一）人力资源需求的影响因素

人力资源需求的影响因素主要来自组织内部，但外部因素对组织的人力资源需求也会产生影响。大体来说，影响企业人力资源需求的因素有三类：企业外部环境因素、企业内部因素以及企业人力资源状况。

1. 企业外部环境因素

影响人力资源需求的外部环境因素主要包括社会经济、政治、法律、新技术和科技的发展以及企业竞争者的状况等。社会经济的变化会影响企业的规模和经营方向，科技的发展会影响企业的技术和设备，这些间接地影响企业的人力资源需求。竞争者之间的人才竞争会造成企业间的人才流动，流出人才的企业就会产生新的需求。

2. 企业内部因素

企业的战略目标、人力资源管理预算、企业规模变化、技术和设备条件变化等属于企业内部因素。企业的战略目标决定了其发展的方向和速度，企业提高产品或服务质量或开辟新市场的规划决定了企业未来所需的人力资源质量和数量，企业对于人力资源管理方面的预算直接影响人力资源规划的展开，从而对未来的人力资源需求产生重要影响。企业规模的变化主要来自两个方面：一是在原有的业务范围内扩大或压缩规模；二是增加新的业务或放弃旧的业务。这两个方面的变化都会对人力资源需求的数量和结构产生影响。企业规模扩大，需要的人力就会增加，新的业务更需要掌握新技能的人员；企业规模缩小，需要的人力也将减少，于是会裁员。企业生产技术水平的提高、设备的更新，一方面会使企业所需要的人员数量减少，另一方面对人员知识、技术与技能的要求则随之提高。

3. 企业人力资源状况

企业人力资源状况包括现有员工的数量、质量和工作状况，可能的员工流动比率（辞职或终止合同），自然减员比率（如退休、死亡）等。很明显，这些因素都直接影响企业的人力资源需求。

（二）人力资源需求预测的操作步骤

人力资源需求预测分为现实人力资源需求预测、未来人力资源需求预测、未来流失人力资源需求预测三部分。具体步骤如下：

（1）根据职位分析结果，确定职位编制和人员配置。

（2）进行人力资源盘点，统计人员的缺编情况及是否有符合职位资格要求的后备人员。

（3）将上述统计结论与部门管理者讨论，作出统计结论。

（4）该统计结论为现实人力资源需求预测。

（5）根据企业发展规划，确定各部门的工作量。

（6）根据工作量的增长情况，确定各部门还需增加的职位及人数，并汇总统计。

（7）该统计结论为未来人力资源需求预测。

（8）对预测期内退休的人员进行统计。

（9）根据历史数据，对未来可能发生的离职情况进行预测。

（10）将（8）、（9）的预测结果汇总，得出未来流失人力资源需求预测。

（11）将现实人力资源需求预测、未来人力资源需求预测和未来流失人力资源需求预测汇总，得出企业整体人力资源需求预测。

需要注意的是：首先，预测要在企业内部因素和外部环境因素的基础上作出，必须符合现实情况；其次，预测是为企业发展服务的；再次，应该选择恰当的预测技术，要考虑科学性、经济性和可行性；最后，未来人力资源的数量、质量和结构应该在预测结果中体现。人力资源需求预测所涉及的变量与企业经营过程所涉及的变量是相同的。与人力资源需求预测相关的变量包括：顾客需求、生产需求、劳动力成本趋势、可利用的劳动力（失业率）、每一工种所需要的雇员人数、追加培训的需求、每个工种员工的移动情况、旷工趋向（趋势）、政府方针政策的影响、劳动力费用、工作时间的变化、退休年龄的变化、社会安全福利保障等。在明确对组织雇员（包括一线员工和管理者）技能和数量方面的需求后，必须根据组织的特殊环境，认真考虑上述变量，把预测看成完善人力资源需求决策的工具。

此外，在预测过程中，选择做预测的人也十分关键，因为预测的准确与否和预测者及其判断力关系重大。一般来说，商业因素是影响员工需要类型和数量的重要变量，预测者要分离这些因素，并且要收集历史资料作为预测的基础。例如，一个企业的产量和需要的员工数量之间常存在直接关系，当产量增加时，需要的员工也会成比例增加。如果实际情况都像这个例子一样，只有产量等少数几个有限的因素影响员工需求，那么进行人力资源需求预测就是很简单的事。实际情况往往并不如此，员工数量的增加并不单纯是由产量增加而引起的，改善技术、改进工作方法、改进管理等非商业因素都将增加效率，这时产量和员工数量之间的关系就会发生变化。对此，预测者必须有清醒的认识。从逻辑上讲，人力资源需求是产量、销售、税收等的函数，但对不同的企业来说，各因素的影响并不相同。预测者在选择影响因素、预测计算时都要小心谨慎。

四、 人力资源供给预测

人力资源供给来自两个方面：一方面是企业内部人力资源供给，比如人员的调动、晋升等；另一方面是来自企业外部的人力资源补充。当企业内部人力资源供给无法满足需要时，就需要了解企业外部的人力资源供给情况。相应地，对于企业人力资源供给的预测也包括两个方面：外部人力资源供给预测和内部人力资源供给预测。

（一）外部人力资源供给预测

虽然内部供给是解决企业人力资源需求的主要途径，但当企业内部没有足够的候选人可供挑选，或者从企业内部提拔达不到很好效果时，企业就需要从外部招聘新人。

外部人力资源供给的主要来源为当地劳动力市场和行业劳动力市场。组织根据过去的录用经验，可以了解可能进入组织的员工数量，新员工的工作能力、经验、性别和成本等，以及新员工能够承担组织中的哪些工作。当然，对外部人力资源供给的预测不可能十分准确，这种做法的意义在于为组织提供一个研究新员工来源和他们进入组织方式的分析框架。企业人力资源的外部供给作为内部供给的补充，有着不容忽视的优点：外部供给可以给企业注入新鲜的活力，刺激内部员工的工作积极性，还可以为企业带来新的技术和管理理念。所以，不断地从外部补充人员是企业人力资源部门一项经常性工作。外部人力资源供给预测包括总体经济和人口状况预测、当地劳动力市场预测以及职业市场预测。

1. 总体经济和人口状况预测

通常情况下，失业率越低，劳动力供给就越少，人员招聘的难度就越大。另外，人口现状也直接决定企业现有外部人力供给状况，主要影响因素包括人口规模、人口年龄和素质结构、现有的劳动力参与率等。

2. 当地劳动力市场预测

当地劳动力市场预测包括对当地劳动力市场的发育状况和就业政策倾向的预测，对当地劳动力供给现状的预测，比如对大中专院校毕业学生人数、专业及就业偏好的预测或本地失业劳动力状况的预测等。

3. 职业市场预测

职业市场预测就是根据企业所要招聘的特定职位，预测一定职业市场的潜在候选人的数量、薪酬水平等方面的状况。

企业外部人力资源供给的主要渠道有：大中专院校的应届毕业生、职业学校的毕业生、失业人员、其他组织在职人员，以及流动人员等。毕业生的供给较为确定，主要集中在春夏季，而且数量和专业、层次、学历等信息都可以通过相关部门获取，预测容易进行。比较困难的是对失业人员和流动人员的预测，需要考虑国家就业政策、本地政府对外来员工的影响程度及其他因素。对其他组织在职人员的预测，需要考虑社会心理以及他们个人的择业心理、组织本身的吸引力（如高薪、培训等）等。

（二）内部人力资源供给预测

内部人力资源供给预测的思路是：首先确定各个工作岗位上现有的员工数量，然后估计下一个时期在每个工作岗位上留存的员工数量。这就需要估计有多少员工将调离原来的岗位甚至离开组织。实际情况往往比较复杂，如组织的职位安排可能会发生变化、员工的职位转换和离职形式可能不同于以往等，在进行内部人力资源供给预测时，需要靠人的主观判断进行修正。

搞清楚企业内部现有人力资源的状况是十分重要的。对现有人员一定要做到人尽其才、才尽其用，管理者要经常清查内部人员情况，做到心中有数，对不合适的人员加以调整是必要的。此外，需格外注意对可提升人员的鉴别以及制订其个人发展培养计划。企业每月都应进行一次内部人力资源情况统计，以便及时调整企业的用工情况。在清查、记录企业内部人员情况时，应确认全体人员的合格性，对不合格的要进行培训，大材小用和小材大用的都要进行调整。

（三）人力资源供给的影响因素

人力资源供给特别是外部人力资源供给主要受两个因素影响：地区性因素和全国性因素①。

地区性因素具体包括：公司所在地和附近地区的人口密度；其他公司对劳动力的需求状况；公司当地的就业水平、就业观念；公司当地的科技、文化、教育水平；公司所在地对人们的吸引力；公司本身对人们的吸引力；公司当地临时员工的供给状况；公司当地的住房、交通、生活条件。

全国性因素具体包括：全国劳动力的增长趋势；全国对各类人员的需求程度；各类学校的毕业生规模与结构；教育制度变革产生的影响，如延长学制、改革教学内容等对员工供给的影响；国家就业法规、政策的影响。

（四）人力资源供给预测的操作步骤

（1）进行人力资源盘点，了解企业员工现状。

（2）分析企业职位调整政策和历史员工调整数据，统计出员工调整的比例。

（3）向各部门的人事决策人了解可能出现的人事调整情况。

（4）将（2）、（3）的情况汇总，得出企业内部人力资源供给预测。

（5）分析影响外部人力资源供给的地区性因素。

（6）分析影响外部人力资源供给的全国性因素。

（7）根据（5）、（6）的分析，得出企业外部人力资源供给预测。

（8）将企业内部人力资源供给预测和外部人力资源供给预测汇总，得出企业人力资源供给预测。

五、 人力资源供给与需求的比较

经过以上步骤，可以对人力资源的供给与需求作一比较。比较的结果如果是平衡的，则是非常理想的状态，但这种平衡是动态平衡，更多的时候是不平衡的。

企业人力资源供给与需求的不平衡有三种类型：人力资源不足、人力资源过剩和两者兼而有之的结构性失衡。人力资源不足主要表现在企业经营规模扩张和新的经营领域开拓时期，需要增加新的人员。企业在原有经营规模和经营领域中也可能出现人力资源不足，比如人员大量流失，这是一种不正常现象，表明企业的人力资源管理政策出现了重大问题。绝对的人力资源过剩主要发生在企业经营萎缩时期。结构性失衡是企业人力资源供需中较为普遍的现象，在企业的稳定发展中表现得尤为突出。

六、 制定人力资源供求平衡政策

根据人力资源供求数据，比较组织在人力资源质量和数量上是否平衡，计算出人力资源需求。

---

① 杨顺勇.人力资源管理[M]. 上海：复旦大学出版社，2008：31.

（1）人力资源供大于求。这时组织采取的措施主要有减少临时工数量、实行工作分担制、提前退休，甚至解雇等。

（2）人力资源供不应求。这时组织采取的主要措施有招聘新员工、加班、培训、晋升、外包、工作再设计等。

（3）人力资源供求相等。这时组织不必采取重大的人力资源调整措施，做好相关工作即可。

人力资源供需平衡的调整分为人力缺乏的调整和人力过剩的调整两部分。

（一）人员缺乏的调整

如果组织在未来某一时期内，在某些岗位上人员短缺，即需求大于供给，这时的政策和措施有：

（1）培训员工，根据情况择优晋升补缺并相应提高其工资待遇。

（2）进行平行性岗位调动，适当进行岗位培训。

（3）延长员工工作时间或增加工作负荷，给予超时间、超负荷工作奖励。

（4）重新设计工作流程，提高工作效率。

（5）雇用全日制临时工或非全日制临时工。

（6）改进技术或进行超前生产。

（7）制定招聘政策，向组织外招聘。

以上是西方企业普遍采用的解决人力资源短缺的做法，而最根本、最有效的做法是采用正确的政策和措施调动现有员工的积极性，如设置多样化的物质和精神奖励、让员工更多地参与决策、进行各种培训提高员工的技能、鼓励员工进行技术革新等。

（二）人员过剩的调整

如果组织在未来某一时期内，在某些岗位上人员过剩，即供过于求，则可选择的政策和措施有：

（1）永久性裁减或辞退职工。

（2）暂时或永久性关闭一些不营利的分厂或车间。

（3）安排提前退休。

（4）对员工进行培训，调往新岗位，或适当储备一些人员。

（5）减少工作时间（随之亦相应减少工资）。

（6）由两个或两个以上员工分担一个工作岗位，并相应地减少工资。

七、　评估人力资源规划

评估人力资源规划是对前期人力资源管理工作的总结，同时对以后人力资源规划的实施不无裨益。在实际工作中，可以从企业人力资源饱和度、企业员工流失率、部门满意度等指标来评估人力资源规划。

虽然人力资源供求是否平衡只有过了预测期限才能得到最终检验，但为了给企业人力资源规划提供正确决策的可靠依据，有必要事先对预测结果进行初步评估，由专家、用户及有关部门主管人员组成评估组来完成评估工作。评估者应考虑以下具体问题：

（1）预测所依据信息的质量是否详尽、可靠？信息有无误差？原因何在？

（2）预测所选择的主要影响因素与人力资源需求的相关度如何？预测方法在使用的时间、范围，对象的特点与数据类型等方面的适用程度如何？

（3）人力资源规划人员熟悉人事问题的程度以及他们的重视程度如何？

（4）人力资源规划人员与提供数据和使用人力资源规划的人事部门、财务部门以及各业务部门经理之间的工作关系如何？

（5）有关部门之间信息交流的难易程度如何，如人力资源规划人员到各部门经理处询问情况是否方便？

（6）决策者对人力资源规划中提出的预测结果、行动方案和建议的利用程度如何？

（7）人力资源规划在决策者心目中的价值如何？

（8）人力资源规划实施的可能性如何？评估预测结果所必需的人、财、物、信息、时间等条件如何？

为了提高人力资源供求预测的可靠性，还要对如下7点进行评估：

（1）实际招聘人数与预测的人员需求量比较。

（2）劳动生产率的实际水平与预测水平比较。

（3）实际的与预测的人员流动率比较。

（4）实际执行的行动方案与规划的行动方案比较。

（5）实施行动方案后的结果与预测结果比较。

（6）劳动力和行动方案的成本与预算额比较。

（7）行动方案的收益与成本比较。

评估要客观、公正和准确，同时要进行成本-效益分析，审核规划的有效性。在评估时，一定要征求部门经理和基层领导的意见，因为他们是规划的直接受益者，最有发言权。

第三节 人力资源预测技术

人力资源需求和供给预测技术有多种，主要有统计学方法、德尔菲法和模型预测法。统计学方法包括趋势分析、比率分析和回归分析以及计算机模拟法等；德尔菲法是人力资源预测最常用的判断法；模型预测法包括人员接替模型和马尔可夫模型。

一、人力资源需求预测技术

随着计算机技术的迅速发展，人们越来越希望并有可能运用一些定量方法来对企业人力资源需求进行预测，以获得更精确、更有说服力的结果。但统计学方法对环境变化的适应性较差，所以，当组织在较为稳定的环境中运营并且预测所需的要素具有某种程度的确定性时，统计学方法是可以起到良好效果的；反之，则需要结合使用判断法。

1. 经验预测法

经验预测法是依赖预测人员的经验和知识以及综合分析能力，对预测对象的未来发展前景作出性质和程度上的估计和推测的预测方法。这是人力资源需求预测中最简单的方法，适用于较稳定的小型企业，是用以往的经验来推测未来的人员需求。这种方法只适合一定时期内企业发展状况没有发生大的变化的情况，对于新的职位或工作方式发生较大变化的职位则不适合。

2. 定员法

常用的定员法有比例定员法、设备定员法和岗位定员法。比例定员法是依据相关人员之间的比例关系来计算确定员工数量的方法，比如销售人员和生产人员的比例、教师和学生的比例等。设备定员法是根据工作量确定设备的数量，再根据设备数量、设备利用率、开动班次以及工人工作定额和出勤率来确定员工人数的方法，属于按效率定员的一种特殊表现形式。这种方法适用于大型企业和历史久远的传统企业。岗位定员法是根据岗位数量和岗位工作量计算员工人数的方法，是依据总工作量和个人劳动效率计算员工人数的一种表现形式。

3. 自下而上法

自下而上法是企业各级管理人员根据自己的经验，自下而上地确定未来所需人员的方法。具体做法是，先由企业各职能部门的基层领导根据自己部门在未来时期的业务增减情况，提出本部门各类人员的需求量，再由上一级领导估算平衡，最后由最高领导层进行决策。位于组织结构底层的员工很难把握企业的发展战略和经营规划，他们无法进行中长期人力资源需求预测，因此这种方法更适合短期人力资源需求预测。当组织规模较小、结构简单、发展较均衡稳定时，这话方法也可用来预测中长期人力资源需求。

4. 德尔菲法

德尔菲法是一种比较系统的、常用的人力资源需求预测判断法，它主要依靠人的主观判断力，适合于技术型企业的长期人力资源需求预测。德尔菲法一般采用匿名问卷调查方式，听取专家们对企业未来人力资源需求量的分析评估。

德尔菲法的一般步骤是：第一步，在明确问题之后，要求每位专家填写精心设计的问卷，提出解决问题的方案；第二步，每位专家以匿名形式独立完成第一份问卷；第三步，把第一次问卷调查的结果整理出来；第四步，将整理和调整后的调查结果再分发给每一位专家；第五步，在所有专家看过结果后，要求他们再次提出解决问题的方案，通常能提出新的解决办法，或者是原方案得到改善；第六步，如果有必要，重复第四步和第五步，经过几轮独立判断和修改，一般都能获得比较一致的看法。

5. 趋势分析法

趋势分析法又叫比较分析法、水平分析法，是通过整理财务报表中各类相关数字资料，将两期或多期连续的相同指标或比率进行定基对比和环比对比，得出它们的增减变动方向、数额和幅度，以揭示企业财务状况、经营情况和现金流量变化趋势的一种分析方法。采用趋势分析法通常要编制比较会计报表。企业人力资源需求可能表现出某种趋势，根据这种趋势可以对企业未来的人力资源需求作出初步预测。具体方法是：将企业人力资源需求量作为纵轴，时间作为横轴；在坐标轴上直接绘出企业人力资源需求线，根据需求线可以预测未来某一时期的人力资源需求量。

6. 比率分析法

人力资源需求预测实际上是要揭示未来经营活动所需要的各种员工的数量。比率分析法首先要估计组织需要的有关键技能的员工数量，然后再根据这一数量来估计秘书、财务人员和人力资源管理人员等辅助人员的数量。企业经营活动规模的估计公式为：经营活动 = 人力资源的数量×人均生产率。其他公式还有：销售收入 = 销售员的数量×销售员平均销售额；产出水平 = 生产小时数×单位小时产量；运行成本=员工数量×每位员工的人工成本等。比率分析法的目的是将企业的业务量转换为对员工的需求，是一种适合短期需求预测的方法。

比率分析法存在以下不足之处：一是需要对计划期的业务增长量、目前人均业务量和生产率增长量进行精确估计；二是只考虑了员工需求总量，没有说明其中不同类别员工需求的差异。

比率分析是通过计算某些因素和所需要雇员数目之间的精确比例来确定未来人力资源需求的方法。比率分析法和趋势分析法有相似之处，它们都假定生产率保持不变，根据历史记录进行预测，如图4-1所示。但比率分析法更为精确。例如，在一个企业可以根据销售人员和行政人员的比率来确定未来对行政人员的需求。这个企业有200名销售人员和50名行政人员，那么销售人员与行政人员的比率就是200：50，也就是4：1，这表明4名销售人员就要匹配1名行政人员。那么，如果该企业计划明年将销售队伍扩大到400人，根据这个比率，可以确定企业对行政人员的需求为100人，也就是要再增聘50名行政人员（如果目前的50名行政人员在明年前没有人离开的话）。

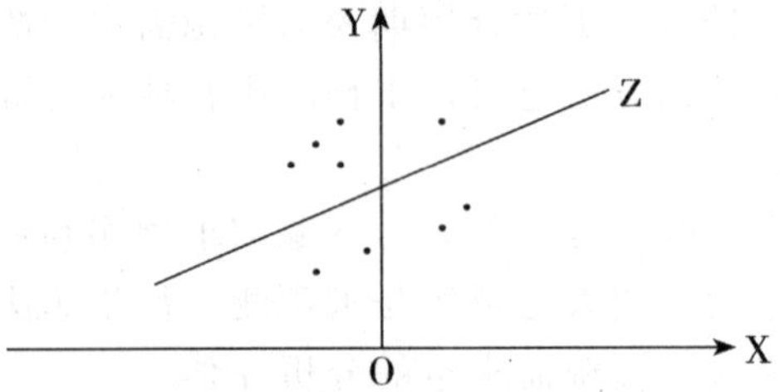

图4-1 人力资源需求比率分析示意图

7. 回归分析法

回归分析法是根据数学中的回归原理对人力资源需求进行预测的方法。最简单的回归分析法是趋势分析，即根据整个企业或企业中各个部门过去员工数量的变动趋势对未来的人力资源需求作出预测。这实际上是只以时间因素作为解释变量，比较简单，但是没有考虑其他重要因素的影响。比较复杂的回归分析法是计量模型分析法，它的基本思想是：首先，确定与组织中员工的数量和构成关系最大的一种因素，一般是产量或服务的业务量。然后，研究过去组织中员工人数随着这种因素变化而变化的规律，得到业务量的变化趋势和劳动生产率的变化趋势，再根据这种趋势对未来的人力资源需求进行预测。最后，预测的需求数量减去预测的供给数量的差额就是组织对人力资源净需求的预测量。如果这一差额是正值，说明组织面临人力资源短缺；如果这一差额是负值，说明组织面临人力资源过剩。

8. 计算机模拟法

计算机模拟法是指企业建立一套人力资源需求的计算机预测系统，利用计算机技术来对人员需求进行预测。它是企业人力资源需求预测技术中最复杂也最精确的一种方法。管理者和专家将所需要的信息综合起来，建立一个数据库，计算机预测系统以此为根据，模拟各种现实情况进行预测。所需要的信息包括：生产单位产品所需要的直接劳动工时（对生产量的一种衡量），以及当前产品系列的三种销售额计划——最低销售额、最高销售额、可能销售额。运用计算机预测系统，企业可以很快地将生产率水平和销售额计划转化为对人员需求的预测。这种方法也可以预测各种生产率水平及销售水平对人员需求的影响。

二、人力资源供给预测技术

1. 技能清单法

技能清单是反映员工工作能力特征的列表，这些特征包括培训背景、以前的经历、持有的证书、已经通过的考试、主管的能力评价等。技能清单是对员工竞争力的反映，可以帮助人力资源管理人员估计现有员工调换工作岗位的可能性大小，决定哪些员工可以补充企业当前的空缺。企业的人力资源规划不仅要为企业中空缺的工作岗位提供相应数量的员工，还要保证每个空缺都有适合的人员来填补。因此，有必要建立员工工作能力记录，包括基层操作员工的技能和管理人员的管理能力的种类及所达到的水平。一般来说，技能清单应包括七大类信息：

（1）个人数据：年龄、性别、婚姻状况。

（2）技能：教育经历、工作经验、培训经历。

（3）特殊资格：专业团体成员、特殊成就。

（4）薪酬和工作历史：现在和过去的薪酬水平、加薪日期、承担的各种工作。

（5）公司数据：福利计划数据、退休信息、资历等。

（6）个人能力：在心理或其他测试中的测试成绩、健康信息。

（7）个人特殊爱好等。

由于技能清单的建立很费时间，因此组织常常同时用它来为其他人力资源管理活动建立数据库。技能清单的作用是服务于晋升人选的确定、管理人员接续计划、对特殊项目的工作分配、工作调动、培训、工资奖励计划、职业生涯规划和组织结构分析。对于要求其成员频繁调动的组织或者经常组建临时性团队或项目组的组织，其技术档案中应该包括所有的雇员；对于那些主要使用技能清单来制订管理人员接续计划的组织，技能清单中可以只包括管理人员。

2. 模型预测法

模型预测法是通过数学模型对真实情况进行实验的一种技术。首先要根据企业自身和同行业其他企业的相关历史数据，通过数据分析建立数学模型；然后根据模型确定销售额增长率和人员数量增长率之间的关系，这样就可以通过企业未来的计划销售额增长率来预测人员数量增长。模型预测法适合大中型企业长期或中期人力资源预测。模型预测法包括人员接替模型和马尔可夫模型。

（1）人员接替模型。人员接替模型也称职位置换图，是通过建立组织内的某些职位候选人的评价模型来预测企业内部人员供给的一种方法，多用于组织内重要职位人力资源供给的预测。在人员替换模型中，要给出部门、职业、在职员工姓名、职位、员工绩效与潜力等信息。人员接替模型就是跟踪每一位职位候选人，找出他们至少两方面的信息：一是当前绩效，二是提升潜力。当前绩效一般由考核部门或上级领导确定，提升潜力则是在前者的基础上由人力资源部门通过心理测验、面谈等方式得出。具体的人员接替模型如图4-2所示（详细分析说明略）。

（2）马尔可夫模型。马尔可夫模型是通过全面预测企业内部人员转移从而预知企业内部人力资源供给的一种方法。它是一种比较有效和合理的方法，有利于管理者综合考虑各

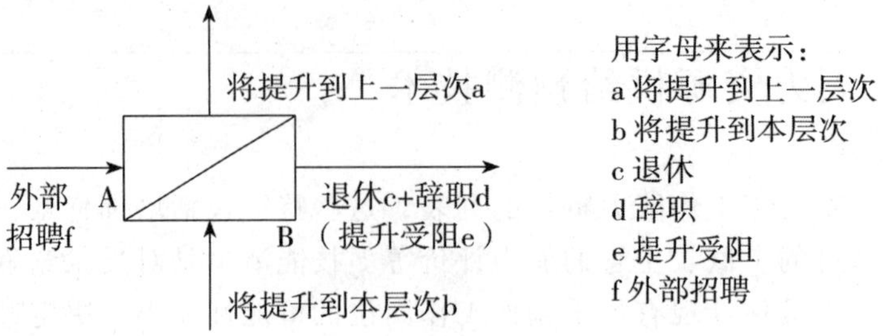

图 4-2 人员接替模型

种影响因素，系统地考虑企业内部的人员供给状况。但它是建立在这样一个前提下的，即企业内部人员有规律地转移，而且其转移概率有一定的规则。

马尔可夫模型所考虑的人员变动主要有调入、上升、下降、平调或调出五种情况。通过计算某一时间段内某个岗位的人员变动比率，可以对未来该工作岗位的人员数量作出估计。举例来说，表 4-1 就是利用马尔可夫模型预测企业 A、B、C、D 四种工作的人员供给情况所用的矩阵。矩阵左方是目前这四种工作各有多少人，通过中间的人员变动可能性矩阵的计算，得到了矩阵右方在将来某一时刻这四种工作各需要多少人的预测结果。

表 4-1 **某企业人力资源供给的马尔可夫矩阵**

现在的雇用人数（T-0时期）	变动可能性矩阵（T-2时期）						雇用人数预测（T + 1时期）
			A（350人）	B	C	D	
A：300		A	70%（245人）	—	10%	—	300×70% + 275×10%=238
B：150		B	20%（70人）	80%	—	—	300×20%+150×80%=180
C：275	T-1时期	C	—	—	60%	—	275×60%=165
D：360		D	—	—	10%	90%	275×10%+360×90%=352
		离开	10%（35人）	20%	20%	10%	离开组织人数 300×10%+150×20%+275×20%+360×10%=151

中间的变动矩阵是从过去的某一时期（T-2）到过去的另一时间（T-1）人员变动可能性的数据。例如，对工作 A 来说，T-2 时 A 有 350 人，到了 T-1 时，只有 245 人留在原岗位，70 人提升到 B，35 人离开了组织。因此，可以计算出：

工作 A 留任率（从 A 到 A）＝245÷350×100%=70%

工作 A 提升率（从 A 到 B）＝70÷350×100%=20%

工作 A 离任率＝35÷350×100%=10%

用同样的方法可以得到矩阵中其他百分比。应当注意，这里计算的只是从 T-2 到 T-1

的人员变动率。在实际运用中，常常是分几个时期收集人员变动率数据，然后以它们的平均值作为人员变动率数值，用来预测未来的人员流动情况。

得到人员变动率后，就可以分别对这四种工作在T+1时期的人员数量作出预测了。对A来说，T-0时有300人，留下人数为：300×70%＝210（人）；由C到A的有：275×10%＝28（人）。因此，预测T+1时A工作共有：210+28＝238（人）。

很明显，与目前的300人相比，少了62人。经过相似的计算，也可以得到其他工作在T+1时期的预测人数。

一般来说，在信息充分的条件下，统计学方法的准确性和可靠性比主观判断要高。随着计算机技术的飞速发展，统计学方法正在受到管理层特别是专家们越来越多的关注。但是，统计学方法的准确性和可靠性是以其灵活性和对完全信息的依赖为代价的。现在的劳动力市场已经变得越来越纷繁复杂和难以预料，在这种情况下，单纯使用以历史趋势为依据的统计学方法就很可能会出现偏差。所以，企业管理者和人力资源管理专家对形势的感觉和主观判断在人力资源预测方面的作用也是不容忽视的。在有些情况下，主观判断已经变成解决问题不可缺少的重要方法。由于统计学方法、主观判断和模型预测在优势方面具有互补性，因此，在实际的人力资源预测中，这些技术常常是配合使用的。

人力资源规划是为实现企业的经营目标，根据企业的发展需要和内外部条件，运用科学方法，对人力资源需求和供给进行分析和估计，在职位编制、人员配置、教育培训、薪资分配、职业发展等方面所编制的人力资源管理的职能性计划。

本章概要

□ 内容结构

- 人力资源规划
  - 人力资源规划概述
    - 人力资源规划概念
    - 人力资源规划原则
    - 人力资源规划的分类
    - 人力资源规划的内容
  - 人力资源规划制定程序
    - 审视组织现有战略及人力资源存量
    - 人力资源需求与供给预测
    - 制定人力资源供求平衡政策
    - 评估人力资源规划
  - 人力资源预测技术
    - 人力资源需求预测技术
    - 人力资源供给预测技术

□ 主要概念和观念

德尔菲法　趋势分析法　比率分析法　回归分析法　技能清单　人员接替模型　马尔可夫模型

□ 重点实务

人力资源需求预测的影响因素及预测方法　人力资源供给预测的影响因素及预测方法　供求不平衡的调整政策

□ 重点操作

人力资源供求不平衡的调整政策

单元训练

□ 理论题

（1）人力资源规划的意义是什么？

（2）人力资源规划的流程是什么？

（3）人力资源需求预测需考虑的因素及主要方法有哪些？

（4）人力资源供给预测需考虑的因素及主要方法有哪些？

（5）人力资源供需不平衡的调整政策有哪些？

□ 实务题

（1）结合实际分析人力资源需求和供给预测的影响因素有哪些？

（2）结合实际情况进行人力资源需求预测和供给预测？

（3）选择一家企业，利用所学知识制定合理的人力资源规划。

（4）结合实际，提出人力资源供需不平衡的调整政策。

□案例题

高速成长公司如何进行人力资源规划

背景与情境：规范的人员招聘需要借助企业内部详细的人力资源规划来进行，但在实践中，很多企业明确提出这样的问题：与一般成长型和成熟型公司相比，高速成长公司将更多地面对未来的不确定性、市场的不确定性以及战略定位的模糊性等一系列复杂的、需要摸着石头过河的新问题。在这种模糊感和不确定性支配下，公司若想继续保持高速成长趋势，必然时刻处于由未知造成的对知识和信息的饥渴状态，转到员工个体身上，就呈现出一贯的人才短缺现象，因此公司根本无法赶上对人员需求变化的进程与多样性，从而制定规范的人力资源规划是力不从心的，而未来的不确定性还会导致规划即便作出来也是毫无意义的。公司本身是高速成长的企业，市场和公司自身的发展还处于不规范和不可预测的阶段，企业的管理模式尚未定型，更不用说岗位分析和确定职位的具体需求了，人力资源规划本身也跟不上公司的发展。处于高速成长阶段的企业是否需要进行人力资源规划呢?在这样的企业中怎么来做人力资源规划才是实际而有效的?

对于高速成长公司的人力资源部来说，要做好人力资源规划，就要从其他方式或角度对人力资源状况进行前瞻性的战略思考。高速成长公司看重的是职业精神和发展潜力，往往更加注重员工的品格和能力，因此有效的人力资源规划可以从以下几方面入手：（1）不断提高管理者的管理技能，抓住给公司带来80%利润的20%关键技术人才。（2）持续强化对人力资源的培训与开发，提高工作效率。（3）从流程入手进行设计，发挥协同效应，解决公司内部的人才短缺问题。（4）设计价值评价与价值分配体系，实现待遇留人；同时给员工自由施展才能的空间，通过认同实现机会留人，提高公司员工的留任率，减少人才流失及由流失引发的一系列连锁效应。（5）通过短期临时、季节性、弹性等用工方式，缓解公司由于人才短缺等造成的压力。

问题：

1. 高速成长公司与一般企业相比面临的环境有什么不同?

2. 高速成长公司要做人力资源规划吗?

3. 这类企业在做人力资源规划时应特别注意哪些问题?

□ 实训题

“人力资源规划方案设计”训练

技能Ⅰ　人力资源需求预测技能

技能Ⅱ　人力资源供给预测技能

技能Ⅲ　人力资源供需不平衡应采取的调整政策

技能Ⅳ　“人力资源规划方案”撰写技能

要求:

(1) 能够全面把握人力资源规划的相关理论与实务知识。

(2) 能够运用所学理论与实务知识，分析企业人力资源规划存在的问题。

(3) 能够结合实际提出人力资源供需不平衡的调整政策。

(4) 能够正确设计、撰写人力资源规划实训报告。

【实训步骤】

将学生分成若干实训组，各实训组可以任选一题。每个实训组结合所选题目，通过实地考察或自行搜集的资料，运用“人力资源规划”理论与实务相关知识分析存在的问题与不足，初步设计具有一定针对性、创新性和实效性的人力资源规划的改进方案，并撰写相应的实训报告。

【实训时间】

本章课堂教学内容结束后的双休日和课余时间，为期一周。

第五章　员工招聘管理

学习目标　理论知识目标：(1) 招聘的概念、流程和原则。(2) 招聘需求分析及渠道选择。(3) 甄选技术与程序。(4) 招聘评估的方法。

实务实训目标：(1) 运用相关知识，根据企业实际，制订合适的招聘计划。(2) 能根据企业实际情况，进行招聘需求分析，选择合适的招聘渠道。(3) 能利用所学知识，制定有效的甄选程序，并作出适当的录用决策。(4) 能研究章后案例“B公司的招聘管理”，培养和提高在特定情境中分析问题、解决问题的能力。

引例　**新巴克百货公司的招聘**

新巴克百货公司在中国有25个销售点，其人力资源管理职能由位于上海总部的9个人组成的人力资源部行使，人力资源部负责每个分店经理的雇用与管理。每当一个新店开张时，总部会派一位人力资源管理专员为新店招聘一位经理，然后新店的经理被赋予为该店雇用必要人员的责任。

总部人力资源管理专员李勇为一家在广州市新开的店挑选了关涛作为经理。在开始经营的头6个月，新店员工流动率达120%，经理助理已换了3个人，一般销售人员平均在岗时间为2个月。为此，李勇被派往广州市调查并解决这个问题。

李勇让关涛描述他是如何挑选人员的，关涛做了以下答复：“我选人主要靠我对每个求职者的面试。我向所有求职者提出一些基础问题，如他们是否乐意在周末工作、是否乐意加班。除此之外，我不按事前确定的问题顺序发问，恰当地说，我尽力使问题适合每一位求职者。在面试前，我反复阅读求职者的简历与申请表格，熟悉他们的背景与过去的经历。通过这些信息，我确定他们是否符合我们的最低要求，然后我才对那些满足我们的最低要求的人进行面试。在面试过程中，我试着确定他们是否喜欢与别人一道工作，是否性格外向。面试经理助理时，我看他有无领导才能。”

李勇问关涛，他如何确定哪一位求职者能适应公司的要求，关涛做了如下陈述：“求职者给我的第一印象相当重要。一个人如何介绍自己、如何开口说话以及他的服饰都很重要，并且对我的最后决策有一定影响。影响最大的因素是与求职者的目光接触，当求职者与我目光接触时，就是他在聆听并且很诚恳。微笑、一次坚定有力的握手、两脚平放地面、笔直的坐姿也是我作出决策的重要因素。最终，如果一个求职者得到雇用，他必须对我们公司感兴趣，而不仅仅是为了一份工作。我的第一个问题是‘你为什么想要为新巴克工作?’，我对那些已知道很多新巴克事情的求职者印象很深。”

李勇必须对关涛雇用员工的做法作出评价，以确定这是否是影响员工高流动率的关键因素。假如你是李勇，请你为关涛策划一个完整的面试过程。

第一节 招聘概述

一、招聘的概念

所谓招聘，是指通过各种信息，把具有应聘技巧、能力和其他特征的申请人吸引到组织空缺岗位的过程①。人才招聘是企业人力资源管理的基础性工作，是获取人才的首要环节。企业要不断适应环境的变化，实现战略目标，其人力资源系统就必须是开放的，让人才能引得进、出得去、留得住、用得好，使人力资源成为一池活水。从这点上讲，招聘直接关系到企业能否获得人才竞争优势，直接关系到员工整体素质的提高，直接关系到企业组织效能的发挥，也直接关系到企业公众形象的传播和良好声誉的建立。

二、招聘的流程

招聘既是一个程序化的操作过程，又是一个科学性和系统性很强的工程。招聘一般分为四个阶段：

（一）制订招聘计划

在这一阶段，要根据企业人力资源中长期规划的要求和近期经营业务对人才的实际需求以及业务发展对人才的储备要求，制订当年的招聘方案。可以用“7W”方法来分析和确定招聘方案的合理性和可行性。“7W”方法就是：①招聘谁（Who），就是招聘对象的具体条件是什么。②为什么要招聘（Why），就是招聘是否确实需要，是否可以内部调配。③招聘来干什么（What），就是新员工配置在什么岗位，要起什么作用。④什么时候招聘（When），就是什么时候招聘最有效，什么时候进来最适合。⑤到哪里去招聘（Where），就是通过什么渠道、在什么条件下可以最有效地招聘到需要的人才。⑥为谁招聘（Whom），就是为哪个部门招聘，需要这个部门怎样配合。⑦怎么样去招聘（How），就是采取什么策略、方法，用多大的成本。另外，在招聘计划中，还必须把握好如下四个细节：

1. 成立招聘组织机构

合格的招聘人员应具备以下条件：专业知识、优雅气质；整洁的衣着和得体的举止；良好的语言表达能力；会察言观色；具有亲和力；业务内行；良好的EQ（情商）；高效；有强烈的责任心；良好的服务意识。有的企业在招聘旺季由于人力资源部人员紧缺，会临时从各部门抽调人马加入招聘小组，这使得招聘小组成员素质参差不齐，有的虽是业务尖子但对招聘方面的业务知识知之甚少，此时要对这些人员集中培训。另外，若是进行复杂的测试或招聘较高职位的人，还要请相关专家指导，以保证招聘的有效性②。

曾经有一大型酒企年薪百万招聘财务、营销副总，众多业内精英慕名前来，结果大失所望，现场只有几名普通的人事职员，公司高层一个也没到，精英们大呼上当。有此结局自在情理之中，因为招聘人员必须具备公众性、代表性、推销性和权威性，报道中的酒企没有遵循招聘人员职位高于应聘职位的原则，使招聘工作缺乏权威性。

① 王玺.人力资源规划、招聘及测评实务[M]. 北京：中国纺织出版社，2004：113.
② 孙泽厚，罗帆.人力资源管理——理论与实务[M]. 武汉：武汉理工大学出版社，2007：126.

2. 确定招聘各环节的比例

招聘人数与应聘、初试和面试人数的比例要适当，因为没有一定的数量就没有一定的质量，同时还要考虑招聘的成本。一般来说，要录用一名新员工，如果有10人以上应聘，5人以上初试，3人以上面试，则比较合适，但也不是绝对的。企业通过招聘录用的金字塔模型确定招聘规划，也就是说，将整个招聘录用过程分为若干阶段，以每个阶段参加的人数和通过的人数比例确定招聘的规模，如图5-1所示。

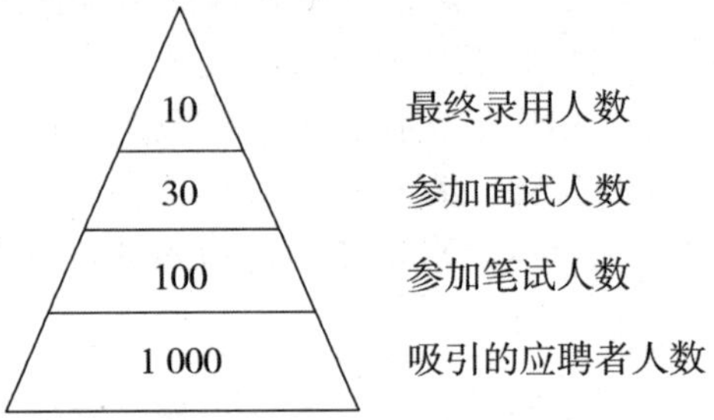

图5-1 招聘录用的金字塔模型

用金字塔模型确定招聘规模，一般是按照从上到下的顺序进行的。在图5-1中，企业的职位空缺为10个，面试与录用的比例为3：1，那么就需要30人来参加面试；而笔试与面试的比例为10：3，因此就需要100人来参加笔试；应聘者与参加笔试的比例为100:1，所以企业需要吸引1 000名应聘者，招聘的规模相应就是1 000人。

用金字塔模型确定招聘规模取决于两个因素：一是企业招聘录用的阶段，阶段越多，招聘的规模就越大；二是各阶段通过的比例，这一比例的确定需要参考企业以往的历史数据和同类企业的经验，每个阶段的比例越高，招聘的规模就越大①。

3. 确定选才标准及诱因标准

选才的标准应符合公司文化，并基于岗位所需。另外，在市场经济条件下，人才作为一种资源，具有商品的属性，所以要了解各类人才的市场价位，并通过提高企业效益逐步接近这个价位。在制订招聘计划阶段，还应明确诱因标准：是基于高薪待遇，还是诱人的福利；是基于公司的发展前景，还是个人良好的职业发展空间等。

4. 估计招聘预算②

（1）人工费用，就是公司招聘人员的工资、福利、差旅费、生活补助以及加班费等。

（2）业务费用，包括通信费（电话费、上网费、邮资和传真费）、专业咨询与服务费、广告费、资料费以及办公用品费等。

（3）其他费用，包括设备折旧费、水电费以及物业管理费等。

在估计招聘预算时，应当仔细分析各种费用的来源，把它们归入相应的类别中，避免出现遗漏或重复计算。

（二）人员招募

1. 发布招聘信息

在人员招募阶段，首先要通过媒体发布招聘信息，吸引求职者前来应聘。不管选择何种方法进行招聘，招聘信息的发布都是很重要的，对于招聘的效果有很大影响。一般来

---

① 王勇，曹彦平.人力资源管理概论[M]. 武汉：武汉理工大学出版社，2006：145.
② 王勇，曹彦平.人力资源管理概论[M]. 武汉：武汉理工大学出版社，2006：147.

说，招聘信息的发布应遵循以下五个原则：

（1）广泛原则。发布招聘信息的面越广，接收到该信息的潜在应聘者就会越多，应聘人员中符合职位要求的人也就越多。

（2）及时原则。在条件允许的情况下，招聘信息应该尽早发布，这样有利于缩短招聘进程。

（3）层次原则。由于潜在应聘人员处在社会的某一层次，因此要根据空缺职位的特点向特定层次的人员发布招聘信息，以提高招聘的有效性。

（4）真实原则。向外界发布招聘信息时，一定要客观、真实。

（5）全面原则。除了要向外界提供有关职位本身的信息外，还要尽可能多地提供其他相关信息，比如企业概况、工作条件以及发展机会等。应聘者了解企业，才能作出正确的判断和选择。

2. 回收应聘材料

企业通过有关途径把招聘信息发布出去后，还要对应聘者的应聘材料进行回收，以便进行下一步选拔录用。招聘人员在回收应聘资料的过程中，并不只是被动地收取材料，还应当进行初步筛选，剔除那些明显不符合要求的人员，减轻选拔录用的工作量。

（三）人员甄选

人员甄选是对应聘者的知识水平、工作经验、个人特长、职业兴趣、应变能力等进行全面了解，从而决定是否录用的重要过程。人员甄选有三个关键环节：一是要认真审阅自荐材料和审核有效证件，结合对应聘者初试的印象，初步确定人选，尽快通知面试。对落选人员，要发信通知并感谢他们对公司的青睐和应聘。二是组织面试，要重点对智力状况、知识水平、道德品行、心理素质、管理能力、进取精神等进行了解和评判。有关专业知识的书面考试也是不可忽视的考核途径，要由高级管理人员和有关专家进行命题。不同岗位的书面考试要设计不同的内容，体现人适其岗和能力为主的原则。对于面试和书面考试中的疑点和难以把握的重要问题，还可以通过查档和背景调查做进一步了解。招聘高级管理人员时，还可要求求职者提供人机对话的高级人才能力素质测评报告。一般来说，人员甄选主要考虑求职者三方面的特征：

（1）基本生理/社会特征：性别、年龄、户籍等。

（2）知识/技能特征：学历、专业、专业工作经历、其他工作经历、培训数量、专业资格证书。

（3）心理特征：各种素质、人格、兴趣爱好等。

（四）人员录用

人员录用即各项最终录用的手续和工作，包括三个步骤：

1. 签订试用合同

签订试用合同是指由人力资源部与合格的应聘者签订试用一定时期的合同的工作。一般情况下，试用合同的主要内容有：试用的职务或岗位、试用期限、试用期的报酬和福利、试用期应接受的培训、试用期的工作绩效目标、试用期应承担的义务与责任、试用期应享受的权利、转正的条件和要求、试用期组织解雇员工的条件与组织应承担的责任、试用期员工辞职的条件与义务、试用期延长的条件等。

2. 安排应聘者试用

签订试用合同后，应聘者就可以在合同规定的时间进入组织开展工作了，此时组织要为试用人员安排相应的职务或岗位。一般来说，在试用期间，员工应承担的责任和义务均是按照人员招聘中组织提出的应聘要求和应聘者明确表示的意愿来安排的。员工试用实际上是对招聘来的员工的实际能力与潜在能力、个性品质与心理素质等进行的进一步考核和审验。对组织而言，试用还有一个很重要的作用，就是验证招聘来的团队成员（试用者）能否相互合作，能否成为一个和谐而努力奋斗的团队。

3.正式录用

正式录用就是通常所说的“转正”，是指将那些试用合格的应聘者转为组织的正式成员的过程。试用人员能否被正式录用，关键要看其在试用期的考核结果如何。组织对试用人员应该坚持公平、公正的原则进行录用。在正式录用过程中，人力资源部应完成以下主要工作：试用期的工作考核鉴定；正式录用的决策；签订正式录用合同；提供相应的待遇；提供必要的帮助与咨询，安排他们正式进入角色和岗位等。

三、 招聘的原则

1.内部招聘和外部招聘相结合的原则

人才招聘是人力资源开发与管理的重要环节。人们比较重视外部招聘而容易忽视内部招聘，所以一定要把内部招聘与外部招聘结合起来，确定选才标准，使人才质量与岗位要求相匹配，真正体现人事相宜、人尽其才、才尽其用。

2.公开、公正、平等、竞争的原则

公开，就是要坚持透明度，不搞暗箱操作；公正，就是要选人讲标准，操作讲程序；平等，就是要机会均等，一视同仁；竞争，就是要广泛发动，让更多的人来参与竞聘。

3.用人所长的原则

对岗位的考虑要优先于对人选的考虑，要从岗位需要出发，提出招聘的基本要求，再来物色最适合的人选，绝不能本末倒置。用人所长就是要求员工在新的岗位上发挥自己的优势和特长，确保其比在原岗位工作更出色、更有成效。

第二节　招聘需求分析

企业招聘一般是从招聘需求的提出和确定开始的。所谓招聘需求分析，就是对企业人力资源配置状况和人力资源需求进行比对，分析内外部环境的变化，确定人员需求。由于实际工作的需要和业务的变化会导致人员需求的变化，用人部门和人力资源部要对实际情况进行分析，然后作出招聘决定。在人力资源规划中，员工招聘是从企业发展战略角度制定的，因此，它属于人员招聘的战略需求分析。

一、 企业招聘环境分析

企业的员工招聘需求除受经济条件、劳动力市场、法律法规等外部环境因素的影响外，还受企业的目标、政策、组织文化、管理方式等内部因素的影响。

（一）组织外部环境因素

1. 经济条件

企业作为宏观经济的微观主体，其经营活动受到经济条件的影响，招聘活动也不例外。经济条件的变化会影响企业对人员的需求。随着社会经济的发展，人们对某些产品或服务的需求会增加或减少，这又会影响提供相应产品或服务的企业对员工需求的变化。例如，随着社会经济发展和人们生活水平提高，人们对旅游的需求增加。由于旅游团和旅游人数增加，旅行社的导游人员数量也要相应增加。经济条件对招聘活动的影响是巨大的，因而有必要对其进行综合分析，弄清哪些条件是相关的、相关条件具体会产生哪些影响。

2. 劳动力市场

劳动力市场状况是影响招聘活动的主要因素。如果需要招聘的劳动力在市场上有充足的供应，那么企业很容易就能吸引到足够多的申请者；如果劳动力供不应求，则会使招聘活动变得相当困难。能否满足企业招聘员工的需求，取决于劳动力市场的资源数量和构成。了解劳动力市场的方法之一是查阅现有资料，获得相关数据。国家和各地的统计部门、人事和劳动保障部门都会定期发布统计数据。方法之二是直接调查，获得有关信息。人力资源部可以就企业关注的人力资源状况进行调查。例如，对高校毕业生生源的调查就是一种比较有效的方法，企业可以与几个关键院校保持长期合作关系，密切跟踪目标生源的情况。

3. 法律法规

我国以《中华人民共和国劳动法》（以下简称《劳动法》）为依据，颁布了一系列与招聘和录用有关的法律法规、条例和规定，包括《中华人民共和国劳动合同法》、《女职工禁忌劳动范围的规定》、《集体合同规定》、《未成年工特殊保护规定》和《中华人民共和国企业劳动争议处理条例》（以下简称《企业劳动争议处理条例》）等。企业在制订招聘计划和实施招聘工作中，必须遵守现行法律法规的有关规定，以免企业在招聘中产生法律纠纷。

除上述几个方面外，还有一些外部环境因素，如技术变革、外部竞争、政府管理、社会文化、教育状况等，也对企业的招聘活动产生影响。在制订招聘计划和实施招聘工作中，必须充分考虑相关的外部环境因素，使企业的招聘工作顺利进行。

（二）组织内部因素

企业的战略规划和发展计划决定企业的发展方向，它们也是影响招聘的内部因素。假如A公司想成为境外旅游业的行业先驱，它必须开发新的旅游产品，创新旅游方式。为此，A公司必须招聘到熟悉旅游业务的高素质人才。企业在生命周期的不同阶段，所要招聘的人员的数量、层次、结构也不相同。企业的吸引力决定了企业能否招聘到所需要的人才。

企业财务预算决定了企业的薪酬总额，限制了计划招聘的人数及可支付的工资水平，从而影响企业的吸引力。如果财务预算较高，就能录用较多人员，也可以支付较高的工资；如果财务预算紧缩，就只能招聘较少人员，支付较低的工资。可见，财务预算对员工招聘的数量和质量都有影响。企业文化、企业形象和管理风格等也是吸引应聘者的重要因素，它们与其他因素共同影响企业的员工招聘。有宽松和谐的工作氛围、良好的培训体系、公平合理的内部晋升制度，比单纯的高薪酬对应聘者的吸引力更大。

二、企业人力资源的配置状况分析

企业人力资源的配置是指人与事的配置关系，目的是通过人与事的配合以及人与人的协调，充分开发、利用员工潜能，实现企业目标。员工招聘开展之前，应在人力资源规划的基础上，对企业人力资源的配置状况进行分析，确定各岗位对员工的现实需求。企业对员工需求的变化除受外部环境因素的影响外，也受企业自身因素的影响，如企业员工自然减员、员工因患病死亡等，还有员工辞职、各种原因的休假，都会导致职位空缺，需要招聘合适的员工来补充。企业人力资源的配置状况分析涉及以下内容：

1. 人与事总量配置分析

人与事总量配置涉及人与事的数量关系，即有多少事要用多少人去做，但这种数量关系不是绝对的，而是随着企业自身的发展而变化的。

2. 人与事的结构配置分析

人与事的结构配置是指事总是多种多样的，应该根据不同性质和特点的事，选拔有相应专长的人去完成，做到人尽其才、才尽其用。

3. 人与事的质量配置分析

人与事的质量关系配置就是要合理使用人力资源，企业应根据员工的身体状况、教育程度、实践经验等因素，将员工安排在相应的岗位上，使每个员工的工作能力与岗位要求相适应。

4. 人与工作负荷配置分析

人与工作负荷配置就是事的数量是否与人的承受能力相适应，合理设计员工的工作负荷，对保证员工身心健康尤为重要。员工的工作过重或是过轻，都不利于人力资源的合理配置。

三、企业招聘需求的确定

招聘需求有三种情况：企业人力资源自然减员；企业现有人员无法满足需要；企业现有人力资源配置不合理。招聘作为员工进入企业的首要环节，无疑关系到组织的兴衰成败。如果不能招聘到合适的员工，在物质、资金、时间上的投入就会浪费。随着劳动力的自然流动，招聘对企业来说是经常性的工作。用人部门和人力资源部要根据企业的实际情况作出招聘决定。人员需求申请表示例见表5-1。

表5-1 **某企业人员需求申请表**

<table>
<tr><td colspan="2">申请单位</td><td colspan="5"></td><td>申请日期</td><td>年　月</td></tr>
<tr><td colspan="2">需求职别</td><td colspan="5">□助理管理师　□办事员　□业务人员　□特勤人员
□助理工程师　□技术员　□技师</td><td>需求名额</td><td>名</td></tr>
<tr><td rowspan="5">需求资格</td><td>性别</td><td></td><td>年龄</td><td></td><td rowspan="2">内调或外招</td><td colspan="3" rowspan="2">□内调　□外招
建议人选：</td></tr>
<tr><td rowspan="3">教育程度</td><td colspan="3" rowspan="3">□研究生　□大学本科　□专科
□高中　□职高　□初中
□其他</td></tr>
<tr><td>经验</td><td colspan="3"></td></tr>
<tr><td rowspan="2">经验年数</td><td colspan="3" rowspan="2"></td></tr>
<tr><td>部门</td><td colspan="3"></td></tr>
</table>

续表

需求理由说明	□补充离职　□补充调动　□业务扩充 详细说明：									
需求单位系统	副总经理		副处长		人力资源部负责人		需求单位			
总公司人力资源系统	总经理		处长		助理		科长		办事员	
备注	1.本申请表于每月5日送达人力资源部，并请预估各单位1～2个月内的人力资源需求。 2.另请详填人力资源需求工作说明书，如为业务扩充请另附全部门工作分析表。 3.人员招募原则上分别于2、4、6、9、12月进行，请各单位密切配合，需求迫切的人员可视实际需要办理。									

第三节　招聘渠道分析与选择

好的招聘渠道应该具备以下特征：一是目的性，即招聘渠道能够达到招聘的目的。二是经济性，即花费最小的成本招聘到合适的人员。三是可行性，即招聘渠道符合现实情况，具有可操作性。

一、内部招聘与外部招聘

组织的招聘渠道一般分为内部招聘和外部招聘两种。一项研究发现，晋升机会能导致流动率的下降、较高的工作满意度及更高的工作效率。是采取内部招聘还是外部招聘，取决于组织的内部晋升和内部调动战略。

（一）内部招聘

内部招聘是指在组织内公布空缺职位，发布招聘启事，在职位所需技能和现有员工的技能库中搜索，从内部寻找聘用者并从内部招聘员工。

1. 内部招聘的优点

（1）组织和员工之间相互比较了解。首先，组织对自己的员工比较了解。组织如果有一份员工技能清单，就可以把它作为内部招聘的起点。通过熟悉候选人的现任和前任管理者，可以获得对员工的绩效评价。此外，还有机会观察候选人的工作习惯、工作技能、与他人相处的能力以及在组织中的适应性。其次，员工也了解组织的情况，知道组织的运作方式、组织的价值观和文化，这样员工的预期不准确性和对组织不满意的可能性就降低了。

（2）创造晋升的机会，防止可能的冗员。晋升对员工动机的激发和士气的提高会产生积极的、重大的作用。如果员工知道自己有希望晋升，就会为组织努力工作。晋升也是对员工绩效和忠诚的奖励。反之，如果企业总是优先考虑用外部人员填补工作空缺，就会产生相反的影响。

（3）成本低。与外部招聘相比，内部招聘在评价、测试和背景资料方面，能节约一定的人力、物力和财力，而且招聘速度快。同时，组织可以充分利用现有员工的能力，回收以前在员工人力资本上的投资。

2. 内部招聘的缺点

（1）易导致“近亲繁殖”。

（2）易引发高层领导和员工之间的不团结。用人方面的分歧常常是高层领导之间产生矛盾的焦点，对没有得到晋升的员工也会产生消极影响。

（3）过多的内部招聘可能使组织变得封闭。

（4）过多的内部招聘可能导致效率降低。例如，如果一位高级经理人员离开本组织，由一名直接下属接任，那这位下属的职位就需要找人来承担。新职位也要求其调整思路以适应新的要求，并重新界定与同事的人际关系，其面临的管理困难会不断涌现。

（二）外部招聘

外部招聘就是在报纸和杂志等媒体上刊登招聘广告，从外部寻找人员来填补职位空缺。组织从外部招聘人员的渠道很多。快速成长的组织、需要招聘大量有技术的熟练工人或管理才能的员工的组织多采用外部招聘。

1. 外部招聘的优点

（1）人员选择范围广泛。外部招聘比内部招聘选择余地大得多。

（2）外部招聘能带来新思想和新方法。外部招聘来的员工会给组织带来“新鲜的空气”，会把新的技能和想法带进组织，这对于需要创新的企业来说极为关键。

（3）大大节省了培训费用。从外部获得有熟练技术的工人和有管理才能的人往往比内部培训的成本低，特别是在组织急需这类人才时，这一点尤为重要。

2. 外部招聘的缺点

（1）外部招聘选错人的风险比较大。这是因为外部招聘在吸引、联系和评价员工方面比较困难。

（2）需要更长的培训和适应时间。即使是对组织来说很简单的工作，外部招聘来的员工也需要对组织的人员、程序、政策和特征加以熟悉，而这是需要时间的。

（3）内部员工可能感到自己被忽视。外部招聘会影响组织内部那些认为自己可以胜任空缺职位的员工的士气。

（4）外部招聘可能费时费力。与内部招聘相比，无论是引进高层次人才还是中低层次人才，都需要相当高的招聘费用。

（三）内外结合的招聘

内部招聘和外部招聘各有优缺点，其比较见表5-2。企业在招聘人员时最好采取内外部招聘相结合的办法。

表 5-2　**企业内外部招聘的方法及优缺点比较**

项目 比较	内部招聘	外部招聘
方法	推荐、布告、档案	广告、网络招聘、校园招聘； 通过中介（人才交流中心、招聘洽谈会、猎头公司）； 熟人推荐
优点	相互了解，准确性高； 适应性强； 激励性强； 成本较低	给公司带来新思想、新方法； 选择余地大； 节约培训成本； 起到树立企业形象的作用
缺点	易导致“近亲繁殖”； 易导致员工间矛盾； 容易抑制创新	筛选难度大； 新招聘员工进入角色或与企业文化融合、与同事建立关系比较慢； 招聘成本大、时间长； 决策风险大； 影响内部员工积极性

内部招聘让员工看到了新的职业发展机会，让现有员工填补空缺职位在一定程度上保证了他们能适应组织文化。然而，如果内部招聘不公平，就会产生其他问题。避免内部招聘产生负面影响的最好方法就是设立一个公平的程序，尽量使用客观的选择工具，避免主观的选择方法，决策过程要公开。对落选的求职者，要及时提供信息反馈，帮助他们分析自己的优势和劣势，明确他们需要改进的地方，以便他们成为今后空缺职位的可行候选人。

二、　招聘渠道分析

（一）人才交流中心

全国各大中城市一般都有人才交流中心，它们常年为企事业单位提供服务。人才交流中心一般建有人才资料库，用人单位可以很方便地在人才资料库中查询条件基本相符的人员的资料。通过人才交流中心选择人员，有针对性强、费用低廉等优点，但对于计算机、通信等热门专业人才或高级人才，招聘效果不太理想。

（二）招聘会

这是传统的人才招聘渠道，也是一种被动式的招聘方式。招聘会一般由各种政府及人才介绍机构发起和组织，较为正规；大部分招聘会有特定的主题，比如“应届毕业生专场”、“研究生学历人才专场”或“IT类人才专场”等，通过毕业时间、学历层次、知识结构等进行区分，企业可以选择合适的专场设置招聘摊位进行招聘。对大多数公司而言，招聘会的效率很低。许多有实力的公司举办招聘专场，更多的是为了宣传自己，向潜在求职者提供有关信息。

（三）网络招聘

这是伴随着网络日益普及而产生的一种新的媒体招聘形式。招聘信息可以定时定向投放，发布后也可以管理；费用相对比较低廉；没有地域限制，受众人数多，覆盖面广；时效较长。但是，这种渠道不能控制应聘者的质量和数量；海量的信息，包括各种垃圾邮件、病毒邮件等会加大招聘工作的压力；在信息化不充分的地区效果差。网络招聘一般包括企业在网上发布招聘信息、进行简历筛选、笔试、面试。

（四）校园招聘

校园招聘是许多企业采用的一种招聘渠道。企业到学校张贴海报，进行宣讲会，吸引即将毕业的学生前来应聘。部分优秀的学生可以由学校推荐，特殊职位需要的员工也可通过学校委托培养。招聘到的学生可塑性较强，干劲充足，但是没有实际工作经验，需要进行一定的培训，且不少学生对自己的职业定位还不清楚，其工作流动性比较大。

（五）传统媒体广告

在报纸杂志、电视台或电台等载体上刊登、播放招聘信息，覆盖面比较广，目标受众接受的概率非常高。这不仅可以提升企业在当地的知名度，而且可以有效宣传公司的业务，有一举多得之功效。采用这种招聘渠道时，应聘人员分布广泛，但高级人才很少采用这种求职方式，所以招聘公司中低层管理者和技术员工时比较适用。这种渠道的效果同样受到广告载体的影响力、覆盖面、时效性的影响。

（六）人才介绍机构

人才介绍机构一方面为企业寻找人才，另一方面也帮助人才找到合适的雇主。人才介绍机构一般包括针对中低端人才的职业介绍机构以及针对高端人才的猎头公司。企业通过这种方式招聘员工是最便捷的，因为企业只需把招聘需求提交给人才介绍机构，它就会根据自身掌握的资源和信息寻找并考核人才，然后将合适的人员推荐给企业。但是这种方式所需要的费用也相对较高，猎头公司一般会收取人才年薪的30%作为猎头费用。

（七）内部招聘

内部招聘在规模以上企业比较常见。这种方式的特点是费用极低；能极大提高员工士气；申请者对公司相当了解，适应公司的文化和管理，能较快进入工作状态。其局限性也比较明显，就是人员供给数量有限；容易“近亲繁殖”，形成派系；组织决策时缺乏差异化的建议，不利于管理创新和变革。

（八）员工推荐

目前，员工推荐在很多公司得到广泛应用。这些公司通过一系列手段来保证这种招聘渠道的有效性。例如，在每一位被推荐人姓名后面标注推荐人姓名，推荐新人录用率高的员工还会获得公司奖励。据了解，美国微软公司40%的员工都是通过员工推荐获得的，微软公司的“伯乐奖”就是为那些举贤荐能的员工准备的。嘉信公司还通过举办联谊会的形式进一步了解被招聘人员。在联谊会上，公司员工带朋友参加活动，被招聘人员可以了解公司文化，增强对公司的认同感。这种招聘渠道最大的优点是企业和应聘者双方掌握的信息较为对称，但它也有一些负面影响：一些公司中高层领导可能在重要岗位安排自己的亲信，形成小团体，进而影响公司正常的组织架构和运作。

三、招聘渠道的选择

员工招聘可利用的渠道很多，在选择时必须结合公司和岗位的实际情况，具体来说有以下三个注意事项：

1.根据招聘对象选择招聘渠道

企业都希望在最短的时间内招聘到合适的人才，只有通过研究和实践才能真正发现适合企业的招聘渠道，比如招聘市场人员采用哪些渠道？招聘生产工人采用哪些渠道？这需要进行一系列研究和评估才能确定。

2.配合企业招聘策略选择招聘渠道

企业制定招聘策略时需要考虑是以内部招聘为主，还是以外部招聘为主；是以有经验的人员为主，还是以没有经验的人员为主。企业确定基本的招聘策略之后，能选择的招聘渠道也就比较明确了。

3.依据招聘预算选择招聘渠道

招聘的经济性永远是企业追求的目标，如何在招聘成本和招聘成效上取得平衡是需要探索的课题。不能为了追求低成本而选择成效不高的招聘渠道，也不能为了追求高效率而忽视招聘成本的付出。

通过以上讨论可以发现，企业不应该盲目依赖某种招聘渠道，而应该结合自身特点选择适当的招聘渠道。总之，没有一成不变的最优招聘渠道，对于企业来说，要综合考虑招聘成本、招聘时限以及招聘职位的要求。

第四节　甄　选

一、　甄选概述

（一）甄选的概念

甄选是指综合利用心理学、管理学和人才学等学科的理论、方法和技术，对候选人的任职资格和对工作的胜任程度进行系统的、客观的测量、评价和判断，从而作出录用决策。

（二）甄选的步骤

甄选过程与步骤如图5-2所示。

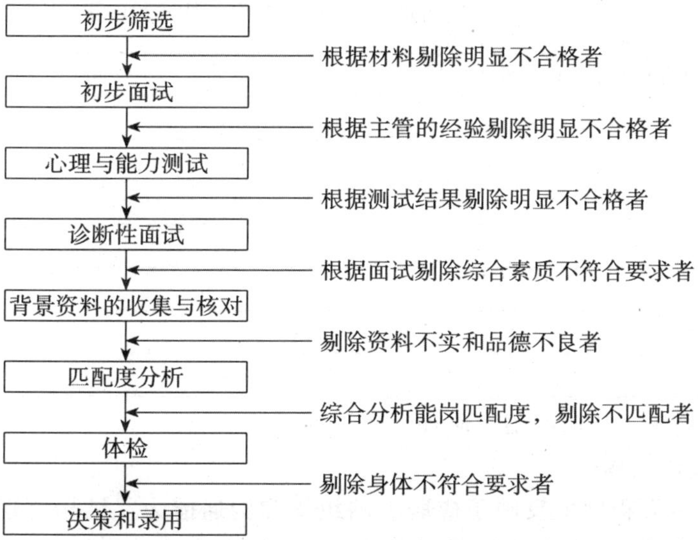

图5-2　甄选过程与步骤

二、简历或申请表的筛选

简历或申请表的作用是相似的，只是制作主体不同。简历是应聘者制作的，而申请表是招聘方制作的。一份优秀的个人简历应该信息充分、逻辑清晰、语句通顺、排版优美。表5-3是一份不错的简历。

表5-3 **个人简历范本**

基本信息	
姓　　名：××× 出生日期：1991年9月 教育程度：本科 常用邮箱：××××@163.com	性　　别：男 毕业时间：2013年6月 专　　业：×××× 手　　机:×××××××××××
求职意向	
工程师	
教育经历	
教育机构:×××× 专　　业：工程管理	时　　间：2009年9月—2013年6月 证　　书：毕业证、管理学学士学位证书
教育机构：×××× 专　　业：Java软件开发	时　　间：2012年5月—2012年9月
内　　容：……	
其他培训：AutoCAD、汽车驾驶等	
工作经历	
工作单位：×××× 职　　位：技术工程师	时　　间：2013年10月—2014年2月
工作描述：系统软件操作培训、技术支持及一些设计工作	
工作单位：×××× 职　　位：技术员	时　　间：2014年5月—2015年6月
工作描述：竣工验收资料编制、工程图纸绘制	
专业技能	
熟练掌握…… 熟悉使用……	
项目经验	
……	
自我评价	
学习认真……	

对于接收的简历，公司的筛选流程大致如下：

（一）分析简历结构

简历结构在很大程度上反映了应聘者的组织和沟通能力。结构合理的简历都比较简练，一般不超过两页。应聘者为了强调自己近期的工作，书写教育背景和工作经历时，可以采取从现在到过去的时间排列方式。相关的经历通常被突出表述。书写简历并没有一定的格式，只要通俗易懂即可。

（二）审查简历的基本信息

客观内容主要包括个人信息、受教育经历、工作经历和个人成绩四个方面。主观内容主要包括应聘者对自己的描述，如“本人开朗乐观、勤学好问”等对自己的评价性、描述性内容。

（三）判断是否符合岗位技术和经验要求

在客观内容中，首先要注意个人信息和受教育经历，判断应聘者的专业资格和经历是否与空缺职位相关并符合要求。如果不符合要求，就没必要浏览其他内容，可以直接筛掉。在受教育经历中，要特别注意应聘者是否使用了一些含糊的字眼，比如没有注明大学教育的起止时间和类别（这样做很可能是在混淆专科和本科的区别）等。

（四）检查简历中的逻辑性

在工作经历和个人成绩方面，要注意简历的描述是否有条理，是否符合逻辑。比如一位求职者在简历中描述自己的工作经历时，列举了一些著名的单位和一些高级的岗位，而他现在应聘的却是一个普通的岗位，这就需要引起注意。再比如，求职者在简历中称自己在许多领域取得了成就，获得了很多证书，但是从他的工作经历中分析，应该很难有这样的条件和机会。这样的简历也要引起注意。

（五）对简历的整体印象

审查简历时，要留意细节。应聘岗位比较多的人，如一个人同时应聘人事助理和客服文员，说明该应聘者定位不明确，求职意向模糊。

如果求职者从大公司跳槽到小公司，岗位没什么变化，薪资也没什么变化，基本可以判断该应聘者能力不强；相反，如果求职者以前的职位不断晋升、所服务的公司规模一家比一家大，可以判断该应聘者上进心较强。如果在短时间内（一天以内）连续投递2份或以上简历，基本可以判断这个应聘者比较粗心；相反，如果间隔时间较长（一周以上）又投简历的，可以判断该应聘者对这一岗位特别感兴趣。简历中错别字较多的，可以判断应聘者比较粗心。如果简历特别有层次感、逻辑性强、重点突出，则说明应聘者思维清晰。

三、　心理测验

心理测验是指在控制情境下，向应试者提供一组标准化刺激，以所引起的反应作为代表其行为的样本，从而对其个人行为作出定量的评价。心理测验是了解被测试者潜在能力及心理活动规律的一种科学方式，其目的是判断应试者的心理素质和能力，从而考查应试者对招聘职位的适应程度。心理测验根据测验的内容可分为以下几种类型：

（一）智力测验

这是对人的一般认知能力进行测验的方法，测验结果常用一个商数，即智商（IQ）来表示。智力测验一般包括知觉、空间意识、语言能力、数字能力和记忆力等内容，要求被测试者运用比较、排列、分类、运算、理解、联想、归纳、推理、判断、评价等技能来解答测试题。

（二）个性测验

这是用来了解被测试者的情绪、性格、态度、工作动机、品德、价值观等的方法。通过个性测试，可以发现被测试者的性格特征和工作要求的匹配程度。个性测验的手段层出不穷，如美国心理学家卡特尔的“16种个性因素问卷”、“DISC个性测试”，苏永华的“HR个性测验”等。

（三）心理健康测验

在竞争日益激烈的今天，紧张的工作、生活节奏和强大的心理压力影响着人们的心理健康，因此心理保健和心理治疗的重要性日益凸现。能有效用于心理健康诊断的心理测验主要有：美国心理学家哈撒韦和麦金利的“明尼苏达多相个性问卷”、瑞士精神病医生罗夏的“罗夏墨迹测验”、美国心理学家默里的“主题统觉测验”、美国心理学家埃森克的“情绪稳定性测验”、马斯洛的“安全感与不安全感问卷”等。

（四）职业能力测验

职业能力是一种潜在的特殊能力，是对职业成功有很大影响的心理因素。从内容上看，与职业活动效率有关的能力包括：语言理解和运用能力、数理能力、逻辑推理能力、知觉速度、人际协调能力、影响力、判断力和决策力等。职业能力测验分为两类：一类是一般职业能力测验，如美国劳工就业保险局编制的“一般能力倾向成套测验”、北京人才评价与考试中心（BEC）开发的“BEC职业能力测验Ⅰ、Ⅱ型”；另一类是专门职业能力测验，主要用于职业人员的选拔和录用，如美国心理学家奥蒂斯的“独立管理能力测验”、中国公务员录用考试使用的“行政职业能力测试”、针对企业管理工作开发的“企业管理能力测试”。

（五）职业兴趣测验

一个人职业上的成功不仅受能力的制约，而且与其兴趣和爱好有密切关系。职业兴趣作为职业素质的一个方面，往往是一个人职业成功的重要条件。常用的职业兴趣测验有美国心理学家库德的“职业兴趣量表”、美国心理学家霍兰德的“职业偏好量表”和“自我职业选择量表”、中国BEC编制的“职业兴趣测验”。

（六）创造力测验

一般而言，发散性思维是创造力的基本条件。创造力主要包括流畅力、变通力、精致力、敏锐性和独创力。创造力测验并不玄妙，用一些简单的方法就可以进行，如单字联想测验、对象用途测验、寓言测验、模型含义、远隔联想等。现在运用较多的创造力测验量表有美国心理学家吉尔福特的“分散性思维测验”、美国心理学家托兰斯的“创造性思维测验”（TTCT）、美国心理学家盖泽尔斯的“创造力测验”等。

四、面　试

（一）面试的特点

面试也称诊断性面试，它能够全方位地考查应聘者的表达能力、判断能力、分析能力和综合能力，直观地了解应聘者的各种素质和潜能。

1.以观察和谈话为主

一个人的气质、性格、能力往往是通过他的外在行为表现出来的，包括语言和非语言行为。语言主要指言词运用的逻辑结构与层次，言语表达的感染力和影响力，言语表达的清晰度、准确性等。非语言行为是指一个人在表达意识、情感和交流思想时的表情及身体动作，主要包括一个人的仪表、风度、手势、体态、眼神、面部表情等。在面试过程中，主考官应有目的、有计划地观察应聘者的语言和非语言行为，并将结果系统记录下来，进行研究和分析。

2.面试内容的随机性

面试内容因工作岗位不同而不同。不同的工作岗位，其工作性质、职责范围、任职条件等都有很大差异，面试的内容也不能千篇一律。

面试内容因应聘者的经历、背景等情况不同而不同。如两人同时报考文秘岗位，一个有多年文秘工作经验，一个则是刚刚从文秘专业毕业的学生，对前者主要询问他多年来的实践经验及有关工作情况，而对后者则主要了解他的学习情况及专业知识的掌握程度。

面试内容因应聘者在面试中回答的情况不同而不同。主考官要根据应聘者回答某一问题的情况来决定下一个问题问什么、怎样问。

3.面试的双向沟通性

在面试中，应聘者并不完全处于被动状态。主考官可通过观察应聘者的表现来评价应聘者，应聘者也可通过主考官的行为来判断他的态度偏好、价值标准及对自己表现的满意度，从而调整自己的行为。应聘者还可以借此机会了解所要应聘岗位的情况，决定是否接受这一职位。鉴于面谈过程不仅是对应聘者的考查，还是一种情感的交流、能力的较量，因此要求主考官不仅要有丰富的知识，还要掌握一定的面试技巧。

（二）面试的种类

1.按面试的结构划分

（1）非结构化面试。非结构化面试即通常所说的随机面试。在随机面试中，主考官可以随意与应聘者讨论各种话题。面试的问题没有事先安排好的需要遵守的框架，面试可能对不同的应聘者提出完全不同的问题，面试的话题也会围绕不同的问题展开。

非结构化面试的优点是：主考官和应聘者在谈话中都比较自然，由于问题不是事先设计好的，所以问起来不会显得前后没有联系。主考官可以全面了解应聘者的情况，应聘者也会感到更随便、更自在，回答问题时更容易敞开心扉。非结构化面试的缺点是：由于对不同的应聘者提出不同的问题，可能会影响面试的信度和效度。

（2）结构化面试。结构化面试即提前准备好问题和各种可能的答案，要求应聘者在问卷上选择。结构化程度最高的面试方法是设计一个计算机程序来提问，并记录应聘者的回答，然后进行数量分析，给出录用决策的程序化结果。结构化面试在工作分析的基础上提出与工作有关的问题，设计出应聘者可能给出的各种答案，主考官可根据应聘者的回答迅速对应聘者作出评价。可以说，结构化面试是一种比较规范的面试形式。

结构化面试的优点是：主考官可以根据应聘者回答的情况进行评价，并对不同应聘者的回答进行比较。在结构化面试中，每一个应聘者都被问及相同的问题，一般不会发生漏掉重要问题的情况，面试的有效性和可靠性较高。结构化面试的缺点是：它不能进行话题外的提问，局限了谈话的深度；由于每个问题都是事先安排好的，进行起来可能显得不自然，问题可能显得唐突。

（3）半结构化面试。半结构化面试是介于非结构化面试和结构化面试之间的一种面试方式。它有两种含义：一种是主考官提前准备好重要的问题，但是不要求按照固定的次序提问，且可以讨论一些需要进一步讨论的题目；另一种是主考官依据事先准备好的一系列问题对应聘者提问，一般是根据管理人员、业务人员和技术人员等不同的工作类型设计不同的问题。半结构化面试可以帮助企业了解应聘者的技术能力、人格类型和对激励的态度等。

2.按面试的目的划分

（1）压力面试。压力面试是指用穷追不舍的方法对某一主题进行提问，问题逐步深入，详细彻底，直至应聘者无法回答。在这种面试中，应聘者被一系列问题弄得很不舒服，其目的在于测试应聘者应付工作中压力的能力，了解应聘者的应变能力，测试应聘者在适度的批评下是否会恼怒和意气用事。在压力面试中，主考官可以一开始就从应聘者的背景中寻找弱点，如询问他离开原来工作岗位的原因。

（2）普通面试。与压力面试相反，在普通面试中，招聘人员力图创造一种宽松亲切的氛围，使应聘者能在压力最小的情况下回答问题，以获取录用所需要的信息。事实上，除了那些真正需要在压力下工作的岗位外，普通面试适用于绝大多数情况。目前有些人力资源管理专家认为，压力面试不仅不替别人着想而且作用不大，所获得的信息经常被扭曲、被误解，这种面试所获得的资料不应作为录用决策的依据。

（三）面试考官的选择

1.面试主考官

由于面试有时间限制，面试通常由主考官与应聘者进行双向语言交流和智能交锋，其他面试考官主要是补充、倾听、分析、观察、判断。面试主考官必须全力以赴地与应聘者正面交流，交流的结果不仅应该使主考官本人获取应聘者各方面的信息，而且要让其他面试考官也能从中获取自己所需要的信息，因此，面试主考官的选择至关重要：

（1）面试主考官必须具备人力资源管理理论和实践知识，有深厚的理论和实践积累。

（2）面试主考官应有较丰富的人生阅历，经历过失败与成功、挫折与顺利。

（3）面试主考官应该有广博的知识修养和文化底蕴，能对应聘者的知识深度和广度作出较准确的判断。

（4）面试主考官应具有去伪存真的洞察力，能独具慧眼、识别人才。

（5）面试主考官应有爱才、惜才之心，有宽广的胸怀和健康的心理素质。

（6）面试主考官应善于把握其他考官和应聘者的情绪，善于控制考场局面，对任何可能的突发情况能从容对付。

（7）面试主考官应该诚实公正、品德高尚。

2.考官小组的组成及培训

考官小组由5~7人组成为宜，通常由人力资源管理专家、董事会代表、公司分管领导、部门主管、工会代表等组成。

面试进行前，应由面试主考官对考官小组成员进行培训。培训的内容包括考评指标设定的原因、评分的标准和评分的方法、如何观察和评价应聘者的不同表现、如何规避可能发生的错误等。

3.面试考官必须规避的错误

（1）第一印象。应聘者一进入考场，有的面试考官第一眼看顺眼了，下面的判断就可能出现偏差。

（2）像我。应聘者可能在兴趣、爱好、价值观等方面与面试考官“心有灵犀”，这可能导致面试考官与应聘者“息息相通”，甚至有“知己”的感觉。这种感觉一旦产生，就可能使面试考官的判断失之公正。

（3）“前紧后松”或“前松后紧”。有的面试考官在给应聘者打分时，前后尺度不一致，由于经验不足或对整体情况认识不清，经常出现“前紧后松”或“前松后紧”的情况。

（4）近期效应或重要事件效应。竞聘上岗属于内部招聘，大部分面试考官与应聘者认识，应聘者的近期表现可能对面试考官产生较大的影响，使考官以偏概全。有时一些特殊事件也会对面试考官产生较大的影响，影响面试考官的判断。例如，在某次企业的歌咏比赛中，某人得了第一名；在某次重要的球赛中，某人表现得特别优秀等。

（四）面试前的资料准备

1.面试对象登记表的内容

（1）基本背景：年龄、性别、身体状况等。

（2）教育背景：学历、毕业学校和专业、在校成绩及所受的奖惩。

（3）培训经历：接受过哪些培训，培训的时间、地点、内容、强度、培训者等。

（4）工作经验：曾任职务、服务单位、工作职责、薪酬以及离职原因等。

（5）过去突出的成就。

（6）具备的特殊知识。

（7）技术专长、性格特征以及兴趣爱好等。

2.面试前的几轮测试成绩和演讲稿

（1）笔试成绩。

（2）人机对话的成绩和评价。

（3）模拟考试成绩。

（4）外语成绩。

（5）竞聘演说的演讲稿。

（6）收集到的其他信息。

3. 面试评价量表和面试问话提纲

面试评价量表由若干评价要素构成，是面试过程中考官小组现场评价和记录应聘者各项要素优劣程度的工具，它应反映工作岗位对人员素质的要求。需要注意的是，评价要素必须是可以通过面试进行评价的。由于面试没有标准答案，考官小组的评分往往带有一定的主观性。为了使面试评分尽量客观，设计面试评价量表时，应使评分具有一个确定的计分幅度及评价标准。面试问话提纲要根据所选择的评价要素以及应聘者的背景信息来设计，它由两部分构成：一是通用问话提纲；二是重点问话提纲。

（五）面试提问的技巧

无论哪种面试，都有导入过程，这时提问应自然、亲切，如“什么时候到的?”“家离得远吗?”“是怎么来的?”等。面试主考官的提问与谈话应使用标准语言，不使用给应聘者造成误解的语言，通俗、简明地表达自己的观点。此外，问题要先易后难，循序渐进，先具体后抽象，让应聘者逐渐适应，展开思路，进入角色。

面试主考官提出的问题以及他的提问方式决定了从应聘者那里可以得到多少资料。一般来说，面试主考官应运用一些提问技巧影响面试的方向以及进度。主要的提问方式有：

1.开放式提问

开放式提问能让应聘者自由地发表意见或看法，一般在面试开始的时候运用，有助于缓解面试的紧张气氛，消除应聘者的心理压力，使应聘者充分发挥自己的水平和潜力。开放式提问又分为无限开放式提问和有限开放式提问。无限开放式提问没有特定的答复范围，目的是让应聘者说话，有利于应聘者与面试主考官进行沟通，如“谈谈你的工作经验”等。有限开放式提问要求应聘者在一定范围内回答问题，或者对应聘者回答问题的方向有所限制。

2.封闭式提问

封闭式提问就是让应聘者对某一问题作出明确的答复，如“你曾干过秘书工作吗”，一般用“是”或“否”回答。它比开放式提问更加深入、直接。封闭式提问可以表示两种不同的意思：一是表示面试主考官对应聘者答复的关注，一般在应聘者答复后面试主考官立即提出一些与答复有关的封闭式问题；二是表示面试主考官不想让应聘者就某一问题继续说下去，不想让对方多发表意见。

3.清单式提问

清单式提问鼓励应聘者在众多选项中做优先选择，以检验应聘者的判断、分析与决策能力。例如，在回答“你认为产品质量下降的主要原因是什么”时，应聘者要对所给出的多个选项做优先选择。

4.假设式提问

假设式提问鼓励应聘者从不同角度思考问题，发挥应聘者的想像力，以探求应聘者的态度或观点，如“如果你处于这种状况，你会怎样处理”等。

5.重复式提问

重复式提问让应聘者知道面试主考官接收到了应聘者的信息，正在检验所获得的信息的准确性，如“你是说”、“如果我理解正确的话，你说的意思是……”等。

6.确认式提问

确认式提问鼓励应聘者继续与面试主考官交流，表达对信息的关心和理解，如“我明白你的意思!这种想法很好!”等。

7.举例式提问

这是面试的一项核心技巧，又称为行为描述提问。传统的面试往往集中问一些问题，十分注意求职申请表中所填的内容，同时还询问应聘者过去做过的工作，据此来判断他将来能否胜任所应聘岗位。这是完全必要的，但有时应聘者也会编造一些假象。为了防止这一点，在考查应聘者的工作能力、工作经验时，可针对其过去工作中特定的例子加以询问。基于行为连贯性原理，所提问题应涉及工作的全过程，而不应当集中在某一点上，这样才能较全面地考查一个人。当应聘者回答问题时，面试主考官可根据应聘者解决某个问题或完成某项任务所采取的方法和措施，判断应聘者所谈问题的真假，了解应聘者实际解决问题的能力。在面试中，面试主考官可以让应聘者列举应聘职位的要求及与职位有关的过去所从事的工作事例，从中总结和评价应聘者的各种能力。

五、 评价中心法

评价中心法就是创设一个模拟的管理系统或工作场景，将被测试者纳入该系统中，采用多种评价技术和手段，观察和分析被测试者在模拟工作情境压力下的心理和行为，以测试其管理能力和潜能的一种测评方法。评价中心法不是对被测试者的素质进行抽象的分析，而是将其置于一系列的活动、安排、环境布置、压力刺激的动态情境中来测试，因此具有预测可信度和效度高、信息量大、针对性强、客观公正等特点，是一种很有价值和发展前途的测评技术，被广泛地应用在企业高层管理人员的测评中。

评价中心法包括许多内容，主要有公文筐测试、无领导小组讨论、角色扮演、管理游戏和即席发言等。

（一）公文筐测试

公文筐测试，又叫公文处理模拟法、篮中训练法，是一种有效的管理人员测评方法，具有较高的信度和效度。它将被测试者置于特定职位或管理岗位的模拟环境中，由测试者提供一批该岗位经常需要处理的文件。这些文件可以涉及财务、人事、市场信息、政府法令、客户关系等，包括报告、请示、备忘录、指示、批复以及函电传真等。测试时，被测试者要以管理者的身份，模拟在一个公司的实际业务、管理环境中，在规定的条件下（通常是较困难的条件下，如时间与信息有限、孤立无援等），对各类公文材料进行处理，形成公文处理报告，还要以书面或口头方式解释这样处理的原则和理由，从而使测试者对被测试者的计划、组织、分析、判断、决策、文字等能力进行评价。这是评价中心法最常用和最核心的技术之一。

（二）无领导小组讨论

无领导小组讨论是评价中心法对一组人同时进行测试的方法，采用情境模拟方式对被测试者进行集体面试。若干个被测试者组成一个临时工作小组（一般是4～6人），让他们讨论一些精心设计的管理活动中比较复杂棘手的问题。这个小组是临时形成的，不指定谁是负责人，不指定每个被测试者坐在哪个位置，而是让所有被测试者自行安排、自行组织。测试开始，发给一组被测试者一个与工作相关的简短案例，即介绍一种管理情境，其中隐含着一个或数个需要决策和处理的问题，让被测试者进行一定时间（一般是1小时左右）的讨论。通过被测试者在讨论中所显露的语言表达能力、独立分析问题的能力、概括能力、应变能力、团队合作能力、感染力、建议的价值、措施的可行性、方案的创意性等进行评价。其目的在于考查被测试者的表现，尤其是看谁会从中脱颖而出，成为自发的“领导者”。

（三）角色扮演

角色扮演就是要求被测试者扮演一个特定的管理角色来处理日常的管理事务，以此观察被测试者在不同的情境中表现出来的行为，了解其心理素质和潜在能力，评价被测试者是否具备符合角色要求的素质特征及个人在模拟情境中的行为表现与组织预期的行为模式是否吻合。这种方法主要用于评价角色扮演者的人际关系协调技巧、情绪的稳定性和情绪的控制能力、随机应变能力、处理各种问题的方法和技巧。

（四）管理游戏

这是一种以完成某项“实际工作任务”为基础的标准化模拟活动。在活动中，小组成员被分配一定的任务，必须合作才能较好地完成。通过被测试者在完成任务过程中所表现出来的行为，测评被测试者的实际管理能力。

（五）即席发言

即席发言就是主考官给被测试者出一个题目，并提供有关的背景材料，让被测试者稍做准备后按要求发言，以便了解其心理素质和潜在能力。即席发言主要了解被测试者的快速思维反应能力、理解能力、思维发散性、语言表达能力、言谈举止、风度气质等。即席发言的题目往往是做一次动员报告、开一次新闻发布会、在公司联欢会上致辞等。

第五节　招聘评估

招聘评估通过成本与收益能够使招聘人员清楚地知道费用的支出情况，区分哪些是应支出项目，哪些是不应支出项目，这有利于降低以后招聘的费用，为组织节省开支。招聘评估通过对录用员工的绩效、实际能力、工作潜力进行评估，检验招聘工作的成果与招聘方法的有效性，有利于招聘方法的改进。

一、　成本与收益评价①

招聘成本与收益评估是指对招聘中的费用进行调查、核实，并对照预算进行评价的过程。招聘成本与收益评估是鉴定招聘效率的一个重要指标。

（一）成本的构成

招聘成本分为招聘总成本与招聘单位成本。招聘总成本是人力资源的获取成本，它由两部分构成：一部分是直接成本，包括招募成本、选拔成本、录用员工的家庭安置费用和工作安置成本、其他成本（如招聘人员差旅费、应聘人员招待费等）；另一部分是间接费用，包括因招聘不慎导致离职带来的损失，以及因招聘失败而重新招聘发生的费用等。招聘单位成本是招聘总成本与实际录用人数之比。如果招聘的实际费用少，录用人数多，意味着招聘单位成本低；相反，则意味着招聘单位成本高。

招聘成本除了上述分类外，还可以分为以下几种：

（1）招募成本，是为吸引和确定企业所需要的人力资源而发生的费用，主要包括招聘人员的直接劳务费用、直接业务费用、其他相关费用等。

（2）选拔成本，是对应聘人员进行鉴别选择，以作出决定录用或不录用哪些人员所支付的费用。

（3）录用成本，是经过选拔后，把合适的人员录用到企业所发生的费用。录用成本包括录取手续费、调动补偿费、搬迁费和旅途补助费等由录用引起的有关费用。

（4）安置成本，是为安置已经被录取的员工到具体的工作岗位所发生的费用。安置成本由为安排新员工的工作所必须发生的各种行政治理费用、为新员工提供工作所需要的装备条件以及录用部门因安置人员所损失的时间成本而发生的费用构成。

（5）离职成本，是因招聘不慎而导致的员工离职给企业带来的损失。

（6）重置成本，是因招聘方式或程序错误致使招聘失败而重新招聘所发生的费用。

（二）成本与收益评估

成本与收益评估是对招聘成本所产生的效果进行的分析，它主要包括：招聘总成本效用分析、招募成本效用分析、人员选拔成本效用分析、人员录用成本效用分析和招聘收益

---

① 于华锋.高级经济师考试指南[M]. 郑州:河南人民出版社,2008:185.

成本比等。常用的计算公式如下：

总成本效用=录用人数÷招聘总成本

招募成本效用=应聘人数÷招募期间的费用

选拔成本效用=被选中人数÷选拔期间的费用

人员录用效用=正式录用的人数÷录用期间的费用

招聘收益成本比= 所有新员工为组织创造的总价值÷招聘总成本

二、数量与质量评估

（一）数量评估

录用人员数量评估是对招聘工作有效性检验的一个重要方面。通过数量评估，分析在数量上满足或不满足需求的原因，有利于找出各招聘环节的薄弱之处，改进招聘工作；同时，通过录用人员数量与招聘计划数量的比较，为人力资源规划修订提供依据。录用人员数量评估主要从录用比、招聘完成比和应聘比三方面进行。其计算公式为：

录用比=录用人数÷应聘人数×100%

招聘完成比=录用人数÷计划招聘人数×100%

应聘比=应聘人数÷计划招聘人数×100%

当招聘完成比大于、等于100%时，说明在数量上完成或超额完成了招聘任务；应聘比则说明招聘的效果，该比例越大，则招聘信息发布的效果越好。

（二）质量评估

录用人员质量评估实际上是对录用人员的能力、潜力、素质等进行的各种测试与考核的延续，也可根据招聘的要求或工作分析得出的结论，对录用人员进行等级排列，确定其质量，其方法与绩效考核方法相似。当然，录用比和应聘比这两个数据也在一定程度上反映录用人员质量。

三、信度和效度评估

信度与效度评估是对招聘过程中所使用的方法的正确性与有效性进行的检验，这无疑会提高招聘工作的质量。

1.信度评估

信度主要是指测试结果的可靠性或一致性。可靠性是指一次又一次的测试总是得出同样的结论，它或者不产生错误，或者产生同样的错误。信度通常可分为：稳定系数、等值系数、内在一致性系数。

稳定系数：是指用同一种测试方法对一组应聘者在两个不同时间进行测试的结果的一致性。一致性可用两次结果之间的相关系数来测定。

等值系数：同一应聘者使用两种对等的、内容相当的测试方法，其结果具有一致性。等值系数可用两次结果之间的相关程度（即相关系数）来表示。

内在一致性系数：同一（组）应聘者进行的同一测试分为若干部分分别考查，各部分所得的结果具有一致性。内在一致性系数可用各部分结果之间的相关系数来表示。

2.效度评估

效度即有效性或精确性，是指实际测到的应聘者的有关特征与想要测到的特征的符合程度。一个测试必须能测出它想要测到的功能才算有效。效度主要有三种：预测效度、内容效度、同侧效度。

预测效度：是指预测将来行为的有效性。可以把应聘者在选拔中得到的分数与他们到岗后的绩效分数相比较，两者的相关性越大，则说明测试方法、选拔方法越有效。

内容效度：是指测试方法能真正测量出想要测试内容的程度。内容效度主要考查所用的方法是否与想测试的特性有关。它多用于知识测试与实际操作测试，而不适用于对能力和潜力的测试。

同侧效度：是指对现在的员工实行某种测试，结果与员工的实际工作绩效比较，若两者的相关系数很大，则说明此测试效度很高。

本章概要

□ 内容结构

- 员工招聘管理
  - 员工招聘概述
    - 员工招聘的概念
    - 员工招聘的流程
    - 员工招聘的原则
  - 招聘需求分析
    - 企业招聘环境分析
    - 人力资源的配置状况分析
    - 人员招聘需求的确定
  - 招聘渠道选择
    - 组织内部招聘
    - 组织外部招聘
  - 甄选技术
    - 简历或申请表的筛选
    - 心理测验
    - 面试
    - 评价中心法
  - 招聘评估
    - 成本与收益评估
    - 数量与质量评估
    - 信度与效度评估

□ 主要概念和观念

招聘　招聘需求　招聘渠道　内部招聘　外部招聘　心理测验　评价中心法

□ 重点实务

人员招聘需求的调查　招聘渠道的分析与选择　简历或申请表的筛选　心理测验的使用　面试技巧　评价中心法的使用

□ 重点操作

面试技巧评价中心法的适用

单元训练

□ 理论题

（1）内部招聘和外部招聘各自有什么优势和不足？

（2）在哪些情况下更适合进行内部招聘？

（3）招聘的一般流程是怎样的？

（4）录用的方法有哪些？

（5）招聘的评估指标有哪些？

□ 实务题

（1）结合实际分析人员招聘需求。

（2）结合实际分析招聘渠道的选择。

（3）选择一家企业，利用所学知识制订合理的人员招聘计划。

（4）用心理测验技术、面试技巧及评价中心法等甄选技术为企业选择人才。

□ 案例题

B公司的招聘管理

背景与情境：B公司是一家发展中的公司，已成立18年，拥有10多家连锁店。在公司发展过程中，从外部招聘来的中高层管理人员中大约有50%的人不符合岗位的要求，工作绩效明显低于从公司内部提拔起来的人员。在过去的两年中，公司外聘的中高层管理人员中有9人自动离职或被解雇。

从外部招聘来的商业部经理因年度考评不合格被免职之后，董事长召开一个由行政副总裁、人力资源部经理出席的专门会议，分析这些外聘管理人员频繁离职的原因，并试图找出一个全面的解决方案。

人力资源部经理就招聘和录用的过程作了回顾，公司是通过职业介绍所或在报纸上刊登招聘广告来吸引职位候选人的。人员挑选工具包括一份申请表、三份测试卷（一份智力测试和两份性格测试）、有限的个人资历检查以及必要的面试。

行政副总裁认为，他们在录用某些职员时犯了判断上的错误，这些人的履历表看起来不错，说起话来也头头是道，但是工作了几个星期之后，这些人的不足就明显暴露出来了。

董事长则认为，根本的问题在于没根据工作岗位的要求选择适用的人才，“从离职人员的情况来看，我们录用的人几乎都能够完成领导交办的工作，但他们很少在工作上有所作为、有所创新”。

人力资源部经理提出了自己的观点，他认为公司在招聘中过分强调人员的性格和能力，并不重视应聘者过去在零售业务方面的记录。例如在7名被录用的部门经理中，有4名来自与其任职无关的行业。

行政副总裁指出，大部分被录用的职员都有共同的特征，例如他们大都在30岁左右，而且经常跳槽，曾多次变换自己的工作；他们雄心勃勃，并不十分安于现状；在加入本公司后，他们中的大部分人与同事的关系不是很融洽，与直属下级的关系尤为不佳。

会议结束后，董事长要求人力资源部经理彻底解决公司目前在人员招聘中存在的问题，采取有效措施，从根本上提高公司人才招聘的质量。

问题：

1. B公司在人员招聘中存在什么问题？

2. 你对改善这些问题有什么更好的建议。

□ 实训题

“员工招聘管理”训练

技能Ⅰ 人员招聘需求分析技能

技能Ⅱ 招聘渠道分析与选择技能

技能Ⅲ 员工招聘计划的制订

技能Ⅳ 使用各种甄选技术的技能

要求：

（1）能够全面把握员工招聘管理的相关理论与实务知识。

（2）能够运用所学理论与实务相关知识，分析企业员工招聘工作中存在的问题。

（3）能够结合实际利用各种甄选技术为企业选拔合适的人才。

（4）能够正确设计、撰写员工招聘管理实训报告。

【实训步骤】

将学生分成若干实训组，各实训组可以任选一个企业案例。每个实训组结合所选案例，运用员工招聘管理的相关理论知识分析存在的问题与不足，初步设计具有一定针对性、创新性和实效性的员工招聘改进方案，并撰写相应的实训报告。

【实训时间】

本章课堂教学内容结束后的双休日和课余时间，为期一周。

第六章　人力资源培训与开发

学习目标

理论知识目标：（1）培训与开发的概念、区别与联系。（2）培训与开发的流程。（3）培训与开发需求分析的过程与方式。（4）培训与开发的成果转化的理论和影响因素。（5）培训与开发的主要方法及优缺点。（6）培训与开发效果评估的内涵、指标体系等。

实务实训目标：（1）运用相关知识，根据企业的实际情况，进行培训与开发的需要分析；制订培训与开发计划，并实施计划；建立效果评估体系，并实施评估。（2）能研究章后案例“优秀员工是这样锻造的——摩托罗拉的员工培训与开发”，培养和提高在特定情境中分析问题、解决问题的能力。（3）能结合一个具体的企业，设计培训与开发方案，并有效实施，培养决策、设计与执行能力。

引例　**培训与开发——西门子公司竞争力的来源**

总部位于慕尼黑的西门子公司是世界最大的电子和电气工程公司之一，主要业务集中在工业、能源和医疗领域。公司拥有大约40.5万名员工，主要从事产品的开发及生产、复杂系统和项目的设计及安装，并为客户个性化的需求提供广泛的解决方案。西门子公司不仅成功地走出了一条长盛不衰之路，而且在竞争激烈的今天仍然保持着一股强劲的发展势头，原因何在？

西门子公司的管理者认为：创新是公司的命脉，技术是造福人类的力量，领先的技术是立于不败之地的保障。因此，他们始终把人才开发与培训、推动科技进步作为公司发展的首选之策。西门子公司通过多年的经营管理实践，建立了一套完整、科学、具有本企业特色的培训系统，公司在全球有60多个培训场所，在公司总部慕尼黑有韦尔纳·冯·西门子学院，在爱尔兰有技术助理学院，它们都配备了最先进的设备，每年培训经费近4亿欧元。在我国，西门子公司与北京市国际技术合作中心合作，共同建立了北京技术培训中心。

西门子公司的人才培训计划从新员工培训、大学精英培训到员工再培训，涵盖了业务技能、交流能力和管理能力，为员工知识、技能、管理能力的不断更新、提高提供了保证。西门子公司一贯保持着公司员工的高素质，这是西门子公司强大竞争力的重要来源。

资料来源　改编自刘帅帅.我国大中型企业培训系统的完善[J]. 中国集团经济，2008（3）:113.

第一节 培训与开发概述

一、培训与开发的概念

严格来讲，培训与开发是两个不同的概念。培训是企业培养和训练员工工作所必需的知识与技能的过程；开发是依据员工需求与组织发展要求对员工的潜能开发与职业发展进行系统设计与规划的过程。两者既有联系也有区别，见表6-1。

表6-1 **培训与开发的区别和联系**

项目 比较	培训	开发
不同	短期的绩效改进	使员工在未来承担更大的责任
	持续时间短,具有集中性和阶段性	持续时间长,具有分散性和长期性
	强制要求	自愿参与
相同	都是一种学习的过程;由组织规划;目的是通过把培训内容与所期望的工作目标联系起来,促成个人与企业的共同发展	

资料来源 徐庆文，裴春霞.培训与开发[M]. 济南：山东人民出版社，2004：4.

一般来说，我们将培训与开发作为一个概念来理解，因为两者的本质是相同的，都是通过提高员工个人的能力素质来提高企业或组织的整体绩效，实现员工和企业的共同进步。在这个问题上，不同的学者有不同的看法：

董克用①等人指出，培训与开发是指企业通过各种方式使员工具备完成现在或者将来工作所需要的知识、技能并改变他们的工作态度，以改善员工在现在或者将来职位上的工作业绩，并最终实现企业整体绩效提升的一种计划性和连续性活动。

胡君辰②等人认为，企业员工培训与开发是指企业为了使员工获得或改进与工作有关的知识、技能、动机、态度和行为，以利于提高员工的绩效以及员工对企业目标的贡献，企业所做的有计划的、有系统的各种努力。

从以上论述可以看出，培训与开发包括几个关键部分：

（1）培训与开发的主客体：培训与开发是由企业组织实施的，培训与开发的受众是企业的员工。

（2）培训与开发的内容：与员工当前或者未来工作有关的知识、技能、态度等。

（3）培训与开发的目标：通过提高员工个人的能力素质来提高企业或组织的整体绩效。

（4）培训与开发的有效完成需要一定的方式方法。

（5）培训与开发是一项有计划的、有系统的活动。

我们认为，培训与开发是企业组织实施的，通过讲授、师徒制等直接或者间接的方法，使企业的员工在与现在或者将来的工作任务有关的知识、技能、态度等方面的能力素质上达到或超越规定的要求，以提高员工个人的工作绩效，从而提高企业的整体绩效水平

---

① 董克用，等.人力资源管理概论[M]. 北京：中国人民大学出版社，2011：264.
② 胡君辰，郑绍濂.人力资源开发与管理[M]. 上海：复旦大学出版社，2005：126.

的一种计划性、系统性的活动。

二、培训与开发的流程

培训与开发是一个系统的过程，包括“为什么”“如何进行”“怎么样”三个主要部分：“为什么”即为什么要进行培训与开发，在这部分要确定培训与开发的原因或“压力点”，并得到一份作为下一部分展开工作的依据的结果清单。“如何进行”即培训与开发如何实施，在这部分要制订培训与开发的计划，准备好培训与开发所需要的人财物以及将计划付诸实践，在这个过程中和过程后进行培训与开发的效果评估。“怎么样”即培训与开发的效果怎么样，在这部分要对所开展的培训项目进行评估，以确定培训项目是否发挥了作用以及发挥作用的大小。培训与开发的流程如图6-1所示。

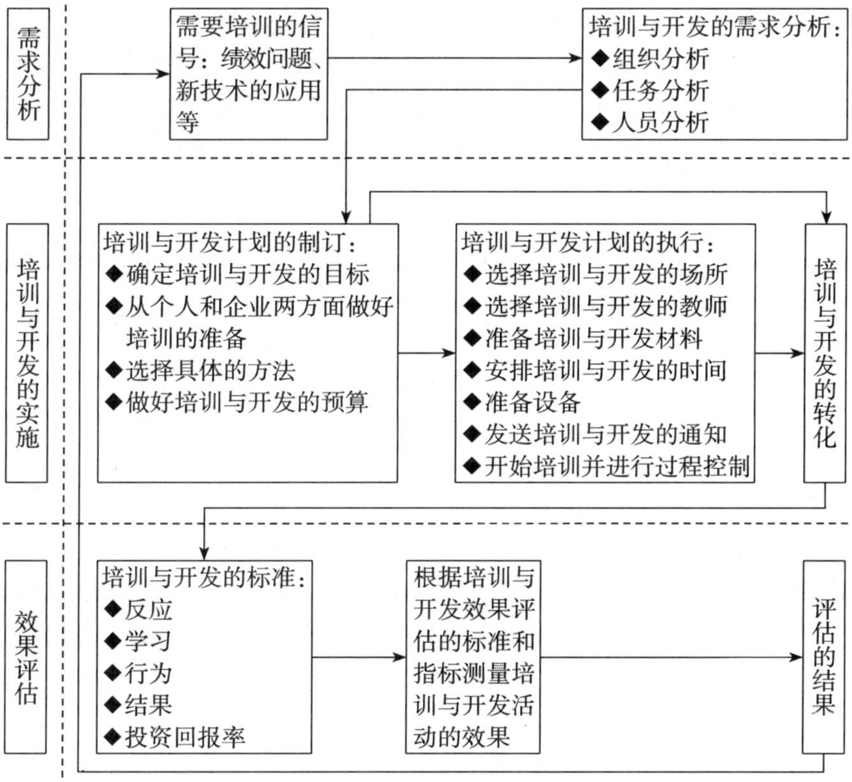

图6-1　培训与开发的流程

第二节　培训与开发需求分析

一、培训与开发需求分析的过程

所谓培训与开发的需求分析，是指在规划与设计每一项培训与开发活动之前，由培训部门、主管人员、工作人员等采用各种方法与技术，确定现有绩效水平与应有绩效水平之间的差距，然后进一步对企业或组织及其成员的知识、技能、态度等方面进行系统的鉴别与分析，以确定是否需要培训及培训内容的活动或过程。培训与开发需求分析的过程如图

6-2所示。

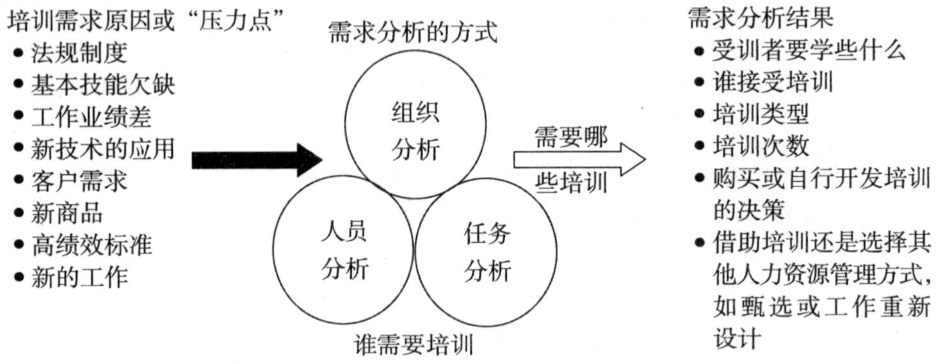

图6-2 培训与开发需求分析的过程

资料来源 诺伊.雇员培训与开发[M]. 徐芳，译.北京：中国人民大学出版社，2001：43.

培训与开发需求是指特定工作的实际需要与任职者现有能力之间的差距。需要培训的信号就是培训需求，即引起培训与开发活动产生的原因或者“压力点”，具体见图6-2。

二、培训与开发需求分析的方式

针对培训需求分析，麦吉和塞耶提出通过组织分析、任务分析和人员分析确定培训与开发的需求，这是比较经典的方式。

（一）组织分析

组织分析与企业的战略和环境相联系，指通过对企业发展战略的分析，确定相应的培训内容，为培训提供可利用的资源，取得管理者和员工对培训与开发活动的支持。组织分析包括四个要素：企业的发展战略、培训与开发所需要的资源、管理者和员工对培训与开发活动的支持、外在的和法律的限制。

1.明确企业的发展战略

企业的活动都是服务于发展战略的，企业的培训与开发活动也不例外。随着企业发展战略的变化，组织的培训与开发活动也在变化。培训的战略性作用影响着培训的频率和类型以及培训职能部门的组建形式。在那些期望培训有助于实现发展战略与目标的企业当中，培训的投资及培训的频率一般要高于那些随意开展培训或没有战略目标的企业；实行紧缩经营战略的公司会比实行其他战略的公司更看重诸如重新寻找工作的技能方面的培训。需要强调的是，企业越是注重培训与开发的战略性作用，它就越有可能按虚拟培训组织或企业办学模式组建培训职能部门，这两种模式都主张利用培训来解决经营问题。经营战略对培训的启示见表6-2。

2.获得培训与开发活动所需要的资源

这里所说的资源包括人力、物力、财力、时间。在开展一项培训与开发活动之前，要明确是否可以获得培训与开发活动所需要的相应的资源。如果没有明确的可被利用的人力、物力、财力资源支持，即使制订了培训与开发计划，培训与开发活动也无法开展。财力资源指组织能够提供的资金，它将影响培训的深度和宽度。培训与开发活动还要有相应的时间来保证，如果时间较少或是安排不当，培训效果就会大打折扣。人力则是影响培训与开发是否可行和有效的另一个重要的资源。组织的人力状况包括：人员的数量、年龄、

表 6-2　**经营战略对培训的启示**

经营战略	重点	如何实现	关键事项	培训重点
集中战略	• 提高市场份额 • 减少运营成本 • 开拓并维持市场定位	• 提高产品质量 • 提高生产率或革新技术流程 • 按需要制造产品或提供服务	• 技术交流 • 现有劳动力的开发	• 团队建设 • 交叉培训 • 特殊培训项目 • 人际交往技能培训 • 在职培训
内部成长战略	• 市场开发 • 产品开发 • 革新 • 合资	• 销售现有产品，增加分销渠道 • 拓展全球市场 • 调整现有产品 • 创造新的或不同的产品 • 通过合伙发展壮大	• 布置新的工作任务 • 革新	• 高质量的沟通 • 文化培训 • 培养创造性思维和分析能力 • 工作中的技术 • 对管理者进行反馈与沟通方面的培训 • 冲突调和技巧培训
外部成长战略（兼并）	• 横向联合 • 纵向联合 • 发散组合	• 兼并那些处于产品链条上相同经营阶段的公司 • 自己经营那些提供或购买产品的业务 • 兼并那些与兼并者处于不同领域的公司	• 整合 • 富余人员 • 重组	• 判断被兼并公司的员工的能力 • 联合培训系统 • 合并公司的方法和程序 • 团队建设
紧缩投资战略	• 节约开支 • 转产 • 剥离 • 债务清算	• 降低成本 • 减少资产 • 创造利润 • 重新制定目标 • 卖掉全部资产	• 效率	• 革新、目标设置、时间管理、压力管理、交叉培训 • 领导技能培训 • 人际沟通培训 • 向外配置的辅助培训 • 寻找工作技能的培训

资料来源　诺伊.雇员培训与开发[M]．徐芳，译.北京：中国人民大学出版社，2001：29.

技能和知识水平、人员对工作与单位的态度及工作绩效等。

3.取得管理者和员工对培训与开发活动的支持

大量研究表明，管理者和员工对培训与开发活动的支持是十分重要的。培训与开发活动要获得成功，关键在于管理者和员工对参与培训与开发活动是否抱正确的态度，他们是否愿意向受训者提供如何在工作中有效利用培训中所学到的知识、技能、行为方式的信息，并为受训者提供在实际工作中应用培训所学内容的机会。如果企业没有形成良好的培训氛围，管理者和员工不支持，受训者就很难将培训收获运用到实际工作中，培训与开发的成果转化就不理想，结果就是培训需求分析失去了意义。

4.外在的和法律的限制

以上三个方面都是针对企业内部而言的，实际上，企业还处于社会大环境当中，因而不可避免地会受到外部大环境的制约。企业进入新的市场或新的行业，就需要培训员工如何在新的环境中进行销售，如何提供新产品或服务等。当新法律颁布时，企业也应该培训员工如何遵守法律或合理规避工作中的法律问题。

（二）任务分析

任务分析与具体的工作任务相联系，指系统收集关于某项工作的信息的方法，其目的是确定重点工作任务以及从事该工作需要学习的内容。任务分析的最终结果是有关工作活动的详细描述，包括员工执行的任务和完成任务所需的知识、技术和能力的描述。一般来说，任务分析是在组织分析之后进行的，因为只有从组织分析中得出公司愿意在培训与开发上投入时间与资金的结论后，任务分析才有意义。任务分析包含以下四个步骤：

（1）选择需要进行分析的工作岗位。

（2）列出工作岗位需要执行的各项任务的基本清单。这主要通过两个途径来实现：第一，观察熟练工和他们的经理的工作；第二，与其他进行任务分析的人员讨论。

（3）确保任务基本清单的可靠性和有效性，让一组专门的项目专家（包括在职人员、经理人员等）以开会或书面调查的形式回答有关工作任务的问题。例如，执行该任务的频率是怎样的？完成各项任务需要多长时间？该任务对取得良好的工作绩效有多重要？学习各项任务的难度有多大？该任务对新员工的要求是什么？

（4）明确了工作任务之后，就要确定胜任一项工作任务所需要的知识、技术或能力。这类信息可通过访问和调查问卷的形式来收集。

任务分析的重点包括以下几个方面：

（1）任务分析不仅要知道员工在实际工作中做些什么，还要知道他们应该怎么做。

（2）任务分析首先要将工作分解成职责和任务。

（3）使用两种以上方法收集任务信息，提高任务分析的有效性。

（4）为使任务分析更有效，应该从专门的项目专家那里收集信息。专门的项目专家包括熟悉该项工作的在职人员、经理人员等。

（5）在对任务进行评价时，重点应放在能实现公司长远目标和现实目标的任务上。

（6）这些任务也许并不是最难完成或最花时间的。

（三）人员分析

人员分析与参与具体工作的人员相联系，通过人员分析可以确定哪些员工需要培训以及需要何种类型的培训。人员分析有两个方面：员工认为自己是否有必要接受培训；员工是否做好了接受培训的准备。通过分析员工实际的工作绩效与预期的工作绩效之间的差距，可以判定员工是否有进行培训的必要。受训准备包括两个方面：第一，员工是否具有必备的学习培训课程内容并将其应用于实际工作的个体特征（能力、态度、信仰、动机）；第二，工作环境是否有利于学习又不会对工作绩效产生太大的影响。

影响员工绩效的因素包括个体特征、工作输入、工作输出、工作结果和工作反馈，这五个因素还影响学习动机。有研究表明，学习动机与培训中知识的获得、行为方式的改变或技能的提高密切相关。因此，除了个体特征这个因素之外，管理者还应该在送员工参加培训之前，考虑剩余的四个因素以及员工的基本技能，这些有助于判断培训是否可以解决工作绩效问题。

（1）基本技能是指使员工顺利完成工作并且能够学习培训项目内容所需的技能，包括认知能力、阅读能力和写作能力。有两种方法可以提高员工的基本技能：单独开展一项关于基本技能的培训与开发项目；将基本技能培训融入培训计划中。员工除了要具有参加培训所需要的个体特征之外，还要有学会培训内容并将其应用于实际工作的信心。

（2）工作输入是告诉员工应该干些什么、怎么干和什么时候干，还指那些提供给员工使用、帮助他们完成工作的资源。工作输入表明应该向受训者提供相应的条件（工具设备、培训材料、资金、时间）和支持（管理者和员工的反馈和帮助）。

（3）工作输出是指工作绩效。工作输出表明受训者要在培训中学到的内容以及在工作中要达到的绩效标准。

（4）工作结果是指员工由于业绩好而受到的激励的种类。工作结果表明要向员工提供具有激励作用的绩效奖励，使员工在培训项目中既有良好的学习效果又能在实际工作中达到绩效标准。

（5）工作反馈是指员工从执行工作任务中收到的信息。工作反馈表明应该向员工提供有针对性的、详细的关于工作任务执行情况的反馈，使员工知道自己的工作是有效的还是无效的。

组织分析、任务分析、人员分析没有绝对的先后之分，但是，一般要先进行组织分析，因为组织分析与培训是否适合企业的战略目标及企业是否愿意在培训上投入时间与资金有关。任务分析和人员分析常常是同时进行的，因为若不了解任务和工作环境，就很难确定绩效达不到要求是否是培训方面的问题。

第三节　培训与开发的实施

培训与开发的需求分析完成以后，还要回答以下问题：培训与开发需求分析中遇到的问题，哪些不需要通过培训与开发来解决，哪些需要通过培训与开发来解决？针对需要通过培训与开发解决的问题，需要通过什么样的培训与开发活动来解决？怎么样有效地设计一项培训与开发活动？要做哪些具体的准备工作，包括准备什么样的培训资料、选择什么样的培训方法，以及为做好一系列培训与开发活动应该如何进行时间与地点的安排等？如何有效地实施培训与开发活动？同时，还要考虑培训与开发的成果转化问题。

从广义上来讲，培训与开发的实施包括培训与开发的需求分析、培训与开发计划的制订和执行、培训与开发的成果转化、培训与开发的效果评估四个方面。我们在第二节介绍了培训与开发的需求分析，第五节将详细介绍培训与开发的效果评估，因此，本节所讲述的培训与开发的实施阶段主要包括培训与开发计划的制订与执行、培训与开发的成果转化。

一、　培训与开发计划的制订

很多成功企业对培训的重视体现在系统制订培训计划中。高质量的培训计划能激励员工不断地学习新东西，使培训与开发活动更高效，并最终增强企业人力资源的竞争力，同时减少不必要的人力、物力、财力浪费。在具体的培训与开发活动实施之前，企业必须制订一个全面的、可行的和持续的培训计划。

企业的培训与开发计划可以分为三类：长期培训与开发计划、年度培训与开发计划和课程计划。长期培训与开发计划与企业的战略目标相联系；年度培训与开发计划表现企业的年度培训主题，服务于企业的经营目标；课程计划主要涉及单一培训课程的具体细节，包括某一培训课程的目标、内容、组织形式、培训方式、考核方式、培训时限、受训对象、讲师等。本部分讲述的主要是单一的培训课程计划的制订，主要包括以下几个方面：

（一）培训目标

培训目标即培训与开发计划想达到的结果。培训目标的设立，一方面，让受训者明白参加培训的原因，增强受训者在具体的培训与开发活动中的学习动力；另一方面，可以作为检验培训与开发活动效果的标准。培训目标主要包括三个方面：

（1）说明企业的受培训者应该做什么（内容）。

（2）阐明可被接受的绩效水平，即企业期望受训者以什么样的标准来完成这件事情（标准）。

（3）说明受训者达到指定学习成果的条件（条件）。

用一句话概括培训的目标，就是受训者在什么样的条件下以什么样的标准完成什么样的内容。

（二）学习条件

学习条件包括学习的个人条件和获得的支持。

学习的个人条件主要是指受训者拥有参加培训与开发活动所要求的一些基本的个人特点，包括学习能力、学习动机等。学习能力，即学习者必须拥有的基本能力，如基本的阅读能力和数学能力，以及充分的认知能力。研究表明，那些具有较高的认知能力和基本的数学、阅读能力的受训者具有更高的可培训性。学习动机，是指一个人学习培训内容的愿望。研究表明，如果受训者有强烈的学习动机，要求改变行为或者获得知识、技能，就会在培训的过程中保持学习热情。因此，可以设立一个有难度的培训目标，并在培训过程中不断鼓励受训者，激发受训者的学习动机。

受训者除了要拥有一些参加培训与开发活动所要求的个人条件以外，还要寻求上级主管、合作者以及下属的支持。企业可以采取一些措施，提高其他人对培训的支持。比如，向员工征求有关培训内容、时间和地点的意见；管理者亲自参与培训过程，奖励员工参与培训并在工作中使用学到的新知识、新技术。

（三）具体的内容

这主要包括时间、地点、培训教材、培训教师、培训方法（如讲授、个案讨论、角色扮演等）。

（四）培训预算

培训预算是指一段时期内培训部门所需要的全部开支。其构成主要包括：培训场地费及设施；与培训相关人员的食宿费；培训器材、教材费；培训相关人员的工资以及外聘教师讲课费；交通费、差旅费等。

二、　培训与开发计划的执行

（一）选择和准备培训场所

培训场所是指培训与开发活动在什么地方举行。培训场所是将培训与开发计划展开时所要考虑的一个重要问题。

一个好的培训场地应该是：舒服的且交通便利的；安静的、独立的且不受干扰的；为受训者提供足够大的空间，使他们可以自由移动，让他们清楚地看到其他人员和培训中使用的录像、产品样品、图表、幻灯机等。

选择了好的培训场所之后，还要对培训场所进行精心的布置。表6-3中列出了布置培训场所所应考虑的一些细节问题。

表6-3　**布置培训场所所应考虑的细节**

噪音	检查空调系统、临近房间和走廊及建筑物之外的噪音
色彩	轻淡柔和的色彩
房间结构	使用近于方形的房间，过长或过窄的房间会使受训者彼此看不见、听不见，不能参与讨论
照明	光源应主要是日光灯，应分布于房间的四周，并且在需要投影时作为弱光源
墙与地面	会议室应铺地毯，使用相同的色调，避免分散注意力。只有与会议有关的资料才可以贴在墙上
会议室的椅子	椅子应有轮子、可旋转，并有靠背可以支撑腰部
反光	检查并消除金属表面、电视屏幕和镜子的反光
天花板	天花板高度最好在10米以上
电源插座	房间里每间隔6米安装一个电源插座，旁边还应放一个电话插头，受训者应能够方便地使用电源插座
音响	检查墙面、天花板、地面和家具反射或吸音的情况，应有三四个人共同调试音响，调节其清晰度和音量

资料来源　诺伊.雇员培训与开发[M]. 徐芳，译.北京：中国人民大学出版社，2001：79.

（二）培训教师的选择

在企业的培训与开发活动中，培训教师担负着将知识、技能、态度有效地传授给受训者的重任，培训师资水平的高低直接影响具体的培训与开发活动的实施效果。

1.培训教师的来源

培训教师的来源有两个：一是外部渠道，即培训教师来源于企业外部；二是内部渠道，即培训教师来源于企业内部。从这两个渠道选择培训教师各有利弊，见表6-4。

表 6-4 **两个渠道选择培训教师的利弊比较**

渠道	优点	缺点
外部渠道	• 培训教师比较专业,具有丰富的培训经验 • 没有什么束缚,可以带来新的观点和理念 • 与企业没有直接关系,员工比较容易接受	• 费用比较高 • 对企业不了解,培训的内容可能不实用、针对性不强 • 责任心可能不强
内部渠道	• 对企业情况比较了解,培训更有针对性 • 责任心比较强 • 费用比较低 • 可以与受训者进行更好的交流	• 可能缺乏培训经验 • 受企业的影响比较大,思路可能没有创新 • 员工对培训教师的接受程度可能比较低

资料来源 董克用，叶向峰，李超平. 人力资源管理概论[M]. 北京：中国人民大学出版社，2007：306.

企业应当根据培训的内容、对象等来选择恰当的培训教师。一般来说，通用性培训可以从外部选择培训教师，而专业性培训则要从内部选择培训教师。为了充分发挥两个渠道的优势，最大限度弱化两个渠道的劣势，可以将两种渠道结合起来。在进行具体的培训与开发活动时，可以设立一个培训与开发小组。这个小组既包括内部培训教师，也包括外部培训教师，两者取长补短，发挥最大的作用。

2. 培训教师的选择标准

（1）教学愿望：选择的培训教师必须有强烈的教学愿望。

（2）培训知识与经验：培训教师必须有渊博的知识，同时具有一定的培训经验。

（3）耐心：好的培训教师必须是耐心的，具有包容性格。

（4）幽默感：幽默感能保持受训者的活跃和注意力。

（5）培训时间：好的培训教师应该有充足的时间授课。

（6）受训者的尊敬：受到受训者尊敬的培训教师所组织的培训活动的效果会更好。

（7）培训的热情：培训教师高昂的培训热情很可能传递给受训者，从而增强培训效果。

（8）培训教师应具备的能力：①表达与沟通能力；②观察与捕捉能力；③分析与总结能力；④策划与组织能力；⑤引导与应变能力。

（三）准备培训材料

企业展开培训计划、进行具体的培训与开发活动时，应该准备培训材料。培训材料指能够帮助受训者达成培训目标、满足培训需求的所有材料，具体包括：课程描述；课程的具体计划；学员用书、课前阅读材料；教师教学资料包（胶片、视听材料、练习册、各种培训与开发方法的背景资料、电脑软件等）。课程描述主要提供培训项目的基本信息，具体包括课程名称、目标学员的基本要求、培训的主要目的、本课程的主要目标、培训时间、场地安排以及培训教师的姓名等。课程的具体计划主要是设计培训的内容和活动，安排活动的前后顺序，帮助培训教师顺利完成本课程的教学内容，达到培训与开发的目标。课程设计的指导思想是贯彻和体现培训与开发活动的目标，并通过一系列的课程内容转化为受训者的具体行为。表 6-5 是一个详细的课程计划。

表 6-5 **一个详细的课程计划**

项目名称	进行有效的项目反馈面谈		
课程名称	在反馈面谈中应用问题解决法		
课程长度	一整天		
学习目的	1.准确描述绩效反馈使用的问题解决法的八个步骤 2.准确演示绩效反馈角色扮演的八个步骤		
目标学员	管理人员		
先决条件	1.受训者方面:无 2.培训教师方面:熟悉用于绩效评估反馈面谈的倾听与反馈技能及问题解决法		
房间布置	扇形座位摆放		
所需资料和设备	录像机、幻灯片投影仪、铅笔、幻灯片、绩效评估面谈录像带、角色扮演练习材料 备注:在培训前两周将预读文章发下去		
课程活动内容	培训教师活动	学员活动	时间安排
课程介绍	主讲	倾听	8:00—8:50
观看三种绩效反馈类型的录像		观看	8:50—10:00
休息			10:00—10:20
讨论每种方法的优缺点	辅助者	参与	10:20—11:30
午餐			11:30—13:00
讲解问题解决法的八个步骤	主讲	倾听	13:00—14:00
角色扮演	看受训者演练	练习使用关键行为	14:00—15:00
结束	回答问题	提问	15:00—15:15

资料来源 诺伊.雇员培训与开发[M]. 徐芳，译.北京：中国人民大学出版社，2001：82.

（四）安排培训与开发的时间

企业总认为培训的时间安排与培训教师的确定、培训材料的准备、培训场所的确定等比起来无足轻重，因而也不将注意力放在培训与开发的时间安排上。实际上，培训与开发的时间安排是否恰当对培训与开发的效果也有较大影响，甚至决定培训与开发活动能否顺利进行。

培训与开发的时间有两种安排：一是工作之内的时间；二是工作之外的时间。应根据企业的具体情况灵活安排时间。如果只将培训与开发活动安排在员工正常的工作时间之外，占用员工的个人生活和休息时间，长此以往，会使参加培训的员工产生抵触情绪，即使参加培训，学习效果也不好，甚至有的员工不去参加培训与开发活动。如果只将培训与开发活动安排在员工正常的工作时间之内，那么培训与开发活动会占用企业正常的生产与经营时间，可能延迟工作进度，使企业的整体运营成本增加。培训与开发活动的组织者在进行时间安排时，应该遵循一些基本原则，在保证企业正常运营的前提下，降低培训与开发活动的实施成本，增强培训效果。同时，若将培训与开发活动安排在员工正常的工作时间之内，还应考虑具体的时间点。培训与开发活动的时间确定之后，不要随便更改，也不要随意拖延，应该尽量遵守。

（五）准备相应的培训与开发设备

培训与开发活动需要一些辅助设备，如电脑、电视机、投影仪、屏幕、播放机、摄像机、幻灯机、黑板、白板、纸、笔等。不同的培训与开发活动需要不同的辅助设备，一些特殊的培训与开发活动需要特殊的辅助设备，应根据具体情况区别对待，并且在活动开始之前准备好。

（六）发送培训与开发活动的通知

在具体的培训与开发活动开始之前，要让每一个参加培训的员工收到通知。通知的内容包括培训与开发的基本情况，如培训与开发的时间、场所、基本内容等。

三、 培训与开发的成果转化

培训与开发的成果转化，是指受训者将在培训与开发活动中所学到的知识、技能、态度运用到具体的工作中提升工作绩效的过程，这也是企业实施培训与开发活动的最终目的。

要使培训有效地从教室转移到工作中去，必须满足两个条件：第一，受训者必须能够在培训中学到东西并将之用于他们的实际工作中。第二，学到的东西经过一段时间后，在工作中还能发挥作用。

（一）培训与开发的成果转化理论

1. 同因素理论

该理论认为，只有在受训者所执行的工作与培训期间所学内容完全相同时，才会发生培训成果转化。能否达到最大限度的转化，取决于学习任务、学习材料、学习设备和其他学习环境特点与工作环境的相似性。培训飞行员使用的模拟器就是该理论的一个应用。

2. 激励推广理论

该理论指出，促进培训成果转化的方法是在培训项目中重点强调某些最重要的特征和一般原则，同时明确一般原则的适用范围。激励推广理论强调“远程转化”，也就是当工作环境（设备、问题、任务）与培训环境有所差异时，受训者能够具备在工作环境中应用学习成果的能力。

3. 认知转化理论

该理论是以信息加工模型作为理论基础的。该理论认为，培训成果能否转化取决于受训者恢复所学技能的能力。培训教师可向受训者提供有意义的材料和形象记忆的技能，增加受训者将工作中遇到的问题与所学技能相结合的机会，提高转化的可能性。培训教师还可以向受训者提供对所学技能进行编码记忆的技能，这样受训者就能轻而易举地恢复所学技能了。

从表6-6可以看出这三种成果转化理论的强调重点和适用条件。

表6-6　三种成果转化理论的强调重点和适用条件

理论	强调重点	适用条件
同因素理论	培训环境与工作环境完全相同	工作环境的特点可预测且稳定，如设备使用培训
激励推广理论	一般原则运用于多种不同的工作环境	工作环境不可预测且变化剧烈，如人际关系技能培训
认知转化理论	有意义的材料和编码可增强培训内容的存储和记忆	各种类型的培训内容和环境

资料来源　诺伊. 雇员培训与开发[M]. 徐芳，译.北京：中国人民大学出版社，2001：92.

（二）培训与开发的成果转化的影响因素

1. 转化氛围

这是指受训者对各种能够促进或阻碍培训技能或行为方式应用的工作环境特征的感觉，包括：上级与员工的支持、运用所学技能的机会以及运用所学技能的成果。转化氛围与管理者在培训后的管理行为和人际关系的变化密切相关。

2. 管理者支持

这是指受训者的上级管理人员支持其下属参加培训，支持受训者将所学的技能运用到工作中去。支持的程度越高，培训与开发的成果就越可能得到转化。

3. 员工支持

受训者可以建立一种支持性的网络，或者说一种非正式的小组，小组成员可以互相讨论成果转化的成功经验、对不良环境的抵制、争取转化的资源。这种非正式小组有助于培训与开发的成果转化。

4. 运用培训与开发成果的机会

这是指向受训者提供或受训者主动寻找应用所学的知识、技能和态度的机会。这种机会越多，培训与开发的成果转化的效果就越好，受训者也就越有可能更长久地保留在培训与开发活动中所学到的东西。

5. 技术支持

管理者可以使用各种工具或技术减轻培训与开发工作的负担，包括：培训手册、交互式计算机培训、案例研究、角色扮演、录像带、交叉培训。

6. 自我管理

这是指在培训与开发项目中，让受训者准备好自行管理新的技能和行为方式在工作当中的应用。实施自我管理的受训者的转换行为和技能水平比一般的受训者要高。

第四节　培训与开发的方法

培训与开发的方法是培训教师和受训者为完成培训任务而采用的教与学的方法的综合，包括授课方法和学习方法，是教师引导受训者掌握知识技能、获得身心发展而采取的共同活动。培训与开发的方法分为传统的培训与开发方法和运用新技术的培训方法。

一、传统的培训与开发方法

传统的培训与开发方法是相对于需要新技术（多媒体、电子支持系统等）来传递信息的培训而言的。根据培训实施方式的不同，我们将传统的培训与开发方法分为两大类：在职培训的方法和脱产培训的方法。

（一）在职培训的方法

在职培训的方法是指员工不离开自己的职位，在实际工作岗位和工作场所进行的培训。

1．自我指导学习

这是由受训者自己全权负责的学习，包括什么时候学习以及谁将参与到学习过程中来。受训者自己控制学习进程，培训教师只作为辅助者。自我指导学习的优势是：它让受训者自己掌握学习进度并接受有关学习绩效的反馈；它只需少量培训教师，减少了与交通及培训场所有关的成本，而且可以在多个地点进行；提供连贯的培训内容；可以使受训者轮流接触到培训材料。自我指导学习的劣势是：受训者必须愿意自学，必须有学习的动力；时间比较长，会给企业带来高开发成本。

2．学徒培训

这种方法主要是由一名经验丰富的员工做师傅，带一名或几名新员工，通过师傅的指导，新员工能够迅速掌握岗位技能。在需要一定技能的行业中常使用这种方法。学徒培训的优点是：学徒在学习的同时获得收入，还比较节约成本，而且有利于迅速掌握工作技能。学徒培训的缺点是：培训效果受师傅的影响比较大，会影响师傅的正常工作，降低其工作效率；学习的范围比较狭窄，容易形成固定的工作思路，不利于创新。

3．工作（岗位）轮换

这是指员工在一定时期内变换职位，以获得不同职位的工作经验。许多公司在招募新员工后，会把他们放到公司内不同的部门和岗位上，要求他们在每个部门或岗位上工作几个月。这样做不仅能帮助受训者了解公司及不同部门的情况，同时也能帮助公司高层领导及人事管理部门了解受训者人际沟通能力和专业知识技能倾向等。在轮岗过程中，受训者的优点和弱点会有所暴露，掌握受训者的优点和弱点对合理使用人才有重要的意义。

（二）脱产培训的方法

脱产培训是指员工离开自己的工作岗位专门参加的培训。

1．讲授法

讲授法是指培训教师按照准备好的讲稿，通过语言表达、板书等辅助性教学手段系统地向受训者传授知识、观念和技能的培训方法。它是最基本的培训方法，也是企业培训中采用最多的一种培训方法。该方法适用于各类学员对学科知识、前沿理论的系统了解，在对管理常识、产品知识、营销知识、财会知识、作业管理等内容的培训中经常使用。

讲授法的优点是：成本低，节省时间；可随时满足员工某一方面的需求；形式灵活，不仅可以单独使用，还可以作为其他培训方法的辅助手段；讲授内容集中，可以一次传递大量信息。讲授法的缺点是：单向交流，缺少受训者的参与和反馈；缺少与实际工作环境的密切联系，可能导致受训者缺乏直观体验；受训者可能对学习内容记忆效果不佳；与其他培训方法比较，这种方法不太吸引受训者的注意力，而且比较难以把握受训者的理解程度。

需要注意的是，要根据培训对象和目标的不同，确定讲授内容和形式；培训教师是讲授法成败的关键，需要对讲授的知识有深入的研究，或有丰富的经验和授课技巧；与其他方法结合使用，可以充分发挥其优点，避免其不足。

2. 讨论法

讨论法是指培训教师与受训者共同讨论来解决问题的一种培训方法。讨论方式有很多种，最常用的有课题讨论法、对立式讨论法、民主讨论法、演讲讨论法和长期准备讨论法等。讨论法的优点是：受训者能够参与到培训活动中，学习兴趣会提高；鼓励思考，加深对学习内容的理解；有利于知识和经验的共享；培养受训者的口头表达能力。讨论法的缺点是：为了保证培训效果，参与讨论的人数不能太多；不利于对基本知识和技能的系统掌握；讨论过程中容易偏离主题。

3. 工作模拟法

工作模拟法是用来重复现实世界的基本特点，以产生学习和迁移的培训方法，受训者的决策结果会反映如果他在那个工作岗位上工作将发生的真实情况。这种方法可以从很复杂的飞行模拟扩展到以计算机为基础的模拟，让受训者在一个人造的、没有风险的环境下看清他们所作决策的影响。受训者不用担心错误决策的影响，可以增强受训者的自信心。这种方法常被用来传授生产和加工技能以及管理和人际关系技能。

4. 案例分析法

案例分析法是把实际工作中出现的问题作为案例，交给受训者研究分析，培养其分析能力、判断能力、解决问题及体现业务能力的培训方法。用这种方法对员工进行培训，能明显增加员工对公司各项业务的了解，培养员工间良好的人际关系，提高员工解决问题的能力，增强公司的凝聚力。

案例分析法的优点：一是有利于理解并掌握原理或者基本概念。使用案例分析法时，首先要确定让受训者掌握哪些基本原理或基本概念，然后再选择能够说明这些原理或概念的案例。这就有利于受训者通过案例的学习理解并掌握某一理论。二是有利于扩大受训者的想像力和视野，掌握正确的思维技能。案例分析法把一些真实的问题展现在受训者面前，为其提供了思维实践机会，打破了学科课程的限制。

案例分析法运用中要注意：第一，由于案例是从实际工作中收集的，受训者无法完全通过材料了解个案的全部背景及内容，因此培训教师分发材料后，应仔细说明并接受受训者的咨询，以确保他们对材料的正确理解。第二，若小组在研究问题时思考方向与训练内容有误差，组长或培训教师应及时修正。第三，问题的症结可能零散而繁多，因而归纳出来的对策也会零乱，因此小组有必要根据重要性和相关性整理出适当的对策。第四，培训教师进行总结时，既要对各小组提出的对策的优缺点进行点评，又要对个案的解决策略进行剖析，同时还可以引用其他案例进一步说明问题。

5. 角色扮演法

角色扮演是通过创造一个真实的场景，让受训者扮演分配给他们的角色，并给受训者提供有关的背景信息。在角色扮演中，受训者对他们在实际工作中可能遇到的具体问题作出反应。在实际扮演角色时，一旦受训者真正融入了自己所扮演的角色，受训者之间往往会有激烈的争论。角色扮演法的优点包括：可以使受训者通过表演各种角色来接触实际问题，使其关心和了解别人的思想、观点和人生态度，进入别人的内心世界去体验生活，还可以在角色扮演中学习操作方法，巩固所学理论知识。培训教师掌握课堂的主动权，可以根据剧情需要和受训者的兴趣来调整、改变角色扮演的环境。

6. 商业游戏

商业游戏需要受训者作出一系列决策，每次作出的决策不同，下一个情况也将变化。商业游戏可以按市场划分，也可以按企业划分，还可以按职能部门划分。目前往往运用电脑来记录信息，计算出结果，时间跨度可以是半年，也可以更长，实际操作时间在半小时至两小时之间。商业游戏效果好，受训者参与度高，实用性也强。培训中可以根据企业培训的目标，自行设计游戏内容，针对培训对象的特点采用不同的游戏方案。

7. 行动学习

行动学习是一种以现场实际问题的考察、研究和解决为核心的培训方法。行动学习是指给团队或工作群体一个实际工作中面临的问题，让他们合作解决并制订一个行动计划，然后由他们负责实施这一计划的培训方式。被安排接受培训的人员通常是具有几年实践经验的中层经理。他们暂时离开自己的工作岗位，4~6人为一组，在一名高级经理的带领下，深入到某一部门或其他工作现场，时间在6~9个月。受训人员进入现场后，分头进行调查研究。每隔一定时间，他们会集中在一起，在一名高级经理的主持下，交换各自获得的信息。当培训活动邻近结束时，项目小组将集体向最高管理层递交一份研究和建议报告。行动学习已被一些跨国公司用于培养“全球经理”。行动学习可使学习和培训成果的转化达到最大化，而且有助于发现妨碍团队有效解决问题的一些非正常因素。

8. 拓展训练

拓展训练是通过在真实或模拟环境的具体活动，获得亲身体验和感受，并通过与团队成员之间的交流实现信息共享，然后通过总结提升为理论或成果应用到实践中的培训方法。拓展训练主要有两个目的：超越自我、提高团队绩效。一次拓展训练一般包括四个环节：团队热身、项目体验、回顾总结、实践应用。

二、 运用新技术的培训方法

新技术对培训的影响是巨大的。首先，通过新技术，可以在24小时内对分布在全国各地的员工进行培训，员工能完全控制培训时间和培训地点。其次，新技术可以简化流程，实现电子化培训管理。最后，新技术还能为培训提供支持服务。

1. 计算机辅助培训

计算机辅助培训是指由计算机给出学习的要求，受训者作出回答，再由计算机分析答案并向受训者提供反馈的一种互动性培训方式。

2. 网络培训

网络培训是指由互联网或内部网进行传播，并由浏览器进行演示的培训方式。内部网培训是指通过公司内部网络开展的培训，它只面向公司内部员工，公司外部人员不能接受这种培训。

3. 多媒体培训和远程培训

多媒体培训是把视听培训和计算机培训结合在一起的培训方法，这种培训综合了文本、图表、动画以及录像等视听手段。多媒体培训可以促使受训者自觉学习，提供及时的信息反馈和指导（通过在线服务），测试受训者的掌握程度，让受训者按照自己的进度来学习。它的最大问题在于培训费用。另外，多媒体培训不太适合对人际交往技能的培训，尤其是当受训者需要了解或给出微妙的行为暗示时，更是如此。

远程培训是为分散在不同地域的受训者提供关于新产品、政策、程序等信息和技术的培训。远程培训的优点在于能为公司节约交通费用，这种方式可以使处于不同地区的员工都获得培训。其缺点在于培训教师和受训者之间缺乏沟通。

4. 其他新技术培训方式

（1）虚拟现实。虚拟现实是指可为受训者提供三维学习方式的计算机技术。使用专业设备观看计算机屏幕上的虚拟模型，受训者可以感受到模拟环境并同各种模拟要素进行互动，同时还可以利用技术来刺激受训者的多重知觉。

虚拟现实的优点在于它可使受训者在没有危险的情况下进行危险性操作。虚拟现实的另一个潜在的优势是可以让受训者进行连续性学习，还可以增强记忆。发展虚拟现实的障碍在于劣质的设备会影响受训者身临其境的真实感。由于受训者的感觉被歪曲，因此有时他们可能会感到恶心、眩晕甚至头痛（模拟病）。

（2）智能指导系统。智能指导系统是指运用人工智能进行指导的系统。它有三种类型：个别指导、训练和授权。个别指导旨在提高受训者对某项内容的理解；训练则可以让受训者在人造环境中灵活运用技能；授权是指学员自行开发培训项目内容的能力。

智能指导系统有以下几个特点：可以满足受训者的个性化需要；能与受训者进行沟通并作出回应；能模拟受训者的学习过程；能根据受训者以前的绩效，决定为其提供何种信息；能鉴定受训者的理解力水平；能进行自我评估，从而可以有效地调整学习过程。

（3）培训支持技术。目前，一些企业已开始启用专家系统、电子会议软件、电子支持系统等新技术来进行员工培训。培训支持是指这些技术可以用来帮助未参加培训的员工了解有关的培训内容，还可以让员工按照自己的需求来获取有关信息和决策规则。

专家系统是指把专家的知识运用于某一特定问题的技术（通常指软件）。当员工遇到的问题和需要作出的决策超出其现有知识技能的范围时，就可寻求专家系统的帮助。专家系统可以提供优质的服务，成本又很低廉。专家系统可以避免由疲劳和偏见而导致的决策失误。

电子会议软件是一种特殊的应用软件，它可以使不同的使用者搜寻、共享和组织信息，并可同时在一个软件上工作。电子会议软件把电子邮件、文件管理、电子公告栏等多种形式融合在一起。

电子支持系统是指按照需求提供信息、进行技能培训和专业咨询的计算机应用方式。它促进培训成果转化，可以替代培训，也可以包含于网络或某个项目之中。

第五节　培训与开发的效果评估

培训与开发是一个由培训与开发需求分析、培训与开发设计、培训与开发实施和培训效果评估组成的系统。如果说前三个环节越来越受到企业重视的话，培训与开发的效果评估却相对容易被忽视。培训与开发的效果比较难以测量。适当的培训与开发对企业是有好处的，但这种好处到底有多大呢？

一、 培训与开发效果评估的内涵

许多学者都对培训与开发的效果评估做过阐述，表6-7总结了近现代有代表性的学者的不同看法。

表6-7 **培训与开发的效果评估的内涵**

学者	时间	内涵
泰勒	1953	将学员的表现与行为目标相比较的过程，即评价受训者改变的情况
凯利	1958	可以判断一个人工作贡献的价值、工作的品质和数量、未来发展的趋势以及为达到目标所需要的帮助
斯达夫彼姆	1966	对教育培训方案的确定、获取以及提供资料，作为决策参考的过程，最重要的目的在于改善现状
海布林	1974	对教育方案评估资料收集的过程，并分析、归纳影响培训的各种因素，反馈到有关部门和人员
斯德	1980	对组织而言，培训方案评估是一组程序，经过系统化设计，收集有关方案，改变组织的过程和判断资料，使评估的结果可以获得组织在方案实行前、中、后所有相关的行为资料
戈尔斯坦	1986	针对特定的培训计划，系统收集资料，并给予适当的评价，作为甄选、采用或修改教育培训计划等决策判断的基础
克里格尔	1987	可以确定培训是否值得，指出需要改进的地方，审核目标达成的情况，决定培训是否继续，找出更好的训练方法并建立未来的培训指导方针
菲利普斯	1991	是一种系统性的过程，用以决定培训方案的意义及价值，并对该培训方案的未来使用情况作出决策

资料来源 徐芳.培训与开发理论及技术[M]. 上海：复旦大学出版社，2005：263.

有代表性的观点有：诺伊（2001）认为，培训与开发的效果评估“是指收集培训成果以确定培训是否有效的问题”；英国管理服务委员会（MSC）认为，培训与开发的效果评估是“用来判断培训是否达到既定目标的过程”；谢晋宇（2005）指出，“人力资源开发评估是一个系统地收集描述性或者判断性的信息以进行有效的人力资源开发决策的过程”；约克斯（2007）认为，所有这些定义都认为对学习干预的评估是根据一套预期的结果进行的，评估提供了判断项目给组织带来的价值基础或改进项目的依据。“重要的一点是综合评估要求一个多层次评估途径，包括学习设计、全面转换体系、对学习者的影响、学习者的绩效以及给整个组织带来的额外价值”。

综合各位学者的见解，本书将培训与开发的效果评估定义为：依据企业的战略、目标，采用特定的指标体系，运用科学的理论、程序和方法，系统地收集有关培训与开发的描述性和评判性信息，从而对培训与开发的效果进行测量和评价的过程。

二、 培训与开发的效果评估的指标和标准

国内外学者提出的培训与开发的效果评估模型中总结了大量的效果评估的指标和标准，最有代表性的有：

（一）四层次培训效果评估模型

培训评估研究最早可以追溯到1959年，当时美国威斯康星大学唐纳德·柯克帕特里克在其博士论文中开始了培训评估方法的研究，并于1959年、1960年连续发表了四篇论文，详细阐述了四层次培训效果评估模型。他把评估标准分成四个层次：反应、学习、行为、结果。这是最经典、最著名也是目前国内外企业进行培训效果评估时使用最广泛的模型。

（1）反应：这个层次的评估是衡量参与培训项目的学员对培训作出的反应，即顾客满意度的测量。得到学员对培训作出的反应无疑是非常重要的，但更为重要的是赢得学员对培训的积极、肯定的反应。如果学员对培训的反应不好，那么他们在以后的学习中就不会受到相应的激励，不会表现出旺盛的学习热情。积极而肯定的反应虽然并不能完全保证学员在学习方面取得成功，但毫无疑问，负面而否定的反应总会使得学习成功的几率变得更为渺茫。

（2）学习：这是指参训学员参加培训项目后，能够在多大程度上实现态度转变、知识扩充或技能提升等相应结果。如果出现了下列一项或多项结果，就可以说学员实现了学习目标：学员的态度转变了；学员的知识得到了扩展；学员的技能得到了提升。学员要在行为方面发生转变，那么他们肯定会在上述一个或多个方面首先发生转变。

（3）行为：这是指参训学员参加培训项目后，能够在多大程度上实现行为的转变。有些培训为了衡量学员行为方面的转变，想跳过第一、二层次的评估，直接对学员行为方面的转变进行评估。这是个极为严重的错误。

（4）结果：这是指参训学员参加培训项目后，能够实现的最终结果。培训取得的最终结果包括如下几项：产量增加了，质量提高了，成本下降了，事故的发生频率下降了，事故的严重程度减轻了，销售收入增加了，员工的流动率降低了，企业利润增加了等。

（二）海布林模型

1974年，海布林在柯克帕特里克的四层次培训效果评估模型基础上，增加了两个方面的评估：一是对行为产生的结果进行成本效益分析，二是评估培训结果对企业战略目标的影响。他提出了五级评估模型：

（1）反应：在培训过程中、培训结束后、培训结束后一段时间内进行，学员对一系列因素的反应都被考虑在内。

（2）学习：在培训项目之前和之后进行，评价学员的知识、技能和态度的进步。

（3）工作行为：确认由培训项目导致的学员在工作中表现的变化，在培训项目之前和之后进行。

（4）执行：量化培训项目给受训者所在部门、组织带来的影响，在大多数情况下，用成本收益分析的逻辑来分析。

（5）最终评价：培训项目对组织盈利能力和对抗能力影响的大小。

海布林模型提出了评估培训对企业战略目标的影响，提出培训在设计时要考虑培训项目会不会对公司的发展有利，能不能帮助企业实现经营目标，但是这个模型只提出了一些思路，没有在怎样确定结果和计量方法上有所突破。

（三）五层次投资回报率模型

1991年，菲利普斯对四层次培训效果评估模型进行了改进，增加了对投资回报率的评估，作为评估的第五个层次，用财务数据来衡量培训对整个组织的影响，尤其是对企业经济利润等财务指标方面的影响，见表6-8。

表6-8 五层次投资回报率模型

层次	评估内容
1.反应和既定的活动	受训者对培训项目的反应以及实施的明确计划
2.学习	受训者技能、知识或观念的变化
3.在工作中的应用	受训者工作行为的改变及对培训资料的确切应用
4.业务结果	培训项目对业务的影响
5.投资回报率	培训结果的货币价值及培训项目的成本

（四）考夫曼的五层次评估模型

1994年，考夫曼也在柯克帕特里克的四层次培训效果评估模型基础上进行了修正和增补，提出了五层次评估模型。他扩大了柯克帕特里克的评估模型中的一级定义，并增加了第五层次（见表6-9）——社会效益。这就超越了组织的范围，更多地评估改进绩效的培训项目给社会带来的价值，以及对周边环境的影响。

表6-9 考夫曼的五层次评估模型

层次		评估内容
1	(1)培训可能性	人力、物力和财力的有效性、可用性和质量
	(2)反应	培训方法、手段和程序的接受情况和应用情况
2	掌握	受训者个人和部门的掌握能力情况
3	应用	受训者个人和部门的知识技能应用情况
4	组织效益	组织的绩效和报偿情况
5	社会效益	社会和客户的反应、结果和报偿情况

（五）CIPP四级评估模型

1965年，斯达夫彼姆将培训项目本身作为一个研究对象，提出了情境评估（context evaluation）、输入评估（input evaluation）、过程评估（process evaluation）和成果评估（product evaluation）的CIPP四级评估模型。

情境评估包括：了解相关环境；诊断特殊问题；分析培训需求；确定培训需求；鉴别培训机会；制定培训目标等。输入评估包括：收集培训资源信息；评估培训资源；确定如何有效使用现有资源才能达到培训目标；确定项目规划和设计的总体策略是否需要外部资源的协助。过程评估的目的是为负责实际培训项目的人提供信息反馈，以便及时、不断地修正或改进培训项目的执行过程。成果评估的主要任务是对培训活动所达到的目标进行衡量和解释，其中既包括对所达到的预定目标的衡量和解释，也包括对所达到的非预定目标的衡量和解释。

（六）CIRO评估模型

1970年，奥尔、白德和莱克哈姆设计了CIRO评估模型，包括情境评估（context

evaluation)、输入评估（input evaluation)、反应评估（reaction evaluation）和输出评估(output evaluation)。

情境评估通过收集、评价关于目前操作环境的信息，确定培训的必要性，并从个人、团队、组织三个层面分别明确培训需求与培训目标。输入评估是为了确定培训的可行性，包括收集有用的培训资源信息，对培训资源进行评估、选择以及必要的开发。反应评估的主旨是提高培训的有效性，通过对受训学员反馈信息的收集、分析和评估，帮助改进人力资源培训的运作程序。输出评估是该模型最重要的部分，通过收集、分析培训绩效相关信息来评估培训的绩效。培训效果最初将主要表现为学员的知识、技能、态度方面的变化，通过行为表现出来后，将改变他们的工作绩效，进而促进组织绩效的提升。

在上述对培训与开发的效果评估内容与指标总结的基础上，人们越来越强调培训与开发的效果评估内容与指标应该是过程与结果相结合、定性与定量相结合，从注重单一的评估走向注重综合性的评估，见表6-10。

表6-10　　**国内外培训与开发的效果评估体系（模型）主要内容汇总**

模型类型		创建年份	创建人	评估内容	典型特点
(一)传统的培训与开发的效果评估模型					
1.层次评估模型	四层次培训效果评估模型	1959	柯克帕特里克	反应;学习;行为;结果	根据评估的深度和难度分为递进的层次,有利于确定需要收集数据的种类
	五层次培训效果评估模型	1974	海布林	反应;学习;工作行为;执行;最终评价	增加了两个方面的评估:一是对行为产生的结果进行成本效益分析,二是评估培训结果对企业战略目标的影响
		1991	菲利普斯	反应和既定的活动;学习;在工作中的应用;业务结果;投资回报率	将培训的货币收益和成本比较作为对培训效果的一种量化测定
		1994	考夫曼	培训可能性、反应;掌握;应用;组织效益;社会效益	扩大了柯克帕特里克评估模型中的一级定义,增加了第五层次——社会效益,超越了组织的范围
	多层次培训效果评估模型	1993	西姆斯	微观培训评估;培训方面评估;培训项目评估	用于对培训的全部或一般结果进行评估
	柯氏改良评估模型	1993	托普利斯、威勒斯、弗腾	培训计划;培训内容;培训评估	培训效果评估不应该只作为一个提高组织绩效的方法,它还是一个完整的培训过程中的重要部分

续表

模型类型		创建年份	创建人	评估内容	典型特点
2.流程评估模型	CIPP四级评估模型	1965	斯达夫彼姆	情境评估;输入评估;过程评估;成果评估	将评估纳入培训过程的各个环节,其目的不单纯是对培训效果的评价,而且还用来指导培训的优化设计
	CIRO 评估模型	1970	奥尔、白德、莱克哈姆	情境评估;输入评估;反应评估;输出评估	与培训的过程相联系
3.经济学评估模型	效用公式	1985	舍贝克、科恩	培训收益	Utility=YD×NT×PD×V－NT×C YD:培训对工作产生影响的年数; NT:接受培训的人数; PD:接受培训者和未接受培训者在工作上的差异; V:价值,对工作成绩的货币计算; C:为每一位成员提供培训所支出的费用
	投入产出计量模型	2001	张文贤	人力资本投资收益率	通过对企业人力资本投资收益率的计算来评估培训收益,提出了评估企业整体培训投入产出的会计计量模型
(二)开发效果评估体系(结果评价体系)		1999	斯旺森、霍尔顿	绩效(系统和财务);学习(知识和技能);认知(参与者和利益相关者)	四个基本的组成部分:流程、领域、计划和工具。流程指的是在组织内的效果评估必须采用的一般步骤;领域则明确了哪些效果需要评估;计划指的是在设计一个效果评估时必须作出的关键决策;工具指的是测评效果的方法
(三)培训评估与培训效果的综合模型		2004	艾瓦兹等	需求分析;培训内容及设计;受训学员变化;组织报偿	总结了四个层次、六个评估目标及十项与培训有效性相关的变量

本章概要

□ 内容结构

- 人力资源培训与开发
  - 培训与开发需求分析
    - 组织分析
    - 任务分析
    - 人员分析
  - 培训与开发的实施
    - 培训与开发计划的制订
    - 培训与开发计划的执行
    - 培训与开发的成果转化
  - 培训与开发的方法
    - 在职培训
    - 脱产培训
    - 运用新技术培训
  - 培训与开发的效果评估
    - 培训与开发的效果评估的内涵
    - 效果评估的指标体系和标准

□ 主要概念和观念

需求分析　效果评估　培训与开发的成果转化　塑造高素质员工队伍

□ 重点实务

培训与开发的需要分析　培训计划的制订与执行　培训与开发的效果评估

□ 重点操作

培训与开发方案设计

单元训练

□ 理论题

（1）如何理解培训与开发的含义、区别与联系？企业培训与开发应遵循哪些原则？

（2）简述培训与开发流程包括哪些环节和内容。

（3）简述培训与开发实施的内容和要求。

（4）常见的培训与开发方法有哪些？各有什么优点、缺点？

□ 实务题

（1）举例说明如何进行培训与开发需求分析。

（2）针对中层管理者有效沟通，制订一个详细的课程培训计划。

（3）选择一家企业，如何运用五层次培训效果评估模型进行培训效果评估？

（4）从哪些方面入手，进行培训与开发的成果转化？

□ 案例题

优秀员工是这样锻造的——摩托罗拉的员工培训与开发

背景与情境：摩托罗拉非常重视员工培训工作，并将其作为企业发展战略中重要的一部分。摩托罗拉每年为员工培训投入大量的人力、物力和财力，并规定每年每位员工至少要接受40小时与工作有关的培训。培训内容包括新员工入职培训、企业文化培训、专业技能培训、管理技能培训、语言培训及海外培训等。摩托罗拉大学就是为各事业部、客户、员工及合作伙伴设立的教育培训机构。通过长期实践和探索，摩托罗拉建立了一套完整、先进的员工培训与培养系统。摩托罗拉的教育培训系统由四部分组成，即培训需求分析、培训设计与采购、实行培训和培训评估。相应地，摩托罗拉大学设置了四个职能部门：客户代表部、课程设计部、培训信息中心及课程运作部。

一、培训需求分析

摩托罗拉大学客户代表部的主要职责是与各事业部的人力资源部紧密合作，分析组织现状与组织目标之间的差距，判断这些差距中哪些是可以通过培训解决的，并以此确定组织的培训需求。之后，他们将与各事业部的各级领导合作，制订员工培训计划。培训需求分析经常采用的模型是：理想状态-实际情况-差距。通过该模型，找出各事业部真正想解决的实际问题，即找出“差距”。再通过对该“差距”的进一步分析，确定哪些“差距”是培训能解决的，哪些“差距”是培训解决不了的。依据这个模型，摩托罗拉大学客户代表部还根据各事业部的发展目标和任务，分别对各部门、专业乃至员工个人的培训需求作出分析，并依据找出的“差距”分别制订相应的培训方案与培训课程。

二、培训采购与分析

从各事业部获取了第一手培训需求后，摩托罗拉大学会提出一整套培训方案，有些现有的课程即可满足各事业部的要求，有些现有的课程尚不能够或不能够完全满足培训的要求。在这种情况下，课程设计部就会介入，采购、设计、开发、改编以及翻译培训课程。

课程设计还对课程的学习方法、学习效果的评估等作出规定或建议，以保证培训课程的有效实施。在课程设计完成之后，该课程不是直接进入实际培训，而是由课程设计部对该课程进行试运行。届时相关领域的专家、项目设计人、学员代表、相关经理等将对课程提出各自的建议，并据此对课程进行必要的修改，以保证课程设计达到培训的要求。

三、培训的实施

课程运作部负责授课教师的认证与管理、教学材料的打印、教室及教学设备的安排与管理，以及核心项目的管理等。培训信息中心则负责培训信息的发布、登记，课程的安排，学员培训记录及培训评估结果的分析与管理等。

四、培训评估

培训结束后，学员的感受是怎样的？培训是否达到了目标?其效果如何?通过培训，学员是否掌握了所学的知识？其所学知识是否已经转化成了能力?培训的投资回报率如何?所有这些问题都是大家非常关心的。

摩托罗拉依据上述问题将整个培训评估分为四个水平：（1）考查学员对所学课程的反应，目的在于考查学员对课程的满意度。（2）考查学员对课程内容的掌握情况。为了不给学员带来不必要的负担，采取许多灵活、有趣的方式对学员的学习情况进行评估，如通过游戏活动。（3）考查学员是否将所学的知识转化为相应的能力。由知识转化为能力需要时间，因此学员在即将接受培训前，要接受多项评估，确定其培训前的能力水平。学员接受培训后3至6个月，进行再次能力评估。通过两次评估结果的对比分析，就可确定培训对学员能力所带来的影响和作用。（4）投资回报率，即考查培训投资为各事业部及员工个人所带来的效益。

问题：

（1）摩托罗拉的培训与开发体系有什么特点？

（2）摩托罗拉的培训与开发的效果评估是如何进行的？

（3）摩托罗拉的员工培训与开发还有哪些需改进的地方？

□ 实训题

“培训与开发方案设计”训练

技能Ⅰ　培训与开发需求分析技能

技能Ⅱ　培训计划制订与实施技能

技能Ⅲ　培训与开发的效果评估技能

技能Ⅳ　“培训与开发方案设计”（实训报告）的撰写技能

要求：

（1）能够全面把握“培训与开发”理论与实务知识。

（2）能够运用“培训与开发”理论与实务相关知识，分析企业员工培训与开发管理存在的问题。

（3）能够初步设计具有一定针对性、创新性和实效性的企业员工培训与开发改进方案。

（4）能够正确设计、撰写实训报告。

【实训步骤】

将学生分成若干实训组，各实训组可以任选一题。每个实训组结合所选题目，通过实地考察或自行搜集的资料，分别选择不同的企业，运用“培训与开发”理论与实务相关知识分析存在的问题与不足，初步设计具有一定针对性、创新性和实效性的员工培训与开发改进方案，撰写该企业关于“培训与开发方案”的相应实训报告。

【实训时间】

本章课堂教学内容结束后的双休日和课余时间，为期一周。

第七章 职业生涯管理

学习目标

理论知识目标：(1) 职业与职业生涯的概念和内涵。(2) 职业生涯发展阶段理论。(3) 职业生涯选择理论。(4) 员工职业生涯规划的概念及影响因素。(5) 员工职业生涯规划的基本步骤。(6) 职业生涯周期管理。

实务实训目标：(1) 能运用所学知识，结合自身情况，制定个人职业生涯规划书。(2) 能研究章后案例"都市'跳早族'"，培养和提高特定情境下分析、解决问题的能力。(3) 能为一个企业制定员工职业生涯管理制度，并有效实施，培养决策、设计与执行能力。

引例 职业方向在哪里？

露丝是2000年毕业的大专生。毕业后在一家商贸公司从事文秘工作。尽管工作内容琐碎、繁杂，但露丝为了积累经验，还是坚持工作了一年。

她的第二份工作是在一家电器集团总部的行政中心任秘书，这份工作很容易上手，主要任务是在中心总监和下属两部门之间做好桥梁工作，同时还要与其他各中心保持良好的沟通。大半年后，露丝被调到集团办公室，参与集团企业文化建设方面的工作。由于对薪酬不满，对自己的发展方向不确定，不久后，露丝再次选择离职。就这样，露丝度过了工作后的第二年。

接下来的半年，露丝选择了考研，方向是行政管理。她希望通过这种方式提升学历、提高被认可度，给以后的择业带来更多的选择机会，但很遗憾没有成功，于是她又报考了英语专业的自考本科。现在，她是一家代理进口医疗器械公司办事处的销售助理。工作方面逐渐得心应手，但露丝依然感到很压抑，目前的工作发展空间不大，她觉得自己应该有更好的前途，更好的发展方向，可是这个方向在哪里？适合自己的工作岗位应该是什么？

通过案例可知，一方面，露丝缺乏一个明确要实现的职业目标，更不懂得该如何规划自己的职业生涯。没有目标，没有规划，就只能随波逐流，随机尝试能遇到的各种机会。另一方面，露丝所在公司也没有做好员工职业生涯管理工作，没有为员工提供及时的职业指导和帮助。通过本章学习，我们将学会作为个人该如何明确职业目标，规划职业生涯，而作为组织该如何做好员工的职业生涯管理，为员工提供更好的发展空间。

第一节　职业与职业生涯概述

一、　职业

（一）职业的概念

有关“职业”问题的研究涉及社会学、经济学、教育学和心理学等领域，由于研究目的不同，学者们从不同角度、不同侧面对职业的内涵进行了不同的界定。

1. 社会学角度

从社会学角度来看，职业的概念包括以下四个方面的内容：

(1) 职业是社会分工体系中个人进入社会生活中所获得的一种劳动角色。

(2) 职业是从事某一专门工作和活动的社会分工，或者说它是模式化工作关系的结合。

(3) 职业同权力和利益是紧密相连的。每一种职业（群体）在社会分工中都有自己的位置和作用，使别人依赖他们，在一定程度上拥有了垄断权。而且这一职业群体总是要维护这种权力，保护自身的垄断领域。

(4) 职业是国家确定和认可的。任何一种职业的产生，必定为社会所承认，为国家职业管理部门所认可，并具有相应的职业标准。

2. 经济学角度

经济学意义上的职业同劳动的精细分工是紧密相连的，劳动者相对稳定地从事某项社会职业工作，并从中获取报酬，这种社会工作便是劳动者的职业。经济学中职业的概念主要包括以下四个方面的内容：

(1) 职业是社会分工体系中劳动者获得的一种劳动角色。职业根源于社会分工，在整个社会生产过程中，有诸多工种和岗位，工作内容、职责、声誉、社会地位、劳动规范和行为模式等均有不同。因此，劳动者便有了特定的社会标记和专门的劳动角色，如农民、教师、企业家、邮递员等。

(2) 职业具有社会性。职业是劳动者所进行的社会生产劳动或社会工作，均为他人所必需并为国家所认可。

(3) 职业具有连续性和稳定性。劳动者连续稳定或相对稳定地从事某种社会工作，这种工作才能成为劳动者的职业。

(4) 职业具有经济性。劳动者从事某项职业，必须从中取得经济收入。其实，劳动者就是为了不断取得这份个人收入，才较为长期、固定地承担某项社会职业的。没有经济报酬的工作，即使劳动活动再稳定，也不是一项职业，例如家庭主妇。

综上所述，职业对于个体的意义如下：

(1) 职业首先是谋生的手段。个人通过职业获得报酬，满足生存需要，获得最基本的安全感。

(2) 职业规定了人的社会角色，使人获得相应的社会地位。每一种职业，都有针对从业者的职责规定和规范要求，从业者也拥有相应的权利和义务。

(3) 职业为从业者发展自我个性、实现自我价值提供了空间。当从业者运用自己的知识、能力和智慧从事职业活动时，会创造出一定的效益回报社会，得到社会的肯定与尊重，从而实现自己的人生价值。

（二）职业的分类

所谓职业分类，是采用一定的标准和方法，依据一定的分类原则，对从业人员所从事的各种专门化的社会职业进行全面、系统的划分与归类。根据不同的标准，社会中众多的职业可以划分为不同的类型。职业分类是一个国家形成产业结构概念和进行产业结构、产业组织及产业政策研究的基础，对于社会各行业的发展有着十分重要的指导意义。

由国际劳工局制定的国际标准职业分类（ISCO），为不同国家的职业分类提供了一个系列化的基础，据此可以研制、修订本国的职业分类体系，便于开展人口普查或进行其他职业资料的统计汇编，同时国际标准分类可以提高国际间统计资料的可比较性，也便于各国之间交流职业资料。我国目前沿用的职业分类标准是1999年5月颁布的《中华人民共和国职业分类大典》，该标准将我国的职业划分如下：

1. 按种类分类

按种类分类，职业可分为8个大类、66个中类、413个小类、1 838个细类（职业）。如表7-1所示。

表7-1 **中华人民共和国职业种类分类表**

大类	包括	中类(个)	小类(个)	细类(个)
第一大类	国家机关、党群组织、企事业单位负责人	5	16	25
第二大类	专业技术人员	14	115	379
第三大类	办事人员及有关人员	4	12	45
第四大类	商业、服务业人员	8	43	147
第五大类	农、林、牧、渔、水利业生产人员	6	30	119
第六大类	生产、运输设备操作人员及有关人员	27	195	1 119
第七大类	军人	1	1	1
第八大类	不便分类的其他从业人员	1	1	1

2. 按行业分类

按行业分类，可分为三大产业。第一产业是国民经济发展的基础行业，如农业、林业、渔业、畜牧业等；第二产业是国民经济发展的主导行业，如工业、交通业、建筑业等；第三产业是指商业、服务业、旅游业等。

3. 按经费来源分类

按经费来源分类，可分为行政事业单位和企业单位。

4. 按主要付出劳动的性质分类

按主要付出劳动的性质分类，可分为以体力劳动为主的职业和以脑力劳动为主的职业。

（三）职业分层

社会职业种类繁多，各具特色，职业间差异主要体现在：职业环境、职业从业资格、工作内容、工作紧张程度和难易程度、工作主动权、所获得薪金待遇、职业的社会评价等方面。职业分层是指通过对某种职业所对应的经济收入、权力地位和社会声望进行评价，根据评价的高低，进而对多种职业进行排序的分层方法。针对职业分层目前还没有统一的划分标准，最早对职业进行分层的是美国人口普查局工作人员威廉·C·汉特。按照他的观点，根据职业角色的不同，职业可以划分为产业主、职员、熟练工人、一般体力劳动者四个不同的层级。阿尔伯·爱德华在美国20世纪40年代的人口统计工作中，对职业分层进行了更新，由低到高分划分为非熟练工人、半熟练工人、熟练工人、职员、产业主及官员、专业人员。我国学者在对中国社会阶层进行划分时以职业分类为基础，以组织资源、经济资源和文化资源的占有状况为标准，陆学艺等把中国公民划分为十大社会阶层：国家与社会管理阶层、经理阶层、私营企业主阶层、专业技术人员阶层、办事人员阶层、个体工商户阶层、商业服务人员阶层、产业工人阶层、农业劳动者阶层、城市无业、失业和半失业人员阶层。

由于各国（甚至是不同地区）的经济、社会背景不同，社会文化和个人价值观存在差异，对同一职业的地位评价也会有所不同。但是，各国职业分层的研究结果也反映出了明显的一致性：具有较高技术水平、教育水平以及在社会中具有较高权力地位的职业同时也会具有较高的社会地位；而从事体力劳动、技术水平较低、缺乏权力地位的职业其社会地位评价也相应较低。

二、 职业生涯

（一）职业生涯的概念

职业生涯是以心理开发、生理开发、智力开发、技能开发、伦理开发等人的潜能开发为基础，以工作内容为确定和变化，以工作业绩的评价、工资待遇、职称、职务的变动为标准，以满足需求为目标的工作经历和内心体验经历。

职业生涯是一个动态的过程，是一个人一生在职业岗位上所度过的、与工作活动相关的连续经历，它并不考虑职业经历的成功与否，每个工作着的人都有自己的职业生涯。

从经济学观点来看，职业生涯就是个人在人生中所经历的一系列职位和角色，它们和个人的职业发展过程相联系，是个人接受培训教育以及职业发展所形成的结果。

职业生涯是人一生中最重要的历程，是追求自我、实现自我的重要人生阶段，对人生价值起着决定性作用。

（二）职业生涯分类

1. 按程序分类

分为传统性职业生涯和易变性职业生涯。

（1）在一个人的职业生涯中，职业可能是持续稳定的，通常称之为传统性职业生涯。例如，一个人的职业生涯之初是技术员，随着专业知识的增长和工作经验的丰富，其职位可能会逐步晋升为助理工程师、工程师和高级工程师等。

（2）一个人的职业生涯可能因其兴趣、能力、价值观及工作环境的变化而发生变化，一生可能从事过多项职业，这种职业生涯被称为易变性职业生涯。例如，一个人职业生涯之初是技术人员，后来从事管理工作等。

2. 按性质分类

分为外职业生涯和内职业生涯。

（1）外职业生涯是指从事职业时的单位、时间、地点、工作内容、职务与职称、环境、工资待遇等因素的组合及其变化过程。它是依赖于内职业生涯的发展而增长的。

（2）内职业生涯是指从事一项职业时所具备的知识、心理素质、能力、内心感受等因素的组合及其变化过程。这些因素是靠自己通过努力去争取获得和掌握的，是别人无法替代和窃取的人生财富。

外职业发展通道是指公司为员工提供的职业阶梯，因为管理的职位是有限的，并且一些优秀的技术人员不愿做管理，或者不适合做管理，因此设计“资深专家”或类似职位，为技术人员提供向上的职业发展通道。内职业发展通道是个人根据自身特点，结合社会和企业需求为自己设计的职业发展通道。二者的关系是：

（1）后者是前者的前提，后者带动前者。

（2）外职业生涯的因素通常由他人决定、给予，也容易被他人否定、剥夺；内职业生涯的因素由自己探索、获得，并且不随外职业生涯因素的改变而丧失。

（3）外职业生涯略超前时有动力，超前较多时有压力，超前太多时有毁灭力；内职业生涯略超前时舒心，超前较多时烦心，超前太多时要变心。

第二节　职业生涯管理理论

一、职业生涯发展阶段理论

（一）金斯伯格的职业生涯发展理论

美国著名职业指导专家金斯伯格，对职业生涯发展进行过长期的研究。通过比较美国富裕家庭人群从童年期到成年早期及成熟过程中有关职业选择的想法和行为，将职业生涯发展划分为三个阶段：

1. 幻想期（11岁之前）

儿童通常对各类职业工作者，如教师、警察等充满了好奇、羡慕，喜欢幻想着长大后成为其中的一员。这个时期职业需求的特点是：单凭兴趣、爱好，不考虑自身的条件、能力水平、社会需要及机遇，完全处于幻想之中。

2. 尝试期（11～17岁）

此时少年儿童向青年过渡，心理和生理逐渐发育和成熟，开始有独立意识，价值观念形成，知识和能力迅速增长，初步具备了社会生产和日常生活的经验。此时期职业需求的特点是：有职业兴趣，能较客观地审视自身的条件和能力；开始注意职业角色的社会地位、社会意义以及社会对该职业的需要。

3. 现实期（17岁以后）

此阶段的青年即将步入社会劳动，通常能够客观地把自己的职业愿望或要求同各方面因素紧密地联系和协调起来，不断寻找适合自己的职业角色。该时期所需求的职业已有具体、现实的目标，最大特点是客观性、现实性、讲求实际。

（二）舒伯的职业生涯发展理论

舒伯认为职业选择是一个发展的过程，可以根据年龄将人生阶段与职业发展相匹配，每个阶段有各自的发展任务，处在不同发展阶段的人有不同的职业需求。他把人的职业发展划分为五大阶段：

1. 成长阶段（0～14岁）

此阶段的儿童经历了从好奇、幻想到感兴趣，再到有意识地培养职业能力的逐步成长的过程。这一阶段可具体分为三个成长期：

（1）幻想期（10岁之前）：儿童感知到许多职业，对自己感兴趣的职业充满了幻想，并常进行模仿。

（2）兴趣期（11～12岁）：以兴趣为中心，对自己所理解的职业进行评价与选择。

（3）能力期（13～14岁）：开始考虑自身条件与喜欢的职业是否符合，有目的地进行能力培养。

2. 探索阶段（15～24岁）

此阶段也可分为三个时期：

（1）试验期（15～17岁）：综合认识和考虑自己的兴趣、能力、职业的社会价值及就业机会，开始进行择业尝试。

（2）过渡期（18～21岁）：进入劳动力市场，或者进行专门的职业培训。

（3）尝试期（22～24岁）：选定工作领域，开始从事某种职业。

3. 确立阶段（25～44岁）

此阶段经过两个时期：

（1）尝试期（25～30岁）：对初就业选定的职业满意或不满意，选择是否变换职业。

（2）稳定期（31～44岁）：确定最终职业，开始致力于稳定的工作。

4. 维持阶段（45～64岁）

在此阶段劳动者一般已功成名就，不再考虑变换职业、工作，力求维持已取得的成就和社会地位。

5. 衰退阶段（65岁以后）

健康状况和工作能力逐步衰退，即将结束职业生涯。此阶段可分为两个时期：

（1）减退期（60～70岁）：工作速度变慢，工作责任或性质也发生改变，为适应逐渐衰退的体力与心理，许多人会找份兼职工作。

（2）退休期（71岁至死亡）：或愉快地适应完全停止工作的境况，或郁郁寡欢，或年迈而死。

（三）格林豪斯的职业生涯发展理论

格林豪斯将职业生涯划分为五个阶段：

1. 职业准备（0～18岁）

主要任务是发展职业想象力，对职业进行评估和选择，接受必需的职业教育。

2. 进入组织（18～25岁）

主要任务是在一个理想的组织中获得一份工作，在获取足量信息的基础上，尽量选择一种适合的、较为满意的职业。

3. 职业生涯初期（25～40岁）

学习职业技术，提高工作能力；了解和学习组织纪律和规范，逐步适应职业工作，融入组织；为未来的职业成功做好准备。

4. 职业生涯中期（40～55岁）

主要任务是需要对早期职业生涯重新评估，强化或改变自己的职业理想：选定职业，努力工作，有所成就。

5. 职业生涯后期（55岁直至退休）

继续保持已有的职业成就，维护尊严，准备引退。

（四）利文森职业生涯六阶段理论

美国学者利文森1978年提出了职业生涯“六个阶段”理论。该理论也具有一定的代表性。将16～59岁划分为六个阶段，每个阶段的年龄跨度不同，各生涯阶段特征也不同。

1. 拔根期（16～22岁）

多数人离开父母，力求寻找工作，实现经济上的自我支持。

2. 成年期（22～29岁）

寻找配偶，建立家庭，做好工作，搞好人际关系。

3. 过渡期（29～32岁）

进展不易，忧虑较多，很多人改变工作和单位，以求取得成就。

4. 安定期（32～39岁）

对于有抱负希望成功的人，将专心致志地投入工作，以求有所建树。

5. 中年危机期（39～43岁）

工作变动性降低，年轻时的抱负很多没有完成，获得职业生涯进展和改变方向的机会已经不多。

6. 成熟期（43～59岁）

当对职业生涯中重大问题已经满意时，往往会满足于现状，希望安定下来；职业抱负还有，但水平不及中年高；有的现实情况出现事与愿违；在组织内部的关系上，还能得到发展和加深。

（五）施恩的职业生涯发展理论

美国的施恩教授立足于研究人生不同年龄段面临的问题和职业工作的主要任务，将职业生涯分为9个阶段：

1. 成长、幻想、探索阶段（0～21岁）

（1）发展和发现自己的需要、兴趣、能力和才干，为进行实际的职业选择打好基础。

（2）学习职业方面的知识，寻找现实的角色模式，获取丰富信息，发展和发现自己的价值观、动机和抱负，作出合理的受教育决策。

（3）接受教育和培训，开发工作世界中所需要的基本习惯和技能。在这一阶段所充当的角色是学生、职业工作的候选人、申请者。

2. 进入工作世界（16～25岁）

（1）进入劳动力市场，谋取可能成为一种职业基础的第一项工作。

（2）个人和雇主之间达成正式可行的契约，进入职业工作或组织，充当的角色是：应聘者、新学员。

3. 基础培训（16～25岁）

与上一阶段不同，要担当实习生、新手的角色。也就是说，已经迈进职业或组织的大门。此时的主要任务，一是了解、熟悉组织，接受组织文化，融入工作群体，尽快成为一名有效的成员；二是适应日常工作。

4. 早期职业的正式成员资格（17～30岁）

（1）承担责任，成功履行分配的任务。

（2）展示自己的技能和专长，为提升或进入其他领域的横向职业成长打基础。

（3）根据自身才能和组织中的机会与约束，重估当初追求的职业，决定去留；或在自己的需要、组织约束和机会之间寻找一种更好的配合。

5. 职业中期（25岁以上）

（1）选定一项专业或进入管理部门。

（2）保持技术竞争力，继续学习，力争成为专家或职业能手。

（3）承担较大责任，确实自己的地位。

（4）开发个人的长期职业计划。

6. 职业中期危险阶段（35～45岁）

（1）现实的估价自己的进步、职业抱负及个人前途。

（2）就接受现状或者争取看得见的前途作出选择。

（3）建立与他人的良师关系。

7. 职业后期（40岁以后）

（1）成为一名良师，学会发挥影响，指导别人，对他人负责。

（2）发展、深化技能，或提高才干，以担负更重大的责任。

（3）若求安稳，就此停滞，则要接受和正视自己影响力和挑战能力的下降。

8. 衰退和离职阶段（40岁之后直到退休）

（1）学会接受权力、责任、地位的下降。

（2）学会接受和发展新的角色。

（3）评估自己的职业生涯，着手退休。

9. 离开组织或职业

退休阶段。在失去工作或组织角色之后，面临两大问题或任务：

（1）保持一种认同感，适应角色、生活方式和生活标准的急剧变化。

（2）用自己的经验和智慧，对他人进行传帮带。

二、职业生涯选择理论

（一）霍兰德的职业性向理论

美国约翰·霍普金斯大学心理学教授、著名职业指导专家约翰·霍兰德认为，人格（包括价值观、动机和需要等）是决定一个人选择何种职业的一个重要因素。组织应努力把人们独特的个性与合适的工作加以匹配，从而提高人力资源的利用率和工作效益。个人选择和规划职业生涯时，也要考虑自己的个性特征与职业特性相匹配的问题。一般说来，个性与职业匹配度高的员工，其职业生涯发展更易获得成功。基于对职业性向测试（vocational preference test，VPT）的研究，霍兰德发现了决定个人选择何种职业的六种基本的人格类型和性向（如图7-1所示）。

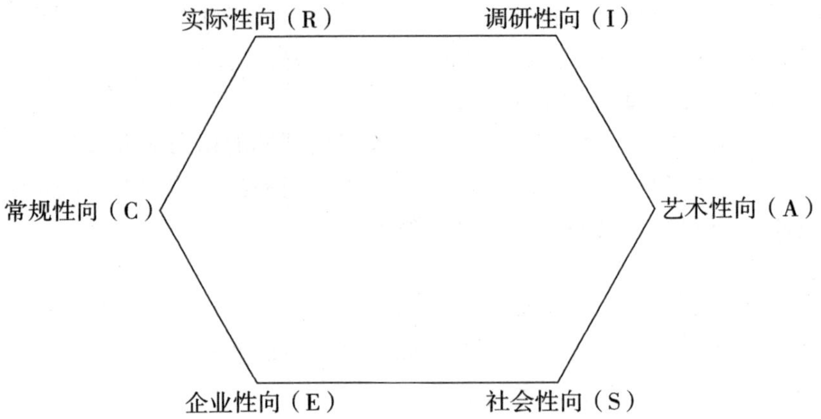

图7-1　霍兰德的职业性向理论

实际上，大多数人都并非只有一种性向。霍兰德认为，一个人具有的多种性向越相近或者相容性越强，则他在选择职业时面临的内在冲突和犹豫就会越少。为了帮助描述这种情况，霍兰德用六角图的六个角来代表六种职业性向。该图说明，六边形中两个领域性向越接近，则它们的相容性就越高。他认为，如果一个人的两种性向是紧挨着的，那么他或她将会很容易选定一种职业。然而，如果此人的性向是相互对立的（比如同时兼备上表中的实际性向和社会性向），那么他或她在选择职业时，常常会犹豫不决。

当一个人的个性与职业相匹配时，就会有最高的满意度和最低的离职率。职业性向选择模型的关键在于：个体之间存在个性差异，各个工作也具有不同的特征。当工作环境和人的性向协调一致时，此时最有利于员工职业生涯发展。该理论对于企业的招聘与选拔工作、管理者为员工进行工作匹配等方面具有很强的实践意义。

（二）帕森斯的职业－人匹配理论

美国心理学家弗兰克·帕森斯经过长期研究认为：人与职业存在着一种最佳的匹配，这种匹配是职业选择的核心。人是有差异的，表现在能力、知识和技能、人格、生理等方面。而职业对人的要求也有差异。例如，在科学研究和管理工作诸领域中，更需要抽象思维、语言表达和数学能力比较强的人。在人力资源管理中，只有将合适的人放置在合适的职位上，让其从事合适的职业，才是职业生涯成功的选择，才是对人力资源最大限度的开发。帕森斯提出了职业设计的三要素模式：

（1）清楚地了解自己，包括性向、能力、兴趣、自身局限和其他特质等资料。

（2）了解各种职业必备的条件及所需的知识，在不同工作岗位上所占有的优势、不足和补偿、机会、前途。

（3）上述两者的平衡。

这一理论的核心是人与职业的匹配，其前提是：每个人都有一系列独特的特性，并且可以客观而有效地进行测量；选择一种职业是一个相当容易的过程，而且职业－人匹配是可能的；个人特性与工作要求之间配合得越紧密，职业成功的可能性越大。

一般而言，职业－人匹配理论可以分为以下两种类型：

（1）因素匹配。例如所需专门技术和专业知识的职业与掌握该种特殊技能和专业知识的择业者相匹配。

（2）特性匹配。例如具有敏感、易动感情、不守常规、个性强、理想主义等人格特性的人，宜于从事审美、自我情感表达的艺术创作类型的职业。

（三）施恩的职业锚理论

职业锚（career anchor）是由美国著名职业心理学家施恩教授提出的。他认为，职业锚是指一个人在不得不作出职业选择的时候，不会放弃职业中的一些至关重要的态度和价值观。一个人对自己有了清楚的了解之后，就会意识到自己的职业锚到底是什么。职业锚会告诉人们，对他们来说，到底什么才是最重要的。施恩根据其对麻省理工学院毕业生的研究，提出了以下五种职业锚：

（1）技术职能型。技术职能型的人愿意在专业领域里发展，追求在技术或职能领域的成长和技能的不断提高，以及应用这种技术或职能的机会。他们往往不喜欢做管理者，因为这将意味着放弃他们在技术或职能领域的成就。

（2）管理能力型。管理能力型的人有强烈的愿望去做管理人员。他们倾心于全面管理，追求权力；具有强烈的升迁动机和价值观，追求并致力于职位、收入的提升；善于与人沟通；具有较强的分析能力和领导、操纵、控制他人的能力。

（3）安全稳定型。安全稳定型的人最关心的是职业的长期稳定性与安全性。他们会为安定的工作、可观的收入、优越的福利与养老制度等付出努力。

（4）自主独立型。自主独立型的人更喜欢独来独往，追求能施展个人能力的工作环境，最大限度地摆脱限制和制约。很多有这种职业向往的人同时也有相当高的技术型职业定位，他们并不愿意在组织中发展，而宁愿做一名咨询人员，或是独立从业，或是与他人合伙创业。

（5）创造型。创造型的人需要建立完全属于自己的东西。他们认为只有实实在在的事物才能体现自己的才干。他们具有强烈的创造需求和欲望，意志坚定，勇于冒险。

上述五种职业锚之间可能存在着交叉，但是，每一种都有一个最突出、最强烈、最易识别的特性。由于职业锚是个人和工作情境之间相互作用的产物，职业锚必须经过若干年实际工作的内化积淀才能被发现。

（四）佛隆的择业动机理论

美国心理学家佛隆认为，动机强度与效价及期望值成正比。他提出了解释员工行为激发程度的期望理论公式：

$$F = V \times E$$

式中，F为动机强度，是指积极性的激发程度，表明个体为达一定目标而努力的程度；V为效价，是指个体对一定目标重要性的主观评价；E为期望值，是指个体对实现目标可能性大小的评估，也即目标实现概率。员工个体行为动机的强度取决于效价大小和期望值的高低。员工行为动机越强烈，他将付出极大努力。如果效价为零乃至负值，表明目标实现对个人毫无意义。在这种情况下，目标实现的可能性再大，个人也不会产生追逐目标的动机，不会为此付出任何努力。同样如此，如果目标实现的概率为零，个人也不会产生追求目标的动机。

第三节　员工职业生涯规划

一、　员工职业生涯规划概述

（一）员工职业生涯规划的含义

员工职业生涯规划又称职业生涯设计，是指员工个人确立职业发展目标，选择职业生涯路径，采取行动和措施，并不断修正，保证职业目标实现的过程。

（二）员工职业生涯规划的分类

职业生涯规划按照时间长短可以划分为短期、中期、长期和人生四种规划。短期规划是指2年以内的职业生涯规划，目的主要是确定近期目标，制定近期应完成的任务计划。中期规划是指2~5年内的职业生涯规划。长期规划是指5~10年内的职业生涯规划，目的主要是设定比较长远的目标。人生规划是指对整个职业生涯的规划，时间跨度可达40年左右，目的是确定整个人生的发展目标。

人的职业生涯是一个漫长的过程，每个人都应该有一个整体的规划，但完整的人生职业生涯规划由于时间跨度大，会因为境遇变迁而难以准确掌控，也难以具体实施。因此，我们可以把整个人生职业生涯规划分成几个长期规划，长期的规划再分成几个中期的规划，中期规划再分成几个短期的规划，这样既便于根据实际情况设定可行目标，又可随时根据现实的反馈进行修正和调整。

二、　个人职业生涯规划的原则

在做个人职业生涯规划时既要有挑战性，又要避免好高骛远，同时还应保持一定的灵活性，便于根据自身和环境的变化适时作出调整。实施规划时应遵循以下原则，避免走不必要的弯路：

（1）清晰性原则：考虑目标、措施是否清晰、明确？实现目标的步骤是否直截了当？

（2）挑战性原则：目标或措施是否具有挑战性，还是仅保持其原来状况而已？

（3）变动性原则：目标或措施是否有弹性或缓冲性？是否能依循环境的变化而作调整？

（4）一致性原则：主要目标与分目标是否一致？目标与措施是否一致？个人目标与组织发展目标是否一致？

（5）激励性原则：目标是否符合自己的性格、兴趣和特长？是否能对自己产生内在激励作用？

（6）合作性原则：个人目标与他人目标是否具有合作性与协调性？

（7）全程原则：拟定生涯规划时必须考虑到生涯发展的整个历程，作全程的考虑。

（8）具体原则：生涯规划各阶段的路线划分与安排，必须具体可行。

（9）实际原则：实现生涯目标的途径很多，在做规划时必须要考虑到自己的特质、社会环境、组织环境以及其他相关的因素，选择切实可行的途径。

（10）可评量原则：规划的设计应有明确的时间限制或标准，以便评量、检查，使自己随时掌握执行状况，并为规划的修正提供参考依据。[①]

三、影响个人职业生涯规划的因素

（一）个人方面

影响职业生涯规划个人方面的因素包括：个人的心理特质，如智能、性格、兴趣等；生理特质，包括性别、身体状况以及外貌等；学历经历，包括所接受的教育程度、训练经历、社团活动、工作经验等。下面主要介绍性格、兴趣以及能力对职业生涯规划的影响。

1. 性格与职业

性格是指表现在人对现实的态度和相应行为方式中比较稳定的、具有核心意义的个性心理特征，是一种与社会关系最密切的人格特征。性格表达了人们对现实和周围世界的态度，并体现在行为举止中。每个人可以根据自己的职业性格来选择适合的职业。

根据现有研究成果，可以把职业性格分为以下12类，每一种性格类型都有与之对应的一系列典型职业（见表7-2）。

表7-2　**职业性格、特征及典型职业表**

职业性格	特征	典型职业
变化型	这种人在新的工作情境中感到愉快。他们喜欢工作内容经常有些变化，在有压力的情况下他们工作得很出色。他们追求多样化的工作	记者、推销员、演员等
重复型	这种人适合连续不停地从事同样的工作，他们喜欢按部就班，爱好重复的、有设计的、有标准的工作	纺织工、电影放映员、机床工等
服从型	这种人喜欢按别人的指示办事，他们不愿自己独立作出决策，而喜欢让他人对自己的工作负起责任	秘书、办公室职员、翻译人员等
独立型	这种人喜欢计划自己的活动和指导别人的活动并为此感到愉快，喜欢对将来发生的事情作出决定	管理人员、律师、警察、侦察人员等
协作型	这种人在与人协同工作时感到愉快，他们善于让别人按他们的意愿来办事，他们想得到同事的喜欢	社会工作者、咨询人员等
孤独型	这种人喜欢单独工作，不愿与人交往	校对、排版等
劝服型	这种人喜欢设法使别人同意他们的观点，一般通过谈话或写作来表达。他们善于观察且善于影响他人的态度、观点和判断	政治辅导员、行政人员、宣传工作者、作家等
机智型	这种人在紧张的和危险的情况下能很好地执行任务。他们在危险的状况下能自我控制和镇定自如，他们在意外的情境中工作得很出色	驾驶员、飞行员、公安员、消防员、救生员、潜水员等
经验决策型	这种人喜欢根据自己的经验作出判断，他们能当机立断作出决定，他们喜欢处理那些直接经历或可用直觉判断的事情	采购、供应、批发、推销、个体摊贩等
事实决策型	这种人喜欢根据事实作出决策。他们要求根据充分的证据来下结论	化验员、检验员、自然科学研究者等
自我表现型	这种人喜欢能表现自己的爱好和个性的工作情境。他们根据自己的感情作出选择，通过工作来表达理想	演员、诗人、音乐家、画家等
严谨型	这种人喜欢注重细节的精确，他们按一套规则和步骤将事情尽可能做得完美	会计、出纳、统计、档案管理员等

① 沈莹.人力资源管理[M].北京:北京交通大学出版社，2007:239.

在实际生活与工作中，具有单一性格类型的人并不多，更多人表现出的是对某一性格类型的倾向性。因而，职业性格与职业的对应，具有参考意义但不是绝对的，在实际的吻合过程中，应根据个人的性格与职业的要求，具体情况具体分析，不能一概而论。

2. 兴趣与职业

兴趣是注意与研究某种事物或从事某种活动的积极态度与倾向，是在一定需要基础上，在社会实践中发生和形成的，因人而异，各有不同。兴趣在人的职业选择过程中具有重要作用，是进行职业选择的重要依据。以下为《加拿大职业分类词典》中各种职业兴趣类型的特点和相对应的职业：

（1）愿与事物打交道。这类人喜欢同事物打交道（如工具、数字），而不喜欢从事与人或动物打交道的职业。相应的职业有：制图员、裁缝、建筑工、会计等。

（2）愿与人接触。这类人喜欢与他人接触的工作，他们喜欢销售、采访、传递信息一类的活动。相应的职业有：记者、推销员等。

（3）愿干有规律的工作。这类人喜欢常规的、有规律的活动，在预先安排的条件下做细致工作。相应的职业有：图书馆管理员、档案整理员、统计员等。

（4）愿从事社会福利和助人的工作。这类人乐意帮助别人，喜欢独自与人接触。相应的职业有：医生、律师、咨询人员等。

（5）愿做领导和组织工作。这类人喜欢管理工作，他们在企事业单位中起着重要的作用。相应的职业有：辅导员、行政人员等。

（6）愿研究人的行为。这类人喜欢谈论涉及人的主题，乐于研究人的行为举止和心理状态。相应的专业有：心理学、人类学等。

（7）愿从事科学技术事业。这类人喜欢分析的、推理的、测试的活动，擅长理论分析，喜欢独立解决问题，也喜欢通过实验获得新发现。相应的专业有：化学、工程学、物理学等。

（8）愿从事抽象性和创造性的工作。这类人喜爱需要有想象力和创造力的工作。相应的职业有：演员、设计人员、画家等。

（9）愿做操纵机器的技术工作。这些人喜欢运用一定的技术，操纵各种机械，制造产品或完成其他任务。相应的职业有：驾驶员、飞行员等。

当一个人对某种事物发生兴趣时，就能敏锐地感知、观察事物，积极思考，大胆探索，情绪高涨，想象丰富，并具有克服困难的意志。有研究表明，如果一个人从事他感兴趣的工作，能发挥他全部才能的80%～90%，能长时间保持高效率并不感觉疲劳；如果对他从事的工作不感兴趣，则只能发挥才能的20%～30%，而且容易筋疲力尽。兴趣也能影响工作满意感和稳定性，一般来说，从事自己不感兴趣的职业，很难让人感到满意，并因此感到工作不稳定。

3. 能力与职业

能力是指人们能够从事某种工作或完成某项任务的主观条件。这种主观条件受两方面因素影响：一是先天遗传因素，二是后天的学习与实践因素。人们的能力可分为一般能力和特殊能力两大类。一般能力通常又称为智力，包括注意力、观察力、记忆力、思维能力和想象力等，是人们顺利完成各项任务必须具备的一些基本能力。特殊能力是指从事各项专业活动的能力，也可称为特长，如音乐能力、语言表达能力、空间判断能力等。能力是一个人完成任务的前提条件，是影响工作效果的基本因素。因此，了解自己的能力倾向及不同职业的能力要求对合理地进行职业选择具有重要意义。从能力差异的角度来看，在职业选择时应遵循以下原则：

（1）能力类型与职业相吻合。人的能力类型是有差异的，即人的能力发展方向有所不同。对职业研究表明，职业可以划分为不同类型，对人的能力也有不同要求，因而应注意能力类型与职业类型的吻合。

（2）一般能力与职业相吻合。不同职业对人一般能力的要求各有不同，如律师、科研人员、大学教师等要求从业人员具备较高的智商。

（3）特殊能力与职业相吻合。要顺利完成某项工作，除具有一般能力外，还应具备完成该项工作所必需的特殊能力，如从事教育工作需具备良好的阅读能力和表达能力；法官应具备很强的逻辑推理能力；而建筑工则必须具备一定的空间判断能力等。①

（二）组织方面

企业内部环境对个人职业生涯有直接的影响，个体发展与企业发展息息相关。对企业环境进行客观分析，可以准确了解企业的实际状况及发展前景，把个体发展与企业发展联系在一起，并融入企业发展之中。这有利于个人作出合理的职业生涯规划。

1. 企业文化

企业文化决定了企业对待其员工的态度，在一定程度上会左右员工的职业生涯。主张全员管理的企业显然比独裁的企业更能为员工提供较多的发展机会；渴望发展、追求挑战的员工很难在讲究论资排辈的企业中受到重用。员工的价值观与企业文化有冲突，无法适应企业文化，在组织中的发展就会受到很大的影响。所以企业文化是个人在制定职业生涯时要考虑的重要因素。

2. 企业制度

企业员工的职业发展，归根到底要靠企业管理制度来保障，比如有效的培训制度、晋升制度、绩效考核制度、奖惩制度、薪酬制度等。没有制度或者制度不完善的企业，员工的职业发展就难以顺利实现。

3. 领导人的素质和价值观

企业文化和管理风格与其领导人的素质和价值观有直接的关系。企业主要领导人的抱负及能力是企业发展的决定因素，对员工的职业发展有着重要影响。

4. 企业实力

企业在本行业中是具备了很强的竞争力，还是处于一个很快就会被并吞的地位？发展前景是什么？在激烈的市场竞争中，所谓适者生存，只有适应环境，适应发展趋势的企业才能生存。选择进入有实力、有潜力的企业，对个人的职业生涯的开展非常有利。

5. 企业所在行业环境

行业环境将直接影响着企业的发展状况，进而也影响到个人的职业生涯发展。健康的行业环境有助于个人职业目标的更好实现。行业环境包含以下内容：

（1）行业发展现状。对行业发展现状进行分析，深入了解所处行业当前发展态势及存在的问题，进而预测行业的发展趋势，发展前景。

---

① 邓腊良.职业生涯设计与规划[M].天津:天津大学出版社，2007:19.

（2）国际国内重大事件对该行业的影响。行业的发展容易受到国际国内重大事件的推动或冲击，从而影响到该行业提供职业机会的多寡，比如2008年北京奥运会给建筑业、旅游业和服务业提供了很大的发展机遇。

（三）社会方面

1. 经济发展水平

经济发展水平较高的地区，优秀企业相对集中，个人职业选择的机会较多，有利于个人职业发展；反之，经济落后地区，个人职业选择机会少，个人职业生涯也会受到限制。

2. 社会文化环境

社会文化是影响人们行为、欲望的基本因素。主要包括教育条件、教育水平及社会文化设施等。在良好的社会文化环境熏陶下，个人素质、个人能力会得到大幅度的提升，从而为职业生涯打下了更好的基础。

3. 政治制度和氛围

政治和经济是相互影响的，政治不仅决定着一国的经济体制，而且左右着企业的组织体制，同时，政治制度和氛围还会潜移默化地引导着个人的志向与追求，从而直接影响到个人的职业发展。

4. 价值观念

一个人生活在社会环境中，必然会受到社会价值观念的影响，个人价值取向很大程度上被社会主体价值取向所左右，进而影响到个人的职业选择。

四、个人职业生涯规划的步骤

个人职业生涯规划一般经过自我评价、职业发展机会评估、设定职业生涯目标、选择职业生涯路径、制定职业发展策略和职业生涯评估与调整等几个步骤来完成。

（一）自我剖析

自我剖析是对与职业选择相关的自身情况进行剖析、评估。包括对人生观、价值观、受教育水平、职业锚、兴趣和特长等进行分析，达到全面认识自己、了解自己的目的。自我剖析是职业生涯规划的基础，直接关系到个人职业生涯的成功与否。

橱窗分析法是自我剖析的重要方法之一。心理学家把对个人的了解比成一个橱窗，将其放在一个直角坐标中加以分析（如图7-2所示）。坐标的横轴正向表示别人知道，负向表示别人不知道；纵轴正向表示自己知道，负向表示自己不知道。

橱窗1称为“公开我”，是个人展现在外、无所隐藏的部分。

橱窗2称为“隐私我”，是个人内在的隐私和秘密部分。

橱窗3称为“潜在我”，是有待开发的部分。“潜在我”是影响一个人未来发展的重要因素。许多研究表明，人类一般只发挥了大脑功能的很小部分。控制论的奠基人维纳指出：“即使是那些作出了辉煌成就的人，在他的一生中，利用他自己的大脑潜能还不到百亿分之一。”由此可见，认识与了解“潜在我”，是自我剖析的重要内容之一。

橱窗4称为“脊背我”，犹如一个人的背部，自己看不到，别人却看得很清楚。“脊背我”是正确对自己进行评价的重要方面。只有你真心诚意地对待别人的意见，才能听到别人的真实评价。

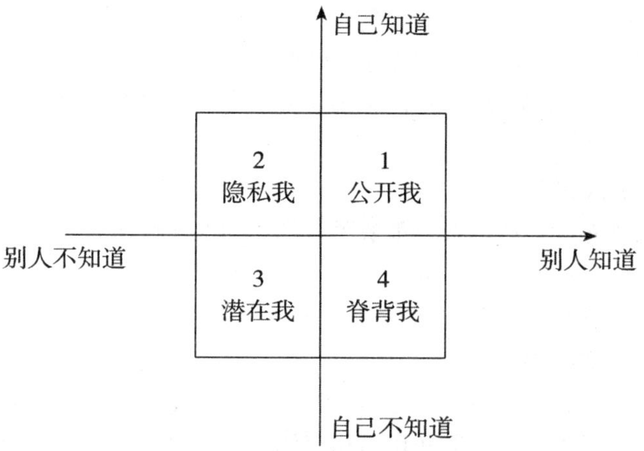

图7-2　橱窗分析法

（二）职业发展机会评估

员工在进行职业生涯规划时，除了对自身的优劣势进行分析和评价外，还要对所处的外部环境进行评估。个人所处的环境决定了个人职业生涯发展的机会。职业生涯发展机会评估的准确与否，影响着个人对时机与机遇的把握。所以制定个人的职业生涯规划时，要分析所处环境的特点、环境的发展变化趋势、自己与环境的关系、自己在环境中的地位、环境对自己职业生涯目标有利和不利的地方等。所处的环境一般包括：社会环境、组织环境、政治环境以及经济环境等。

（三）设定职业生涯目标

职业生涯目标的设定是职业生涯规划的核心。在确定职业生涯目标过程中需要注意以下几点：

（1）目标要符合社会与组织的需要。

（2）目标要适合自身的特点，并使其建立在自身的优势之上。

（3）目标要高远但决不能好高骛远。

（4）目标幅度不宜过宽，最好选择窄一点的领域，并把全部身心力量投入进去，这样更容易获得成功。

（5）要注意长期目标与短期目标间的结合，长期目标指明了发展的方向，短期目标是实现长期目标的保证，长短结合更有利于职业生涯目标的实现。

（6）目标要明确具体，同一时期的目标不要太多，目标越简单、越具体，就越容易实现，越能促进个人的发展。

（7）要注意职业目标与家庭目标以及个人生活和健康目标的协调与结合，家庭与健康是事业成功的基础和保障。

（四）选择职业生涯路径

在确定职业生涯目标后，就面临着职业生涯路径选择的问题。所谓职业生涯路径，就是指选定职业后实现职业目标的具体方向，比如是向着专业技术方向发展，还是向着行政管理方向发展。

由于不同的职业路径对发展的要求不一样，路径规划是进行职业生涯规划时必须面临的选择，只有作出了明确的选择，才便于安排日后的学习和工作，并使其沿着既定的路线和方向平稳发展。个人在进行职业生涯路径选择时，可以从三个方面来考虑：

（1）我希望沿着哪一条路径发展，确定自己的人生目标取向。

（2）我适合往哪一条路径发展，确定自己的能力取向。

（3）我能够沿着哪一条路径发展，主要考虑自身所处的社会环境、政治与经济环境、组织环境等。

（五）制定职业发展策略

无论多么美好的理想和想法，最终都要落实到行动上才有意义，否则都是空谈。在确定职业生涯目标和路径后，行动就成为关键的环节。为保证行动与努力目标一致，需要最大限度地根据个人职业生涯发展规划来约束自己的行为。采取措施，把目标转化成具体的行动方案。

（六）职业生涯评估与调整

由于世事变迁和不确定因素的存在，会使既定的职业生涯目标与规划出现偏差，因此需要适时的对职业生涯目标与规划进行评估并作出相应调整，以更好地符合自身发展和社会发展的需要。调整的内容主要包括职业生涯路径的选择、职业生涯目标的修正以及职业生涯策略等。

五、 个人职业生涯成功的评价标准

职业生涯成功是指个人实现了自己的职业生涯目标。职业生涯成功的含义因人而异，具有很强的差异性。对有些人来讲，职业生涯成功可能是一个抽象的、不能量化的概念，例如家庭幸福、职务上的不断晋升等。职业生涯成功对于同样的人在不同的人生阶段也有着不同的含义。对于年轻员工来说，职业生涯的成功往往首先体现为在工作中产生满足感与成就感，并使工作更具挑战性。每个人都应该对自己的职业生涯成功进行明确界定，包括成功意味着什么，成功时发生的事和一定要拥有的东西，成功的时间、成功的范围、成功与健康、被承认的方式、想拥有的权势和社会地位等。要对职业生涯成功进行全面的评价，必须综合考虑各方面因素，而每一个方面都应该有相应的评价内容和标准，见表7-3[①]。

表7-3 **职业生涯成功评价体系**

评价方式	评价者	评价内容	评价标准
自我评价	本人	自己才能是否充分施展 对自己所做的贡献是否满意 对自己的职称、工资待遇等方面的变化是否满意 对处理职业生涯发展与其他人生活的关系的结果是否满意	根据个人的价值观念及个人的知识水平、能力
家庭评价	父母、配偶、子女等家庭成员	是否能够理解和肯定 是否能够给予支持和帮助	根据家庭文化
企业评价	上级、平级、下级	是否有下级、平级同事的赞赏 是否有上级的肯定和表彰 是否有职称、职务的晋升或相同职务职责范围的扩大 是否有工资待遇的提高	根据企业文化及其总体经营结果
社会评价	社会舆论、社会组织	是否有社会舆论的支持和好评 是否有社会组织的承认和奖励	根据社会文明程度、社会历史进程

① 宋振杰.经理人九大能力训练[M].北京:北京大学出版社，2006:151.

第四节　组织职业生涯管理

本章的第三节主要介绍了从员工个人角度如何进行职业生涯规划，本节将从组织的视角来分析如何帮助员工做好职业生涯规划管理，引导员工将个人发展与组织目标实现进行有效整合，实现员工和组织的长期利益。

一、　组织职业生涯管理概述

20世纪60—70年代的美国，最早开始了组织职业生涯管理方面的有益探索，一些企业开始有意识的帮助员工建立起在本企业内部的发展目标，设计在企业内部的发展通道，并为员工提供目标实现过程中所需要的培训、轮岗和晋升。随着员工受教育程度和收入水平的不断提高，他们的工作动机也趋于高层化和多样化，人们参与工作，更多的是为了获得成就感、增加社会交往、实现个人的发展理想。这也为企业的人力资源管理提出了新的挑战，组织职业生涯管理受到越来越多企业的关注。

组织职业生涯管理是组织根据自身发展目标，及时地向员工提供在本组织内职业发展的有关信息，给予公平竞争的机会，并提供职业咨询，引导员工对自己的能力、兴趣，以及职业发展的要求和目标进行分析和评估，使其能与企业组织的发展和需要相统一，以实现组织和个人的长远利益。

二、　组织职业生涯管理中各主体职责划分

组织职业生涯管理的实施是一个系统的过程，需要各个主体的有效配合，各自承担相应的职责。一般来说，员工个人负责自我评估，进行个人职业生涯规划；管理者为员工提供辅导并安排形势分析；组织则负责提供培训指导、信息资源等。其各自的具体责任分别是：

（一）员工的责任

（1）对自己的能力、兴趣和价值观进行自我评价。

（2）分析职业生涯选择的合理性。

（3）确立发展目标和需要。

（4）和上司交换发展愿望。

（5）和上级一起制订行动计划。

（6）落实并实施该行动计划。

（二）管理者的责任

（1）作为催化剂，引导员工正确认识自身职业生涯发展的过程。

（2）对员工所提供的信息，进行确认与评估。

（3）帮助员工对其职业发展目标及规划进行分析和评价。

（4）对员工进行指导，并达成一个与组织发展战略需求相一致的个人发展目标。

（5）确定员工的职业生涯发展机会，包括安排培训、转岗等。

（6）跟踪员工的计划，并根据形势，适时对计划进行更新。

（三）组织的责任

（1）提供职业生涯规划所需的样板、资源、辅导以及决策所需的信息。

（2）采取有效手段对员工、管理人员以及参与实施职业生涯规划的工作人员进行必要的培训。

（3）提供技能培训，为员工安排职业锻炼机会和个人发展空间。

三、组织职业生涯管理的意义

对于组织而言，职业生涯管理的意义主要体现在以下三个方面：

（一）职业生涯管理是企业资源合理配置的首要问题

人力资源是一种可以不断开发并不断增值的增量资源，因为通过人力资源的开发能不断更新人的知识、技能，提高人的创造力，从而使无生命的“物”的资源被充分利用。特别是随着知识经济时代的到来，知识已成为社会的主体，而掌握和创造这些知识的就是“人”，因此，企业更应注重人的智慧、技艺、能力的提高与全面发展，通过加强职业生涯管理，使人尽其才、才尽其用，是企业资源合理配置的首要问题。如果离开“人”的合理配置，企业资源的合理配置就是一句空话。

（二）职业生涯管理能充分调动人的内在积极性，更好地实现企业组织目标

职业生涯管理的目的就是帮助员工提高在各个需要层次的满足度，使人的需要满足度从金字塔形向梯形过渡最终接近矩形，使员工的低层次物质需要和精神方面高级需要的满足度同时提高。因此，职业生涯管理立足于友爱、尊重、自我实现的需要。真正了解员工在个人发展上想要什么，协调其制定规划，帮助其实现职业生涯目标，这样就必然会激起员工强烈的为企业服务的精神力量，进而形成企业发展的巨大推动力，更好地实现企业组织目标。

（三）职业生涯管理是企业长盛不衰的组织保证

任何成功的企业，其成功的根本原因是拥有高质量管理者和高质量员工。人的才能和潜力能得到充分发挥，人力资源不会虚耗、浪费，企业的生存成长就有了取之不尽、用之不竭的源泉。发达国家的重要资本是其所积累的经验、知识和训练有素的人力资源。通过职业生涯管理努力提供员工施展才能的舞台，充分体现员工的自我价值，既是留住人才、凝聚人才的根本保证，也是企业长盛不衰的组织保证。

四、职业生涯周期管理

从组织的角度来讲，职业生涯管理就是帮助员工协调组织与个人的职业生涯目标，为员工提供指导，帮助员工顺利实现自己的职业目标。员工的职业生涯一般可分为早期、中期和晚期三个阶段，不同阶段企业职业生涯管理的侧重点也不一样。

（一）职业生涯早期的管理

职业生涯早期阶段是指一个人由学校进入组织并在组织内逐步“组织化”，并为组织所接纳的过程。这一阶段一般发生在20～30岁之间，一系列角色和身份的变化，必然要求经历一个适应过程。在这一阶段，个人的组织化以及个人与组织的相互接纳是个人和组织共同面临的、重要的职业生涯管理任务。

1. 职业生涯早期阶段的个人特征

在职业生涯早期阶段，员工个人年龄正值青年时期，这一阶段任务较为单纯、简单；个人的主要任务：进入组织，学会工作；学会独立，并寻找职业锚；完成向成年人的过渡。这个阶段员工的个人特征主要有：

（1）职业方向不是很明晰。员工进入企业后，开始接触自己职业领域的知识、技能，并逐步尝试在自己工作中积累经验。员工除了对工作岗位缺乏经验外，对企业的文化也比较陌生，对周围的环境也不熟悉，需要逐步地适应环境。员工对自己所从事的职业尚处在探索期。员工对自己的职业能力和未来发展还没有形成较明确的认识，尚处于职业生涯初期，职业锚的选择常常犹豫不决或变化不定。

（2）精力充沛。处于职业生涯早期的员工，精力充沛，家庭负担比较轻；心态上积极向上、争强好胜，追求上进，对未来充满幻想，充满激情有足够的精力来应对可能出现的工作困难。

（3）容易产生职业挫折感。这一阶段员工具有较高的工作期望。但由于缺少经验和对环境及自身的充分认知，工作中，经常高估自己，一旦自己的期望与现实发生冲突，或付出了很大努力没有达到预期目标，会产生职业挫折感。培养对挫折的抵抗力，对于个体有效地适应职业环境、维持正常的心理和行为是非常重要的。

（4）开始具有家庭责任意识。员工在这一阶段开始组建家庭，并萌生家庭责任意识，逐步学习调适家庭关系的能力，承担家庭责任，逐步学会与父母、配偶等家人和睦相处。

（5）心理上存在独立和依赖并存的矛盾。在心理方面，员工要解决依赖与独立的矛盾。刚开始参加工作，常会处于配合、支持其他有经验的人的地位，但是，依赖是独立的前奏，当经过一段时间的学习和积累，工作经验和能力发展到一定程度后，就应该逐步地寻求独立，如果不能及时地克服依赖，就难以发展独立性，这会对职业生涯发展造成消极影响。

2. 组织在员工职业生涯早期的管理策略

（1）支持员工的职业探索。员工对自我的认识有一个探索过程。员工选择进入某一企业、应聘某一职位是建立在对自己兴趣、能力单方面评价的基础上的，这种自我评价不可避免地带有个人的主观色彩。而且员工对企业的了解不够深入，选择的职位有可能不适合自己的发展目标。为了实现人-职最佳匹配，组织应该提供各种职位空缺的信息，并进行广泛的传播，让感兴趣的员工都有机会参与这些职位的竞争角逐。另外，企业还可以根据每种职业锚类型员工的特征，采取不同的职业支持措施，在企业的引导和资源支持下，员工可以对自身有更充分的认识，评估的客观性增强，从而完成职业的再探索和再选择过程。

（2）促进员工的社会化。员工的社会化，是指企业中的新员工融入企业文化的过程。员工社会化一方面要靠员工自己的努力，另一方面，也需要组织提供相应的条件来促进员工的社会化。培训是促进员工社会化的一种比较好的形式，组织通常选择与员工的适应和发展相关的内容进行培训。培训时间不宜太长。培训内容应包括组织历史、组织使命、组织结构、与组织老成员和直接主管交谈、参观、报告会等。员工的很多不足可以借助于针对性强的系统培训来解决，要避免听任员工“自主沉浮”。培训要有针对性地持续进行，导向之后的培训内容要向新成员传达他们想知道的具体信息。

（3）安排一位好“师傅”。为员工安排正式的导师（师傅），这在国外已被证明是成功的经验。在员工开始职业生涯的头一年里，一位受过特殊训练、具有较高工作绩效和丰富的工作经验的“师傅”，可以帮助他们更快地建立起较高的工作标准，同时也可对他们的工作提供有力支持，帮助其获得成功。

（4）指导员工进行早期职业生涯规划。依据马斯洛的需求层次理论，物质需求是人类较低层次的需求，而自我实现是人的最高层次的需求。职业发展规划属于满足人自我实现需求的范畴，会产生强大的激励作用。因此，企业要留人、要发展，就应该尽早为员工规划职业生涯，使员工看到未来发展的希望，增强归属感，在提高员工自身素质的同时也就提高了企业竞争力。企业可以通过文化、制度体系等辅助性措施从外部加以指导。积极参与员工早期职业生涯规划，可以使企业尽早掌握员工的个性化特征和职业发展动向，了解员工的需要、能力及自我目标，加强个体管理；再辅以按照员工兴趣、特长和公司需要相结合的培训发展计划，充分挖掘员工潜力，使其真正安心于企业工作并发挥最大潜能，创造出企业与员工持续发展的良好氛围与条件。管理者和员工应就个体的职业需要和发展要求等问题进行沟通，企业对个体的职业发展提供咨询和建议。公司可以设立职业发展辅导制度，上层的直接主管或资深员工可以为员工提供职业辅导，有条件的企业还可以使用测评工具帮助员工明确职业发展意向。员工谋求职业发展是一个不断提升自我的过程，以企业为主导的培训应成为辅助员工职业发展的有力工具。重视通过有效的新员工培训提升员工的职业安全感和工作能力，变利用员工能力为开发员工潜能。

从组织角度来看，要保证员工早期生涯规划的有效开展，企业有必要提供职业需求信息、职业提升路线或策略及岗位需要的能力和个性特征，以此作为员工职业发展的客观依据。员工可根据企业提供的信息对自己的优劣势、面临的机会和威胁进行分析，保证起步阶段就找准路子，选对方向，沿着正确的职业生涯轨道发展。由于组织结构趋于扁平化，企业中可晋升的职位将会越来越少。企业应给新员工灌输这样一种思想：晋升存在，但不是唯一的出路，个人发展才是最重要的。企业可通过对新员工的工作轮换，使其在不同岗位上积累经验，为提升或工作丰富化打基础，满足组织发展的要求。

（二）职业生涯中期的管理

职业生涯中期阶段是一个时间周期长（年龄跨度一般是25～50岁，长达20多年）、富于变化、正值复杂人生的关键时期，由于个人三个生命周期的交叉运行，面临诸多问题和生命周期运行的变化，以及个人特质的急剧变化，导致某些员工职业问题的存在，形成所谓的“职业生涯中期危机”。

1. 员工职业生涯中期阶段的问题

（1）职业生涯发展机会减少。处于职业生涯中期的员工，面临的主要问题之一是个人的发展机会减少，即个人的发展愿望没有得到满足，组织成为制约个人发展的瓶颈。造成这种状况的原因之一是组织结构的制约。通常组织对各类人员的需求量不同，按照层级从低至高依次递减。整个组织的人员层次分布类似于金字塔。因此，初期和中期的竞争可能不是十分激烈，但争取高级职位就比较困难。许多人由于缺乏竞争力，会感到前途渺茫。此外，组织成熟度本身也是一个十分重要的制约因素。在组织的开拓时期，由于事业发展很快，不断产生新兴事业，不断需要人才配合，个人发展机会比较多，一旦事业发展走向成熟期，新的岗位增加缓慢，老的岗位基本已经被占据，导致晋升机会减少，个人发展困难。

（2）出现技能老化。所谓技能老化是指员工在完成初始教育后，由于缺乏对新兴工作的了解，而导致的能力下降。员工的技能老化使公司不能为顾客提供新产品和新服务，从而丧失竞争优势。

（3）出现工作与家庭冲突。职业生涯中期，是家庭、工作相互作用最强烈的时间段。工作家庭冲突有三种基本形式：时间性冲突：由于时间投入到一个角色中从而使执行另一角色提出的要求变得困难；紧张性冲突：由于一个角色产生的紧张使执行另一角色提出的要求变得困难；行为性冲突：一个角色中要求的行为使执行另一个角色提出的要求变得困难。处于职业生涯中期的员工，从家庭和事业角度看，对人的时间和精力的需求都在增加，而从生理角度看，个人的精力又有下降趋势，因此冲突在所难免。从而导致很多人精神压力过大，健康状况不佳。

2. 职业生涯中期的企业管理对策

（1）为员工提供更多的职业发展机会。组织需要为发展到一定阶段的员工创造新的发展机会，这一方面是解决处于职业生涯中期的员工职业生涯顶峰的问题，同时也是组织留住人才的关键。这一问题的解决方案有以下几种：一是开辟新的开发项目，以增加组织的新岗位；二是通过某种形式，承认员工的业绩，给予一定的荣誉；三是进行岗位轮换，丰富员工的工作经验，使员工的成长需求得到满足。

（2）帮助员工实现技能更新。组织帮助处于职业生涯中期的员工实现技能更新的方案如下：从主管的角度来说，需要鼓励员工掌握新技能，同时让员工承担具有挑战性的工作；从同事角度来说，要与员工共同探讨问题，提出想法，鼓励员工掌握新技能；从组织奖励体系来看，可以通过带薪休假、奖励创新、为员工支付开发活动费用等方法鼓励员工更新技能和知识。

（3）帮助员工形成新的职业自我概念。职业生涯中期，由于个人的职位、地位上升困难，许多员工经历过一些失败，使早期确立的职业理想产生动摇，因此需要重新检讨自己的理想和追求，建立新的自我。为此，个人需要获得相关的信息，比如关于职业发展机会的信息，自己的长处和不足的信息等。

（4）丰富员工的工作经验。工作经验的丰富本身就是职业生涯追求的目的。有意识地进行工作再设计，可以使员工产生对已有工作的再认识、再适应，产生积极的职业情感。

（5）协助员工解决工作-家庭冲突。研究表明，来自家庭和来自工作场所的社会支持有助于减少工作—家庭冲突。这些社会支持可以是情绪性的，也可以是工具性的。工作环境的支持主要体现在组织的一些政策和管理者的行为上。组织可以有意识地采取一些政策和措施以部分地减轻员工的家庭负担，帮助员工平衡工作与家庭责任。①

（三）职业生涯后期的管理

一般而言，职业生涯后期可以划定在退休前5～10年左右的时间。由于职业性质及个体特征的不同，个人职业生涯后期阶段开始与结束的时间也会有明显的差别。这一阶段，员工社会地位和影响力较高，凭借丰富的经验，在企业中扮演着元老的角色。但是，随着年龄的增长，进取心和创造力显著下降，工作开始安于现状。面临职业生涯的终结，员工还会产生不安全感，担心经济收入的减少、社会地位的降低、疾病的出现等，帮助员工顺

① 杜映梅.职业生涯规划[M].上海:上海交通大学出版社，2008:311.

利度过这段时间，是组织义不容辞的责任。对于职业生涯后期的员工，管理内容主要是实施退休计划管理，帮助员工树立正确观念，坦然面对退休，并要采取多种措施，做好员工退休后的生活安排。组织应该帮助他们学会接受职业角色的变化，做好退休生活的准备工作。对于精力、体力尚好的员工，可以采取兼职、顾问的方式予以聘用，以延长其职业生涯；对于完全退休的员工，企业可通过书画、棋牌、钓鱼等协会活动，安排他们度过丰富多彩的退休生活。另外，职业工作衔接管理也是退休计划管理的重要内容，员工将要离开工作岗位，但组织要能继续正常运转，就必须做好工作衔接。组织要有计划地分期分批安排应当退休的人员退休，绝不能因为人员退休影响组织工作的正常进行。所以组织在退休计划中，应该尽早选择好退休员工的接替者，发挥退休员工的经验优势，进行接替者的培养工作，通过老员工的传、帮、带，让接替者尽快掌握相关岗位的技能，才能确保工作的正常进行。

本章概要

□ 内容结构

- 职业生涯管理
  - 职业与职业生涯概述
    - 职业
    - 职业生涯
  - 职业生涯管理理论
    - 职业生涯发展阶段理论
    - 职业生涯选择理论
  - 个人职业生涯规划
    - 个人职业生涯规划概述
    - 个人职业生涯规划的原则
    - 影响个人职业生涯规划的因素
    - 个人职业生涯规划的步骤
    - 个人职业生涯成功的评价标准
  - 组织职业生涯管理
    - 组织职业生涯管理概述
    - 组织职业生涯管理中各主体职责划分
    - 组织职业生涯管理的意义
    - 职业生涯周期管理

□ 主要概念和观念

职业　职业生涯　员工职业生涯规划　组织职业生涯管理　职业生涯周期管理

□ 重点实务

从个人角度进行个人职业生涯规划　从组织角度进行员工职业生涯管理

□ 重点操作

职业规划方案设计

单元训练

□ 理论题

（1）简述职业、职业生涯、职业生涯管理的含义。

（2）简述主要的职业生涯选择理论。

（3）简述主要的职业生涯阶段理论及主要区别。

（4）什么是职业锚？它有几种类型？

（5）影响个人职业生涯规划的因素有哪些？

（6）组织对员工职业生涯周期的管理方法有哪些？

□ 实务题

（1）举例说明如何进行个人职业生涯规划分析。

（2）选择一家熟悉的企业，制定一个完整的员工职业生涯管理制度。

（3）选择一家企业，进行员工职业生涯规划效果评估。

（4）从哪些方面入手，进行员工职业生涯规划管理修订？

□ 案例题

都市“跳早族”

“80后”大学毕业生在多元选择之下，跳槽变得容易且平常。甚至一些大学毕业生工作时间未满半年就跳槽，被称为“跳早族”，引发社会广泛关注。

2010年7月，邹洁从一所知名高校广告专业毕业后，进入广州一家外企工作。高薪、名企、一线城市，一切似乎如人所愿。但同年11月她便跳槽，让很多人大吃一惊。

这也是邹洁所没想到的。入职后，她的第一个任务是做一份销售计划。她几乎什么都要从头学起，但困难似乎并不在这儿。“我请教同事却要看非常多的脸色，每天加班到夜里一两点钟，而老板却一味地指责，让我根本没有成长的时间。”她并不喜欢也不擅长这项工作。工作认同感的缺乏让她无法融入公司这种氛围。种种原因使邹洁想要离开。即便这样，她还是坚持把那份销售计划做完。

邹洁认为自己并非一时冲动。她不仅成绩优异，且社会实践经验丰富。她做足了就业准备，但依旧成为了“跳早族”。

眼下，大学毕业生把高薪、有户口、有编制等当成了择业标准，他们很少考虑自己的兴趣、适合什么，更别提对自己的职业生涯进行规划。现如今，很多大学生面临“先就业、后择业”的问题，因此，心理预期与现实之间的落差在所难免。

大学毕业生一般会被安排从最基础做起，而一些人在尚未对企业进行深入了解、对自己进行正确评估的情况下贸然跳槽。陈宁说，毕业前几年是一个可持续的积累阶段，工作未满半年就跳槽的人因为经验不足，到新的工作单位还是要从基础工作重新做起，这对个人发展路径来说必然是一种浪费。

对于刚毕业的大学生来说，辞职需要很大的勇气。一些企业表示，一般不会招聘跳槽过早或频繁跳槽的人。

邹洁并非没有分析过“跳早”的利弊。“毕业后的几年是一个自我寻找的过程，刚开始多少会有些盲目，但在这个过程中会慢慢清楚自己想要的是什么。”邹洁坦言，对自己最有吸引力的不是高薪和名企，而是幸福感，既然意识到工作与自己的要求相左，那晚跳不如早跳。

邹洁并不后悔自己的第一份工作，也不后悔后来的离开：“每一份工作都有收获，我更加清楚自己要从事的行业和领域了。”

智联招聘高级职业顾问陈曦认为，职场落差必然存在，不能简单把跳槽当成解决问题的办法。刚毕业的大学生应将眼光放长远，为自己的职业生涯制定规划。如果工作内容或公司环境确实不利于个人发展，晚跳不如早跳；否则就应沉下心来给自己充分的成长周期，让个人职业生涯呈良性的阶梯性发展，避免成长路径的浪费。

问题：

（1）“跳早”对初就业的大学生的个人职业生涯有什么影响？

（2）结合案例谈谈企业如何对处于职业生涯早期的员工进行管理。

□ 实训题

“培训与开发方案设计”训练

技能Ⅰ 个人职业生涯分析技能

技能Ⅱ 职业生涯规划制订与实施技能

技能Ⅲ 职业生涯规划效果评估技能

技能Ⅳ “职业生涯管理制度”（实训报告）的撰写技能

要求：

（1）能够全面把握“职业生涯管理”的理论与实务知识。

（2）能够运用“职业生涯管理”的理论与实务相关知识，分析企业员工职业生涯管理过程中存在的问题。

（3）能够初步设计具有一定针对性、创新性和实效性的个人职业生涯规划书。

（4）能够正确设计、撰写实训报告

【实训步骤】

将学生分成若干实训组，各实训组可以任选一类企业。每个实训组结合所选企业，通过实地考察或自行搜集的资料，运用“职业生涯管理”的理论与实务相关知识分析存在的问题与不足，初步设计具有一定针对性、创新性和实效性的员工职业生涯管理方案，撰写该企业关于“职业生涯管理制度”的相应实训报告。

【实训时间】

本章课堂教学内容结束后的双休日和课余时间，为期一周。

第八章　绩效管理

学习目标　理论知识目标：（1）绩效考核与绩效管理的基本概念和内涵，绩效考核与绩效管理的区别与联系。（2）企业绩效管理的基本流程。（3）企业常用的绩效考核方法。（4）企业绩效的沟通与改进。

实务实训目标：（1）根据不同企业的绩效目标，进行绩效管理流程的设计与优化，并能设定合理的绩效考核指标和标准。（2）能研究章后案例“施乐公司绩效评估体系改进”，培养和提高在特定情境中分析问题、解决问题的能力。（3）运用绩效考核与绩效管理的相关知识，根据具体企业的实际情况，开发设计绩效考核方案并组织实施，培养决策、设计与执行能力。

引例　**A公司的绩效考核难题**

在A公司总部的会议室里，公司王总正在听取本年度公司绩效考核执行情况的汇报。其中，有两项决策让他感到为难：一是年度考核结果排在最后的几个人竟然都是平时干活最多的员工，这些人是否应按照现有的考核方案进行降职或降薪处理？二是下一阶段的考核方案该如何调整才能更加有效？

A公司成立仅4年，为了更好地评价和激励各级员工，在引入市场化用人机制的同时，建立了一套完整的绩效管理制度。管理制度不但明确了考核的程序和方法，还细化了“德、能、勤、绩”等项指标，并分别做了定性的描述，考核时只需对照被考核者的实际工作业绩，即可得出最终的考核结果。但在考核过程中却发现了以下问题：工作积极、表现出色的员工，考核成绩被排在了后面，而一些业绩平平但很少出错的员工却排在了前面，特别是一些管理人员对考核结果采取“大排队”的方式表示不理解，存在抵触情绪。

为了找出这套制度存在问题的根源，王总进行深入调查，了解到以下情况：

车辆设备部李经理快人快语：“我认为现有考核方案需要尽快予以调整，虽然考核指标有十几个，却不能真实地反映出我们的实际工作情况。我部共有20个人，负责公司60台大型设备的维护工作，为了确保它们安全无故障运行，检修工需要按计划分配到基层各个站点进行设备的检查和维护。在工作中，他们不能有任何麻痹和失误，否则，都有可能带来不可估量的生命和财产损失。”

财务部韩经理更是急不可待地说：“财务部门的工作基本上都是按照会计准则和业务规范来完成的，凭证、单据、统计、核算、记账、报表等项工作都要求做到万无一失，但这些工作无法与‘创新能力’这一项指标及评定标准相对应。如果我们的工作没有某项指标规定的内容，在考核时，究竟是按照最高还是按照最低成绩进行打分？此外，在考核中沿用了传统的民主评议方式，我对部门内部人员参加考核没有意见，但让部门外的其他人员参与打分是否妥当？财务工作经常得罪人，让我们得罪过的人考核我们，能保证公平公正吗？”

听了大家的各种意见反馈，王总陷入了深深的思考之中。

A公司的绩效考核所反映出来的问题也是很多实施绩效考核的公司所面临的共同问题。绩效考核作为人力资源管理的基本职能之一，不但对人力资源管理有较高要求，而且它的设计、操作和实施相对于人力资源管理的其他职能也是最具挑战性的一项工作。

第一节 绩效管理概述

绩效是指员工或组织完成工作的结果或过程中的行为表现①。“绩效”包含两个方面的内容：一方面是指员工或组织的工作结果。在企业里，员工的工作绩效具体表现为完成工作的数量、质量、成本费用以及为企业作出的其他贡献等；另一方面，绩效也是员工或组织在完成工作任务过程中的行为表现。

影响绩效的主要因素有员工技能、外部环境、内部条件以及激励效应。员工技能是指员工具备的核心能力，是内在的因素，经过培训和开发是可以提高的；外部环境是指组织和个人面临的不为组织所左右的因素，是完全不受控制的客观因素；内部条件是指组织和个人开展工作所需的各种资源，也是客观因素，但在一定程度上能够改变内部条件的制约因素；激励效应是指组织和个人为达成目标而工作的主动性、积极性，是主观因素。

在影响绩效的四个因素中，只有激励效应是最具有主动性、能动性的因素。人的主动性和积极性提高了，组织部门和员工就会尽力争取企业内部资源的支持以实现其绩效目标，同时，组织部门和员工的整体技能水平也将会逐渐得到提高。

一、 绩效考核

绩效考核，是针对企业中每位员工所承担的工作，通过应用各种科学的方法，对员工的工作行为、工作效果及其对企业的贡献或价值进行考核和评价，并将评价结果反馈给员工的过程。

员工绩效考核是按照一定的标准，采用科学的方法，检查和考核企业员工对职位所规定职责的履行程度以确定其工作成绩的管理方法。其目的主要在于通过对员工全面综合的评估，判断他们是否称职，并以此作为企业人力资源管理的基本依据，切实保证员工的报酬、晋升、调动、职业技能开发、激励、辞退等工作的科学性。同时，也可以检查企业管理的各项政策，如在人员配置、员工培训等方面是否有失误。

二、 绩效管理

绩效管理，是指各级管理者和员工为了达到组织目标而共同参与的绩效计划制订、绩效计划实施、绩效考核评价、绩效结果应用、绩效目标提升的持续循环过程。绩效管理的目的是持续提升个人、部门和组织的绩效②。

企业绩效管理包括针对普通员工的绩效考核和针对管理人员的绩效考核两部分。其中，管理人员的绩效考核分为任务绩效考核和管理绩效考核。任务绩效考核与管理人员的职责相关，是考核期内所在部门的整体绩效水平；管理绩效考核与管理人员的管理过程直

① 董克用，叶向峰.人力资源管理概论[M].北京:中国人民大学出版社,2003:44.
② 周占文.人力资源管理[M].北京:电子工业出版社,2002:32.

接相关，涉及工作责任心、团队合作、客户服务等方面。普通员工的绩效考核主要是指任务绩效考核，它与员工的个人能力、工作态度等方面相关。

三、绩效考核与绩效管理的区别与联系

（一）绩效考核与绩效管理存在着明显的区别

1. 目的不同

绩效管理是为了达到一定的绩效目标，是以“做事”为中心的；绩效考核的目的，则是为了给一些综合的人事决策提供依据，如薪酬级别的晋升、职位调整等。因此，绩效考核是以“人”为中心的。当然，绩效管理中也会包含一些涉及“人”的措施，例如，发放绩效薪酬，进行人员培训等。但是，这些都是为了更好地达成结果目标和行为标准而进行的；而绩效考核的结果，则用于那些与具体的工作结果和行为标准没有直接关系的人事决策，如人员晋升、薪酬等级的提升等。当然，有的组织也利用绩效考核的结果进行绩效薪酬发放、安排人员培训等，甚至很多从事管理研究的人员也支持这种做法。但是，客观而言，这种做法属于对绩效考核结果的误用，其管理效果往往并不理想。

2. 对象不同

绩效管理对象是单项绩效，包括单项结果绩效和单项行为绩效；绩效考核的对象则是整体绩效，或者说是创造这些绩效的“人”。

3. 内容不同

绩效管理包括目标和标准设定、监督和控制等活动；绩效考核则主要包括绩效评价标准设计、绩效评估等活动。

4. 周期不同

绩效管理的周期一般来说比较短，并且随着绩效项目的差异而非常灵活。例如，对生产工人质量绩效的管理，有时必须以小时为单位来进行，而对科研项目这样本身周期较长的工作，则一般要划分为若干较短的周期进行绩效管理；绩效考核的周期较长且相对固定。

（二）绩效考核与绩效管理也存在着明显的联系

绩效考核是绩效管理的一个重要阶段和部分。在进行绩效考核时，一种简便易行的方法是根据考核者的总体印象对员工进行考核。如果采用这种方法的话，则绩效考核与绩效管理在形式上将没有直接的关系。但是，在那些具有较好的绩效管理基础的组织中，绩效考核经常是根据绩效管理过程中设置的绩效目标和标准进行的。也就是说，在这些组织中，绩效管理的目标设定和绩效考核标准的设定，已融合为一个过程。

总之，绩效管理是企业人力资源管理工作的一个重要组成部分，是调迁、升降、委任、奖励等人力资源管理决策的基础，也是企业进行人力资源规划、制订和实施职业培训计划等其他人力资源管理工作的主要依据。

第二节 绩效管理的流程

有效地开展绩效管理工作，需要科学合理地安排绩效计划、规范绩效管理的流程。一般来说，绩效管理分为六个步骤（如图8-1所示）：

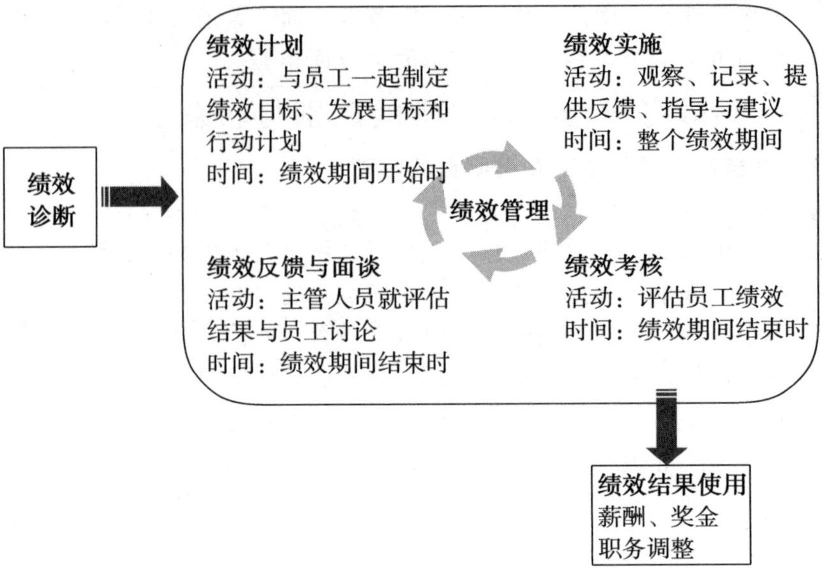

图8-1 绩效管理流程示意图

一、绩效诊断阶段

绩效诊断也称绩效管理诊断或绩效调研。绩效管理系统的设计是一个由初始状态到中间状态，再到理想状态的循序渐进的过程。如果管理者期望绩效管理系统一步到位，则不仅不能将企业引向理想状态，而且还有可能给企业带来灾难。因此，开展企业绩效管理工作的首要任务是深入、系统地诊断企业绩效管理现状，摸清企业绩效管理水平，对症下药，才能为企业设计出科学、合理的绩效考核系统。绩效诊断必须围绕企业的战略目标和岗位职责展开，具体内容如下：一是企业组织机构设置及工作流程；二是部门设置及岗位责权分工；三是企业战略目标及企业目标管理；四是工作计划体系及企业数据化；五是相关部门或岗位过去1~3年的业绩表现；六是企业制度及薪酬系统；七是工作目标和计划实现周期；八是员工业务技能评估；九是作业指导书；十是企业战略目标和经营计划。

二、绩效计划阶段

绩效计划是绩效管理的重要环节，有效的绩效计划将有利于企业绩效管理按照正确的方向达成目标。在制订绩效计划之前，考核者需要确认组织的目标已经被分解为具体的工作任务，并且这些任务已经被落实到各个工作岗位上。在绩效计划阶段，企业的绩效管理工作主要包括制订绩效计划、确定考核主体、制定绩效考核指标和绩效考核标准三项。其中绩效考核指标和绩效考核标准的确立是绩效计划的重点。

（一）制订绩效计划

制订考核计划前需要回答四个问题：什么时候进行考核？为什么考核？对谁考核？怎样考核？从实际情况来看，企业在计划阶段的工作，还存在以下问题：一是绩效考核的制度化建设严重滞后。虽然计划本身就是一项制度安排，但系统的绩效考核制度还没有建立，因此，在考核时人为因素仍然很大。二是缺乏企业文化的支持。考核计划制订的不同阶段应有不同的侧重工作：

初稿阶段：员工参照本职位的职位说明书、部门工作计划（或公司整体计划），制订“个人工作计划”并上报直接上级。

确定阶段：直接上级应对员工提出的计划初稿进行审定，并及时安排与员工共同讨论“个人工作计划”，填写“员工考核表”，直接上级和员工各持一份，作为本月或本阶段考核的依据。

计划跟进和调整指导阶段：

（1）直接上级应观察和记录员工在计划执行过程中的重要业绩表现（长处与不足）。就绩效问题与员工保持持续的沟通，并定期（建议至少每周一次）与员工一起就本次计划执行情况进行正式的回顾和沟通，帮助员工分析、解决计划执行中已经存在或潜在的问题。

（2）在计划执行过程中，如果出现重大计划调整，员工须重新填写“工作计划书”及“员工考核表”，并及时提交给直接上级。重大调整是指：权重大于20%的工作任务取消或新增；或者现有任务权重变化（增减）超过20%。

（3）直接上级应及时掌握计划执行情况。在发生重大计划调整时，应与员工一起及时确认计划的更改，明确指出员工工作中的问题，并提出改进建议。对重要绩效问题的观察与指导，建议形成书面的工作记录，内容可以包含：重点指导事项、指导意见与建议、资源支持承诺和员工反馈等。

（4）计划的变更和调整可以延续到工作的考核阶段。同时，也需要及时和员工进行沟通，确保员工明确自己的工作内容。

（二）确定考核主体

由谁来考核是绩效考核中一个非常重要的问题，关系到考核的信度和效度。传统观点认为，考核主体应是员工的上级，而当今社会中，考核主体逐渐趋于多样化，上级、员工、专家都可以是考核的主体。考核主体的多样化、综合化对整个考核系统的稳定是很有帮助的。

科学合理地选择考核主体，对在考核中能否做到客观地评价考核对象起着关键的作用。

1. 上级对下级的考核

上级对下级的考核特别是直接上级对下属的考核是大多数企业在考核体系中普遍采用的方法。上级能处于最佳的位置来观察员工的工作业绩，因此最具有发言权，也具有一定的公正性。不足之处在于，上级可能会强调员工业绩的某一方面，而忽视其他方面。此外，上级有可能操纵考核的组织和实施，使考核的结果不能反映出员工的实际业绩和能力，也可能会掺杂个人感情色彩（常针对一线的员工和基层人员）。

2. 同事评议

同级或同职位的员工之间相互考核和评价，需保证同事关系是融洽的。同级对彼此的业绩更为了解，因此，他们作出的评价往往更为准确。同时，同级的竞争和压力对员工来说可以成为一个极为有力的激励因素，会激发员工的积极性，促使员工努力提高工作绩效。不足之处在于，同级考核时，员工之间可能互相吹捧，或者碍于面子和顾及各自的利益而使评估结果与实际情况不符。另外，由于同级之间在奖金分配上、职位晋升中存在着竞争关系，可能会导致考核结果失真。

3．自我鉴定

员工对自己的工作态度、成效等情况进行评价，可以全面地反映自身的情况，客观地评价自己的工作业绩，并能主动地采取必要的措施加以改进。但是，员工通常会高估自己的工作业绩，低估他人的工作业绩。当考核结果与员工的期望相差太远时，容易引起他们的不满。

4．下级对上级评议

由于下级很了解其上级的实际工作情况、信息交流能力、领导风格、处理问题能力和计划组织能力，因此，下级对上级评议能帮助上级重新审视自己的工作，明确潜在的问题，并采取相应的措施予以改进。但下级对上级不利的评价有可能遭到上级的记恨或报复，故此下级对上级进行的考核，必须做好保密工作，否则，员工可能因担心遭到报复而不愿反映真实情况。

5．外部的意见和评议

由客户、外协单位、供应商、中间商、消费者（或传媒）等，对与之有业务关系的企业员工进行评价，这种考核比较客观公正，但成本费用较高。

（三）制定绩效考核指标与绩效考核标准

1．绩效考核指标与绩效考核标准

制定绩效考核标准的前提是确立绩效考核指标。绩效考核指标是指从哪些方面对员工绩效进行衡量或评估。它是一种行为的指向，是以量化的形式来表述某种活动特征的测量工具，这种测量既可以是绝对性的，也可以是相对性的[①]。绩效考核指标确立后需对相关人员进行必要的解释，目的是让考核者和被考核者都明确指标的含义，便于他们理解指标中所包含的内容，主要是一些说明和计算公式等。

绩效考核指标的设定只是确立了企业所关注的各个关键绩效方面，或者说只是解决了“考核什么”的问题，而对于各种指标，做到什么程度算好，什么程度算差，还需要设立相应的具体考核标准。

绩效考核标准是考核者通过测量或通过与被考核者约定所得到的衡量各项考核指标得分的基准，即各个考核指标在数值上应达到什么样的水平，是对员工所从事工作的基本要求，用来衡量员工在考核周期内工作绩效的好坏。例如，产品合格率达到98%，其中“产品合格率”是指绩效考核指标，而“达到98%”是指绩效考核标准。

确定绩效考核标准对绩效考核来说，具有非常重要的意义。考核标准必须科学、有效、适当。标准的内容必须准确、具体，并尽可能量化，应当为企业的发展提供战略支持。在制定考核标准时应当注意：第一，标准必须与工作分析相结合，不能随意制定；第二，标准的制定必须与被考核者沟通，保证考核标准能够被认可。

绩效考核标准制定的明确与否将直接影响员工的工作行为及企业的整体绩效，它的设定不是一蹴而就的，需要设计小组结合企业的目标、个人的目标、企业过去的绩效经验、

① 张德.人力资源开发与管理[M].北京:清华大学出版社,2001:51.

实际的工作条件和环境等因素反复展开商讨。同时，这一过程还需要注意收集相应岗位上员工的反馈。最终的绩效考核标准是企业各方达成共识的结果。当然，不同的企业和岗位，考核标准的差异是很大的，即使同一个岗位，在企业发展的各个不同时期，其标准也是动态调整的。

依据组织的战略目标，在绩效考核标准的基础上就可以制定个人或群体的工作行为和工作成果标准。尽管标准可以有多项，每一项也有很明细的要求，但衡量绩效的总原则只有两条：是否使工作成果最大化；是否有助于提高组织效率。

2. 绩效考核指标设计遵循的原则

（1）具体的（specific）。绩效考核指标要切中特定的工作目标，不是笼统的而是应该适度细化，并且随情境变化而发生变化。

（2）可度量的（measurable）。绩效考核指标或者是数量化的或者是行为化的，同时，需验证这些考核指标的数据或信息是可以获得的。

（3）可实现的（attainable）。绩效考核指标在付出努力的情况下是可实现的，主要是为了避免因绩效设立得过高或过低而失去设立考核指标的意义。

（4）现实的（realistic）。绩效考核指标是实实在在的，是可以证明和观察得到的，是现实的而不是假设的。

（5）有时限的（time-bound）。绩效考核指标要使用一定的时间量度，即设定完成这些考核指标的期限，这也是注重效率的一种表现。对于不同的考核对象，由于其职务、职位的不同，选择的考核指标应该有所区别和侧重；对于不同的考核目的，选择的考核指标和侧重点也应有所不同。

3. 绩效考核指标的设计范例

（1）管理人员的任务绩效考核指标。管理人员的任务绩效考核指标，见表8-1。

表8-1　**管理人员的任务绩效考核指标**

姓名：			所在部门：		
考核日期：					
考核指标	计划目标	完成情况	满分	得分	备注
任务完成					
成本节约					
员工流失率					
客户满意度					
总分					

（2）管理人员的管理绩效考核指标。管理人员的管理绩效考核指标，见表8-2。

表 8-2 **管理人员的管理绩效考核指标**

姓名：	所在部门：				
考核日期：					
考核指标	计划目标	完成情况	评分等级	最终得分	备注
工作责任心					
合作能力					
领导能力					
决策能力					
授权能力					
计划能力					
组织能力					
人员管理能力					
团队组织能力					
总分					

（3）普通员工的任务绩效考核指标。普通员工的任务绩效考核指标，见表 8-3。

表 8-3 **普通员工的任务绩效考核指标**

姓名：		所在部门：			
考核日期：					
考核指标	计划目标	完成情况	满分	得分	备注
业务能力					
工作创新					
应变能力					
执行能力					
工作责任心					
工作主动性					
组织纪律性					
服务配合性					
综合能力					
总分					

4. 绩效考核标准的分类①

绩效考核标准从不同的角度可以有不同的分类。通常的分类方法有四种：

（1）按考核的手段划分，可分为定量标准和定性标准。

定量标准就是用数量作为标度的标准，如工作能力和工作成果一般用分数作为标度；定性标准，就是用评语或字符作为标度的标准，如对员工性格的描述。

（2）按考核的尺度划分，可分为类别标准、等级标准、等距标准、比值标准和隶属度标准。

类别标准就是用类别尺度作为标度的标准，它实质上同定性标准中的数字符号为标度的标准相同；等级标准就是用等级尺度作为标度的标准；等距标准就是用等距尺度作为标度的标准，与等级标准不同的是，用等距标准测得的分数可以相加，而用等级标准测得的分数则不能相加；比值标准就是用比值作为标度的标准，这类标准所指的对象通常是工作的数量与质量、出勤率等；隶属度标准就是用模糊数学中隶属系数作为标度的标准。这类标准基本上适用于所有考核内容，能解决经典标度无法解决的问题，因而被广泛使用。

（3）按标准的属性划分，可分为主观标准和客观标准，以及绝对标准和相对标准。

主观标准的评价以个人的认识为主；客观标准以客观描述和观察为标度。所谓绝对标准，就是不管什么对象、什么条件或什么评价目的，只用一个标准；所谓相对标准，就是根据不同的对象、不同条件和不同的评价目的，采用不同的评价标准。

（4）按标准的形态划分，可分为静态标准与动态标准。

静态标准主要包括分段式标准、评语式标准、量表式标准、对比式标准和隶属度标准等五种形式。分段式标准是将每个要素分为若干个等级，然后将指派给各个要素的分数（已赋予权重）分为相应的等级，再将每个等级的分值分成若干个小档（幅度）；评语式标准指运用文字描述每个要素的不同等级，这是应用最广泛的一种；量表式标准就是利用刻度量表的形式，直观地划分等级，在评估了每个要素之后，就可以在量表上形成一条曲线；对比式标准就是将各个要素的最好的一端与最差的一端作为两极，中间分为若干个等级；隶属度标准就是以隶属函数为标度标准，它一般通过相当于某一等级的“多大程度”来评定。

动态标准主要有行为特征标准、目标管理标准、情境考核标准和工作模拟标准。行为特征标准就是通过观察分析，选择一例关键行为作为考核的标准；目标管理标准是以目标管理为基础的考核标准。目标管理是上下级共同确立目标、决定方针，使之有效地达成，同时对成果进行严格考核的一种管理程序。这种标准的主要特点是将现代管理方法与人事考核制度结合起来，由职工直接参加目标和评价标准的规定，因而特别有利于开发各类人员的能力。同时，它的目标以达到的程度为基准，是一种比较客观的标准；情境考核标准是针对企业领导人员进行考核的标准，它是从领导者与被领导者和环境的相互关系出发来设计问卷调查表，由下级对上级进行考核，然后按一定的标准转化为分数；工作模拟标准

① 林玳玳，袁伦渠，赵祥宇. 现代企业人力资源管理设计[M]. 北京:中国劳动社会保障出版社，2003:197.

通过操作表演、文字处理和角色扮演等工作模拟，将测试行为同标准行为进行比较，从中作出评定。

三、 绩效实践阶段

在制订了绩效计划之后，员工就可以按照计划开展工作。在开展工作的过程中，管理者要对被考核者的工作进行指导和监督，对发现的问题及时予以解决，并根据实际情况对绩效计划作出适时的调整。

（一）记录绩效表现

这是一个容易被忽视的环节，其实，管理者和员工都需要花大量时间记录工作表现，并尽量做到图表化、例行化和信息化。一方面为后面的辅导和评估环节提供依据，促进辅导及反馈的例行化，避免“拍脑袋”的绩效评估；另一方面，绩效表现记录本身对工作是一种有力的推动。中国有句俗话“不怕管，就怕算”，绩效记录就是一项“算”的功夫。

（二）过程辅导及沟通

过程辅导及沟通就是主管观察下属的绩效行为，并对其结果进行反馈——表扬或批评。值得注意的是，对于下属行为好坏的评判标准事先需要与下属沟通，当观察到下属好的表现时，应及时予以表扬；同样，当下属有不好的表现时，应及时予以批评并要求纠正。有人认为绩效辅导就是要时刻监督、检查员工的工作，这不能一概而论。正确的做法是：只有在下属需要的时候，才密切监督他们。一旦他们能自己履行职责，就应该放手让他们自己管理。

在实施绩效管理的整个过程中，都应自始至终地遵循“公平、公正、公开”的基本原则：员工考核的标准对每一位员工来说都是公平的；考核标准及要求应该是员工所知晓的、公开的；员工考核者在考核过程中应以事实为依据，以公正的态度进行考核，同时，应该排除个人感情因素，严格按照员工绩效考核标准以及过程实施要求进行。在具体的员工考核中应特别注意：

（1）应该让考核对象从考核期一开始就明白考核标准。

（2）要使每一个员工都十分清楚地理解，考核不是为了追究过去，而是为了改进未来。考核也不是管理者的目的，而是一种对大家一视同仁的人力资源管理手段，要建立一种相互信任的机制。

（3）员工考核不应是单向的，要给被考核者表达自己的看法、意见和设想的机会。考核者也应善于聆听，考核过程也是企业获得有价值反馈信息的一个良好机会。

（4）在考核之后的考核面谈中，应该积极肯定员工的成绩，对员工的不足之处也应当面指出，以便其今后加以改进。在每次考核之后，还应该与员工保持持续的交流。

（5）员工考核的结果一定要作为今后人事决策（如升迁、加薪等）的主要依据，不能将考核结果束之高阁。

四、 绩效考核阶段

（一）信息收集

由于考核结果常常决定着一个员工在企业中的地位和前途，因此，要求作为考核基础的信息必须是真实、可靠、全面、有效的。信息搜集的方法主要有生产记录法、定期抽查法、考勤记录法、项目评定法和关键事件法。以前的很多企业只是在考核期末一次性收集所需信息，但这种做法的工作量太大，而且很难保证信息的全面性。因此，现在很多企业已经开始重视信息的日常收集。在信息收集结束后，企业应当将信息张榜公布，以增强考核工作的透明度。

（二）实地考核

实地考核主要是根据绩效考核标准，由考核主体对员工的工作表现、直接成绩、最终效益进行分析，确定等级。

（三）审核

通常由人力资源管理部门对整个考核的情况进行审核，处理考核中双方存在较大异议和某些绩效异常的问题，同时对绩效考核后的各种人力资源管理活动提出建设性意见。审核的主要内容包括审核评估者、审核评估程序、审核考核方法、审核考核文件、审核考核结果等。

五、　结果使用阶段

多年的实践证明，绩效考核能否成功实施，很关键的一点就在于绩效考核的结果如何运用。如果运用不合理，那么绩效考核对员工绩效改进和能力提升的激励作用就得不到充分体现。绩效考核的结果一般适用于以下五种情形：

（一）用于薪资调整

绩效考核结果直接与薪酬关联才能有效发挥量化考核的作用，否则，就达不到提高效率、降低成本、提升员工工作积极性的目标。绩效考核结果运用于工资的调整主要是体现对员工的激励，一方面，对绩效不良的员工，降低其绩效工资，敦促其尽快地改善；另一方面，对绩效优良的员工的工资调整也有一个客观的衡量尺度。将绩效考核结果运用于工资的调整，将有利于提高薪酬的内部公平性。

（二）用于分配奖金

奖金的形式多种多样，这里仅以年终奖为例来说明操作方法。

（1）年终奖以月薪总额为基准，参考个人年度绩效结果，但不参考企业绩效达成程度。

（2）年终奖以月薪总额为基准，参考企业年度绩效结果。

（三）用于分析培训需求

管理者以及培训工作负责人，在进行培训需求分析时，应把绩效考核的结果以及相关记录作为一个重要材料进行深入的研究，从中发现员工的表现和能力与所在职位要求的差距，进而判断是否需要培训，需要哪些方面的培训。如果是因为态度问题，普通的培训是不能奏效的，那么首先就需要引导其对公司价值观的认同；如果是技能不足，那么展开一些再培训或专门训练就会得到解决。总之，绩效考核的一个重要作用就是帮助员工改善和提高绩效。

（四）用于提出人事调整议案

绩效考核的结果为员工的晋升与降级提供了依据。对于绩效考核成绩连续优良的员工，可以将其列入晋升的名单；对于绩效连续不良的员工，就要考虑降级或者辞退。

绩效考核的结果统计往往是职务晋升的重要参考因素，但是不能作为唯一的因素。因为职务的不同，要求的能力也不同。有的人在一个岗位上可以取得很好的业绩，但是如果换个岗位，可能就不能胜任。所以，在将绩效与晋升挂钩的同时，应注意考核员工的能力和态度。杜邦公司在实施人员晋升时，绩效只占30%的比重，70%看素质和潜在能力。此外，职务的晋升应该与工资的提升相一致。绩效不只与升迁挂钩，还应该和降级、调岗等职位调整相挂钩。

（五）用于制订员工职业发展计划

每位企事业单位员工，在实现组织目标的同时，也在实现着个人的职业目标。考核，作为一种导向和牵引，可以明确组织的价值取向。因此，考核结果的运用，一方面强化了员工对组织价值取向的认同，使个人职业生涯有序发展；另一方面，通过价值分配激励功能的实现，使员工个人的职业生涯得以快速发展。个人职业生涯的发展，又能够反过来促进组织的发展。

六、绩效反馈与面谈阶段

绩效反馈与绩效面谈是绩效沟通的重要形式和途径。绩效管理是一个持续的交流过程，绩效沟通是绩效管理的核心，是考核者与被考核者就绩效考核反映出的问题以及考核机制本身存在的问题展开实质性的面谈，并致力于寻求应对策略，以服务于企业与员工绩效改善和提高的一种管理方法。

绩效改进是绩效沟通的目的和结果，绩效管理只有通过持续不断地与被考核者沟通，才能达到改进绩效的目的。其中，绩效反馈和绩效面谈是绩效沟通的主要方式，有关绩效反馈与绩效面谈的详细内容，将在本章第四节“绩效沟通与改进”中专门进行论述。

第三节　绩效考核的方法

企业绩效考核方法的选择取决于企业的战略目标。企业的目标与管理方式在一定程度上影响了企业绩效考核方法的选择，管理者可能面临几种考核方法的选择。选择一种正确的绩效考核方法对于提高绩效考核效果是十分重要的。绩效考核方法分为系统的绩效考核方法和具体的绩效考核方法两类。

一、系统的绩效考核方法

（一）目标管理绩效考核法

1. 目标管理概述

管理大师彼得·德鲁克最早提出了“目标管理”（management by objectives，MBO）的概念。德鲁克认为，目标管理是根据重成果的思想，先由企业确定并提出在一定时期内期望达到的理想总目标，然后由各部门和全体员工根据总目标确定各自的分目标并积极主动地使之实现的一种管理方法[①]。

---

① 胡志刚，赵效．人力资源[M]．北京:经济科学出版社，2003:186.

目标管理的设计思想是通过有意识地为员工设立一个目标，实现影响其工作表现的目的，进而达到改善企业绩效的效果。其核心是围绕组织战略，通过上下级管理人员与员工进行充分沟通，共同定制组织目标，并把组织目标经过层层分解，具体化展开至组织的每个部门、每个层次、每个成员，明确规定每个单位、部门、层次和成员的贡献和奖励报酬等一整套系统化的管理方式。

目标管理的实质是绩效价值向导，即让整个公司、各个部门、每个人事先有明确量化的指标，事中检查考核，事后奖罚兑现，以目标来激励成员的自我管理意识，激发成员行动的自觉性，充分发挥其智慧和创造力，以期成员与企业最终形成共命运、同呼吸的共同体。

目标管理系统有三个共通性的组成部分：其一，它要求确定具体的、有一定难度的、客观的目标。例如，一家财务服务公司在其目标管理系统中所确定的目标。其二，目标管理系统中所使用的目标通常不是由管理层单方面确定的，而是由管理者及其下属人员共同制定的。其三，管理者在整个评价期间通过提供客观反馈的方式来监控员工达到目的的进展过程。

目标管理的全过程可分为组织目标制定、目标实施、目标完成情况的检查和考核三个关键环节。

大量研究表明，目标管理作为一种绩效评估工具，其优点是十分明显的：它通过目标的制定，将员工的工作与组织的战略和目标联系在一起；通过指导和监控员工行为保证了工作的有效性，提高了工作绩效；通过反馈，使员工知道组织对他们的期望和要求是什么，从而引导他们将时间和精力最大限度地投入到有利于组织目标的行为上来。研究进一步指出，当目标明确、具体并具有挑战性，在员工得到达到目标的反馈以及因目标而得到奖励时，他们的表现最好。目标管理的另一个优点是由于它所依赖的是客观的、可以量化的绩效考核指标，因而比较公平，易于被管理者和员工双方接受。

2. 目标管理考核法操作流程

目标管理考核法的操作流程，如图8-2所示。

图8-2　目标管理考核法的操作流程

（1）建立员工工作目标列表。员工工作目标列表的编制由员工及其上级主管共同完成。目标的实现者同时也是目标的制定者，这样有利于目标的实现。

（2）明确业绩衡量方法。一旦某项目标被确定用于绩效考核，必须收集相关的数据，明确如何以该目标衡量业绩，并建立相关的检查和平衡机制。

（3）实施业绩评价。在给定的时期末，将员工业绩与目标相比较，从而评价业绩、识别培训需要、评价组织战略的成功性，或提出下一时期的目标。

（二）关键业绩指标绩效考核法

1. 关键业绩指标概述

关键业绩指标（key performance indication，KPI）是比较流行、应用较广的绩效评估方法，是基于企业的战略目标、业务模式、达成路径、员工行为和组织目标的因果关系而建立起来的评价指标体系①。KPI管理在本质上就是一个完整的战略管理过程。首先，战略制定必须形成清晰的业务模式和可行的达成路径，并据此形成可衡量的KPI体系来进行战略的表述、澄清和沟通；其次，战略落实中的组织结构设计和流程重整，也必须通过KPI体系来实现个人目标、团队目标、部门目标、流程目标和企业整体目标的一致，并通过与预算管理的协同，为资源配置提供依据；最后，战略跟踪与反馈也必须借助KPI体系，以促成个人和组织绩效的改善。

KPI是通过对组织内部流程的输入端、输出端的关键参数进行设置、取样、计算、分析，衡量流程绩效的一种目标式量化管理指标，是把企业的战略目标分解为可操作的工作目标的工具，是企业绩效管理的基础。KPI可以使部门主管明确部门的主要责任，并以此为基础，明确部门人员的业绩衡量指标。建立明确的切实可行的KPI体系，是做好绩效管理的关键。

2. 关键业绩指标考核法操作流程

关键业绩指标考核法的操作流程，如图8-3所示。

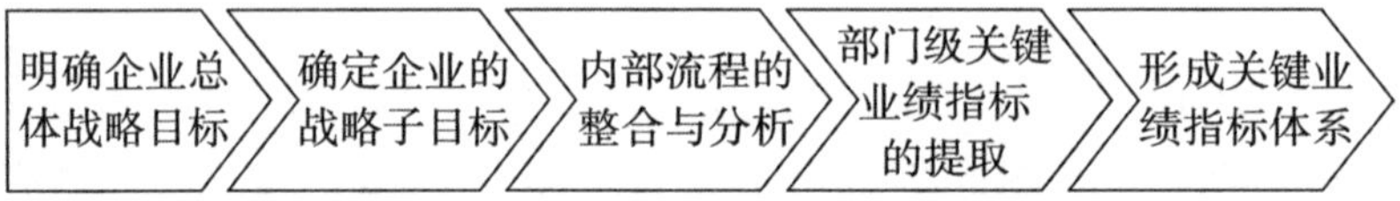

图8-3 关键业绩指标考核法的操作流程

（1）明确企业总体战略目标。根据企业的战略方向，从增加利润、提升盈利能力、提高员工素质等角度分别确定企业的战略重点，并运用关键业绩指标的设计方法进行分析，从而明确企业总体战略目标。

（2）确定企业的战略子目标。将企业的总体战略目标按照内部的某些主要业务流程分解为几项主要的支持性子目标。

（3）内部流程的整合与分析。以内部流程整合为基础进行关键业绩指标设计，使员工知道自己的指标和职责是为哪一个流程服务的，以及对其他部门乃至企业的整体运作会产生什么样的影响。因此，要进行关键业绩指标细化的前提是进行内部流程的整合与分析。

（4）部门级关键业绩指标的提取。通过对组织架构与部门职能的理解，对企业战略支目标进行分解。在分解的同时要注意根据各个部门的职能对分解的指标进行调整补充，并兼顾其与部门分管上级的指标关联度。

（5）形成关键业绩指标体系。根据部门关键业绩指标、业务流程以及各岗位的工作说明书，对部门目标进行分解。根据岗位职责对个人关键业绩指标进行修正与补充，建立企业目标、流程、职能与职位相统一的关键业绩指标体系。

3. 人力资源关键业绩指标（KPI）范例

（1）人力资源部关键业绩指标，见表8-4。

---

① 杨剑.人力资源的量化管理[M].北京:中国纺织出版社,2002:203.

表 8-4　**人力资源部关键业绩指标**

序号	KPI 指标	考核周期	指标定义/公式	资料来源
1	人力资源工作计划按时完成率	月/季/年	$\frac{\text{按时完成的工作量}}{\text{计划工作量}}\times 100\%$	人力资源部
2	招聘计划完成率	月/季/年	$\frac{\text{实际招聘到岗的人数}}{\text{计划需求人数}}\times 100\%$	人力资源部
3	培训计划完成率	月/季/年	$\frac{\text{实际完成的培训项目（次数）}}{\text{计划培训的项目（次数）}}\times 100\%$	人力资源部
4	绩效考核计划按时完成率	月/季/年	$\frac{\text{按时完成的绩效考核工作量}}{\text{绩效考核计划工作总量}}\times 100\%$	人力资源部
5	绩效考核申诉处理及时率	月/季/年	$\frac{\text{及时处理的绩效考核申诉}}{\text{绩效考核申诉总数}}\times 100\%$	人力资源部
6	工资与奖金计算差错次数	月/季/年	对工资、奖金核算及发放人为出错次数为 0	人力资源部 财务部
7	员工任职资格达标率	年度	$\frac{\text{当期任职资格考核达标的员工数}}{\text{当期员工总数}}\times 100\%$	人力资源部
8	核心员工流失率	月/季/年	$\frac{\text{一定周期内流失的核心员工数}}{\text{公司核心员工总数}}\times 100\%$	人力资源部

（2）人力资源部经理绩效考核指标量表，见表 8-5。

表 8-5　**人力资源部经理绩效考核指标量表**

序号	KPI 指标	权重	绩效目标值	考核得分
1	人力资源工作计划按时完成率	15%	考核期内人力资源工作计划按时完成率达 100%	
2	人力资源成本预算控制率	15%	考核期内人力资源成本预算控制率在____%以下	
3	人力资源规划方案提交及时率	15%	考核期内人力资源规划方案提交及时率在____%以上	
4	招聘计划完成率	10%	考核期内招聘计划完成率达 100%	
5	培训计划完成率	10%	考核期内培训计划完成率达 100%	
6	绩效考核计划按时完成率	10%	考核期内绩效考核计划按时完成率达 100%	
7	薪酬调查方案提交及时率	10%	考核期内薪酬调查方案提交及时率达 100%	
8	员工任职资格达标率	5%	考核期内企业员工任职资格达标率达 100%	
9	核心员工流失率	5%	考核期内企业核心员工流失率不得高于____%	
10	员工管理	5%	考核期内部门员工绩效考核平均得分在____分以上	
本次考核总得分				

续表

<table>
<tr><th>序号</th><th>KPI指标</th><th>权重</th><th>绩效目标值</th><th>考核得分</th></tr>
<tr><td>考核指标说明</td><td colspan="4">1. 人力资源成本预算控制率
$人力资源成本预算控制率=\frac{实际发生费用}{计算费用}\times100\%$
2. 人力资源规划方案提交及时率
$人力资源规划方案提交及时率=\frac{本期按时提交的方案数}{本期应提交的方案数}\times100\%$</td></tr>
<tr><td colspan="2">被考核人</td><td colspan="2">考核人</td><td>复核人</td></tr>
<tr><td colspan="2">签字：　　　日期：</td><td colspan="2">签字：　　　日期：</td><td>签字：　　　日期：</td></tr>
</table>

（三）平衡记分卡绩效考核法

1. 平衡记分卡概述

平衡记分卡（balanced score card，BSC）始创于1992年，是由哈佛大学商学院的教授罗伯特·卡普兰和美国复兴全球战略集团的总裁戴维·诺顿设计的[①]。平衡记分卡将企业的远景、使命和发展战略与企业的业绩评价系统联系起来，并把企业的使命和战略转变为具体的目标和评测指标，以实现战略和绩效的有机结合。平衡记分卡以企业的战略为基础，并将各种衡量方法整合为一个有机的整体，它既包含了传统绩效考核的财务指标，又通过增加顾客满意度、内部流程、学习和成长等业务指标来补充说明财务指标，使整个绩效考核体系更趋完善。

2. 平衡记分卡考核法的操作流程

平衡记分卡考核法的操作流程，如图8-4所示。

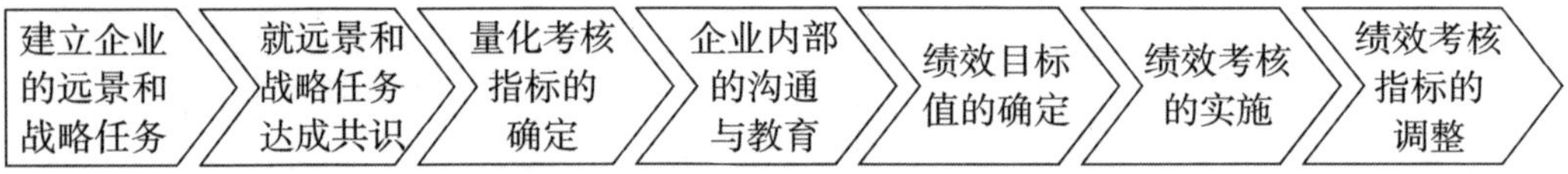

图8-4 平衡记分卡考核法的操作流程

（1）建立企业的远景和战略任务。通过调查采集企业各种相关信息资料，运用态势（strengths、weaknesses、opportunities、threats，SWOT）分析、目标市场价值定位分析等方法对企业内外部环境和现状进行全面系统的分析，进而确立企业的远景和战略任务。

（2）就远景和战略任务达成共识。与企业所有员工沟通交流，使其对企业的远景和战略任务达成共识。根据企业的战略，从财务、客户、内部运营、学习发展四个方面设定具体的绩效考核指标。

（3）确定量化考核指标。为上述四个方面的目标找出具体的、可量化的业绩考核指标。

（4）企业内部的沟通与教育。加强企业的内部沟通，利用各种信息传输渠道和手段，如刊物、宣传栏、电视、广播、标语、会议等，把对企业的远景规划与战略构想在全体员工中进行深入传达，并把绩效目标以及具体的衡量指标逐级落实到各级部门，乃至基层的每一位员工。

（5）绩效目标值的确定。确定每年、每季、每月业绩衡量指标的具体数字，并与企业

① 董志强，黄晋东人力资源的关键[M]. 北京:中国经济出版社，2005:155.

的计划和预算相结合。将每年企业员工的浮动薪酬与绩效目标值的完成程度相挂钩，形成绩效奖惩机制。

（6）绩效考核的实施。为切实保障平衡记分卡能够顺利实施，应当不断强化各种管理基础工作，完善人力资源信息系统，强化企业的定编、定岗、定员、定额工作，促进员工关系和谐，注重对员工的培训与开发。

（7）绩效考核指标的调整。考核结束后，及时汇报企业各个部门的绩效考核结果，听取员工的意见，通过评估与反馈分析，对相关考核指标作出调整。

二、具体的绩效考核方法

企业常见的绩效考核方法有如下几种：

（一）关键事件法

关键事件法（critical incident approach）要求管理者将每一位员工在工作中所表现出来的代表有效绩效与无效绩效的具体事例记录下来[①]。下面所举的例子就是对一位家用电器维修人员的绩效进行评价时所用到的一个事件。

一位顾客打来电话说其冰箱出现了不制冷和每隔几分钟就要发出一阵噪声的问题，这位维修人员在出发前就提前判断出了引起问题的原因所在，然后再检查自己的卡车是否备有维修所需要的必要零配件。当发现自己的车上没有这些零配件时，他就到仓库中去查找这些零配件，以保证在他第一次上门维修的时候就能把冰箱修好，从而让顾客满意。

这些事件可以被用来向员工提供明确的反馈，让员工清楚知道自己哪些方面做得好、哪些方面做得不好。此外，这些事件还可以通过重点强调那些能够最好地支持组织战略的关键事件而与组织的战略紧密联系起来。然而，许多管理者都拒绝每天或每周对其下属员工的行为进行记录。并且，要对不同员工进行比较，通常也是很困难的，因为每一个事件对于每一位员工来说都是特定的。

关键事件法的优点是：针对性强，不易受主观因素的影响。此考核方法是对事件进行记录，是对具体员工素材的积累。根据这些事实，经过归纳、整理和总结可以得出可信的考核结果，从中可以看到被考核员工的长处和不足，如果将此信息反馈给员工，则有事实根据的信息易被考核员工接受，有利于员工今后继续发扬优点，改掉缺点，从中得到提高。

关键事件法的缺点是：基层管理者的工作量较大，要求他们在考核过程中不能带有主观意识。这在实际过程中往往很难做到，但是可以通过员工自己的周报、月报来实现。这种方法被国内外许多大公司（如海尔）普遍采用。

（二）民意测验法

民意测验法与360度绩效考核法有些类似，曾被大量运用在各国事业部门。该方法是把考核的内容分为若干项，制成考核表，每项后面空出五格——优、良、中、及格、差，然后将考核表格发至一定范围。首先，由被考核者汇报工作，进行自我考核；然后，由参评的人填好考核表；最后，算出每个被考核者的得分平均数，进而确定被考核者工作的档次。民意测验的参加范围，一般是被考核者的同事和直属下级以及与其发生工作联系的其他人员。

① 托马斯．人力资源的第一本书[M]. 黄立坚，蓝晓雁，译．汕头：汕头大学出版社，2004:313.

此方法的优点是有群众性基础，缺点是一般只能从下而上考察管理人员，缺乏由上而下的考察。由于群众素质的局限性，可能会在掌握绩效考核标准方面存在偏差或非理性因素。在企业，此方法一般作为绩效考核的辅助、参考手段。

（三）行为锚定等级评价法

行为锚定等级评价法（behaviorally anchored rating scale，BARS）建立在关键事件法基础之上。设计行为锚定等级评价法的目的主要是，通过建立与不同绩效水平相联系的“行为锚定”来对绩效维度加以具体的界定。比如，宾馆的客房服务员每天都必须按一定的程序和行为规范来打扫客房，被子怎么叠、桌子怎么擦、卫生间如何保洁都必须按规定操作，绩效评价的标准也是明确不变的。只有完成了这些工作内容和程序才算达到绩效考核标准，少一道程序或有一项工作达不到要求，就要扣分或受到相应处罚。在麦当劳、肯德基这样一些连锁企业中，对员工行为绩效的评价常常采取这种方法。

在设计行为锚定等级评价法之前，首先必须搜集大量的代表工作中有效绩效和无效绩效的关键事件，然后再将这些关键事件划分为不同的绩效等级，那些被专家们认为能够很好地代表某一绩效水平的关键事件将会被用来作为指导评价者的行为事例。管理者的任务就是根据每一个绩效维度来分别考察员工的绩效，然后以“行为锚定”为指导来确定在每一绩效维度中的哪些关键事例是与员工的情况最为相符的，这种评价就成为员工在这一绩效维度上的得分。

行为锚定法的优点是，它可以通过提供一种精确、完整的绩效维度定义来提高评价者的信度；缺点是，它在信息回忆方面存在偏见：只有那些与“行为锚定”最为相近的行为才更容易被回忆起来的。

（四）硬性分布法

硬性分布法也被称为登记分配法，是指考核者将被考核对象按照一定的比例分配到有限数量的几种类型或等级中去。在考核时，考核者按照预先设定的比率来进行分配。例如，优秀占10%，良好占25%，合格占50%，有待于提高占10%，不合格占5%。

这种方法是基于这样一个假设的理想状态，也就是所有小组中都有优秀、合格、较差表现的员工分布。可以想象，如果一个部门员工的整体工作质量与能力都表现良好的话，部门经理会很难给出考核结果，难以决定谁的考核结果为不合格。

（五）行为观察评价法

行为观察评价法与行为锚定等级评价法一样，也是从关键事件中发展而来的一种绩效评估方法。但是二者在两个基本方面有所不同：

（1）行为观察法并不剔除那些不能代表有效绩效和无效绩效的大量非关键行为，相反，它采用了这些事件中的诸多行为来更为具体地界定构成有效绩效（或者会被认为是无效绩效）的所有必要行为。比如说，行为观察评价法可能不仅仅利用4种行为来界定在某一特定绩效维度上所划分出来的4种不同绩效水平，而是利用15种行为。

（2）行为观察评价法并不是评价哪一种行为能更好地反映员工的绩效，而是要求管理者对员工在评价期内表现出的每一种行为进行评价，最后再将评价结果进行平均，得出总体的绩效评价等级。

行为观察评价法的主要缺点在于，它所需要的信息可能会超出大多数管理者所能够加工或记忆的信息量。一个行为观察评价体系可能会涉及80种或以上的行为，而管理者还必须记住每一位员工在6个月或12个月这样长期的评价期间内所表现出的每一种行为的发生频率。对一位员工进行绩效评价就已经很繁琐了，更何况管理者通常要对10个或以上的员工进行评价。

一项对行为观察评价法、行为锚定等级评价法和图评价尺度法进行的对比发现，管理者和员工都认为行为观察评价法在以下几个方面的优点是非常突出的：能够将高绩效者和低绩效者区分开来；能够维持客观性便于提供反馈信息；便于确定培训需求；容易被管理者及其下属使用。

行为观察评价法一般适用于评估那些难以同工作结果直接挂钩或缺少度量标准的工作，如服务性工作或机关管理工作。它的优点是：员工可以清楚地了解到组织对他的期望以及行为标准是什么，并且可以与组织的战略和价值观保持一致，具有明确的导向作用；它的主要缺点在于：一是选择的行为评价标准常常是有限的，但影响绩效的因素可能很多。选择什么样的行为作为评价标准以及这种“最好”的行为如何确定，都没有明确的规定。通常在现实中，这种“最好”的行为可能并不存在或者存在相当大的争议。二是行为观察评价法虽然可以与组织的战略重点联系在一起，但必须经常进行修正，而绩效评估系统自身却要求保持稳定（以免员工无所适从）。因此，行为观察评价法可能更适合不太复杂的工作（对于这些工作来说，达到结果的最好方法是比较固定的），而不太适合那些比较复杂的工作（对于这些工作而言，取得成功的途径和行为是多种多样的）。

（六）360度绩效考核法

360度绩效考核法，又被称为全方位考核法。360度绩效考核系统是由被考核者的上级、同级、下级和（或）内部客户、外部客户甚至本人担任考核者，这些考核者一般与被考核者在工作上接触较多、对其没有偏见，对被考核者进行全方位的考核[①]。考核的内容涉及员工的任务绩效、管理绩效、周边绩效、态度和能力等多个方面。考核结束后，再通过反馈程序，将考核结果反馈给本人，以达到改变行为、提高绩效等目的。传统的考核仅仅是上级对员工进行考核，只有一个方向，而360度绩效考核法可以从多个角度来反映员工的工作，使结果更加客观、全面和可靠，特别是对反馈过程的重视，使考核起到了“镜子”的作用，并提供了相互交流和学习的机会。当然，这种考核方法也对企业人力资源管理工作者的能力提出了更高的要求：一是需要收集和整理的信息量将大大增加；二是管理人员尤其是人力资源管理人员的反馈能力直接关系到绩效考核反馈系统的效能；三是绩效考核的内容和形式设计要复杂得多。

作为一种新的业绩改进和绩效考核方法，由于360度绩效考核法全面真实地反映了员工的工作绩效，客观有效地提高了员工的工作水平与能力，因此得到了广泛的应用，《财富》最新入选的世界500强企业都已经采用了这种考核方法，例如，国际知名的公司IBM、摩托罗拉、诺基亚、福特等。目前，国内的一些企业也开始采用这种考核方法。

360度绩效考核法考核的主要目的，可以是服务于员工的发展，也可以用于对员工进行行政管理，如提升、工资确定或绩效考核等。多个企业的考核结果证明，当用于不同的目的时，同一考核者对同一被考核者的考核结果会不一样，而同样的被考核者对同样的考核结果也会有不同的反应。当360度绩效考核法考核的主要目的是服务于员工的发展时，

① 李汉雄.人力资源策略管理[M].广州:南方日报出版社,2002:375.

考核会更加客观与公正，被考核者也更愿意接受考核的结果；当其主要目的是进行行政管理，服务于员工的提升、工资确定等时，考核者就会考虑到个人利益的得失，考核相对来说难以做到客观公正；而被考核者也会怀疑考核结果的准确性和公正性。因此，当公司把360度绩效考核法用于对员工的行政管理时，一方面可能会使考核结果不可靠，甚至不如仅仅由被考核者的上级进行考核；另一方面，被考核者很可能会质疑考核结果，造成公司人际关系紧张。究竟是否采用360度绩效考核法，是用于员工的发展还是用于针对员工的行政管理，主要由公司的高层管理人员来决定，但通常认为，当把该方法用于规划企业的人力资源时，其取得的成效会更显著些。

第四节 绩效沟通与改进

绩效沟通在整个人力资源管理中占据着相当重要的地位。如果企业的绩效管理缺乏有效的绩效沟通，那么，绩效管理就不能称之为绩效管理，至少在某种程度上是不完整的。有效的绩效沟通，将有助于及时了解企业在内外部管理上存在的问题，并采取积极的应对策略，防患于未然，降低企业的管理风险，同时，也有助于帮助员工优化工作绩效，提高工作的满意度，从而推动企业整体战略目标的达成。和谐企业文化的构建，优秀人力资源品牌的建立，离不开有效的绩效沟通的助推作用①。

绩效管理的过程就是员工和经理持续不断沟通以提升绩效的过程。换言之，绩效沟通存在于绩效管理的全过程：绩效理念沟通、绩效目标沟通、绩效过程沟通和绩效结果沟通。绩效沟通的方法可分为：

1. 正式沟通

正式沟通是事先计划和安排好的，如定期的书面报告、正式面谈、会议沟通等。

（1）书面报告。员工可以通过文字的形式向上司汇报工作进展、反映发现的问题，主要有：周报、月报、季报、年报。当员工与上司不在同一地点办公或经常在外地工作的人员可通过电子邮件进行传送。书面报告可培养员工理性、系统地考虑问题，提高逻辑思维和书面表达的能力。但应注意简化书面报告的文字，只保留必要的报告内容，避免繁琐。

（2）正式面谈。正式面谈对于及早发现问题，找到和推行解决问题的方法是非常有效的。正式面谈可以使管理者和员工进行比较深入的探讨，可以讨论不易公开的观点，可以使员工有一种被尊重的感觉，有利于建立管理者和员工之间融洽的关系。但面谈的重点应放在具体的工作任务和标准上，鼓励员工多谈自己的想法，以一种开放、坦诚的方式进行谈话和交流。

（3）会议沟通。会议沟通可以满足团队交流的需要，定期参加会议的人员相互之间能掌握工作的进展情况。通过会议沟通，员工往往能从上司口中获取公司战略或有价值导向的信息。但应注意明确会议的重点，注意会议的频率，避免召开不必要的会议。

2. 非正式沟通

非正式沟通是未经计划的，其沟通途径是通过组织内的各种社会关系。其形式如：非正式的会议、闲聊、走动式交谈、吃饭时进行的交谈等。

① 威廉姆斯.业绩管理[M].赵正斌，译.大连:东北财经大学出版社，2003:339.

非正式沟通的好处是：形式多样、灵活，不需要刻意准备；沟通及时，问题发生后，马上就可以进行简短的交谈，从而有利于问题的迅速解决；容易拉近主管与员工之间的距离。

一、绩效反馈与面谈

绩效反馈是绩效管理过程中的一个重要环节，绩效面谈是绩效反馈的重要形式和途径。绩效反馈主要通过考核者与被考核者之间的沟通，就被考核者在考核周期内的绩效情况进行面谈，在肯定成绩的同时，找出工作中的不足并敦促其改进。绩效反馈的目的是为了让员工了解自己在本绩效周期内的业绩是否达到了所规定的目标，行为态度是否合格，让管理者和员工双方达成对评估结果的一致看法。双方共同探讨绩效未合格的原因，并制订绩效改进计划。同时，管理者要向员工传达组织的期望，双方对绩效周期的目标进行探讨，最终形成一个绩效合约。由于绩效反馈在绩效考核结束后实施，而且是考核者和被考核者之间的直接对话，因此，有效的绩效反馈对绩效管理起着至关重要的作用。

（一）进行绩效面谈前的准备

被考核者准备：员工职位说明书、本阶段工作总结、下一阶段工作计划、员工工作日记、记录文本等文件。

上级准备：员工工作总结的评价，下一阶段的工作或考核重点和加权分数分配方案，选择合适的地点和时间通知员工本人、人力资源部（或人力资源部派的参与方）。

有关上级领导可以列席参加。具体准备工作如下：

（1）根据部门内设立的绩效计划与目标确定沟通的内容[①]。

（2）职位说明书。职位说明书是绩效面谈的内容之一。管理活动是个动态的过程，员工的工作有可能在过程中发生改变，可能增加一些当初制定绩效目标时所未能预料的内容，也有可能删除一些因某种原因没能组织实施的目标，职位说明书作为补充将发挥重要作用。因此，员工的职位说明书一定要置于案头以备查阅。

（3）绩效考核表。绩效考核汇总表填好后，各评价主体要认真分析数据，从中分析出员工的优势和劣势。

（4）员工的绩效档案。所谓绩效档案，就是在平时的管理活动中，在跟踪员工绩效目标时所发现和记录的内容，这些东西是进行绩效评价的重要辅助资料。

（5）面谈计划的安排。“一对一”常用于私事及保密事项中；“一对多”常用在有共同话题时。面谈时间一般为10～15分钟。若是月度考核，一月一次，则不少于30分钟；年度考核，则应多于1小时。地点应安排在公司大会议室。每次绩效考核结束后的一周内应安排绩效反馈面谈。

（二）绩效面谈步骤

（1）员工的直接上级提前确定绩效面谈的时间，同时通知员工本人和第三参与方。

（2）员工做好准备工作，准时到达绩效评估现场，必须携带好准备的材料。

（3）员工首先陈述上阶段（月度）的工作内容、工作计划和自评情况，然后提出上级需要在下一阶段给予的工作支持。

（4）上级领导明确回复员工的支持需求，同时开始进行绩效评估。

① 李玉萍.绩效·剑[M].北京:清华大学出版社,2008:377.

（5）部门主管或人事工作人员从事记录和工作支持。

（6）员工上级对员工进行工作评估，评估内容包括：工作成绩、工作态度、能力考察等方面。

（7）评估工作结束，确定评估结果和等级。

（8）绩效面谈结束后，双方签字确认参加本次评估，参评得分以直接上级的为准。存在分歧时应在参评记录表中书面注明，同时，员工以书面形式向部门经理或人力资源部门提出申述。

（三）绩效面谈的内容

1. 谈工作业绩

工作业绩的综合完成情况是主管在绩效面谈中谈论的最为重要的内容。在面谈时应将评估结果及时反馈给下属，如果下属对绩效评估的结果有异议，则需要和下属一起回顾上一绩效周期的绩效计划和绩效考核标准，并详细地向下属介绍绩效评估的理由。通过对绩效结果的反馈，结合以往的经验，找出绩效未能有效达成的原因，为以后更好地完成工作打下基础。

2. 谈行为表现

除了绩效结果以外，还应关注下属的行为表现，比如工作态度、工作能力等，以此帮助下属更好地完善自己，提高技能，有助于帮助下属完善职业生涯规划。

3. 谈改进措施

绩效考核的最终目的是改善绩效。在面谈过程中，针对下属未能有效完成的绩效计划，主管应该和下属一起分析绩效不佳的原因，并设法帮助下属制定出具体的绩效改进措施。

4. 谈新的目标

绩效面谈作为绩效管理流程中的最后一个环节，主管应在这个环节中结合上一绩效周期的绩效计划完成情况，结合下属新的工作任务，和下属一起拟定在下一绩效周期的新的工作目标和工作标准。这实际上是在帮助下属一起制订新的绩效计划。

表8-6为一份较为标准的面谈工作表格。

表8-6 **面谈工作表格**

<table>
<tr><td colspan="6">面谈内容</td></tr>
<tr><td colspan="6">内容</td></tr>
<tr><td></td><td colspan="2">内容</td><td colspan="3">原因</td></tr>
<tr><td>主要强项</td><td colspan="2"></td><td colspan="3"></td></tr>
<tr><td>主要弱项</td><td colspan="2"></td><td colspan="3"></td></tr>
<tr><td colspan="6">下一步行动方案</td></tr>
<tr><td>差距</td><td>下阶段目标</td><td>行动方案</td><td>负责人</td><td>改进所需时间</td><td>所需支持</td></tr>
<tr><td></td><td></td><td></td><td></td><td></td><td></td></tr>
<tr><td colspan="6">事业机会、职务安排、培训建议</td></tr>
</table>

二、 绩效改进计划

绩效改进是绩效管理过程中的一个重要环节。传统绩效考核的目的是通过对员工的工作业绩进行评估，将评估结果作为确定员工薪酬、奖惩、晋升或降级的标准。而现代绩效管理的目的不限于此，员工能力的不断提高以及绩效的持续改进才是其根本目的。所以，绩效改进工作成功与否，是绩效管理过程能否发挥效用的关键。

（一）绩效改进目标的设定

为了改进绩效、提高能力，理想的情况是既要设定绩效目标，又要设定能力发展目标。公司的管理层应该成为目标的最终决定者。管理层必须得保证员工正努力在工作中取得业绩来帮助公司完成它的总体目标。组织应具备一种程序，通过该程序，能够审核员工的目标，以保证员工们都在致力于完成共同的目标，并且尽可能快地调整行动方向。

要改进个体绩效乃至组织绩效，首先，必须明确影响绩效改进的因素是什么。只有影响因素确定下来了，才能有针对性地提出绩效改进的计划和方案。这类方案才是问题导向型的方案，才是真正为解决实际问题而设计的。

一般来说，影响绩效改进的因素有以下几种：能力、性格、态度、动机、价值观、压力、工作条件和工作环境等。在考虑如何改进个体绩效和组织绩效时，虽然能力很重要，但不能唯学历论、唯能力论，也应充分考虑影响绩效改进的其他因素。

（二）绩效改进方案的设计

绩效改进，首先，要分析员工的绩效考核结果，找出员工在绩效中存在的问题；其次，要针对存在的问题制定合理的绩效改进方案，并确保其能够有效地实施，如个性化的培训等。

当人们设定并努力去实现一个具有挑战性的目标时，他们的个人绩效将会得到改善。一个有效的基于能力的绩效改进是一个动态的过程，这个过程应该包括以下活动：

（1）明确绩效改进的前提和理念。

（2）目标设定，包括绩效目标和能力发展目标。

（3）制定完成目标的行动步骤。

（4）解决能力发展中存在的问题和障碍。

（5）明确指导者的行动。

（6）绩效改进方案的实施。

（三）绩效改进方案的实施步骤

制定绩效改进方案的行动步骤需要具体、清晰，工作内容需要规定得很明确。首先，针对员工与能力相关的关键行为进行评分；其次，评估哪些关键行为在得到改善的情况下将最有可能提高总体能力；最后，制定具体的针对那些关键行为的行动步骤。利用关键行为指导绩效改进，员工们可以通过对这些因素的改进来促进自身的发展，即这些因素的改进将会提高员工们的总体能力水平。

实施绩效改进方案应该遵循一系列指导方针，必须强调以下要点：

（1）从情感方面来讲，绩效的改进是一个会使员工在情感上经历波动的过程。员工的弱点要被暴露出来，不得不去谈论并解决那些影响其能力的、已经被隐藏多年的、难于解决的在行为方面的问题。解决了这些问题，可以让员工感到骄傲和自信，但这一过程也许会让他们产生恐惧、尴尬以及被伤害的感觉。如果处理不当，员工们会产生抵触和不满的情绪。

（2）高层管理者应该把他们自己的绩效改进当作实施内容的一个组成部分。如果员工们知道首席执行官和高层管理班子也像每个员工一样在努力提高自己，那么，就会传达出来强劲有力的信息；反之，另一条信息则会令人丧失前进动力："如果高层管理人员不努力提高他们自己的能力，那么，他们希望我们提高能力的目的就仅仅是为了利用我们。"

（3）绩效改进方案的实施需要细致策划以及有组织地进行培训和指导。如果组织想提高新的能力，那么，在最初使用这一体系时应尽量保持简单。

（四）绩效改进的方法

通常，管理者对低能力、低绩效者采取的措施往往是辞退、再培训或惩罚，而对由外部环境或条件引起的低绩效的情况，则会努力改善工作环境与条件，或改变组织的政策。以下是另外一些较为有效的方法①：

1. 正强化

这种方法是指当员工的绩效达到目标时，立即给予肯定、认可或表扬等激励。该方法首先要求根据工作进行分析，建立一个工作行为标准体系；然后建立一个绩效目标体系，该绩效目标体系应具体明确，富有一定的挑战性。当员工的绩效达到目标要求时，立即实行正向强化。

2. 员工帮助计划

员工帮助计划主要是帮助员工改正工作中一些习惯性的缺点，而这些缺点是影响他们绩效的主要因素。这种计划在实施过程中，必须得到高层管理者、部门主管和员工本人三方面的密切配合。

3. 员工忠告计划

这种方法常用于员工经常出现低绩效且正强化不起作用的情况。具体实施要点是：首先，要确认经常出现低绩效的员工，记录这些员工的有关信息，如能力、原因、频次、周期等，并将记录的信息进行分析处理；其次，主管人员要让这些员工意识到问题的严重性，并让他们熟悉组织的绩效考核标准。若这些经常出现低绩效的员工不能主动改进、弥补不足、提高绩效，则主管人员要与之进行面谈，帮助他们找出原因，给予必要的建议和忠告；若仍达不到预期的效果，则主管人员、主管人员的上级与低绩效员工三方面进行面谈，并对他们进行限期整改；若限期整改无效，则可让他们停职反省；若还无提高绩效的迹象，则需解雇这些员工。

4. 负强化

不同于前三种方法，这种方法是：一旦员工出现主管人员不希望出现的行为后，应立即给予惩罚，防止该行为再次发生。在使用该方法时要注意：惩罚要根据具体情况，有轻重之分。如首次违纪，则给予口头警告；第二次违纪则给予书面警告；第三次违纪则给予降职处分；第四次违纪则予以解雇。惩罚要做到公平及时，对事不对人。不公平的惩罚可能会引起员工的不满，不及时的处罚则会失去处罚的意义。若因人而异地进行处罚，同样也违背了公平性原则。

---

① 林玳玳，袁伦渠，赵祥宇．现代企业人力资源管理设计[M]．北京：中国劳动社会保障出版社，2003:257.

归根结底，员工考核过程也是反馈的过程。研究表明，评估信息若得到有效反馈，则劳动生产率可提高10%～30%，这对提高劳动生产率来说，不失为一项成本低廉的上策。

本章概要

□ 内容结构

- 绩效管理
  - 绩效管理概述
    - 绩效考核
    - 绩效管理
    - 绩效考核与绩效管理的区别与联系
  - 绩效管理的流程
    - 绩效诊断阶段
    - 绩效计划阶段
    - 绩效实施阶段
    - 绩效考核阶段
  - 绩效考核的方法
    - 结果使用阶段
    - 绩效反馈与面谈阶估
    - 目标管理绩效考核法
    - 关键业绩指标绩效考核法
    - 平衡记分卡绩效考核法
  - 绩效沟通与改进
    - 绩效反馈与面谈
    - 绩效改进计划

□ 主要概念和观念

绩效考核　绩效管理　绩效考核指标　绩效考核标准　平衡记分卡　360度绩效考核

□ 重点实务

绩效诊断　绩效考核指标和标准设计　绩效管理流程设计

□ 重点操作

绩效管理方案设计

单元训练

□ 理论题

(1) 简述360度绩效考核方法。

(2) 绩效考核和绩效管理有什么区别与联系？

(3) 简述关键绩效指标法（KPI）的基本思想及特点。

(4) 简述绩效管理的基本流程。

□ 实务题

(1) 举例说明如何开展企业绩效诊断。

(2) 针对一家企业设计一套有效的关键绩效指标体系。

(3) 选择一家企业，尝试运用平衡记分卡（BSC）开展绩效评估。

(4) 模拟企业进行有效的绩效沟通。

□ 案例题

施乐公司绩效评估体系改进

背景与情境：施乐公司面临一个问题——它的绩效评估体系无法发挥应有的作用。这个体系无法对员工产生激励作用，只能让员工处于非常沮丧和不满的状态。施乐公司意识到了这个问题，于是建立了一个新的评估体系来解决这个问题。

1.施乐公司原有的绩效评估体系

施乐公司原来使用的绩效评估体系包括以下七条主要原则：(1) 评价每年进行一次。(2) 这个体系要求员工能够证明自己的工作成绩。(3) 管理人员将对这些成绩进行评估，然后给员工一个量化的等级。(4) 评估结果包括一个概要的书面评价，以及给出从1（不满意）到5（非常出色）的等级。(5) 评价采用强制分步法，控制在第3等级水平或者以下。(6) 工资的增长将与评定的总体绩效水平联系在一起。(7) 将在一次讨论会上宣布这些工资增长信息和绩效评价结果。

这个体系造成了不公正的评价结果，是员工不满的主要原因。施乐公司主要的复印机生产部门——复印业务部的报告称，在员工的绩效评价中，有95%的员工得到了第3等级或者第4等级。而这两个等级员工工资上涨幅度的差别仅为1%～2%。更为关键的是，无论绩效如何，整个部门所有员工的工资都有所增加。

2.新的绩效评估体系

施乐公司并不只是对原有体系进行修修补补，而是建立了一个任务小组从原有体系的废墟中重新建立了一个新的体系。任务小组由人力资源部门的高级管理人员组成。但是，这个任务小组的成员也征求了普通员工和中层管理人员的意见。他们共同努力建立了一个新的体系，这个体系在很多重要的方面与原有体系有所不同：(1) 没有采取一个数字等级的评估体系。(2) 每半年举行一次绩效反馈会议。(3) 条款中含有进行员工发展规划的内容。(4) 禁止在评价指导方针中使用绩效的主观评价方法。

与原有体系的评价过程只有一个步骤不同，新绩效评估体系的实施分成三个阶段。这些阶段分别分布在一年中的不同时间。

第一阶段在每年年初，这时，管理人员与每个员工见面。他们共同制定一个有关员工在这一年中的目标、计划和任务的书面协议。协议中用一种可衡量的，可以实现并且非常明确的措辞清晰地说明了员工令人满意的绩效考核标准。

第二阶段在每年中期，这时，管理人员和员工之间要举行规定的绩效反馈和讨论会议。他们将就达成目标的进展情况和员工绩效中的优点和不足进行讨论，同时也讨论在下半年继续提高绩效有哪些可能的方法。管理人员和员工都要在“目标表”上签字，以表明他们举行了这次会议。

第三阶段是正式的绩效评价，在每年年末举行。管理人员和员工都要准备一份书面报告，说明员工原先设定的绩效目标的完成情况。接着开会讨论员工的绩效，弥合员工和管理人员在对员工绩效认识上的差异。这个会议的重点放在绩效的反馈和改进上。他们着重强调员工绩效的积极方面，同时也对负面方面进行讨论。这个阶段也包括一个员工的发展规划会议，在这个会议上，将对那些能对员工产生帮助的培训、教育或者发展活动进行讨论。

绩效评价会议后一到两个月，再单独举行一次会议，讨论根据员工绩效为员工增长工资。这次讨论的中心常常在于工资增长数额的具体理由方面，例如，绩效、与同事的关系和位于薪水序列中的位置等。这可以让员工更好地明白薪水增加背后的原因，而不是像简单的等级那样只告诉员工很少的信息。

在新绩效评估体系实施一年以后，公司进行了一个跟踪调查。结果如下：81%的员工能更好地理解工作团队的目标；84%的员工认为新的评估体系很公平；72%的员工认为他们能够理解工资增长是如何决定的；70%的员工满意他们的个人和工作目标；77%的员工认为这个体系是朝正确方向迈出的一步。

总之，新的绩效评估体系相对于原有的体系来说，是一个巨大的进步。尽管新体系的一些理念，例如，使用自我评价等，与传统的管理方式产生了冲突，但是实践证明了这个体系的正确性和有效性。

问题：

（1）在施乐公司的新绩效评估体系中，哪种类型的绩效评估方式居于中心地位？这个新的体系拥有哪些评估标准？

（2）既然重点放在员工的发展上，那么对员工的履职和提升会产生什么影响？

（3）你认为管理层会对新的绩效评估体系有什么意见？为什么？

（4）这个新的绩效评估体系的某些方面会不会造成潜在的负面后果？

□ 实训题

“绩效管理”训练

技能Ⅰ　企业绩效诊断分析技能

技能Ⅱ　绩效管理流程设计与实施技能

技能Ⅲ　绩效考核结果反馈及使用技能

技能Ⅳ　“企业绩效管理体系设计方案”（实训报告）的撰写技能

要求：

（1）能够全面把握“绩效管理”的理论与实务知识。

（2）能够运用“绩效管理”的理论与实务的相关知识，发现和解决企业存在的绩效管理问题。

（3）能够初步设计具有一定针对性、创新性和实效性的企业绩效管理和改进方案。

（4）能够正确设计、撰写实训报告

【实训步骤】

将学生分成若干实训组，各实训组可以任选一题。每个实训组结合所选题目，通过实地考察或自行搜集的资料，分别选择不同的企业，运用“绩效管理”的理论与实务的相关知识分析存在的问题与不足，初步设计具有一定针对性、创新性和实效性的绩效管理改进方案，撰写该企业关于“绩效管理体系设计方案”的相应实训报告。

【实训时间】

本章课堂教学内容结束后的双休日和课余时间，为期一周。

第九章　薪酬与福利管理

学习目标　理论知识目标：（1）薪酬与工资的概念、区别与联系。（2）薪酬体系设计的流程。（3）福利的构成。（4）弹性福利计划的主要形式、构成及优缺点。

实务实训目标：（1）能运用薪酬管理的相关知识，根据目标企业的实际情况，进行薪酬体系的剖析，发现存在的问题，制订薪酬体系改进方案。（2）能研究章后案例“北京朗讯科技公司的薪酬体系”，培养和提高在特定情境中分析问题、解决问题的能力。（3）能结合一个具体的企业，设计薪酬福利方案，培养分析、决策、设计与执行能力。

引例　企业成长中的薪酬烦恼

某公司成立于2010年，主要业务是生产、销售女装，目前有员工200余人，大多数为生产工人。该公司的企业发展策略是以过硬的质量占领市场，因此，企业的价值观强调质量第一。由于历史原因，公司在人力资源管理方面起步较晚，原有的基础比较薄弱，尚未形成科学的人力资源管理体系，尤其是薪酬福利方面的问题比较突出。企业实力有限，支付能力不是很高，因而不能为员工提供高额薪酬福利。在早期，由于公司人员较少，领导单凭一双眼、一支笔就可以分清楚该给谁多少工资。但随着企业人员的不断增加，只靠过去的老办法显然是不行的，其公平性、公正性、对外的竞争性也就更谈不上了。请问：怎样才能为该企业制定出合理的薪酬管理制度？

第一节　薪酬体系

一、　薪酬的概念

最初人们把企业向蓝领工人支付的劳动报酬称为“工资（wage）”，后来，随着劳动分工和专业管理阶层的出现，又发展出了白领员工的劳动报酬——“薪水（salary）”。目前关于薪酬的称呼比较多，甚至有些杂乱。大多数人习惯性地将各种劳动报酬统称为“工资”。但从20世纪80年代以来，随着人力资源管理理论的发展，西方国家最认可的是“薪酬（compensation）”这个概念。为了更好地理解“薪酬”，需要先了解一下另外几个相关的概念：

工资：从狭义的角度来看，工资是指劳动者被一定的用人单位雇用后，完成规定的工作任务而换取的、由用人单位支付的货币报酬。简单地说，工资就是以货币的形式支付给劳动者的报酬。国际劳工组织在《1949年保护工资公约》中将工资定义为：不论名称或计算方式如何，由雇主为受雇者已完成和将要完成的工作或已提供和将要提供的服务而支付的、可以货币结算并由共同协议或国家法律或条例加以确定而凭书面或口头雇用合同支付的报酬或收入。这一定义的意义是：首先，明确了工资的支付者和收入者。支付者为雇主，按照我国《劳动法》的规定，雇主统称为用人单位，工资的收入者，统称为劳动者；其次，明确了工资支付的方式，即不论名称或计算方式如何，均应以货币结算。从广义的角度来看，工资包括劳动者货币形式与非货币形式的报酬。在我国，人们所理解的工资，一般是指广义上的工资。

薪水：在西方国家，随着企业的发展和劳动分工的深化，管理作为独立的职能从劳动中分离出来，企业中出现了专门的管理阶层，随之就有了“薪水”的概念。薪水一般是为那些工作时间较长、经过一定专业训练、具有某方面特别能力的人员而支付的固定报酬，尤其是指支付给政府官员、高级职员、办事员等“白领”职员的报酬。由于历史原因，我国居民对“薪水”一词的使用率不高，而是更多地使用“工资”一词。

报酬：是指员工从组织那里得到的、对个人所做贡献的各种有价值的回报。报酬是个比工资和薪水内涵更广的概念，通常可以分为内在报酬和外在报酬。

结合相关的理论，本书对薪酬作出如下定义：

薪酬：广义上的薪酬是指雇主对雇员为组织所提供的劳动支付的各种报酬的总和。狭义的薪酬是指员工因为雇佣关系的存在而从雇主那里获得的所有形式的经济收入以及有形的服务和福利[①]。通常人们所说的薪酬是指狭义的薪酬。

二、　薪酬的基本构成要素

（一）基本薪酬

基本薪酬是指企业根据员工所承担的或完成的工作，或根据员工应具有的与完成工作相关的技能和能力，而向员工支付的稳定性报酬。基本薪酬主要反映的是工作职责或技能之间的收入差别，没有考虑员工个体的能力、业绩等差异，因此，它主要是为劳动者在法定工作时间和正常条件下一般都能完成的工作任务或劳动定额而设置，在不同的情况下都可保证劳动力的恢复、发展和延续。基本薪酬制度设置的另一个出发点是为了迎合员工对规避未来风险的偏好，维持企业人心的稳定。因此，基本薪酬对员工来说是至关重要的，尤其是对风险厌恶型的员工。此外，基本薪酬还是确定可变薪酬的一个主要依据。

基本薪酬的变动主要取决于以下几个方面的因素：一是区域总体生活成本的提高或通货膨胀的程度；二是劳动力市场上其他雇主支付给同类劳动者的基本薪酬的变化；三是员工本人所拥有的知识、经验、技能的变化以及由此而导致的员工绩效的变化；四是企业所处的行业、地区以及企业所在产品市场的竞争程度；五是劳动力市场的竞争程度，作为劳动力价格的薪酬，受到劳动力市场供求关系的影响。

（二）可变薪酬

可变薪酬是指与企业、部门、团队和员工个人绩效直接挂钩的、可变动的薪酬组成部分，有时也被称为浮动薪酬，在我国，通常称之为“奖金”。可变薪酬是为了奖励员工超额劳动部分或劳动绩效突出部分而设置的薪酬。可变薪酬制度在员工的绩效和薪酬之间建立起了一种直接的联系，因此，可变薪酬对员工具有很强的激励性，对企业绩效目标的达成起着非常积极的作用。

① 刘昕，薪酬管理[M].北京：人民大学出版社，2011：45-46.

由于可变薪酬的形成机理、运行方式与基本薪酬有很大差异，因此，与基本薪酬相比，可变薪酬有两个主要特点：

1.对基本薪酬起补充作用

基本薪酬具有相对稳定和固定的特点，不能及时反映员工实际工作业绩和企业需要的变化，不能将员工的个人利益与企业、部门、团队的利益紧密结合在一起。而可变薪酬作为其补充形式，恰好能够弥补这个缺陷。

2.具有可变性，形式多样，支付时间和数额不固定

在可变薪酬中，奖励与企业效益和个人贡献相结合，企业可以根据需要灵活设置可变薪酬，实现利益最大化。

（三）间接薪酬

间接薪酬与基本薪酬和可变薪酬存在一个明显的不同点，即它不是以员工向企业提供的工作时间为单位来计算的薪酬。一般情况下，间接薪酬的费用是由雇主全部支付的，但是有时员工也要承担其中的一部分。间接薪酬的独特价值主要表现在：由于它减少了以现金形式支付给员工的报酬，因此，企业通过这种方式能达到适当避税的目的，从而减少了企业和员工的经济负担；它为员工将来的退休生活和一些可能发生的不测事件（如生病或失业）提供了足够的保障；它可以为员工的长远发展打好基础（如员工培训）；福利和服务使得员工能以较低的成本购买自己所需的产品，例如，健康保险、人寿保险等。

三、薪酬构成的具体形式

（一）基本薪酬的构成

1.岗位或职位工资

按照岗位对任职人员在知识、技能和体力等方面的要求以及劳动环境等因素确定的员工报酬。实际上是按照各岗位对企业的价值来确定基本薪酬水平。

2.职务工资

按照职务对任职人员的知识、技能和体力等方面的要求以及劳动环境等因素确定的劳动报酬。

3.技能工资

根据员工技术水平和工作能力确定的劳动报酬。

4.年功或资历工资

根据员工工龄长度和工作资历确定的劳动报酬。

5.津贴或补贴

津贴或补贴是指对工资等难以全面、准确反映的劳动条件、劳动环境、社会评价等对员工身心造成的某种不利影响，或为了保证员工工资水平不受物价影响而支付给员工的一种补偿。一般情况下，人们通常把与工作相联系的补偿称为津贴，例如，员工的工作环境恶劣，可能对身体健康有害而得到的补偿被称为津贴；那些与生活相联系的补偿则称为补贴。

（二）可变薪酬

可变薪酬是为了鼓励员工提高劳动效率和工作质量、实现岗位目标而付给员工的货币奖励，随企业、部门、团队和员工个人的绩效变动而变动，支付给那些符合奖励条件的员

工。可变薪酬的表现形式多种多样，包括红利、利润分享及通常所说的奖金等。

此外，在西方国家和我国的港台地区，可变薪酬中还有一种特殊的形式——成就工资。成就工资是指当员工在企业内工作业绩好，为企业作出突出贡献后，企业以提高基本工资的形式付给员工的报酬。成就工资与奖金的相同之处在于二者都取决于员工的努力以及对企业的贡献和成就。不同之处在于，成就工资是对员工在过去较长一段时间内所取得成就的“追认”，而奖金则是与员工现在的表现和成就挂钩的。成就工资是工资的永久性增加，即通常所说的绩效加薪，而通常所说的奖金则是一次性的。但从本质来看，两者都是对员工超出组织预期的绩效的一种奖励。由于成就工资会打破企业原有的岗位工资体系，造成管理上的混乱和员工心理失衡，因此，我国企业一般不采用成就工资的形式。

（三）间接薪酬

间接薪酬通常被称为福利。福利也有广义和狭义两种含义。广义的福利包括工资。狭义的福利是指企业支付给员工的除工资或薪金之外的劳动报酬，包括法定福利和企业自主福利。福利往往不以货币形式直接支付，而多以实物或服务的形式支付，或以延期支付的形式支付，例如，社会保险、带薪休假、工伤事故补偿、免费午餐、免费交通等。福利不同于工资，它具有均等性、集体性等特点。

四、 薪酬的功能

（一）薪酬对员工个人的功能

1.保障的功能

在我国目前的经济发展水平和基本国情下，薪酬收入是绝大部分劳动者的主要收入来源，甚至是唯一来源，它对劳动者及其家庭的保障作用是其他任何保障手段无法替代的。薪酬对员工的保障作用不仅体现在它要满足员工的吃、穿、住、用等方面的基本生存需要，还要保障员工能过上体面的生活，满足其发展需求和社会交往需求。

2.激励功能

所谓激励功能，是指企业用某些激励因素来引导员工按照企业的需求展现特定的思想或行为，从而实现企业目标的职能。在市场经济条件下，对员工的激励除了精神激励（员工自我价值的实现）外，还要强调物质利益的激励作用。企业通过包括薪酬在内的各种物质利益形式，把收入与职工对企业提供的劳动贡献联系起来，就能充分发挥薪酬的激励功能，实现企业和员工的双赢。

3.调节功能

（1）人力资源流向的合理调节。在正常情况下，在自由流动的劳动力市场中，哪个地方的工资越高，哪个地方可以获取的劳动力资源就越丰富。世界各国在发展过程中的实践已经充分证明了这一点。

（2）人力资源素质结构的合理调整。薪酬是劳动力的价格，高素质劳动力的价格相对较高，如果企业的薪酬在同地区具有很强的竞争力，那么企业就能招到更多适合企业发展的高素质人才。企业可以对不同类型的人才设置不同的薪酬水平，以达到调节人力资源素质结构的目的。

（3）人力资源价值取向的有效调节。薪酬是劳动力价值的货币体现，通过调整薪酬的水平、结构和支付原则，可以向员工传递企业的价值观，引导员工主动调整自己的思想和行为模式，向企业需要的方向努力。通过薪酬的持续作用，可以使员工的价值观得到调整和固化，最终与企业文化融为一体。

（二）薪酬对企业的功能

1.有利于控制企业的成本

薪酬水平与企业成本间永远存在难以调和的矛盾，企业往往处于两难的境地。保持一种相对较高的薪酬水平对于企业吸引和保留员工来说无疑是有利的。但是，较高的薪酬水平又会给企业带来较高的成本压力，从而对企业在产品市场上的竞争产生不利影响。在这种情况下，企业薪酬政策的选择至关重要，对于采取低成本战略的企业来说，必然要通过控制薪酬成本来达到控制总成本的目标。

2.有利于改善企业的经管绩效

薪酬实际上具有强大的信号传递功能，它可以让员工了解什么样的行为、态度以及业绩是受到鼓励的，什么样的态度和行为是企业不想要的或是不允许的，从而引导员工的工作行为、工作态度以及最终的绩效始终朝着企业期望的方向发展，帮助企业实现战略目标。事实证明，经营绩效好的企业都善于运用薪酬作为引导员工行为的有效工具。

3.有利于塑造和加强企业文化

企业文化可以通过多种形式在企业内部推广和演变，但薪酬无疑在其中发挥着巨大的作用。由于薪酬会对员工的工作行为和工作态度产生很强的引导作用，因此，有前瞻性的薪酬战略、合理和富有激励性的薪酬制度会有助于企业塑造良好的企业文化，或者是对已经存在的企业文化起到积极的强化作用。

4.有利于支持企业变革

变革已成为企业经营过程中的一种常态。凡是变革就会遇到一定的困难和阻力。在这些阻力中，很大一部分来自于企业内部。消除变革阻力的方法很多，但在当前的经济发展水平下，任何变革最终都要以薪酬的变革作为起点和终点。因为所有的变革都是利益的调整，而薪酬是利益最直接的表现形式。薪酬通过作用于员工个人、工作团队和企业整体来创造出与变革相适应的内部和外部氛围，从而有效推动企业变革；在变革成功后，变革的成果又以薪酬的形式在企业中固化。

五、薪酬的分类

（一）货币性和非货币性薪酬

货币性薪酬包括工资、奖金、津贴与补贴、分红等经济性报酬，以货币的形式支付。非货币性薪酬包括为员工提供的所有福利和服务项目，例如，实物、社会保险、企业提供的旅游、文体娱乐、为员工提供的各种服务等。

（二）计时、计件和业绩薪酬

1.计时工资

计时工资是指根据单位时间的薪酬标准和员工的劳动时间来计量工资数额的付酬方式。它有小时工资制、日工资制、周工资制和月工资制四种，钟点工、临时工分别以小时工资制和日工资制为主。美国许多企业采用周工资制，我国绝大多数企业以月工资制为主。计时工资常用的计算公式是：

计时工资＝特定岗位单位时间工资标准×实际有效劳动时间

计时工资有独特的优点：首先，工资总额的多少取决于员工的工资等级标准和劳动时间的长短，这一特点决定了计时工资不仅能够激励和促进劳动者从物质利益上关心自己业务技术水平的提高，而且可以促进员工提高出勤率；其次，各种劳动都可以直接用时间来计量，并且计算简单，所以计时工资简单易行、适应性强、适用范围广，尤其适用于从业人员多、操作简单的岗位；最后，计时工资不是简单地计算员工的工作时间，而是把产品质量放在核心位置，因此，它不是鼓励员工把注意力仅仅集中在提高产品的数量上，更关注产品的质量。

2.计件工资

计件工资是指预先规定好计件单价，根据员工生产的合格产品的数量或完成一定工作量来计量工资的数额。计算公式是：

计件工资 = 合格产品数量×计件单价

计件工作有利于员工提高工作效率，使个人利益与企业利益结合起来。但容易出现片面追求产量而忽视质量等情况。

3.业绩报酬

业绩报酬是指根据员工完成工作的绩效来计算薪酬。

（三）内在薪酬和外在薪酬

1.内在薪酬

内在薪酬是指员工由于自己努力工作而受到晋升、表扬或受到重视、实现个人追求、获得社会地位等，从而产生的工作荣誉感、成就感、责任感。简单地说，内在薪酬就是员工在工作中获得的一种满足感。常见的内在薪酬包括：参与决策的权利、能够发挥潜力的工作机会、自主地安排工作时间、较多的职权、较有兴趣的工作、个人发展的机会以及多元化的活动等。

内在薪酬的特点是难以进行清晰的定义。它完全依赖于员工的个人心理感受，很难进行甚至无法进行定量分析和比较。因此，对内在薪酬进行管理需要较高水平的管理艺术。即便如此，内在薪酬仍然受到较多的重视，已被作为全面薪酬管理的重要组成部分。管理人员或专业技术人员对内在薪酬的不满难以通过提薪获得圆满解决，因此，忽视内在薪酬将使薪酬管理工作难以取得理想的效果。

2.外在薪酬

外在薪酬是指企业针对员工所做的贡献而支付给员工的各种形式的有形收入，包括工资、奖金、津贴、股票期权、红利以及以各种间接的货币形式支付的福利等。外在薪酬的优点是相对于内在薪酬来说比较容易定性及定量分析，便于在不同个人或组织之间进行比较。对于那些从事复杂性劳动的员工来说，如果对内在的薪酬产生不满，可以通过增加外在薪酬来获得部分解决。因此，在目前所有的比较现代化的激励手段中，货币无疑仍是最重要的激励因素。

第二节　薪酬管理

薪酬管理，就是企业管理者对本企业的薪酬水平、薪酬体系、薪酬结构、薪酬形式等内容进行确定、分配和调整的过程。虽然从定义上看薪酬管理强调的是外在薪酬管理，但内在薪酬管理仍然是现代薪酬管理的重要组成部分。企业应当在薪酬战略制定、薪酬体系实施过程中不断与员工进行沟通，根据企业战略和员工需求不断调整企业的薪酬管理实践，从而提高薪酬对员工的激励程度和效果，更好地实现企业战略。显然，从这个角度看，薪酬管理不是僵化的管理，而是一个持续的动态调整的过程。

一、薪酬管理的主要内容

现代企业薪酬管理的内容主要包括以下几个方面：

（一）薪酬现状的调查

1.薪酬是否具有外部竞争力

通过了解企业的薪酬竞争力水平，进而制定出对企业有利的薪酬管理体系，对企业具有两大作用：一是确保薪酬能吸引和维系员工，减少员工的流失，防止员工对薪酬不满意；二是防止不合理的人力资源成本支出，控制劳动成本以使本企业的产品或服务具有竞争力。

2.内部薪酬是否具有一致性

内部薪酬是否具有一致性是指同一企业内部不同岗位之间或不同技能水平之间相比，薪酬水平是否处于一个合理的比例关系，这种对比是以对企业所做贡献大小为依据的。内部一致性对薪酬目标的实现有着重要的影响，如企业内部的薪酬差距决定着员工是否愿意额外进行培训投资，以使自己更具有适应性，决定着他们是否会承担更大的责任。内部一致性高的薪酬能促使员工更多地参加培训，提高员工的技能水平，从而提高绩效水平。也就是说，薪酬差距间接地影响着工作效率，进而影响着整个企业的效率。

3.与员工贡献是否成比例

与员工贡献是否成比例是指薪酬与员工对企业的贡献是否能够保持一个合理的比例关系。薪酬与贡献比例偏低，会挫伤员工的工作积极性，造成员工的效率下降，甚至离职；而比例偏高，则会使企业承担不必要的成本。只有通过薪酬调查，才能使企业找到一个合理的比例关系。

（二）薪酬管理目标的确定

薪酬管理目标根据企业的人力资源战略确定，一般而言，包括以下三个方面：首先，帮助企业建立稳定的员工队伍，吸引高素质的人才；其次，激发员工的工作热情，创造高绩效；最后，努力实现组织目标和员工个人发展目标的协调。

（三）薪酬政策的选择

所谓企业薪酬政策，就是企业管理者对企业薪酬管理运行的目标和手段的选择和组合，是企业在员工薪酬上所采取的方针策略。企业薪酬政策的选择主要包括三个方面的内容：

（1）企业薪酬成本投入政策。例如，根据企业、组织发展的需要，确定未来的薪酬总成本数额和增长比例。

（2）工资制度的选择。例如，是采取计件工资还是计时工资，是采取稳定员工收入的岗位工资制，还是激励员工绩效的绩效工资制？

（3）确定企业的工资结构以及工资水平。例如，薪酬水平是要在市场上领先还是要与市场持平？薪酬结构倾向于稳定还是倾向于更大的弹性？

（四）薪酬结构的调整

所谓的薪酬结构，就是指企业员工之间的各种薪酬比例及其构成。主要包括：不同层级、类别员工的薪酬数额比例关系、员工基本工资与奖金和福利的比例等。它主要涉及薪酬的内部公平性、一致性、激励性的问题。

对薪酬结构的调整要掌握一个基本原则，即给予员工最大的激励。在薪酬总额一定的条件下，在不同员工群体间进行合理的薪酬支付比例设定，以保持员工的活力；确定员工薪酬不同模块的构成比例，以使员工既有安全感，又能充分发挥能力和水平。

二、　薪酬设计

（一）薪酬设计的原则

1.公平性原则

公平是薪酬设计的基础。只有在薪酬设计是公平的前提下，员工才能产生认同感和满意度，薪酬才可能产生应有的激励作用。公平性原则包括两个方面：

（1）对内公平。是指企业内部员工的一种心理感受，企业的薪酬制度制定以后首先要得到企业内部员工的认可，让他们觉得与企业内部其他员工相比，其所得的薪酬是公平的。

（2）对外公平。是指与同行业内其他企业特别是带有竞争性质的企业相比，所提供的薪酬是具有竞争力的，只有这样才能保证在人才市场上招聘到优秀的人才，才能留住现有的优秀员工。为了实现外部公平，管理者往往要进行各种形式的薪酬调查。

2.合法性原则

薪酬系统的合法性是指薪酬系统必须建立在遵守国家相关政策、法律法规和企业一系列管理制度基础之上。如果企业的薪酬系统与现行的国家政策和法律法规、企业管理制度不相符合，则企业应该迅速进行改进使其具有合法性。

3.有效性原则

薪酬系统的有效性是指薪酬管理系统必须能够有效地帮助企业实现战略和目标。薪酬不仅是一种制度，更是一种机制。合理的薪酬制度能够驱动有利于企业发展的各种因素的成长和提高，同时，抑制和淘汰不利于企业发展的因素。对于企业来说，薪酬系统是实现其战略和目标的一种手段，只有薪酬系统充分发挥其应有的功能，推动实现企业的目标，薪酬系统才有价值。因此，薪酬系统的设计必须以有效性作为一个重要标准和原则。

（二）薪酬设计的基本流程

1.确定薪酬支付的策略

企业薪酬策略是企业人力资源策略的重要组成部分，而企业人力资源策略是企业人力资源战略的落实，说到底是企业基本经营战略、发展战略和文化战略的落实。因此，制定企业的薪酬策略要在企业的各项战略的指导下进行，要集中反映各项战略的需求。薪酬策略作为薪酬设计的纲领性文件要对以下内容作出明确的规定：对员工本质的认识，对员工总体价值的认识，对管理人才、专业技术人才和营销人才的价值评估等核心价值观；企业基本工资制度和分配原则；企业工资分配政策与策略。

2.工作分析

工作分析是确定薪酬的基础，它是确定完成各项工作所需技能和知识的系统工程，是一种重要的人力资源管理技术。工作分析的具体内容在前面章节中已有介绍。

3.职位评价

职位评价是确保薪酬系统达成公平性的重要手段之一。在薪酬设计阶段进行职位评价，主要有两个目的：一是比较企业内部各个职位的相对重要性，得出职位等级序列；二是为进行薪酬调查建立统一的职位评估标准，消除不同企业间由于职位名称不同或即使职位名称相同但实际工作要求和工作内容不同所导致的职位差异，使不同职位之间具有可比性，为确保薪酬的公平性奠定基础。它是职位分析的自然结果，同时又以职位说明书为依据。

职位评价的方法多种多样，但在此阶段最常用的是计分比较法。

完成职位评价后，企业可以根据需要设计职位等级。职位等级的数量因企业的规模而异，大型企业可能多达17级以上，中小企业多采用11～15级。

4.薪酬调查

企业要吸引人才、留住员工，不但要保证企业薪酬体系的内在公平性，同时还要保证企业薪酬体系的外在公平性。要解决这个问题，最好的办法是做薪酬调查。薪酬调查的基本程序如下：

（1）确定调查目的。在实施薪酬调查时，首先要清楚调查的目的和调查结果的用途，然后再开始组织薪酬调查。一般而言，调查的结果可以为以下工作提供参考和依据：整体薪酬水平的调整；薪酬差距的调整；薪酬晋升政策的调整；具体岗位薪酬水平的调整等。根据调查的目的和用途，确定调查范围、调查方法和统计分析调查数据的方法。

（2）确定调查范围。薪酬调查重在解决薪酬的对外竞争力问题。薪酬调查的对象，最好选择与本企业有竞争关系的企业或同地区、同行业的类似企业。

（3）选择调查方式。当企业确定由人力资源部来完成薪酬调查工作时，就要确定调查的目的、被调查对象、所需的信息和使用的方法。目标不同、对象不同，那么所需的信息、选择使用的方法也是有差异的。通常，一些较明确、简单、规范的岗位只需简单的信息就可以实现目标，因此，可选择使用简单的调查方法，如企业之间相互调查、委托调查、调查公开的信息；对一些模糊、复杂、不规范的岗位，则需要使用较为复杂的方法才能够实现薪酬调查的目的，如问卷调查。

（4）调查数据的统计分析。薪酬调查数据的统计分析方法主要有以下几种：

①数据排列。先将调查的同一类数据由高至低排列，再计算出数据排列的中间数据，即25%点处、50%点（中点）处和75%点处。薪酬水平高的企业应注意75%点处，甚至90%点的薪酬水平。薪酬水平低的企业应注意25%点处的薪酬水平，一般的企业应注意中点处的薪酬水平。表9-1是某岗位的薪酬调查数据。

②频率分析。在被调查企业没有给出准确的薪酬水平数据，只能提供平均薪酬情况时，可以采取频率分析法，记录在各薪酬额度内各企业平均薪酬水平出现的频率，从而了解这些企业薪酬的一般水平。表9-2是某岗位的薪酬频率分析。从该表可以看出，薪酬数额在1 600～1 799元这个层级的企业最多。

表 9-1　**某岗位的薪酬调查数据**

企业名称	平均月工资(元)	排列
A	2 500	1
B	2 200	2(90%处 = 2 200元)
C	2 200	3
D	1 900	4(75%处 = 1 900元)
E	1 700	5
F	1 650	6
G	1 650	7
H	1 650	8(50%处 = 1 650元)
I	1 600	9
J	1 600	10
K	1 550	11
L	1 500	12(25%处 = 1 500元)
M	1 500	13
N	1 500	14
O	1 300	15

表 9-2　**某岗位的薪酬频率分析**

薪酬数额(元)	出现频率
2 400 ~ 2 599	1
2 200 ~ 2 399	2
2 000 ~ 2 199	1
1 800 ~ 1 999	3
1 600 ~ 1 799	4
1 400 ~ 1 599	1

③回归分析。可以利用一些数据统计软件所提供的回归分析功能，分析两种或多种数据之间的关系，从而找出影响薪酬水平、薪酬差距或者薪酬结构的主要因素以及影响程度，进而对薪酬水平、薪酬差距或者薪酬结构的发展趋势进行预测。

④制图。制图是一种形象的分析工具，可以直观地反映调查数据，包括柱状图、饼状图等。

(5) 提交薪酬调查分析报告。薪酬调查分析报告应该包括薪酬调查的组织实施情况分析、薪酬数据分析、政策分析、趋势分析、企业薪酬状况与市场状况对比分析及薪酬建议。

5.确定薪酬水平

薪酬水平是组织之间的薪酬关系，是组织相对于其竞争对手的薪酬水平。一个组织所支付的薪酬水平无疑会直接影响到企业在劳动力市场上获得劳动力能力的强弱，是决定该企业是否能够吸引及保留所需要的员工的主要因素。供企业选择的薪酬水平策略有：

（1）市场领先策略。采用这种薪酬策略的企业，薪酬水平在同行业的竞争对手中是处于领先地位的。领先薪酬策略一般基于以下几点考虑：市场处于扩张期，有很多的市场机会和成长空间，对高素质人才需求迫切；企业自身处于高速成长期，薪酬的支付能力比较强；在同行业的市场中处于领导地位等。

（2）市场跟随策略。采用这种策略的企业，一般都建立或找准了自己的标杆企业，企业的经营与管理模式都向自己的标杆企业看齐，同样，薪酬水平也向标杆企业看齐。

（3）市场滞后策略。市场滞后策略也叫成本导向策略，即企业在制定薪酬水平策略时不考虑市场和竞争对手的薪酬水平，只考虑尽可能地节约企业生产、经营和管理的成本，这种企业的薪酬水平一般比较低。采用这种薪酬策略的企业一般实行的是成本领先战略。

（4）混合薪酬策略。顾名思义，混合薪酬策略就是在企业中针对不同的部门、不同的岗位、不同的人才，采用不同的薪酬策略。比如，对于企业核心与关键性的人才和岗位采用市场领先薪酬策略，而对一般的人才、普通的岗位采用非领先的薪酬水平策略①。

在职位评价和薪酬调查之后，企业根据其薪酬水平策略，确定本企业薪酬水平在市场薪酬水平中的相对位置，并将其与岗位评价结果相关联，从而确定各岗位的薪酬水平。

6.薪酬结构设计②

薪酬结构包括以下两个内容：一是横向薪酬结构维度，是指在一个员工的薪酬总体中，不同的薪酬类别及各类别所占的比例关系，即薪酬由哪些模块组成，各模块的比例关系是什么；二是纵向薪酬结构维度，是指组织内部不同职位或不同技能的员工的薪酬水平对比，即组织中不同工作岗位、职位之间或不同技能等级的员工之间薪酬水平的比例关系。

企业在设计薪酬结构时，往往要综合考虑六个方面的因素：企业的历史文化；个人的技能和资历；工作的特征；个人绩效；基本工资；福利待遇。通过对各种因素进行综合权衡，结合企业战略决策和薪酬支付能力，就可以确定适合本企业的纵向薪酬结构。

（1）横向薪酬结构设计。在进行横向薪酬结构设计时要明确两个方面的问题：一是薪酬组成部分的构成方式及比例，即基本薪酬、可变薪酬、间接薪酬的组合方式及各自所占的比例；二是各类别薪酬内部要素的组合及比例，如基本薪酬内部的岗位薪酬、职务薪酬、能力薪酬和技能薪酬的组合及比例。

一个理想的横向薪酬结构应当具备以下特征：有较高的基本薪酬和间接薪酬，能够吸引和留住人才；同时，要有足以拉开差距的可变薪酬，充分调动员工的积极性；并辅之以长期激励，将员工自身利益与企业的长期利益结合起来；为发挥团队的整体效应，增强员工的团队精神和集体意识，抑制员工之间的恶性竞争，还应当考虑采用收益分享等群体激励计划；在基本薪酬中，既要考虑职位薪酬，又要考虑技能薪酬等。总之，企业应当根据其发展阶段、竞争方式选择、工作性质等因素来设计适合自己的薪酬结构，充分发挥薪酬的功能。

①“企业发展阶段”所对应的薪酬结构设计。企业的发展阶段可分为初创与迅速发展阶段、正常发展至成熟阶段、衰退阶段。对应不同的发展阶段，其薪酬结构设计也有所不同，见表9-3。

① 乐芝莲.七步打造完备的薪酬管理体系[M].哈尔滨：哈尔滨出版社，2006：160-164.
② 姜晓萍，范逢春.薪酬管理[M]. 成都：四川大学出版社，2007：162-168.

表9-3　**企业发展阶段与薪酬结构**

企业发展阶段	经营战略	薪酬结构
初创与迅速发展阶段	站稳脚跟，快速扩张	较低基本薪酬 中、高等可变薪酬 低等水平福利 股权激励
正常发展至成熟阶段	保持利润与保护市场	有竞争力的基本薪酬 较高比例的可变薪酬 中高水平的福利 利润分享股权激励
衰退阶段	收获利润并向别处投资	市场水平的基本薪酬 与成本控制相结合的奖金 较低或标准的福利水平

一般来说，企业在初创与迅速发展阶段一般倾向于采用领先策略，以吸引和激励人才；在成熟阶段采用领先或是匹配的策略，保持员工队伍稳定；而在衰退阶段通常采用匹配甚至是滞后的薪酬策略，因为此时它的支付能力非常有限，要考虑对劳动力成本的控制。

企业在初创期和成熟期的薪酬结构更强调报酬的激励性，要拉开收入档次，激励员工努力奋斗，因此，可变薪酬的比例比较高；而在成熟期和衰退期的薪酬差别相对要小，适当控制薪酬的激励功能，强调其稳定功能。

企业的发展阶段不同，奖励的重点和奖励的数量也有所不同。企业在初创和高成长阶段，比较注重奖励员工不断创业和发展，通常以长期激励为主，如采用股票期权和员工持股等方式，而在企业的衰退期则比较注重控制奖励成本。此外，企业在高成长阶段，奖励的数量可能会大一些，而在衰退阶段的奖励会很少或几乎没有。这主要是因为企业在高成长阶段有比较强的支付能力，而在衰退期的支付能力则非常有限。

②“竞争方式选择”所对应的薪酬结构设计。竞争策略包括总成本领先策略、差异化策略和集中化经营策略。采取成本领先策略的企业，受支付能力的影响，不同职位之间的薪酬差别相对较小；而采用差异化策略的企业，如高新技术企业，支付能力比较强，同时更关注在研发、产品开发和市场营销部门之间的团队协作，因此，倾向于采取宽带型的薪酬结构，以缩小工资的等级，拉大薪酬差距。

采取成本领先策略的企业，更关注和强调成本控制和成本节省，通常倾向于采用以成本控制为导向的可变薪酬，同时更偏重于短期激励；而采用差异化策略的企业，更倾向于采用期权、员工持股等长期激励计划，以实现对关键岗位员工的吸引和保留。

③“工作性质”所对应的薪酬结构设计。工作的性质对薪酬结构模式的选择具有重大的、直接的影响。其主要体现在以下三个方面：

第一，工作的程序性。简单、易管理、劳动分工细、组织性强的职位，可以选择职位薪酬模式，如普通的行政管理职位；工作内容、工作完成方式及工作结果等都存在着很大的不确定性，需要员工进行目标设定和对工具、方法进行选择，并进行风险控制的非程序性工作，适宜采用能力薪酬模式。例如，高层管理者的工作通常都是非程序化的，可以采用能力薪酬模式。

第二，工作的专业性。若一项工作的完成需要一项或多项专业技术作支撑，如高科技企业中的研发人员等，他们所掌握的技能对工作的高质量完成起到了重要的作用，因此，可以主要采用技能薪酬模式。采用技能薪酬模式可以让组织中优秀的技术人才安心于本职工作，不必再为谋求高薪酬而放弃自己的技术去争取那些自己并不擅长的管理职位。

第三，工作与绩效的联系。个人对工作的控制力较强、个人绩效可以量化的一类工作，可以采用绩效薪酬模式以促使员工通过进一步努力来提高其自身业绩，如销售职位。而对那些个人绩效难以量化的工作，则不宜采用绩效薪酬模式。

在企业的薪酬结构设计中，可以综合各种薪酬模式，针对企业的实际情况进行取长补短，以弥补单一薪酬模式的缺陷。例如，对于销售人员，可以将绩效薪酬与基本薪酬结合起来，在增强对员工激励的同时使得员工更具有安全感。

在横向薪酬结构比例的设计中，以下两个方面需要重视：

其一，固定薪酬与浮动薪酬的比例设计。根据固定薪酬与浮动薪酬在薪酬中所占比例的不同进行组合，可将薪酬结构分为以下三大类：第一，高弹性薪酬结构类型。这是一种激励性很强的薪酬结构，固定薪酬部分比例比较低（甚至可以为零），而浮动部分比例比较高。它的优点在于激励性强，薪酬与绩效紧密挂钩，不易超支。它的缺点在于：薪酬水平波动较大，不易核算成本；员工缺乏安全感。这种薪酬结构适用于员工的工作热情高、人员流动率较大的企业以及业绩的变动范围较大的岗位，如营销。第二，高稳定薪酬结构类型。该类型薪酬结构的稳定性很强，基本薪酬是主要组成部分，企业福利水平高，因此，固定薪酬比例非常高，而浮动薪酬处于非常次要的地位。它的优点在于：薪酬波动不大，容易核算成本；员工安全感较强。它的缺点在于：激励功能较弱；企业人均成本稳定，容易形成较重负担。这种薪酬结构的适用条件：员工的工作热情不高、人员流动率不大的企业以及员工业绩变动空间较小的岗位。第三，调和型薪酬结构类型。它的特点是浮动薪酬和基本薪酬各占一定的比例。基本薪酬部分趋向于高刚性，配以与绩效紧密挂钩的浮动薪酬，甚至是比较灵活的员工福利（如自助餐式的福利计划）。它的优点是：员工既有安全感又有激励性。它的缺点是：薪酬系统的制定比较困难。当企业在进行薪酬结构设计时，可以选择混合型的薪酬结构策略，即针对不同的职位、不同人才的特点及不同发展阶段选择不同的薪酬结构。

其二，短期薪酬与长期薪酬之间的比例设计。短期薪酬和长期薪酬之间的比例通常与员工的等级层次有关。不同层次的员工，其薪酬结构比例遵循下列原则：

基层人员：在总薪酬中，基本薪酬比例应该最高，可变薪酬比例次之，其股权收益比例应该最低。总之，在企业基层员工的薪酬总额中，短期薪酬往往占很高比例。

中层管理人员：基本薪酬比例有所降低，可变薪酬的比例及其股权收益比例则相应提高。短期薪酬的比例较之基层人员有所下降，但仍是薪酬中的主要组成部分。

高级管理人员：在其总收入中，其基本薪酬比例应该是最低，可变薪酬比例次之，其股权收益比例应该最高。在薪酬总额中，短期薪酬的比例进一步下降，甚至可能会低于长期薪酬所占的比例。

（2）纵向薪酬结构设计。纵向薪酬结构设计主要包括下面三个方面的内容：一是组织内部以职位或等级区分的薪酬等级数量；二是同一薪酬等级内部的薪酬变动范围（或称薪酬等级宽度、薪酬变动比率）；三是相邻两个薪酬等级之间的交叉与重叠关系。

①薪酬等级数量的设计。薪酬等级是指在一个组织中不同职位或技术等级的薪酬标准所能形成的梯次结构。薪酬等级数目的多少应视企业的规模和工作的性质而定，并没有绝对的标准。一般来说，如果级数过少，员工会感到难以晋升，缺少激励效果；相反，若数目过多，会增加企业管理的困难与成本。

薪酬等级的划分通常包含“等”的划分和“级”的划分。适用等级工资制的组织结构通常较为庞杂，组织层次较多，与此相对应，薪酬体系中“等”的划分可能会多达二十几层，而“级”的划分数目则要少得多，可能是一等一级，也可能是一等多级。而宽带薪酬结构较适用于扁平化的组织，组织层次较少，因此，薪酬体系中“等”的划分数目通常也有限，一般在4~15等之间。薪酬等级的划分除了和组织结构是否扁平化有很大关系外，还要考虑组织中各个岗位或技术职称设置的复杂性。组织中各岗位之间的价值差异越大，或技术职称的等级划分越多的，薪酬等级的划分通常也越细。一般来说，可以分为两大薪酬等级类型：

分层式薪酬等级类型：即所谓的等级工资制，特点是企业的薪酬等级比较多，员工薪酬水平随着个人职位级别的提高而增加。这一类型在成熟的、传统的等级型企业中较为常见。这种薪酬结构要求对每个等级的工作进行细致描绘、明确每个人的职责。选择分层式薪酬等级类型的组织强调薪酬政策的差异性，认为这种薪酬结构承认员工之间在技能、责任方面对组织在贡献上存在差别，客观性较强，更能体现公平性的要求；较多的等级和频繁的职位晋升具有更强的激励作用，更能鼓励员工积极参加培训、勇于承担责任风险，更具开拓创新精神。另外，选择该等级类型不仅操作简单，而且易于管理。

但是，薪酬水平简单地与职位的行政等级直接挂钩，没有体现出不同性质职位对企业的重要性，无法有效激励优秀专业技术人才；对员工个人能力的增强和职位职能的变化反应也较慢，内部公平性不够；会在企业内部形成等级森严的气氛和工作环境，不利于团队合作，且容易出现论资排辈现象。

扁平型薪酬等级类型：扁平型薪酬等级的特点是企业内部薪酬等级少、相邻等级之间和最高与最低等级之间薪酬差距较小的薪酬结构。员工薪酬水平的提高既可以是因个人职位级别向上发展而提高，也可以是横向工作调整而提高。

薪酬等级的减少，使每个等级上员工的任务和职责范围更广，员工拥有更大的决策自主权；同时，较小的薪酬差异有利于消除员工之间在身份上的距离感，增强组织内部的亲和力。选择扁平型薪酬结构的组织，强调薪酬政策的平等化，认为平等对待每个员工，会提高员工的满意度和团结度，在各部门形成团队精神，以提高员工的绩效水平。此外，这种较为简单的薪酬结构也有助于减少薪酬管理的工作量和降低成本。

扁平型的薪酬结构通常适用于组织结构较为简单、职位界定清楚、工作完成主要依赖于工作团队和部门的具有较强的协作精神和管理制度规范的企业。但是，扁平型薪酬结构也必须保持一定的薪酬等级差异，否则，容易导致平均主义的分配而降低员工的工作效率，并导致优秀员工的流失。

②薪酬等级数目的确定。不同的企业要针对各自的实际情况进行选择与设计适合自己

的薪酬等级数目。应该考虑的主要因素有：

第一，职位的数量与相似性。如果把职位价值评估结果或技术评定结果相近的职位归并组合成若干个等级，企业中职位数量越多，职位之间的差异越大，种类越多，范围越广，薪酬等级就应该越多；与此相反，如果职位相似并可以很容易就被分组或分等，则可以采取比较少的薪酬与职位等级。

第二，企业文化背景。主要考查企业文化背景是否能够接受比较大的薪酬差距。文化与观念意识对薪酬等级数目的影响主要表现为对分配中收益权和公正性的价值标准和判断上。受不同文化背景和观念的影响，企业成员对收益权的合法性、薪酬结构的公正性会有不同的判断标准和不同的反应行为。中国长期存在的中庸文化和小生产的观念就曾经导致了在分配中平均主义的泛滥。改革开放以后，文化和价值观的变化正改变着人们对分配中收益权的界定和对薪酬结构公正性的社会判断，并有效地推动了薪酬制度的改革。

第三，薪酬管理上的便利。如果企业为了管理上更加方便，那么薪酬等级数量越少越好。

第四，企业的晋升政策。如果企业倾向于以晋升来激励员工的积极性，可考虑采用较多的薪酬等级。

（3）薪酬变动范围。

①中位值的确定。薪酬区间的中位值或中值是一个很重要的数值，企业各个薪酬等级的薪酬变动范围就是根据中位值来确定的。一般来说，影响某等级中位值大小的因素主要是某职位等级的现行市场工资水平，中位值通常代表了该职位等级在外部劳动力市场上的平均薪酬水平，反映了受到良好培训的员工在其工作达到规定的标准时应该得到的薪酬。当然，企业在确定某一薪酬等级的中位值时，也不一定完全按照市场平均水平来定位，可以根据企业的薪酬水平策略而分别处理，如根据具有竞争力的薪酬水平来设定中位值。

与中位值相关的一个概念是薪酬市场比较比率，表示员工实际获得的基本薪酬与相应薪酬等级的中值或者是中值与市场平均薪酬水平之间的关系。大多数组织会力图将自己的实际平均薪酬水平与市场平均水平之间的比较比率控制在100%左右，这样，薪酬结构既能通过职位评价体现内部公平性，同时又能与外部市场薪酬保持一致而体现外部公平性。

例如，企业的某职位薪酬中值为2 500元，市场平均水平为2 500元，则比较比率为100%；若中值为2 450元，市场平均水平为2 500元，那么比较比率为98%；如果中值为2 750元，市场平均水平为2 500元，那么比较比率为110%。

当某职位中位值的市场比较比率超过110%或低于90%时，企业就应当认真分析到底是内部的职位评价原因，还是外部薪酬市场因劳动力供求关系波动等因素产生的报酬过高或过低，然后根据分析结果来进行适当的调整。当然，如果企业的薪酬策略是希望支付高于市场的薪酬以吸引或保留优秀的员工，那么可以设立高于市场比较比率的中位值。

②薪酬变动范围的含义。职位评价的结果相同或相近并不意味着在该职位上工作的员工对公司的贡献和价值也相同或相近，因为还存在个人主观因素，如能力、资历还有实际贡献的差别，因此，每个薪酬等级往往并非像理论上那样只有一个单一的工资值，而是把每一个薪酬等级设定为一个合理的薪酬区间，用于反映这些实际上的差距。这时，职位级别所对应的薪酬水平往往是一个范围，其下限为起薪点，上限为顶薪点，员工薪酬的变动

范围一般不超过该薪酬等级的上下限，除非员工的职位发生变动。

薪酬变动范围是指在同一个薪酬等级中，薪酬最高值（顶薪点）与最低值（起薪点）之间的差距，也可以称为薪酬区间。它实际上是指某一薪酬等级内部允许薪酬变动的最大幅度。

薪酬区间（薪酬变动范围）= 最高值-最低值

③薪酬变动比率的含义。薪酬变动比率是指同一薪酬等级内部最高值与最低值之差与最低值之间的比率，用公式表示就是：

薪酬变动比率 =（最高值 - 最低值）÷最低值×100%

假定某一薪酬等级的最高值是3 600元，最低值是2 400元，其薪酬变动范围是2 400~3 600元，则薪酬变动比率 =（3 600 - 2 400）÷2 400×100% = 50%

在确定薪酬结构的过程中，一般不直接确定薪酬等级的最高值和最低值，而是通过确定该薪酬等级中的薪酬变动比率，再根据薪酬变动比率和中位值来计算薪酬的最高值和最低值。其计算公式为：

起薪点 = 中位值÷（1 + 薪酬变动比率÷2）

顶薪点 = 中位值×（1 + 薪酬变动比率÷2）

例如，假设在某薪酬等级中，中位值是3 100元，薪酬变动比率为50%，则：

起薪点 = 3 100÷（1 + 50%÷2）=2 480（元）

顶薪点 = 3 100×（1 + 50%÷2）=3 875（元）

（4）相邻两个薪酬等级之间的交叉与重叠关系。相邻薪酬等级之间的关系有三种基本类型（如图9-1所示）：分离式、接合式和重叠式。

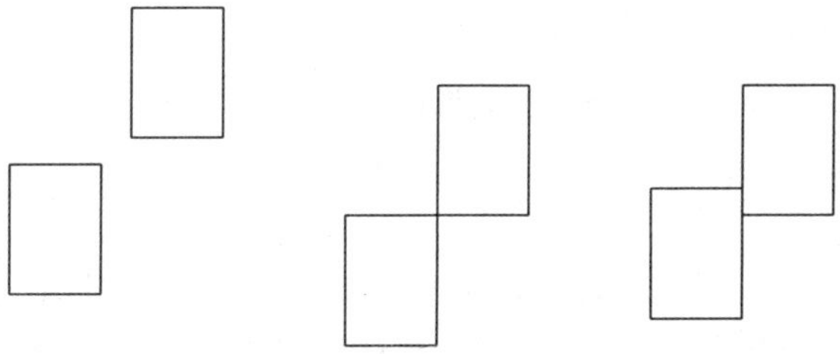

图9-1　相邻薪酬等级关系的三种基本类型

（三）薪酬体系的实施和修正

在制定和实施薪酬体系的过程中，及时的沟通、有效的宣传和培训是保证成功的关键因素之一。世界上不存在绝对公平的薪酬模式，只有员工是否满意的薪酬制度。管理部门可以利用薪酬制度问答、员工座谈会、满意度调查、内部刊物甚至是博客、公共邮箱、网络聊天工具等形式，充分介绍企业薪酬体系的制定依据、实施步骤、核算方法、实施前后的差异、注意事项等，做到员工知晓、明白、会用。为保证薪酬制度的适用性，很多企业都在薪酬制度中对薪酬的定期调整等内容做了明确的规定。

薪酬体系的设计和实施，虽然程序比较繁琐，显得有些麻烦，但只要科学操作，就可以收到良好的效果，能够很好地吸引、保留和激励员工，有效控制企业运行成本。显然，科学合理的设计和操作，是薪酬体系成功的关键。

第三节 员工福利管理

一、 福利概论

广义的福利是指企业、事业单位和国家机关向员工提供共同的物质文化待遇，以达到提高和改善员工生活水平和生活条件、解决员工个人困难、提供生活便利、丰富精神和文化生活目的的一种社会事业。狭义的员工福利又称劳动福利，它是企业为满足劳动者的生活需要，在正常工资以外为员工个人及其家庭所提供的实物和服务。通常人们所讲的福利就是指狭义的福利。员工福利具有以下特点：

（1）补偿性。员工福利是对劳动者所提供劳动的一种物质补偿，享受员工福利必须以履行劳动义务为前提。

（2）均等性。员工福利在员工之间的分配和享受，具有一定程度的机会均等和利益均沾的特点。每个员工都有享受本企业员工福利的均等权利。

（3）补充性。员工福利是对按劳分配的补充，可以在一定程度上减小按劳分配带来的生活富裕程度的差别。

（4）集体性。员工福利的主要形式是举办员工集体福利事业，员工主要通过集体消费或共同使用公共设施的方式分享员工福利。

（5）差别性。员工福利在同一企业内部实行均等和共同分享的原则，但在不同企业间存在着差别。

二、 影响福利的因素

（1）高层管理者的经营理念。有的管理者认为员工福利能省则省，有的管理者认为员工福利只要合法就行，有的管理者认为员工福利应该尽可能好，这都反映了他们的经营理念。

（2）政府的政策法规。许多国家和地区的政府都明文规定企业员工应该享有哪些福利，一旦企业不为员工提供相应的福利则会被认为是违法，从而影响企业的福利管理。

（3）工资的控制。由于所得税等原因，一般企业为了控制成本，不能提供高的工资，但可以提供良好的福利，这也是政府所提倡的措施。

（4）医疗费用的急剧增加。由于种种原因，近年来世界各地的医疗费都大幅度增加。如果没有相应的福利支持，员工一旦患病，尤其是患危重疾病，往往会造成生活困难。

（5）竞争性。由于同行业的类似企业都提供了某种福利，迫于竞争的压力，企业不得不为员工提供该种福利，否则会影响员工的积极性。

三、 员工福利的种类

员工福利种类繁多，涵盖范围广。例如，IBM的员工福利一般由3部分组成：一是国家立法强制实施的社会保障制度，包括基本养老保险、医疗保险、失业保险、工伤保险等；二是企业出资的企业年金、补充医疗保险、人寿保险、意外及伤残保险等商业保险计划；三是住房、交通、教育培训、带薪休假等其他福利计划。

（一）法定福利

我国规定的有六种法定社会福利类型：养老保险、失业保险、医疗保险、工伤保险、生育保险以及住房公积金（俗称“五险一金”）。

1.养老保险

养老保险是针对退出劳动领域的或无劳动能力的老年人实行的社会保护和社会救助措施。老年是人生中劳动能力不断减弱的阶段，意味着永久性“失业”。每个人都会步入老年，从这种意义上说，由老年导致的无劳动能力是一种确定的和不可避免的风险。随着工业化和现代化的发展，全世界大多数国家都已实行了老年社会保险制度。

我国同世界上大多数国家一样，实行的是投保资助型的养老保险模式，这是一种由社会共同负担、社会共享的保险模式。它规定：每一个工薪劳动者和未在职的普遍公民都属于社会保险的参加者和受保对象；在职的企业员工必须按工资的一定比例定期缴纳社会保险费，不在职的社会成员也必须向社会保险机构缴纳一定的养老保险费作为参加养老保险所履行的义务，然后才有资格享受社会保险。同时还规定：企业也必须按企业工资总额的一定比例缴纳保险费。

2.失业保险

失业保险是为遭遇失业风险、收入暂时中断的失业者设置的一道安全保障。它的覆盖范围通常是社会经济活动中的所有劳动者。我国于1999年颁布的《失业保险条例》规定，失业保险基金的来源包括：企事业单位按本单位工资总额的2%缴纳的失业保险费、职工按本人工资的1%缴纳的失业保险费、政府提供的财政补贴、失业保险基金的利息及依法纳入失业保险基金的其他资金。

失业保险的开支范围包括：失业保险金、领取医疗保险金期间的医疗补助金、丧葬补助金、抚恤金；领取失业保险金期间接受的职业培训补贴和职业介绍补助；国务院规定或批准的与失业保险有关的其他费用。享受失业保险待遇的条件为：所在单位和本人按规定履行缴费义务满一年；非本人意愿中断就业；已办理失业登记并有求职要求，同时具备以上三个条件者才有申请资格。

3.医疗保险

医疗社会保险是指由国家立法，通过强制性社会保险原则和方法筹集医疗资金，保证人们平等地获得适当的医疗服务的一种制度。为了实现我国职工医疗保险制度的创新，在总结我国医疗保险制度改革试点单位的经验，借鉴国外医疗保险制度成功做法的基础上，党的十四届三中全会决议中明确指出，要建立社会统筹和个人账户相结合的新型职工医疗保险制度。

4.工伤保险

工伤保险是针对那些最容易发生工伤事故和职业病的工作人群的一种特殊社会保险。1996年颁布的《企业职工工伤保险试行办法》中建立了工伤保险制度，规定工伤保险费用完全由企业负担，按照本企业职工工资总额的一定比例缴纳，职工个人不缴纳工伤保险费。与养老、医疗、失业保险不同，工伤保险除了体现社会调剂、分配风险的社会保险一般原则外，还通过工伤预防、减少事故和职业病的发生来体现企业责任等原则，因此，我国采取了与国际接轨的做法，对工伤保险费不实行统一的费率，而是根据各行业的伤亡事故风险和职业危害程度类别，实行不同的费率。

5.生育保险

生育保险费由当地人民政府根据实际情况确定，但最高不要超过工资总额的1%。企业缴纳的生育保险费列入企业管理费用，职工个人不缴纳生育保险费。女职工生育期间的检查费、接生费、手术费、住院费和医疗费，都由生育保险基金支付，超出规定的医疗服务费和药费由职工个人负担。产假期间按照本企业上年度职工月平均工资计发生育津贴，由生育保险基金支付。

6.住房公积金

根据1999年颁布、2002年修订的《住房公积金管理条例》，住房公积金是指国家机关、国有企业、城镇集体企业、外商投资企业、城镇私营企业、其他城镇企业、事业单位为其在职职工缴存的长期住房储金。

职工和单位住房公积金的缴存比例均不得低于职工上一年度月平均工资的5%；有条件的城市，可以适当提高缴存比例。具体缴存比例由住房公积金管理委员会拟订，经本级人民政府审核后，报省、自治区、直辖市人民政府批准。

（二）企业补充保险计划

1.企业补充养老金计划

由于各方面的原因，法律所规定的养老保险金水平不会很高，很难保证劳动者在退休以后过上宽裕的生活。为此，很多国家都鼓励企业在国家法定的养老保险之外，自行建立企业的补充养老保险计划，其主要手段是提供税收方面的优惠。补充养老金计划有三种基本形式，分别是团体养老金计划、延期利润分享计划和储蓄计划。团体养老金计划是指企业（可能也包括员工）向养老基金缴纳一定的养老金；延期利润分享计划是指企业会根据企业的盈利情况定期在每个员工的储蓄账户上贷记一笔数额一定的应得利润，员工符合一定条件时即可提取这些收益；储蓄计划是指员工从其工资中提取一定比例的储蓄金作为以后的养老金，与此同时，企业通常还会付给员工相当于储蓄金金额一半或同样数额的补贴。在员工退休或死亡以后，这笔收入会发给员工本人或亲属。

2.集体人寿保险计划

人寿保险是市场经济国家的很多企业都提供的一种最常见的福利。大多数企业都要为其员工提供团体人寿保险。这是一个适用于团体的寿险方案，对企业和员工都有好处。员工可以以较低的费率购买到与个人寿险方案相同的保险，而且团体方案通常适用于所有的员工（包括新进员工），而不论他们的健康状况如何。在多数情况下，企业会支付全部的基本保险费。

此外，企业还可以采取加入健康维护组织的方式来为员工提供健康医疗保险和服务。健康维护组织在美国比较普遍，它是保险公司和健康服务提供者的结合。它提供完善的健康服务，包括对住院病人和未住院病人提供照顾等。和其他保险计划一样，它也有固定的交费率，但是这种做法通常有助于降低企业的保险成本。

3.对未成年的员工进行特殊照顾

所谓未成年员工，是指年满16周岁但未满18周岁的青年员工。如有个别部门因为特殊情况需要16周岁以下的少年，必须经过当地劳动部门的批准，方可招用，并对这些少年的学习、培训给予补贴或津贴。

4.对特殊工种劳动者的保护与福利

所谓特殊工种，在我国是指在特别环境中从事体力劳动、井下采掘、地质勘探、在高山中进行野外作业的员工，或从事高温冶炼的员工等。这些员工除享受一般员工的劳动安全保护和福利条件外，对他们还要有特殊的营养补贴及津贴。

（三）法定休假

1.公休假日

公休假日是劳动者工作满1个工作周之后的休息时间。我国实行的是每周40小时的工作制，劳动者的公休假日为每周两天。我国《劳动法》第38条规定：用人单位应当保证劳动者每周至少休息1天。

2.法定休假日

法定休假日即法定节日休假。我国法定的节假日包括元旦、春节、清明节、五一国际劳动节、中秋节、十一国庆节和法律法规规定的其他休假日。我国《劳动法》规定，法定休假日安排劳动者工作的，支付不低于工资300%的劳动报酬。除《劳动法》规定的节假日以外，企业可以根据实际情况，在和员工协商的基础上，决定放假与否以及加班工资。

3.带薪年休假

我国《劳动法》第45条规定，我国实行带薪年休假制度。劳动者连续工作一年以上的，享受带薪年休假。国家事业单位和公务员带薪年休假制度也早已存在，工作人员在5年、10年和20年以上工龄分别休假7天、10天和15天，但这一政策在个别单位可根据实际工作情况进行调整，并非硬性规定。

（四）其他福利计划

1.饮食服务

很多企业为员工提供某种形式的饮食服务，他们让员工以较低的价格购买膳食、快餐或饮料。在企业内部，这些饮食设施通常是非营利性质的，有的企业甚至以低于成本的价格提供饮食服务。

2.健康服务

健康服务是员工福利中被使用最多的福利项目，也是最受重视的福利项目之一。员工日常需要的健康服务通常是法律规定的退休、生命、工伤保险所不能提供的。在大多数情况下，健康服务包括为员工提供健身的场所、器械以及为员工举办健康讲座等。

3.咨询服务

企业可以向员工提供广泛的咨询服务。咨询服务包括财务咨询（如怎样克服现存的债务问题）、家庭咨询（包括婚姻问题等）、职业生涯咨询（分析个人能力倾向并选择相应的职业）、重新谋职咨询（帮助被解雇者寻找新工作）以及退休咨询。在条件允许的情况下，企业还可以向员工提供法律咨询等。

四、　福利管理

（一）福利管理的原则

1.合理性原则

所有的福利都意味着企业的投入或支出，因此，福利设施和服务项目应在规定的范围内，力求以最小的费用达到最大的效果。效果不明显的福利应当予以撤销。

2.必要性原则

国家和地方规定的福利条例，企业必须坚决严格予以执行。此外，企业提供福利应当最大限度地与员工要求保持一致。

3.计划性原则

凡事要计划先行。福利制度的实施应当建立在福利计划的基础上，例如，福利总额的预算报告。

4.协调性原则

企业在推行福利制度时，必须考虑到与社会保险、社会救济、社会优抚的匹配和协调。已经得到满足的福利要求没有必要再次提供，确保资金用在刀刃上。

（二）福利管理的主要内容

1.福利的目标

每个企业的福利目标各不相同，但有些基本内容还是相似的，主要有：必须符合企业长远目标；满足员工的需求；符合企业的薪酬政策；考虑到员工的眼前需要和长远需要；能激励大部分员工；企业能负担得起；符合当地政府的法规政策。

2.福利成本核算

成本管理是企业管理中的关键环节，也是福利管理中的重要部分。没有成本目标，福利成本就会失控，从而侵蚀企业利润，成为企业的负担。因此，各级管理者必须花较多的时间与精力进行福利成本的核算，将其严格控制在预算范围之内。福利成本的核算主要涉及以下方面：通过销量或利润计算出公司可能支付的最高福利总费用；与外部福利标准进行比较，尤其是与竞争对手的福利标准进行比较；进行主要福利项目的预算；确定每一个员工福利项目的成本；制订相应的福利项目成本计划；尽可能在满足福利目标的前提下降低成本。

3.福利沟通

要使福利项目最大限度地满足员工的需要，就必须让员工了解和接受企业的福利安排，因此，福利沟通相当重要。事实证明，并不是福利投入的金额越多，员工越满意。如果沟通不到位，得不到员工的认同，现金的福利投入也可能无法取得理想的效果。员工对福利的满意程度与对工作的满意程度呈正相关。福利的沟通可以采用以下方法：用问卷法了解员工对福利的需求；用沟通会、个别交流、宣传栏等方式向员工介绍有关的福利项目；找一些典型的员工面谈，了解某一层次或某一类型员工的福利需求；公布一些福利项目让员工自己挑选；利用各种内部刊物或在其他场合介绍有关的福利项目；收集员工对各种福利项目的反馈。

4.福利调查

福利调查对于福利管理来说十分必要，主要涉及三个方面的内容：一是进行福利项目前的调查，主要了解员工对某一福利项目的态度与需求；二是员工年度福利调查，主要了解员工在一个财政年度内享受了哪些福利项目，各占多少比例，满意与否；三是福利反馈调查，主要调查员工对某一福利项目实施的反应如何，是否需要进一步改进，是否需要取消。

5.福利实施

福利的实施是福利管理最具体的一个方面，需要注意以下几点：根据目标去实施；预算要落实；按照各个福利项目的计划有步骤地实施；有一定的灵活性；防止漏洞产生；定时检查实施情况。

（三）弹性福利计划

1.弹性福利计划的形式

弹性福利计划又称为“自助餐福利计划”，其基本思想是让员工对自己的福利组合计划进行选择，体现的是一种弹性化、动态化管理，而且强调员工的参与。这种选择受两个方面的制约：一是企业必须制定总成本约束线；二是每种福利组合中都必须包括一些非选择项目，如社会保险、工伤保险以及失业保险等。一般来讲，弹性福利有四种形式：

（1）附加型弹性福利，即在现有的福利计划之外，提供其他不同的福利措施或扩大原有福利项目水准，让员工进行选择。其特点是：提供其他不同的福利措施或扩大原有福利项目的水准。如某家公司原先的福利计划包括房租津贴、交通补助费等，如果该公司实施此类型的弹性福利制，它可以将现有的福利项目及其给付水准全部保留下来当作核心福利，然后再根据员工的需求，额外提供不同的福利措施，如国外休假补助、人寿保险等。而且，这些额外提供的福利措施通常都会标上一个“金额”作为“售价”，每个员工根据他的薪资水平、服务年资、职务高低或家眷数目等情况，获得数目不等的福利限额，再以分配到的限额去认购所需要的额外福利。有些公司甚至还规定，员工如未用完自己的限额，余额可折发现金，不过现金的部分年终必须合并其他所得纳税；如果员工购买的额外福利超过了限额，也可以从自己的税前薪资中扣抵。

（2）核心加选择型弹性福利。“核心加选择型”的弹性福利计划由“核心福利”和“弹性选择福利”组成。“核心福利”是每个员工都可以享有的基本福利，不能自由选择；可以随意选择的福利项目则全部放在“弹性选择福利”之中，这部分福利项目都附有“价格”，可以让员工选购。员工所获得的福利限额，通常是未实施弹性福利制前所享有的，福利总值超过了其所拥有的限额，差额可以折发现金。

（3）套餐型弹性福利，即企业根据员工的服务期、婚姻状况、年龄、家属情况等设计不同类型的“套餐”供员工选择，但“套餐”的内容不能选择。这是目前企业采用比较多的类型，因为它具有针对性，操作起来比较简单。就像西餐厅推出来的A套餐、B套餐一样，食客只能选择其中一个“套餐”，而不能要求更换套餐里面的内容。

（4）积分型弹性福利，即员工暂不享受当年的部分福利，人力资源部负责积分，积分到一定程度后，可享受价值更大的福利。

2.弹性福利计划的优点

相对于传统企业的福利计划来说，弹性福利计划让员工拥有了主动权，感受到自身是被尊重的。从管理理念的角度来说，弹性福利计划的重大突破在于它贯彻了以人为本的现代管理理念，尊重了员工价值，至少使员工能意识到这一点，这本身就是一种成功。弹性福利计划的优点主要有：

（1）最大限度地激励员工：随着福利在薪酬体系中所占的比重越来越大，员工对福利的重视程度也必然越来越高。在这种情况下，管理者就可以考虑在选择组织提供的福利时，尽可能地发挥福利这一报酬工具的积极作用，使福利项目的选择尽可能地有利于组织效率的提高，而照顾员工福利偏好的弹性福利计划恰恰满足了这一需要。

（2）改善劳资关系：弹性福利计划表面上是向员工提供了一种福利项目的选择权，但更深层次的意义是，它实际上是向员工提供了一种可以控制他们自己的福利分配的能力，使员工从内心深处感觉到自己参与了组织的管理，从而能减少劳资双方的误解，营造良好的劳资关系。

（3）控制福利成本：弹性福利计划能够使企业的福利支出在可控的范围内最大限度地满足员工的个性化需求，并能够取得员工的理解和支持，从而使企业的福利成本不至于无限度地增长。

3.弹性福利计划的缺点

（1）对于组织管理者的素质要求更高。组织管理者必须能充分了解员工的福利偏好，正确地对福利项目进行评估和分类，并科学地对福利项目进行组合。如果组织管理者的素质过低，或者可能造成福利组合的不合理，使灵活福利计划发挥不出应有的效用，或者可能造成福利分配的不公平，从而引发福利分配的负效用。

（2）有可能造成最有价值福利的浪费。因为员工总是根据个人的福利偏好来选择福利，所以有可能放弃某些对员工有价值的福利。

本章概要

□ 内容结构

- 薪酬与福利管理
  - 薪酬体系
    - 薪酬的概念
    - 薪酬的基本构成要素
    - 薪酬构成的具体形式
    - 薪酬的功能
    - 薪酬的分类
  - 薪酬管理
    - 薪酬管理的主要内容
    - 薪酬设计
  - 员工福利管理
    - 福利概述
    - 影响福利的因素
    - 员工福利的种类
    - 福利管理

□ 主要概念和观念

薪酬　工资　薪酬管理　薪酬的形式　薪酬结构　福利　弹性福利计划

□ 重点实务

薪酬设计的基本流程　福利的构成

□ 重点操作

薪酬体系设计

单元训练

□ 理论题

（1）工资与薪酬有什么区别与联系？

（2）企业在各个不同的发展时期应采用什么样的薪酬结构？

（3）你认为企业在薪酬结构设计中是否应该考虑员工的职业发展问题？

（4）如何把薪酬政策的选择与企业战略相结合？

(5) 企业薪酬设计的流程是什么?

(6) 举例说明什么是弹性福利计划。

□ 实务题

(1) 针对一家企业员工的薪酬，分析一下由哪几部分构成?

(2) 针对销售人员设计一个完整的薪酬体系。

(3) 选择一家企业，针对其薪酬体系，思考如何保证薪酬的内部公平性和外部公平性?

(4) 针对不同类型的员工，弹性福利计划应如何设计?

□ 案例题

北京朗讯科技公司的薪酬体系

北京朗讯科技光缆公司的产品在国内光纤光缆市场中销售额所占份额雄居第二。该公司的薪酬机制有其独特之处。

该公司的薪酬结构如下:

工资。工资体系共有十个级别，除十级外（副总经理级），每个级别都分为A、B两个等级，而每个等级又设有最高和最低工资档。工资从一级到十级差距为20多倍。工资标准不固定，但总体水平要比国有企业同类售货员的行情高出许多。

奖金。奖金分为两种类型：一为常规半年奖、年底奖。奖金的发放根据公司经济效益情况及对员工的个人绩效考核结果。二为非常规季节奖、随机奖。奖金一般相当于员工半个月到一个月的工资水平。

福利。公司除支付当地政府规定的社会保险外，还为员工购买了人身意外、个人财产及门诊医疗等商业险种，并且，每年提供一定的专项资金用于员工的住房、教育、培训、疗养、旅游及工会活动等方面的开支。

股权认购和股权奖励。每个员工可认购公司股票100股，而股权奖励只发给不超过员工总数5%的优秀员工。

公司薪酬运作及其特点

1.薪酬调研。公司每年由人力资源部单独组织一次相关外部企业的薪酬调研，调研内容主要包括：①当地物价指数的变动。它有时可以左右公司的决定——是否马上调薪。②当地所有企业年度平均增资水平。③相关公司各职位的全部薪酬水平情况。④相关公司各职位的薪酬结构比例。

2.员工职务晋升增薪。经理人员可以参照公司的工资级别提出员工晋升增薪建议，通常是逐级晋升。正常晋升的幅度为10%~25%，越级晋升的幅度为25%~40%。

3.员工招聘时的定薪。新员工定薪的因素包括：学历、经验、专长、经历等。①学历。应届本科毕业生的工资定为专业管理人员最低一级；应届硕博毕业生的工资比本科生高出15%。②经验。有两年以上工作经验的本科毕业生比没有经验的高出20%；有两年以上工作经验的硕博毕业生比没有经验的同类人员高出30%。③专长。如果员工具备某些有利于工作绩效提高或公司业务发展的特长、专长，则可越级定薪。④经历。有在不同行业、不同领域、不同公司的工作经历，特别是在著名企业工作过的新员工，其工资定级会被公司特别关照。

4.晋级工资、半年奖、年终奖的发放与绩效评估。这3类薪酬严格按照员工半年和年度的绩效考核结果发放。对员工绩效考核结果分析采用的是“矩阵式正态分布法”，共分5个档次：一是“不能接受”；二是“勉强接受”；三是“基本完成任务”；四是“完成任务”；五是“超额完成任务”。硬性规定必须有5%的员工考核结果落在第一类，10%的员工考核结果落在第五类，其余的员工的考核结果则以不同的百分比分布在其他3类中。

问题：

1.你认为朗讯科技公司的薪酬机制有什么特点？

2.你认为朗讯科技公司的薪酬机制和其市场竞争力有什么相关性？

3.朗讯科技公司的薪酬机制对你有什么启示？

□ 实训题

“薪酬与福利方案设计”训练

技能Ⅰ　薪酬体系设计技能

技能Ⅱ　弹性福利设计技能

技能Ⅲ　薪酬内部公平性与外部公平性设计技能

要求：

（1）能够全面把握薪酬管理的理论与实务知识。

（2）能够运用薪酬管理的理论与实务的相关知识，分析企业员工薪酬体系与薪酬管理中存在的问题。

（3）能够初步设计具有一定针对性、创新性和实效性的企业员工薪酬管理体系的改进方案。

【实训步骤】

学生分成若干薪酬设计小组，各小组可以任选一题。每个小组结合所选题目，通过实地考察或自行搜集的资料，分别选择不同的企业，运用“薪酬管理”的理论与实务相关的知识分析企业薪酬体系中存在的问题与不足，初步设计具有一定针对性和实效性的员工薪酬体系改进方案，撰写“薪酬体系设计”的相应实训报告。

【实训时间】

本章课堂教学内容结束后的双休日和课余时间，为期一周。

第十章　员工关系管理

学习目标

理论知识目标：（1）劳动关系的含义，劳动法律关系的特征，劳动关系的调整方式。（2）劳动合同的含义与内容，订立劳动合同的原则和程序。（3）劳动者的权利与义务，用人单位的权利与义务。（4）工作压力的来源与影响因素，工作压力产生的后果。（5）工作压力管理的主要措施和基本方法。

实务实训目标：（1）能运用相关知识，代表雇主或者雇员与对方协商订立劳动合同。（2）能通过劳动仲裁解决劳动纠纷。（3）能研究章后案例“钱既不是问题也不是答案”，培养和提高在特定情境中分析问题、解决问题的能力。（4）能结合具体企业，针对不同类型的员工，设计缓解工作压力的方案并有效实施，培养决策、设计与执行能力。

引例　**安能摧眉折腰事权贵？**

小王是某民营快递公司的员工，已经工作一年多了，公司一直未与他签订劳动合同。小王负责的是市区某一片区快递的收取和派送工作，由于工作能力突出，深受客户好评。前不久，一个客户邮递的两件衣服，在潍坊至济南段，快递包装袋被人剪开并偷走了其中的一件。公司物流系统的扫描记录显示，从潍坊开始，邮件的重量减轻了一半多，快递公司也确认该客户的衣服被盗了。但是，由于收件人是在签收之后才发现衣服被盗的，所以，快递公司以收件人已经签收为由，拒绝赔偿。在几番协商无果的情况下，小王向国家邮政总局投诉了该快递公司。快递公司以员工不得投诉公司为由，对小王作出了罚款100元的决定。小王不服，向公司申诉。公司方面认为，如果不想被罚，小王就得撤回向国家邮政总局的投诉。这家快递公司的员工关系管理存在什么问题？员工应该如何维护自己的合法权益？

第一节　劳动关系

一、　劳动关系的含义

所谓劳动关系，通常是指用人单位（雇主）与劳动者（雇员）之间在运用劳动者的劳动能力实现劳动过程中所发生的关系。劳动关系因生产要素属于不同的所有者而产生，它是产权关系的另一种表现形式，与劳动分工并无直接的联系。劳动关系是在社会生产过程中生产的客观条件——生产资料（资本）与生产的主观条件——劳动力相互结合的具体表现形式，两者的结合在促使劳动过程得以开始的同时，也形成了现实的劳动关系。

从劳动关系的定义中可以看出：劳动关系的主体是特定的，劳动关系是劳动者与劳动力使用者之间因就业或雇佣而产生的关系。从整体来看，作为劳动力使用者的企业可以是不同的，其外在表现可以是千差万别的，但表现在劳动关系上，他们都是用人单位（雇主），是劳动力的使用者；同理，劳动者也是不同的，但他们在劳动关系中都是劳动力使用权的让渡者，是劳动者或雇员。

劳动关系是随着资本主义生产方式的出现，商品经济成为生产的主导形式而产生的。它是劳动力与资本相结合的产物，是劳动过程的社会形式。在此意义上，人们将劳动关系表述为劳资关系或雇佣关系。在劳动关系中，雇员作为劳动力的所有者，按照一定的价格，即工资，将劳动力的使用权让渡给劳动力的使用者——雇主；雇主在支付工资后，获得了劳动的给付。工资作为劳动力这一生产要素的均衡价格是连接雇主与雇员两者的桥梁。劳动关系的初始意义，并不是反映人和物的关系、劳动过程与产品或服务的投入与产出关系，它所反映的是一种特定的经济关系：劳动给付与工资的交换关系。

二、 利益协调型劳动关系

利益协调型劳动关系是基于多元化的观点对劳动关系的运行和利益调整理论的概括。劳动关系双方在客观上存在矛盾，矛盾的根源在于双方的利益差异。解决利益差异的根本方法是劳动关系双方依据一定的程序，以共同的规则协调双方的矛盾，从而保证劳动关系的和谐运行。

利益协调型劳动关系运行的前提条件有两个：一是不同群体在力量上维持均衡态势，雇主与雇员在经济关系上保持均势；二是各群体应将各自的利益追求控制在双方继续合作的限度之内。

利益协调型劳动关系的运行同时也是现代劳动立法原则的具体体现，是在法律面前人人平等、契约自由、财产权不可侵犯的原则上构建的。

劳动关系在由利益一体型向利益协调型转变的过程中，发展最突出、变化最大的是劳动关系双方作为利益主体，被独立并区别开来。按照产权制度改革的基本原则推进的企业改革以及企业财产组织形式的变革，使得劳动关系的构成、运行都发生了深刻的变化，劳动关系双方的权利、地位、相互关系以及处理方式都完成了重新调整。建立社会主义市场经济体制改革的本身以及劳动关系类型的转变，创造了物质利益原则得以发挥作用的条件，而物质利益规律则为建立利益协调型劳动关系奠定了基础。物质利益原则包括非常丰富的内涵，其主要内容为：

第一，物质利益激励机制。明确各种利益主体有自己独立的物质利益，保障利益主体追求自己应得利益的权利，不允许利益主体之间一方侵犯另一方的权利。

第二，物质利益平衡机制。解决各种独立利益主体之间的利益关系，实行平等协商、等价交换的原则，这是在商品经济或市场经济条件下各种利益主体之间唯一可以接受的利益平衡方式。

第三，物质利益调节机制。国家利用经济、行政、法律手段调节国家和各种利益主体之间的关系。

第四，物质利益约束机制。利用经济的、行政的、法律的强制手段，使每个利益主体都不能为自身的利益而为所欲为，从而使相互联系、相互制约的多个利益主体的利益得以协调发展。

在劳动方面，劳动合同制度、集体合同制度作为国家基本劳动制度在我国已经得以确立，基本劳动条件的决定贯彻政府、企业、工会三方性原则，企业具体的劳动条件可以通过集体协商、订立集体合同来确定，上述劳动法律制度的建立和创新都充分体现了物质利益原则的根本要求。

通过签订劳动合同的形式，劳动者与企业建立劳动关系，成为用人单位的一员，承担完成一定职务、一定种类劳动的义务，并要遵守用人单位内部的劳动规则和其他各项工作制度；用人单位则有义务根据劳动者的劳动支付报酬，保证劳动者享有劳动法规保障的及双方约定的劳动条件。通过集体协商、订立集体合同的形式，劳动关系双方共同决定报酬、福利、工时、休息休假、劳动安全卫生等劳动条件。由此可见，劳动合同、集体合同对签订合同各方的权利和义务实行双向约束，任何一方违反，都要承担相应的责任。

三、劳动关系调整的方式

劳动关系的调整方式依据调节手段的不同，主要分为七种：

（一）劳动法律法规

劳动法律法规由国家制定，体现国家意志，覆盖所有劳动关系，通常是调整劳动关系应当遵循的原则性规范和最低标准。其基本特点是体现国家意志。

（二）劳动合同

劳动合同是劳动者与用人单位确立劳动关系、明确双方权利义务的协议。订立劳动合同的目的是为了在劳动者和用人单位之间建立劳动法律关系，规定劳动合同双方当事人的权利和义务。劳动者和用人单位签订劳动合同，他们的法律地位平等，但在劳动合同履行的过程中，劳动者必须参加到用人单位的劳动组织中，担任一定的职务或承担某一岗位的工作，服从用人单位的领导和指挥，遵守用人单位的劳动纪律、内部劳动规则和各项规章制度；同时，享有用人单位的工资、劳动保险和福利待遇。劳动合同是劳动关系当事人依据国家法律的规定，在平等自愿、协商一致的情况下缔结的，是劳动关系当事人双方合意的结果，其基本特点是体现劳动关系当事人双方的意志。

（三）集体合同

集体合同，指用人单位与本单位职工根据法律、法规、规章的规定，就劳动报酬、工作时间、休息休假、劳动安全卫生、职业培训、保险福利等事项，通过集体协商签订的书面协议。

在劳动力市场中，劳动者个人一般不具备同雇主进行平等协商的实力。这一事实决定了雇员有组织起来以增强协商影响力的必要。集体协商、订立集体合同作为劳动关系调整的核心内容、确定工资和其他劳动条件的有效机制以及调整劳动关系的必要手段，之所以能够吸引众多雇员的参与，主要的原因在于，通过集体协商，雇员可以向雇主施加集体影响，迫使雇主接受他们提出的有关工作条件的要求。

集体合同的当事人，一方是企业，另一方不能是雇员个人或劳动者中的其他团体或组织，而必须由工会组织代表雇员，没有建立工会组织的，则由雇员按照一定程序推选代表与企业协商。集体合同的基本特点是体现劳动关系双方当事人的意志。

（四）民主管理（职工代表大会、职工大会）制度

在现代社会，工会和雇员已普遍获得了参与企业管理的权利。国家通过立法，保障工会和雇员对企业管理的参与权。工会和雇员代表参与企业管理，主要是为企业经营活动建言献策，或配合雇主，参与企业某些重大问题的决策。《劳动法》第8条规定："劳动者依照法律规定，通过职工大会、职工代表大会或者其他形式，参与民主管理或者就保护劳动者合法权益与用人单位进行平等协商。"根据《劳动法》的有关规定，可以看到：

（1）雇员参与是雇员以与雇主相对的一方当事人的身份，即以被管理者的身份对企业管理的参与，而不是作为企业管理人员执行管理职务。通过参与，实现职工意志对企业意志的影响和制约，企业意志对职工意志的吸收和体现。

（2）参与的对象是企业内部管理事务，而不是其他社会事务。

（3）参与形式多种多样，在劳动关系存续期间，雇员可以多种形式参与，如有组织地参与（职工大会）、代表参与（经合法程序产生的职工代表参与）、个人参与（合理化建议）等。

目前，我国职工参与管理的形式主要是职工代表大会制度和平等协商制度。

（五）企业内部劳动规则

企业内部劳动规则是企业规章制度的组成部分，企业内部劳动规则的制定和实施是企业以规范化、制度化的方法协调劳动关系，对劳动过程进行组织和管理的行为，是企业以经营权为基础行使用工权的形式和手段。《劳动法》第4条规定："用人单位应当依法建立和完善规章制度，保障劳动者享有劳动权利和履行劳动义务。"企业内部劳动规则以企业为制定的主体，以企业公开、正式的行政文件为表现形式，只在本企业范围内适用。制定内部劳动规则是用人单位的单方法律行为，制定程序虽然应当保证劳动者的参与，但是最终由单位行政决定和公布。企业内部劳动规则的基本特点是它是企业或雇主意志的体现。

（六）劳动争议处理制度

劳动争议处理制度是一种劳动关系处于非正常状态，经劳动关系当事人的请求，由依法建立的处理机构、调解机构、仲裁机构对劳动争议的事实和当事人的责任依法进行调查、协调和处理的程序性规范，是为了保证劳动实体法的实现而制定的有关处理劳动争议的调解程序、仲裁程序和诉讼程序的规范。劳动争议处理制度中的调解是劳动关系当事人的一种自我管理形式，其基本特点是：

（1）群众性。企业劳动争议调解委员会由职工代表、用人单位代表、工会代表三方组成。调解委员会既不是司法机构，也不是行政机构，而是群众组织。它依靠组织内成员的直接参与化解矛盾，其组成决定了它的群众性。

（2）自治性。自治性是用人单位组织内的成员对本单位内的劳动争议实行自我管理、自我调解和自我化解。

（3）非强制性。调解委员会调解劳动争议遵循自愿原则，即申请调解自愿、调解过程自愿、达成协议自愿以及履行协议自愿。

劳动争议仲裁是劳动争议仲裁机构根据劳动争议当事人一方或双方的申请，依法就劳动争议的事实和当事人应承担的责任作出判断和裁决的活动。劳动争议仲裁的组织机构为"劳动争议仲裁委员会"，是依法独立处理劳动争议案件的专门机构。劳动争议仲裁是兼有司法性特征的劳动行政执法行为。综合而言，劳动争议处理制度的基本特点是对劳动关系的社会性调整。

（七）劳动监督检查制度

《劳动法》第85条规定："县级以上各级人民政府劳动行政部门依法对用人单位遵守劳动法律、法规的情况进行监督检查，对违反劳动法律、法规的行为有权制止，并责令改正。"第87条规定："县级以上各级人民政府有关部门在各自职责范围内，对用人单位遵守劳动法律、法规的情况进行监督。"第88条规定："各级工会依法维护劳动者的合法权益，对用人单位遵守劳动法律、法规的情况进行监督。"

从上述有关规定可以看出：劳动监督检查制度是为了保证《劳动法》的贯彻执行，是关于法定监督检查主体的职权、监督检查的范围、监督检查的程序以及纠偏和处罚的行为规范。劳动监督检查制度具有保证劳动法体系全面实施的功能。

第二节 劳动合同

一、劳动法律关系

（一）劳动法律关系的含义

所谓劳动法律关系是指受国家法律规范调整和保护的雇主与雇员之间的以权利与义务为内容的劳动关系，它与劳动关系最主要的区别在于劳动法律关系体现了国家意志。

（二）劳动法律关系的特征

1.劳动法律关系的内容是权利和义务

劳动法律关系是以法律上的权利和义务为纽带而形成的社会关系，运用劳动法的各种调整方式将劳动关系转化为劳动法律关系，是劳动法对劳动关系的第一次调整，雇员与雇主按照法律规定分别享有一定的权利、承担一定的义务，从而使雇主与雇员之间的行为与要求具有法律意义。在劳动关系转化为劳动法律关系后，若其运行出现了障碍，如出现违约行为或侵权行为，则劳动法将对劳动法律关系继续进行调整，这是劳动法的第二次调整。其目的在于消除劳动法律关系运行的障碍，使其顺利运行。

2.劳动法律关系是双务关系

劳动法律关系是一种双务关系，雇主、雇员在劳动法律关系中既是权利主体，又是义务主体，互为等价关系。在通常情况下，任何一方在自己未履行义务的前提下都无权要求对方履行义务，不能只要求对方履行义务而自己只享有权利，否则，将违背劳动法律关系主体地位平等的要求。

3.劳动法律关系具有国家强制性

劳动法律关系是以国家强制力作为保障手段的社会关系。国家强制力是否立即发挥作用，取决于劳动法律关系主体行为的性质。强行性规范形成的劳动法律关系内容受国家法律强制力的直接保障，如不得使用童工、不得低于最低工资标准雇用员工、雇主提供的劳动安全卫生条件不得低于国家标准等。

（三）劳动法律关系的构成要素

劳动法律关系构成要素分别为劳动法律关系的主体、内容与客体。

1.劳动法律关系的主体

劳动法律关系的主体是指依据《劳动法》的规定，享有权利、承担义务的劳动法律关系的参与者，包括企业、个体经济组织、机关、事业组织、社会团体等用人单位和与之建立劳动关系的劳动者，即雇主与雇员。我国《劳动法》规定，工会是团体劳动法律关系的形式主体。

2.劳动法律关系的内容

劳动法律关系的内容是指劳动法律关系主体依法享有的权利和承担的义务。因为劳动法律关系为双务关系，当事人互为权利义务主体，故一方的义务为另一方的权利。根据《劳动法》的规定，劳动者享有平等就业和选择职业的权利、取得劳动报酬的权利、休息休假的权利、获得劳动安全卫生保护的权利、接受职业技能培训的权利、享受社会保险和福利的权利、提请劳动争议处理的权利以及法律规定的其他权利。劳动者应当完成劳动任务，提高职业技能，执行劳动安全卫生规程，遵守劳动纪律和职业道德。用人单位应当依法建立和完善规章制度，保障劳动者依法享有劳动权利和履行劳动义务。

3.劳动法律关系的客体

劳动法律关系的客体是指主体权利义务所指向的对象，即劳动法律关系所要达到的目的和结果。如劳动、工资、保险福利、工作时间、休息休假、劳动安全卫生等。

（四）劳动法律事实

依法能够引起劳动法律关系产生、变更和消灭的客观现象就是劳动法律事实，并不是任何事实都可以成为劳动法律事实，只有依据劳动法的规定，引起一定劳动法律后果的事实才能成为劳动法律事实。产生劳动法律关系的事实为合法事实，双方意思表示必须一致；变更、消灭劳动法律关系的事实一般也需双方意思表示一致。依据劳动法律事实是否以当事人的主观意志为转移，法律事实可以分为两类：

1.劳动法律行为

劳动法律行为是指以当事人的意志为转移，能够引起劳动法律关系产生、变更和消灭，具有一定法律后果的活动。包括合法行为、违约行为、行政行为、仲裁行为和司法行为等。行为人作出意思表示是劳动法律行为成立的一般要件（即事实要素），应符合以下基本要求：

（1）行为人的意思表示必须包含建立、变更和终止劳动法律关系的意图，即包含追求一定法律效果的意图。

（2）意思表示必须完整地表达劳动法律关系建立、变更和终止的必须内容，残缺不全的，通常不能成立法律行为。

（3）行为人必须以一定的方式将自己内心的意图表达于外部，可以由他人客观地加以识别。

2.劳动法律事件

劳动法律事件是指不以当事人的主观意志为转移，能够引起一定劳动法律后果的客观现象。例如，企业破产、劳动者伤残、死亡和战争等。

二、劳动争议处理制度的新规范

劳动争议处理制度是劳动关系调整的重要方式之一。它是一种劳动关系处于非正常状态，经劳动关系当事人请求，由依法建立的处理机构——调解机构、仲裁机构和国家审判机关对劳动争议事实和当事人责任依法进行调查、协调和处理，为保证法定或约定劳动标准的实现而制定的有关处理劳动争议的调解程序、仲裁程序和诉讼程序的规范，即劳动争议处理程序性规定的总和。习惯上将这种程序性的规定称为劳动争议处理制度。

在劳动关系的运行之中，发生劳动争议是极其自然的现象。劳动争议的内容以劳动权利和义务为标的。权利和义务的基础在于劳动法律、集体合同、劳动合同、企业内部劳动管理规则等的规定或约定，劳动关系当事人是否遵循法律规范和合同规范是劳动争议产生的直接原因。劳动权利义务的内容涉及就业、工资、工时、劳动保护、保险福利、培训、民主管理、奖励惩罚等各个方面，内容十分复杂，任何一种不规范的行为都有可能产生争议。一般来说，劳动争议的解决机制包括四种方式：

（1）自力救济。自力救济是指劳动争议的当事人在没有争议主体以外第三人的介入或帮助下，依靠当事人自身的力量解决纠纷。当代解决劳动争议的自力救济方式主要为当事人的相互协商、和解。自力救济的特征为自治性、争议主体的合意性和非严格的规范性。

（2）社会救济。社会救济是指依靠社会力量，即社会各类调解组织，依据法律、惯例和道德等规范，对劳动争议当事人的纠纷进行疏导，促成当事人双方相互谅解和让步，从而解决争议。社会救济的突出特征为争议主体的意思自治性、群众性、自愿性，比较灵活的程序性。

（3）公力救济。公力救济是指利用国家公权力解决劳动争议的机制，包括劳动争议诉讼和行政裁决。

（4）社会救济与公力救济相结合。在一般民事纠纷的解决机制中，不存在此种纠纷解决机制。依据民事诉讼法和仲裁法的规定，民事纠纷的仲裁机构属于民间组织或社团法人，民事纠纷的解决机制遵循或裁或审、由当事人自由选择的权利救济原则。

三、《劳动合同法》关于劳动合同制度的部分新规定

1.关于劳动合同的订立、内容和期限

（1）订立劳动合同应当遵循合法、公平、平等自愿、协商一致、诚实信用的原则。劳动合同由用人单位与劳动者遵循上述原则订立。并经用人单位与劳动者在劳动合同文本上签字或者盖章生效。用人单位与劳动者协商一致，可以变更、解除劳动合同。劳动合同对劳动报酬和劳动条件等标准约定不明确，引发争议的，用人单位与劳动者可以重新协商。

（2）建立劳动关系，应当订立书面劳动合同。已建立劳动关系，未同时订立书面劳动合同的，应当自用工之日起一个月内订立书面劳动合同。用人单位与劳动者在用工前订立劳动合同的，劳动关系自用工之日起建立。用人单位自用工之日起超过一个月不满一年未与劳动者订立书面劳动合同的，自第二个月起应当向劳动者每月支付两倍的工资。但是非全日制用工可以不订立书面劳动合同，非全日制用工双方当事人可以订立口头协议并建立劳动关系。

（3）劳动合同的内容。劳动合同的内容包括法定条款与约定条款。法定条款也称必备条款。《劳动合同法》规定劳动合同的必备条款主要是：劳动合同当事人、劳动合同期限、工作内容、工作地点、工作时间、休息休假、劳动报酬、社会保险、劳动保护、劳动条件和职业危害防护。劳动合同除应具备法律规定的必备条款外，用人单位与劳动者还可以约

定试用期、培训、保守秘密、补充保险和福利待遇以及服务期和竞业限制等其他事项。

（4）劳动合同的三种不同期限。劳动合同分为固定期限劳动合同、无固定期限劳动合同和以完成一定工作任务为期限的劳动合同。固定期限劳动合同，是指用人单位与劳动者约定合同终止时间的劳动合同。无固定期限劳动合同，是指用人单位与劳动者约定无确定合同终止时间的劳动合同。以完成一定工作任务为期限的劳动合同，是指用人单位与劳动者约定以某项工作的完成为合同期限的劳动合同。必须说明，“无固定期限劳动合同”并不是不能解除的合同。只要出现《劳动合同法》规定的情形，无论是用人单位还是劳动者，都有权依法解除合同。

《劳动合同法》规定，有下述法定情形之一，劳动者只要提出或者同意续订、订立劳动合同的，除劳动者提出订立固定期限劳动合同外，应当订立无固定期限劳动合同：①劳动者在该用人单位连续工作满十年的。②用人单位初次实行劳动合同制度或者国有企业改制重新订立劳动合同时，劳动者在该用人单位连续工作满十年且距法定退休年龄不足十年的。③连续订立两次固定期限劳动合同，且劳动者没有《劳动合同法》第三十九条和第四十条第一项、第二项规定的情形，续订劳动合同的。④用人单位自用工之日起满一年不与劳动者订立书面劳动合同的，视为用人单位与劳动者已订立无固定期限劳动合同。

（5）劳动合同的无效。《劳动合同法》规定下列劳动合同无效或者部分无效：以欺诈、胁迫的手段或者乘人之危，使对方在违背真实意思的情况下订立或者变更劳动合同的；用人单位免除自己的法定责任、排除劳动者权利的；违反法律、行政法规强制性规定的。劳动合同部分无效，不影响其他部分效力的，其他部分仍然有效。劳动合同被确认无效，劳动者已付出劳动的，用人单位应当向劳动者支付劳动报酬。劳动报酬的数额，参照本单位相同或者相近岗位劳动者的劳动报酬确定。

2.关于劳动者的权利和义务

（1）同工同酬的权利。所谓同工同酬，是指在相同或者相近的工作岗位上付出相同的劳动，应当得到相同的劳动报酬。

（2）及时获得足额劳动报酬的权利。劳动报酬权是劳动者的一项基本权利，用人单位拖欠或者未足额支付劳动报酬的，劳动者可以依法向当地人民法院申请支付令，人民法院应当依法发出支付令。用人单位未按照劳动合同的约定或者国家规定及时足额支付劳动者劳动报酬的，由劳动行政部门责令限期支付劳动报酬；劳动报酬低于当地最低工资标准的，应当支付差额部分；逾期不支付的，责令用人单位按应付金额50%～100%的标准向劳动者加付赔偿金。

（3）拒绝强迫劳动、违章指挥、强令冒险作业的权利。《劳动合同法》规定：劳动者拒绝用人单位管理人员违章指挥、强令冒险作业的，不视为违反劳动合同；用人单位以暴力、威胁或者非法限制人身自由的手段强迫劳动者劳动的，或者用人单位违章指挥、强令冒险作业危及劳动者人身安全的，劳动者可以立即解除劳动合同，不需事先告知用人单位。用人单位有强迫劳动、违章指挥、强令冒险作业危及劳动者人身安全行为的，依法给予行政处罚；构成犯罪的，依法追究刑事责任；给劳动者造成损害的，应当承担赔偿责任。

（4）要求依法支付经济补偿的权利。在法定条件下，劳动者或用人单位解除劳动合同，用人单位有承担经济补偿的义务，它是用人单位承担的一种社会责任；同时，经济补偿也是国家调节劳动关系的一种经济手段，可以引导用人单位进行利益权衡，谨慎行使解除劳动合同的权利。

（5）劳动者的诚信义务。在签订劳动合同时，劳动者有义务就其与劳动合同直接相关的基本情况向用人单位如实说明。

（6）劳动者的守法义务。劳动者作为劳动合同的一方当事人，应遵守法律规定和双方约定履行劳动合同。劳动者违反与用人单位约定的服务期和竞业限制协议的，应按约定向用人单位支付违约金；劳动者违反《劳动合同法》的规定解除劳动合同，或者违反劳动合同中约定的保密义务或者竞业限制，给用人单位造成损失的，应当承担赔偿责任；劳动者与原用人单位尚未解除或者终止劳动合同，又与其他用人单位建立劳动关系，给原用人单位造成损失的，由劳动者与其他用人单位承担连带赔偿责任。

3.用人单位的权利和义务

（1）依法约定试用期和服务期的权利。

试用期是用人单位通过约定一定时间的试用来检验劳动者是否符合本单位特定工作岗位要求的制度。这对双方的相互了解、双向选择具有积极意义。同时，为了防止有些用人单位滥用试用期，《劳动合同法》规定：劳动合同期限在三个月以上不满一年的，试用期不得超过一个月；劳动合同期限在一年以上不满三年的，试用期不得超过两个月；三年以上固定期限和无固定期限的劳动合同，试用期不得超过六个月。

同一用人单位与同一劳动者只能约定一次试用期。以完成一定工作任务为期限的劳动合同或者劳动合同期限不满三个月的，不得约定试用期。试用期包含在劳动合同期限内。劳动合同仅约定试用期的，试用期不成立，该期限为劳动合同期限。劳动者在试用期间的工资不得低于本单位相同岗位最低工资或者劳动合同约定工资的80%，并不得低于用人单位所在地的最低工资标准。

（2）依法约定竞业限制的权利。

竞业限制是在劳动关系结束后，要求特定的劳动者在法定时间内继续保守原用人单位的商业秘密及与知识产权相关的保密事项。劳动力市场的非正当竞争将直接影响到企业的发展。商业秘密及与知识产权相关的保密事项关乎企业的竞争能力，不仅关系企业的发展，有时甚至直接影响企业的生存。《劳动合同法》赋予了用人单位与劳动者约定竞业限制的权利，并规定：用人单位与劳动者可以在劳动合同中约定保守用人单位的商业秘密及与知识产权相关的保密事项。对负有保密义务的劳动者，用人单位可以在劳动合同或者保密协议中与劳动者约定竞业限制条款，并约定在解除或者终止劳动合同后，在竞业限制期限内按月给予劳动者经济补偿。劳动者违反竞业限制约定的，应当按照约定向用人单位支付违约金。

竞业限制的人员限于用人单位的高级管理人员、高级技术人员和其他负有保密义务的人员。竞业限制的范围、地域、期限由用人单位与劳动者约定，竞业限制的约定不得违反法律、法规的规定。在解除或者终止劳动合同后，负有保密义务的人员到与本单位生产或者经营同类产品、从事同类业务的有竞争关系的其他用人单位，或者自己开业生产或者经营同类产品、从事同类业务的竞业限制期限，不得超过两年。

（3）依法解除劳动合同的权利。

劳动力流动是市场经济的普遍现象。《劳动合同法》延续了《劳动法》的有关规定，在赋予劳动者依法享有解除劳动合同权利的同时，也赋予了用人单位依法享有解除劳动合同的权利。用人单位在以下情形下可以解除劳动合同：与劳动者协商一致，可以解除劳动合同；劳动者有严重违法、违纪、违规行为的，可以解除劳动合同；用人单位可以依法进行经济性裁员；劳动者患病或非因工负伤医疗期满后不能从事原工作又不能从事用人单位另行安排工作的；不能胜任工作，经培训或调整工作岗位仍不能胜任的，或者劳动合同订立时依据的客观情况发生重大变化，致使劳动合同无法履行的，用人单位提前30日以书面形式通知劳动者本人或者额外支付劳动者一个月工资后，可以解除劳动合同。

（4）尊重劳动者享有知情权的义务。

《劳动合同法》规定用人单位在招用劳动者时，应当如实告知劳动者工作内容、工作条件、工作地点、职业危害、安全生产状况、劳动报酬以及劳动者要求了解的其他情况。

（5）在招用劳动者时不得扣押劳动者的证件和收取财物。

《劳动合同法》规定："用人单位招用劳动者，不得扣押劳动者的居民身份证和其他证件，不得要求劳动者提供担保或者以其他名义向劳动者收取财物"，并规定了相应的法律责任。

（6）劳动合同解除或者终止后对劳动者的义务。

在解除或者终止劳动合同后，劳动关系就不复存在了。为了便于劳动者尽快找到新工作，用人单位应当为劳动者出具解除或者终止劳动合同的证明，并在15日内为劳动者办理档案和社会保险关系转移手续。用人单位对已经解除或者终止的劳动合同的文本，至少保存两年备查。

4.劳动行政部门的法定职责

劳动行政部门对劳动合同制度的实施负有监督管理的职责。《劳动合同法》对劳动行政部门的法定职责作了严格规定。

（1）监督检查的责任。县级以上地方人民政府劳动行政部门依法对下列实施劳动合同制度的情况进行监督检查：涉及劳动者切身利益的规章制度及其执行的情况、订立和解除劳动合同的情况；劳务派遣单位和用工单位遵守劳务派遣有关规定的情况；遵守国家关于劳动者工作时间和休息休假规定的情况；支付劳动合同约定的劳动报酬和执行最低工资标准的情况；参加各项社会保险和缴纳社会保险费的情况；法律、法规规定的其他劳动监察事项。在劳动行政部门实施监督检查时，有权查阅与劳动合同、集体合同有关的材料，有权对劳动场所进行实地检查，用人单位和劳动者都应如实提供有关情况和材料。

（2）不履行法定职责和违法行使职权的法律责任。《劳动合同法》规定：劳动行政部门和其他有关主管部门及其工作人员玩忽职守、不履行法定职责，给劳动者或者用人单位造成损害的应当承担赔偿责任；对直接负责的主管人员和其他直接责任人员，依法给予行政处分；构成犯罪的，依法追究刑事责任。

四、《劳动争议调解仲裁法》关于劳动争议处理制度的部分新规定

1.《劳动争议调解仲裁法》的程序性与合法性

《劳动争议调解仲裁法》是关于劳动争议协商、调解、仲裁以及当事人解决劳动争议所必须遵循的程序规范。劳动争议调解组织和仲裁机构是依法建立并处理劳动争议的团体或机构，劳动争议调解委员会调解劳动争议属于劳动争议解决机制中的社会救济；劳动争

议仲裁委员会处理劳动争议兼具社会救济与公力救济相结合的属性，劳动争议仲裁为一裁终局或裁审衔接的体制。只要一方当事人提请仲裁，即可启动仲裁程序，劳动争议仲裁具有国家强制性。当事人不仅要遵守法定的仲裁程序，而且还要受到发生法律效力的仲裁调解协议或裁决的约束，《劳动争议调解仲裁法》具有公法的效力。

2.《劳动争议调解仲裁法》的任务

《劳动争议调解仲裁法》的主要任务是：第一，公正及时解决劳动争议，保护当事人的合法权益；第二，促进劳动关系和谐稳定。

3.《劳动争议调解仲裁法》关于劳动争议处理新的制度设计

（1）强化了劳动争议调解程序。

劳动争议处理制度中的调解是解决劳动争议过程中的一个独立程序。它是社会对劳动关系运行中出现矛盾的一种自我化解形式，其基本特点是：第一，群众性。包括企业劳动争议调解委员会（由职工代表、用人单位代表、工会代表三方组成），或其他调解组织、基层人民调解组织、其他具有调解职能的组织。各类调解组织既非司法机关，又非行政机构，而是群众组织。它依靠群众的直接参与化解矛盾，其组成决定了它的群众性。第二，自治性。它是通过社会力量对劳动争议实行自我管理、自我调解、自我化解矛盾的一种途径。第三，非强制性。调解组织调解劳动争议贯彻自愿原则，即申请调解自愿、调解过程自愿、达成协议自愿、履行协议自愿。

《劳动争议调解仲裁法》的制定体现了尽量把劳动争议解决在基层，最大限度地减少社会成本的立法精神。它规定：发生劳动争议，当事人可以到下列调解组织申请调解：①企业劳动争议调解委员会。②依法设立的基层人民调解组织。③在乡镇、街道设立的具有劳动争议调解职能的组织。

《劳动争议调解仲裁法》还规定：对因支付拖欠劳动报酬、工伤医疗费、经济补偿或赔偿金事项达成调解协议，用人单位在协议约定期限内不履行的，劳动者可持调解协议书依法向人民法院申请支付令，人民法院应当依法发出支付令。这是劳动者向人民法院申请追索工资报酬等经济福利待遇的一条捷径。

（2）《劳动争议调解仲裁法》规定部分案件实行有条件的“一裁终局”制度。为防止一些用人单位恶意诉讼以拖延时间、加大劳动者维权成本，为对劳动者的权利救济保障更为充分，《劳动争议调解仲裁法》在仲裁程序中规定部分案件实行有条件的“一裁终局”制度，即对因追索劳动报酬、工伤医疗费、经济补偿或赔偿金不超过当地月最低工资标准12个月金额的争议，以及因执行国家劳动标准在工作时间、休息休假、社会保险等方面发生争议等案件的裁决，在劳动者在法定期限内不向法院提起诉讼，用人单位向法院提起撤销仲裁裁决的申请被驳回的情况下，仲裁裁决为终局裁决，裁决书自作出之日起发生法律效力。

（3）《劳动争议调解仲裁法》对申请劳动争议仲裁时效期间作了更为科学的规定。按《企业劳动争议处理条例》的规定，劳动争议当事人应当自劳动争议发生之日起60日内向劳动争议仲裁委员会提出书面申请。在实践中，一些劳动者因为超过时效期间而丧失了获得法律救济的机会。为更好地保护劳动关系当事人特别是劳动者的合法权益，《劳动争议调解仲裁法》第二十七条规定：“劳动争议申请仲裁的时效期间为一年。仲裁时效期间从当事人知道或者应当知道其权利被侵害之日起计算。前款规定的仲裁时效，因当事人一方向对方当事人主张权利，或者向有关部门请求权利救济，或者对方当事人同意履行义务而中断。从中断时起，仲裁时效期间重新计算。因不可抗力或者有其他正当理由，当事人不能在本条第一款规定的仲裁时效期间申请仲裁的，仲裁时效中止。从中止时效的原因消除之日起，仲裁时效期间继续计算。劳动关系存续期间因拖欠劳动报酬发生争议的，劳动者申请仲裁不受本条第一款规定的仲裁时效期间的限制；但是，劳动关系终止的，应当自劳动关系终止之日起一年内提出。”

（4）缩短了劳动争议仲裁审理期限，并明确了先行裁决的条件。根据原仲裁条例的规定，仲裁裁决一般应在收到仲裁申请的60日内作出；如案情复杂确需延期的，经法定程序批准可适当延期，但延期不得超过30日。为了提高效率，《劳动争议调解仲裁法》缩短了仲裁审理时限，规定应当自受理仲裁申请之日起45日内结束；案情复杂需要延期的，经劳动争议仲裁委员会主任批准，可延期并书面通知当事人，但延期不得超过15日。同时，该法还规定：“仲裁庭裁决劳动争议案件时，其中一部分事实已经清楚，可以就该部分先行裁决。”仲裁庭对追索劳动报酬、工伤医疗费、经济补偿或者赔偿金的案件，根据当事人的申请，可以裁决先予执行，移送人民法院执行。

（5）合理分配举证责任。劳动争议处理中的证明责任也称举证责任，指劳动争议当事人对自己提出的主张，负有向劳动争议处理机构提供证据并加以证明的义务。不履行证明责任者就要承担不利于自己的处理结果。由劳动关系的特点所决定，反映平等主体关系的争议事项，遵循“谁主张、谁举证”的原则；反映隶属性关系的争议事项，实行“谁决定、谁举证”的原则。《劳动争议调解仲裁法》规定，当事人对自己提出的主张，有责任提供证据。考虑到劳动关系的特征及用人单位在劳动关系运行中的作用，又特别规定：与争议事项有关的证据属用人单位掌握管理的，用人单位应当提供，不提供的应承担不利后果。

（6）减轻了当事人的经济负担。《劳动争议调解仲裁法》规定，劳动争议仲裁不收费，劳动争议仲裁委员会的经费由财政予以保障。

第三节　工作压力管理与员工援助计划

一、　工作压力管理

（一）工作压力的概念

心理学把压力看作个体对外界刺激的反应过程，包括对威胁的感知和相应的身心反应；紧张则是压力导致的消极后果之一，即对压力无效应对而导致的消极影响，如自我评价降低、肌肉紧张、血压升高、心不在焉、工作绩效降低等，从长远角度来看，更为严重的紧张状态还包括工作衰竭。因此，压力与紧张是既相互联系又有区别的两个概念，压力是紧张产生的心理条件，而紧张是压力导致的后果。为人们普遍认可的工作压力的定义至今尚未形成，通常以下面三种模式来界定其含义：

1.以反应为基础的模式

加拿大心理学家汉斯·薛利（Hans Selye）于1930年提出了一般适应症候群（General Adaptation Syndrome，GAS）的压力反应模式。他认为，人面临压力的反应包含了三个阶段：

（1）报警反应阶段。当压力因素第一次发生时，身体调动它的生理保护机制，反抗压力因素。这是一种高度活跃的状态，反应能量达到了它的活动极限。

（2）抵抗阶段。在这个阶段，身体转向活动的正常水平并且阻抗继续增加。

（3）消耗阶段。适应能力（能量）消失，症状重新出现，并产生进一步的结果。

2.以刺激为基础的模式

该模式将集中注意压力刺激的实质，关注压力的来源是什么。一般来说，工作组织中的压力源主要有：

（1）工作本身因素：包括工作太多或太少以及太复杂、时间压力和面临最后的期限、必须作出重要决定、工作常富于变化以及工作失误会造成严重影响等。

（2）组织中的角色：包括角色模糊和角色冲突、对人或对事负有责任等。

（3）职业发展：包括提升过快、提升不足、社会地位低下、缺乏职业保障以及雄心受阻等。

（4）组织结构与气候：包括在决策中缺乏参与、领导对工作限制太多以及干涉人际交往等。

（5）组织中的人际关系：包括与上级、同事相处是否融洽，工作是否经常获得支持等。

3.交互作用模式

这种模式以上述两种模式为基础，认为上述两种理论应以个人动机和应付压力的能力信息作为补充。个人紧张的产生，除了存在压力源之外，还必须满足以下两个条件：一是个人感觉到对自己需要和动机的威胁；二是自己不能对压力源进行有效应付。

（二）压力的来源与影响因素

尽管不同的人对压力有不同的感受，但潜在的工作压力还是有规律可循的。它包括环境因素、组织因素和个人因素三方面。

1.环境因素

环境的不确定性不仅会影响组织结构的设计，也会影响组织中员工的压力水平。它包括经济的不确定性、政治的不确定性和技术的不确定性。商业周期的变化会造成经济的不确定性。经济萧条总会伴随劳动力减少、解雇人数增多、薪水下调等后果，人们会为自己的安全保障而倍感压力。在政治体制相对不稳定的国家，人民会有较大的压力。政治变革和政治威胁总会诱发不稳定感和压力感。技术的不确定性是引发压力感的第三类环境因素。新的技术革新会使一个员工的技术和经验在很短的时间内过时。计算机、自动化、机器人及其他形式的技术创新会威胁到许多人，使他们产生压力感和紧迫感。

2.组织因素

组织内有许多因素能引起压力感。角色模糊、角色冲突、任务超载、任务欠载、人际关系、企业文化、工作条件等都会给员工带来压力。有些因素在不同程度上可以加以控制，有些则不然。

（1）角色模糊。当员工不理解工作内容时就会产生角色模糊。因此，必须让员工了解工作的主体、工作的范围和责任。随着企业合并和兼并活动的增加，越来越多的员工不能确定是否履行了主管期望的职责，或者所完成的任务是否是别人工作的一部分，从而觉得紧张和不安。这是由任务不明造成的，员工由此感到工作的压力和威胁。

（2）角色冲突。当某个人不得不完成完全相反的目标时会发生角色冲突。例如，要求一位经理增加产量，却又必须裁减劳动力，同时达到两个目标是很困难的，于是就会产生压力。

（3）任务超载。员工由于必须对太多人的任务期望作出反应而受到压力。当分配给员工超出其能力所及的工作或者时间不容许时，他们会成为超负荷工作的承受者；在一定期限内被要求做很多事时，会感到焦虑和压力，随着时间的推移，患难感更为严重，就会导致精力衰竭。

（4）任务欠载。对某些工作或某些员工来说，压力来自于欠载。任务欠载是指员工的工作太少或工作单调的状况。商店无人光顾，售货员整天站着无所事事，这就可称为任务欠载。具有讽刺意味的是，任务欠载能产生与任务超载同样的问题：自尊心不强，易紧张和抱怨以及出现健康问题。任务欠载产生的最严重的后果是惰性、体力和精神上的厌倦和疲劳。即使在空闲时间，员工对社会活动和体育活动也全无兴趣。

（5）人际关系。产生工作压力的另一个重要根源是人与人（包括上级、下属、同事或顾客）之间的关系。如果个人缺乏同事的支持，与同事关系紧张，会使员工产生相当大的压力感。此外，公司有关升职、加薪和提高地位等奖励制度所带来的竞争也会使人际关系问题更加突出。当员工与同事或领导者的关系处于一种不良状态时，这种压力就会更加恶化。

（6）企业文化。通常来说，企业文化和压力也是密切相关的，组织的心理气氛会对工作产生压力。当一个组织的日常生活笼罩着敌对、疏远或者不友好的气氛时，员工会终日感觉紧张，相互之间不信任，不愿意相互支持，并且缺少解决问题的协作精神。这时，企业高层领导者的领导风格经常起着决定性作用。

（7）工作条件。当工作环境的温度、噪声及其他条件有危险或不受欢迎时，会使员工焦虑感增强。一台常出故障、落后的复印机，平时并无大碍，但是在一份重要报告必须迅速复印出来，并且要在第一时间呈送到总裁手里时，它就会给办公室秘书制造极其紧张的氛围。

3.个人因素

员工私人时间内的经历及所遇到的各种问题，往往会对日常工作有显著影响。如果员工的个人生活问题处理得当，情绪总是乐观向上的，就会精力充沛地、耐心地处理工作问题。反之，如果员工的日常生活存在某些问题，在工作中就会感到紧张或精力不集中，某个小问题也会使他们变得愤怒和暴躁。因此，个人生活因素会影响员工的工作压力水平。这些因素主要涉及家庭问题、经济问题、生活条件和员工个性特点等方面。

（1）家庭问题。人们常说，家是幸福和安全的源泉，但有时它也会成为压力的主要制造者。婚姻困境、单亲现象、某种亲密关系的破裂、子女教育等都会给员工带来压力感。进入21世纪，社会正发生着巨大的变化，当丈夫和妻子都担负着工作和家庭责任时，传统的家庭角色和分工发生了变化，夫妻双方都承受着很大的生活压力。

（2）经济问题。经济问题会带给员工无法承受的压力，并使他们工作分心。对一些人来说，这些问题持续不断，永远不能彻底解决。不管收入高低（年收入80 000元的人与年收入18 000元的人相比，两者在经济问题上都可能遇到麻烦事），毕竟，有些人就是不善理财，或者开支欲望总是超出他们挣钱的能力范围。

（3）生活条件。住房问题、居住环境、空气和噪声污染、交通堵塞、排队等城市生活问题会带来令人厌烦的紧张情绪。调查表明，那些住在人口稠密地区的人紧张度更高，压力更大。

（4）员工个性特点。如何承受压力，对压力作出什么反应，都是因人而异的。有些人喜欢关注现实中的负面因素，对工作中呈现的压力源可能感受得更加强烈。心理学家弗里德曼（Friedman）于1974年提出了特定行为模式与冠心病之间的关系理论。他认为，人们有两种不同的行为模式：一种叫做A型行为，特点表现为强烈地追求成就、竞争，行为急躁、紧迫，动作及言语粗鲁等；另一种叫做B型行为，特点表现为容易与人相处，较少狂乱，很少对人怀有恶意等。研究证明，A型个体比B型个体更容易得心脏病，A型个体血液中的激素成分很多，更容易受环境的影响，因而，更容易产生心理紧张反应。

（三）工作压力产生的后果

工作压力对个体与组织效能的影响既有积极的一面，也有消极的一面。问题的关键在于压力是否在我们应付能力的范围之内。如果能够有效地应对压力，对个人的能力和组织效能将产生积极影响，这是好的压力；反之，则是坏的压力。在工作压力过低的情况下，个体动机唤起不足，甚至容易产生厌烦情绪，个体与组织效能只能保持在较低的水平上。随着压力的增加，情境变得越来越有利于个体行为的有效发挥和工作绩效的提高，并在中等压力水平上达到绩效的高峰。随着压力的进一步增加，超过某一特定水平时，由于动机水平唤起过高，个体处于焦虑状态，最终将被压力摧垮，行为绩效也随之下降，并产生一系列身心和行为的紧张症状。

1.工作压力的积极作用

适度的压力水平可以使人集中注意力，提高忍受力，增强机体活力，减少错误的发生。压力可以说是机体对外界的一种调节的需要，而调节则往往意味着成长。当我们在压力情境下不断地学会应对的有效办法，就可以使我们的应对能力不断提高，工作效率也会随之上升。所以，压力是提高人的动机水平的有效工具，通过设计有挑战性的目标、激发员工的成就动机等手段，给下属以一定程度的心理压力，可使其动机得以激发，从而更好地完成工作。

2.工作压力的消极作用

相对来说，对工作压力消极作用的研究更为广泛。一般认为，过度工作压力所造成的紧张症状可归并为三种类型，即生理症状、心理症状和行为症状。

（1）生理症状。压力初期，最应引起注意的就是生理方面的症状。工作压力能使人的新陈代谢出现紊乱，心率、呼吸率加快，血压升高，头疼，易患心脏病。尤其是工作压力也会成为溃疡、关节炎、吸毒、酗酒的诱因。工作压力影响人的寿命，工作压力不仅使人易染重病，而且能直接引起致命的疾病。

（2）心理症状。工作不满意可以说是过度工作压力“最简单、最明显的心理影响后果”。有关事实表明，当个人工作过多且过于单调，工作反馈机制不健全，对工作缺乏控制感，又常伴随角色模糊及角色冲突时，员工的压力感和不满意感都会增强，工作投入程度也会随之降低。

（3）行为症状。行为症状包括生产效率下降、缺勤、离职、饮食习惯的改变、吸烟、嗜酒、烦躁、睡眠失调等。压力对个人的工作绩效、决策等行为也会产生不利影响。当人们感到压力增大时，就会倾向于拖延和回避决策，出现注意力不集中，常常忽视重要信息的情况。

（四）工作压力的管理

工作压力不仅关系到员工的身心健康，而且对个人和组织的工作绩效有着很大的影响。因此，对压力的有效应对与管理是企业人力资源高级管理者应予以关注的重要问题之一。总的来说，工作压力的应对与管理可以从个体与组织两个角度来考虑。

1.个体水平压力管理的主要策略

从个体角度来看，压力和紧张可针对其内在机制的环境、反应及个性三方面导向来进行管理。

（1）压力源导向。

对压力源的应对与管理，主要是从组织角度予以进行，从个体角度对其进行应对则主要是从个人对工作环境的管理和生活方式的管理两个方面着手。

生活方式的管理着眼于自身生活习惯，使自己学会有规律、有效率地生活，从而减轻工作压力的影响。例如，体育锻炼，可以使身体健壮、精力充沛，应对压力的能力增强，减少或消除一些压力对生理的影响。体育锻炼要有规律、持之以恒，还要以适量和娱乐性为原则。我国一些古老的养生、健身方式，如气功、太极拳等都是消除压力良好的锻炼形式。

很多人不善于管理自己的时间，如果他们能恰当地安排好工作时间，那么在既定的每天或每周的时间段内必须完成的任务就不会落空。工作按部就班、井然有序，就能够在相同的时间段内完成比无序者多两倍或三倍的工作任务。因此，理解并学会遵循时间管理原则，有助于帮助员工更好地应对工作所带来的压力感。

（2）压力反应导向。

压力反应导向的管理主要从生理、情感及认知三个方面着手进行。

压力生理反应的消除，主要是通过一系列的心理训练，使个体学会控制自己的生理反应，从而消除或减轻紧张反应。这种心理训练方法有多种，如放松训练、生物反馈训练、自生训练、冥想等，关键在于在遇到环境压力而感到紧张时能有效地运用它达到一种松弛状态。

寻求社会支持是我们应对压力情感反应的一个有效手段。当个体受到压力威胁时，他人的帮助和支持可以促使我们恢复信心。这种支持和帮助表现为与我们一起讨论目前压力的情境，帮助我们确立更现实的目标，并指出我们不曾发现的情境中的一些积极特征，这对舒缓压力和紧张情绪也是非常必要的。

对压力源认知评价的不同直接影响紧张感是否产生以及以后的发展。认知评价反映了一个人对压力或情境的总体评价，这是压力管理的一个重要组成部分。认知评价使人们把情境或压力源分为有害的压力源、威胁的压力源和挑战的压力源，这些差异影响着人们的应对策略。

（3）个性导向。

个性导向是通过改变某些容易产生压力感的个性因素，从而缓解压力。弗里德曼等认为，人们有两种不同的行为模式，即A型行为和B型行为。对于A型个性的人，我们可以通过行为矫正技术改变其行为方式，使其易产生紧张反应的性格得到某种程度的改变。除此之外，建立员工的内部控制源和自我效能感，也可以改变个体对压力源的感知和应对方式，从而降低紧张反应产生的可能性和程度。

2.组织水平上的压力管理策略

从组织角度来看，压力管理主要是为被管理者营造一个能充分调动员工积极性的适度压力的工作环境，避免导致因紧张而产生过度压力。管理者可从工作任务和角色以及生理和人际关系等方面满足员工的各种需求，从而消除紧张情绪，提高工作绩效。

（1）工作任务和角色需求。这主要是从工作本身和组织结构入手，促进任务、角色的清晰化和丰富化，增强工作自身的激励因素。激发员工的内在工作动机，提高工作满意度，从而减少压力及紧张产生的机会。

第一，控制组织气氛。现代组织生活的一个压力因素是有计划的变革，组织应提供足够的支持帮助员工适应变化。积极地参与能帮助员工接受变革，例如，允许员工参与工作实践或组织结构变革的决策过程，允许他们表达观点和提出申诉，这样就能有效地防止或减少压力的产生。

第二，提供控制能力。相信自己对工作能够有所控制会极大地减轻压力的影响。组织可以通过丰富、扩大和拓展工作来提供更多的责任和决策权，这样能增强员工的控制感。

第三，提供社会支持。研究表明，社会支持网络能缓解个体承受压力的不利影响，组织可通过建立团结的工作群体和培训上司（使上司体会到下属的感觉并加以关注）来增强社会支持。

第四，强化员工正式的组织沟通。加强与员工正式的组织沟通，有助于减轻角色模糊和角色冲突，从而减少不确定性。尽管在压力感-员工反应这对关系中员工的个人认知是一个重要的中介变量，但管理者可运用有效的沟通来改变员工的认知。员工所认识到的各种任务、威胁和机会等，都仅仅是他们对现实的一种诠释，而管理者完全可以通过与员工的沟通、传递的信号和举止来影响甚至改变员工的认识。

第五，目标设置。当员工的目标比较具体且富有挑战性，而且能及时得到关注和反馈时，他们会做得更好。利用目标设定可以减轻工作压力，增强员工的工作动机。如果目标比较具体，而且员工又认为是可以达到的，就会有助于降低员工工作绩效的不确定性。这样，能够相应地减轻员工的受挫感、角色模糊感和压力感。

第六，工作再设计。由于员工对工作目标、工作预期、上级对自己如何评价这类问题常常会产生不确定感，如果管理人员能让员工参与这方面的决策，就能够增强员工的控制感，帮助员工减轻角色压力。从这个角度来说，管理人员应提高员工参与决策的水平。而参与组织的重新设计是提高员工参与决策水平的重要途径。重新设计工作可以给员工带来更多的责任、更大的自主性和更强的反馈，这样有助于减轻员工的压力感。这是因为重新设计所带来的责任、自主性和反馈使员工对工作活动有了更强的控制力，并降低了对他人的依赖性。但是，并非所有员工都愿意使自己的工作内容更加丰富，对那些成就需要较低的员工进行工作设计时，应使他们承担较轻的工作责任，同时还应增加具体化的内容。如果员工更乐意从事例行和程序化的工作，那么，降低对他们工作技能的要求，就能相应地降低工作的不确定性和工作压力感。

（2）生理和人际关系需求。主要是为员工创造良好的生理和心理环境，满足员工在工作中的身心需求，以提高工作方面的保健因素，减轻压力。

第一，弹性工作制。这种工作安排方法允许员工在特定的时间段内，自主决定上班时间。一般在每天的工作时间内，有一个共同的核心工作时间段，通常是6小时，其两端是弹性工作时间带。在核心工作时间内，所有员工都上岗到位，但在弹性时间段内则可以自主决定另外两小时的时间安排，员工可以选择将另外两小时累加到核心工作时间之前或之后。弹性时间制有利于降低缺勤率，提高生产率，减少加班费用的开支，减轻工人对管理人员的敌意，从而增加员工的工作满意度，减少压力的产生。

第二，参与管理。由于员工会在工作目标、工作预期、上级对自己如何评价这类问题上产生不确定感，而这些方面又会影响员工的工作绩效，因此，如果管理人员让员工参与这方面的决策，就能够增强员工的控制感，帮助员工减轻角色压力。

第三，放松训练。19世纪30年代早期，放松训练作为一种减压方式逐渐兴起。通过引导病人将注意力集中于身体的某一部位，然后转移到其他部位，系统地紧张和放松肌肉，以此舒缓压力。这种训练让精力集中于放松状态，可以帮助员工达到深度放松。

二、员工援助计划

（一）员工援助计划的含义

员工援助计划是由组织（如企业、政府部门等单位）向所有员工及其家属提供的一项免费的、专业的、系统的和长期的咨询服务计划。在这项计划中，专业人员将协助企业尤其是人力资源管理部门，诊断企业、团队和个体存在的问题，为员工提供培训、指导及咨询服务，及时处理和解决他们所面临的各种与工作相关的心理和行为问题，以达到提高员工工作绩效、改善组织管理和建立良好组织文化等目的。

（1）对象：所有员工及其家属。

（2）目标：改善员工的工作生活质量，从而达到其终极目标——提高组织的工作绩效和促进员工的个人成长。

（3）实质：提供组织层面的心理咨询服务。

（二）员工援助计划的历史沿革

员工援助计划（以下简称EAP）起源于20世纪二三十年代的美国，最初是为了解决员工的酗酒问题。当时，由于人们已经认识到酒精依赖是一种疾病而非精神或道德问题，因此，为消除员工酗酒问题给个人和企业绩效所带来的负面影响，有的企业聘请专家帮助员工解决这些问题，并建立了职业酒精依赖项目（OAP），这就是员工援助计划的雏形。

早期的EAP主要致力于帮助员工解决酗酒或滥用药物的问题，经过几十年的发展，已远远超出了原有的OAP模式。现在的内容包括：工作压力、心理健康、灾难事件、职业生涯困扰、健康生活方式、法律纠纷、理财问题、减肥和饮食紊乱等，全方位帮助员工解决个人问题。

（三）员工援助计划的分类

1.根据实施时间的长短，可分为长期EAP和短期EAP

（1）长期EAP的实施时间是数月或更长时间。由于EAP具有系统性的特点，因此，应该有计划地持续。

（2）短期EAP更多的是应急性的，比如在企业合并的过程中，为了解决因企业文化冲突、角色变化或模糊、工作重构等导致的心理问题或者如“9·11”等灾难性事件导致的组织内部蔓延着悲伤和恐惧等情绪。这时，短期EAP能帮助组织顺利度过一些特殊阶段。

2.根据服务提供者，可分为内部EAP和外部EAP

（1）内部EAP建立在企业内部，配置专门机构或人员，为员工提供服务。大型和成熟的企业会建立内部EAP，而且由企业内部机构和人员加以实施，更贴近和了解企业及员工的情况，因而，能及时有效地发现和解决问题。

（2）外部EAP由专业EAP服务机构操作。企业需要与服务机构签订合同，并安排1～2名EAP专员负责联络和配合。

一般而言，内部EAP比外部EAP更节省成本，但由于员工的心理敏感和保密需求，对EAP的信任程度可能不如外部EAP。专业EAP服务机构往往有着广泛的服务网络，能够为全国甚至全世界提供服务，这是内部EAP难以实现的。所以，在实践中，内部EAP和外部EAP往往结合使用。

此外，在没有实施经验以及专业机构的指导、帮助下，企业想马上建立内部EAP会很困难，所以，绝大多数企业都是先实施外部EAP，然后建立内部的、长期的EAP。

（四）员工援助计划的意义

EAP的直接目的就在于维护和改善员工的职业心理健康状况，从而提高组织绩效。一项研究表明，组织每投入1美元在EAP上，可节省运营成本5～16美元。因此，截至1987年，财富500强企业中已有80%的企业为员工提供了EAP。具体而言，EAP的意义在于：

1.个体层面

提高员工的工作生活质量。包括：增进个人身心健康，促进心理成熟，减轻压力和增强对压力的心理承受能力，提高工作积极性，提高个人工作绩效，改善个人生活质量，改善人际关系。

2.组织层面

减少成本，增加收益，节省招聘和培训费用，减少人员流失，提高出勤率，降低管理成本，提高员工满意度，改善组织文化，改善组织形象，提高组织绩效。

（五）员工援助计划的操作流程

根据员工援助计划的内容和要求，可将该计划的实施分成六个阶段：

1.问题诊断阶段

（1）目的：了解问题的现状及原因，从而为有针对性地提出科学有效的员工援助计划做准备。

（2）主要关注的层面：组织层面、团队层面和个体层面。

（3）方法：观察法、访谈法、问卷调查法和文献法。

2.方案设计阶段

（1）以书面形式确立员工援助计划在企业活动中的地位和意义。

（2）根据前一阶段所发现的问题确定此次服务的主要目标，细化这些目标，并向相关人员公布。

（3）根据此次员工援助计划的服务目的制订具体的、具有可操作性的实施计划，同时，建立畅通无阻、反应迅速的服务渠道。

在此阶段，我们还需要确保咨询资源（如人员和设施配备等）充足，参与人员的专业素质过硬，并在服务目标和操作计划敲定后，向每个参与EAP的工作人员澄清其各自的职责及工作程序。

3.宣传推广阶段

（1）管理者层面。针对管理者开展的宣传推广活动主要是为了取得上级领导的支持和理解，以保证活动的顺利实施。

（2）一般员工层面。针对一般员工开展的宣传推广活动的目的是在员工和咨询员之间建立良好的互相信任的关系，提高员工对服务的认可度。在中国企业中开展EAP，这是相当重要的一个环节。在传统的中国文化中，个体寻找心理服务的行为是不被鼓励的，因此，部分问题员工不会主动接受EAP的服务。为了让EAP发挥其最大效能，帮助员工解决个人问题，提升组织绩效，我们必须重视建立信任关系的意义，让员工意识到这项组织提供的免费福利将有助于其个人问题的解决及心理成长。

4.教育培训阶段

（1）管理者培训。管理者培训的目的是使管理者了解和掌握一定的心理知识和心理咨询技巧，以便在工作环境中发现、甄别、解决和预防员工的心理问题。

（2）员工培训。员工培训主要是讲授基本心理知识和自我管理技巧（如情绪管理、压力管理和实践管理等），帮助员工了解自我，排解压力，消除困惑。可以采用多种方法进行培训，如专题讲座、团体辅导等。

5.咨询辅导阶段

这一阶段与教育培训阶段的不同之处在于：教育培训阶段如同给本科生上课，通常都是普及性的，偏重于传授基础性的知识，一次针对的对象数量也比较多；而咨询辅导阶段则如同给研究生上课，它着重于针对个别员工的特殊问题进行心理辅导。同时，无论是在教育培训阶段还是咨询辅导阶段，咨询人员都要敏锐洞察工作、生活、环境的变化对员工心理问题的影响，及时对EAP的目标和手段作出合理调整，以适应组织和员工的需求。另外，还要注意保持并不断提高咨询人员的专业知识和技能，以提高他们解决问题的能力。

6.项目评估和结果反馈阶段

及时、科学地进行项目评估和结果反馈，有助于提高企业服务工作的质量，总结经验教训，不断改进工作。

本章概要

□ 内容结构

- 员工关系管理
  - 劳动关系
    - 劳动关系的含义
    - 利益协调型劳动关系
    - 劳动关系调整的方式
  - 劳动合同
    - 劳动法律关系
    - 劳动争议处理制度的新规范
    - 《劳动合同法》关于劳动合同制度的部分新规定
  - 工作压力管理与员工援助计划
    - 工作压力管理
    - 员工援助计划

□ 主要概念和观念

劳动关系　劳动合同　劳动争议　劳动仲裁　工作压力　员工援助

□ 重点实务

劳动合同的撰写　集体协商订立集体合同　劳动争议的处理　劳动仲裁程序

□ 重点操作

员工援助计划的设计与执行

单元训练

□ 理论题

(1) 劳动法律关系的构成要素包括哪些方面?

(2) 劳动关系调整的方式有哪些?

(3) 集体劳动合同与劳动合同的区别是什么?

(4) 劳动争议仲裁的概念和程序分别是什么?

(5) 简述工作压力管理的主要措施和基本方法。

(6) 简述员工援助计划的操作流程。

□ 实务题

(1) 代表"引例"中的快递公司与小王等快递员签订一份集体劳动合同。在集体协商的过程中要注意哪些问题，就哪些关键事项进行协商，如何才能高效地完成合同的订立?

(2) 针对"引例"中小王等快递员的工作现状，分析他们面对的工作压力有哪些，如何帮助他们缓解压力?

(3) 为"引例"中的快递员小王设计一份员工援助计划，并根据这份员工援助计划的服务目的制订具体的、具有可操作性的实施计划。

□ 案例题

钱既不是问题也不是答案

背景与情境：在对企业激励机制的实证调研中，某公司销售部门的激励措施引起了我们的注意。该公司对销售部门采取的薪酬方案极其简单：固定工资，实际上全公司所有部门采取的都是固定工资（高层管理人员除外）。但是，令我们惊奇的并不是其固定工资方案本身，而是在这种单调的薪酬方案下，销售部门的人员竟然干劲十足。

我们不禁要问：这是为什么？根据经济学对委托代理的研究结论：当代理人的努力水平不可观测时，在只支付固定工资的情况下，代理人是不会努力工作的。那么，在这种极不合理的薪酬方案中到底是什么神奇的力量在发挥着积极的激励作用呢？带着这个问题我们对该公司进行了深入的调查。

这是一家生物制药企业下属的子公司，专门从事纳米技术在医药领域的开发和销售（以下简称纳米公司）。纳米公司成立于2011年，2012年11月份，一款药品成功推向市场，在不到一年的时间里已经取得了不俗的销售业绩。在对其进行进一步了解之后，我们作为旁观者不禁对销售部门的员工深感钦佩：在极为有限的营销预算下能取得这样的业绩实属难得。这也再次印证了我们所观察到的事实：销售部门的人员干劲高涨。我们还了解到，从纳米公司成立至今，在两年多的时间里，公司的工资方案从未变过，始终都是固定工资，而且每个人的工资水平也从未进行过调整，至于将来在什么时候会调整也是未知的，员工们认为完全不可预期，实际上他们对此并没有抱什么希望。

销售部门70%的员工是2012年7月份毕业的应届生，其他人员为陆续从社会上招聘的，年龄均在35岁以下。销售部门的工资方案是这样的：在应届毕业生中，本科生的月工资为3 000元，硕士的月工资为4 000元，其他从社会上招聘来的具有一定工作经验的员工月工资较高，在5 000～6 000元之间。对于应届毕业生来说，他们的工资收入水平与其在该城市工作的同学们相比是最低的，其他员工的工资在同等资历的人中也是比较低的。那么，是什么在激励他们努力工作呢？

当我们提出这个问题的时候，员工们的回答几乎是一致的："我努力工作并不是为了公司，而是为了我自己，为了我将来的事业发展。在这里，我们每个人都独立负责管理部分区域市场，我们能够得到锻炼，这对于我们的成长很有益处。虽然我目前的工资收入很低，但是，我相信在不久的将来，一旦我跳槽到其他公司，我会得到很高的工资"。实际情况部分地证明了这一点，该部门的跳槽率的确很高。但是，由于公司总是能够很容易地招聘到所需要的人员，所以对于较高的跳槽率，管理层似乎并不介意。

经过系统地调查之后，纳米公司销售部门存在的下述三种现象吸引了我们的注意：

现象一：固定工资的薪酬方案，显著低于外部的工资水平；

现象二：销售部门的员工干劲十足，而且工作的主动性、创造性较高，这可以通过业绩显示出来；

现象三：员工的流动率很高。在我们调查的人员当中，80%的人明确表示在将来的某个时间会跳槽，40%的人认为自己会在一年之内跳槽。

在一个公司中，出现以上三种现象中的任何一种情况都是不足为奇的，可是，当所有这几种情况同时在一个公司中出现的时候，我们不得不为之侧目，因为它们是一组矛盾的组合：当现象一出现的时候，现象二不应该出现；当现象二出现的时候，现象三的出现也不合常理。

实际上，在任何一个公司中，都在一定程度上存在着这种状况，只是势态微弱往往不能引起人们的注意。纳米公司之所以引起我们的关注，是因为它以一种比较极端的形式将这种矛盾的组合展现在我们面前。

直觉告诉我们，一定有某种内在机制在发挥作用。那么，这种内在机制到底是什么呢？是否能在激励机制中有效地利用这种内在机制的积极作用呢？这种内在机制与外在的物质激励之间是什么关系呢？既然它与外在激励都能够提高员工的努力水平，而且能够显著地节约激励成本，那么，我们想知道是否能在激励机制中将其作为首要的因素加以考虑，只在必要的时候才考虑应用成本更高的外在激励措施？我们还想知道这种内在机制发挥积极的激励作用的条件是什么，以便能够通过积极主动的行为来创造或引导这些条件，促进激励机制发挥良好的效果。当然，我们更希望通过对这种内在机制的探索，一方面排除我们对纳米公司激励机制存在的困惑，另一方面可以扬长避短，降低员工的流动率，为公司留住人才。

问题：

（1）根据对纳米公司情况的介绍，请详细描述纳米公司中劳动关系的各个方面。

（2）根据对纳米公司情况的介绍，请详细描述纳米公司中劳动合同的主要内容是什么？

（3）如何通过完善劳动合同来降低员工的流失？

（4）在当前的经济和社会背景下，纳米公司的员工面临哪些压力？

（5）请为纳米公司设计一份员工援助计划。

□ 实训题

“员工关系管理”训练

承接“引例”的内容。快递员小王认为自己的权益受到了侵害，决定提请劳动仲裁，快递公司对此作出了积极的回应，同意进行仲裁。

实训一、劳动仲裁

要求：根据劳动仲裁当事人和参与者的情况，分别指定学生扮演相应的角色，从书面仲裁申请的起草到仲裁庭的组成以及审理直至作出最后的裁决，完整地模拟演练这一过程。

实训二、协商订立集体劳动合同

假设劳动仲裁庭裁决支持小王的诉求，快递公司经过反省，决定完善员工关系管理，与快递员签订集体劳动合同。

要求：根据集体协商所需要的人员情况，分别由学生组成雇主方代表和员工代表，就相关事项进行协商，最后订立集体劳动合同。

实训三、员工压力管理

与公司经过劳动仲裁之后，小王在公司里成了“名人”，这给小王带来了很大的心理压力。因为小王是一名非常优秀的快递员，因此，公司希望能够帮助小王缓解压力，使他能够把更多的精力放在工作上。

要求：选出合适的学生扮演相关的角色，体现出小王的压力是如何形成的，如何与小王沟通了解其压力，制订缓解压力的方案并实施。

【实训步骤】

将学生分成若干实训组，各实训组可以任选一题。每个实训组结合所选题目，通过自行搜集资料、设计情境、分工协作，达成实训目标。然后运用“员工关系管理”的相关知识分析存在的问题与不足，设计具有针对性和创新性的员工关系管理改进方案，并撰写实训报告。

【实训时间】

本章课堂教学内容结束后的双休日和课余时间，为期一周。

第十一章　跨文化人力资源管理

学习目标

理论知识目标：（1）文化与文化差异的界定。（2）文化差异对人力资源管理的影响。（3）跨文化人力资源管理的基本模式。（4）跨文化人力资源管理策略。（5）跨文化人力资源管理的内容。

实务实训目标：（1）能运用相关背景知识，根据分析不同国家的文化差异要点，总结其人力资源管理模式的特征及跨文化管理过程中的基本策略。（2）能研究章后案例“跨国公司的文化冲突”，培养和提高在特定情境中分析问题、解决问题的能力。（3）能结合一个本国具体的企业，根据行业及企业特征，结合东道国社会文化特点，设计跨文化人力资源管理基本体系，形成明确的管理策略、指出各类制度设计要点。

引例　一次失败的聘用

上海盛业实业有限公司是沪上一家民营企业，老板吴军手下有不少日本人。吴军在日本工作、学习、生活了6年，对日本的民族特征、文化都很熟悉。但是，老板单方面的熟悉并不代表合作与沟通就毫无问题。从日本招来的一名设计师，就因为不适应而离开了公司。

吴军的日语非常流利，和日本人交流不成问题，但是他的员工大部分都不会日语。而且，企业所处的是中国这个大环境，他很自然地要求他的日本员工学习中文。半年后，那个日本设计师却连企业的中文名字都不会说，吴军很不满意，认为设计师没有自觉、主动地融入中国社会的意识。设计师却觉得，反正有翻译，没关系。

有一次，吴军把一个工程交给日本设计师负责。偶尔，他到工地查看，却发现设计师完全用一套日本的方法管理工人，效果很差。他当场指出设计师的工作方法不当。事后，设计师心里很不舒服。当吴军再次提出要去工地时，本意是去探望，对大家的辛苦工作进行慰问，却被日本设计师理解为不放心他的工作，是去督工。日本设计师婉言拒绝老板去工地探视，认为这是对他的极度不信任，“既然把工程交给我，你就不该多管”。

最后，吴军辞退了这个与企业文化和周围环境“格格不入”的日本设计师。设计师走的时候，公司为他开了欢送会。吴军语重心长地告诫他，既然选择来到中国，就必须适应中国的文化，中国企业的风格，不能总是要求别人来迁就他。想到公司对自己的各种特别照顾，再想想自己的做事方法和态度，设计师忍不住泪如泉涌。如今，这名设计师又回到了中国，在华东师范大学学习中文。看来，他是下决心要真正融入中国社会了。

对吴军而言，这是一次不成功的员工聘用与管理，而对日本设计师而言，这是一次不成功就职经历。在这一过程中，双方出现了什么问题?

第一节　文化差异及人力资源管理的影响

一、　文化与文化差异

（一）文化的界定

广义的文化是指人类所创造的一切物质财富和精神财富的总和。而狭义的文化是指人们的生活方式和认识世界的方式。文化是一代代传下来的，对于存在、价值和行动的共识，由特定的群体成员共同形成，是社会与人们共同生活的基础。

（二）文化差异

文化差异是指不同国家、民族间文化的差别，它主要体现在价值观、传统文化、宗教信仰、种族优越感、语言和沟通障碍等方面。不同类型的文化具有明显差异，这种差异不仅可以从表面上通过地区、国家、宗教、组织等外在特征进行区分，还可以从多个维度从更深层次上进行认识与分析。文化差异主要体现在以下几个方面：

1.价值观的差异

价值观是人们对客观事物的意义和重要性的总体评价。这种评价使个人行为带有稳定的倾向性，每一种文化都有其特定的价值观，支配着人们的行为，影响着人们对事物的看法。一个国家的人们所最注重的东西，可能对另一个国家的人来讲是无足轻重的。不同国家的人们在价值观上的差异往往会使跨国公司的管理人员感到困惑和不解。

2.传统文化的差异

不同国家、不同民族的历史、文化传统是造成文化差异的重要因素。一般来说，具有悠久历史和传统的国家，人们在思想上会比较保守，在行动上害怕冒险，寻求稳定。这样性格特征的职员不愿意变换工作、改换新环境，他们寻求比较有安全感和稳定的职业；反之，则相反。

3.宗教信仰的差异

每一种文化中的人群似乎都受到一种特定的超自然力量的影响，这可以从他们不同的宗教活动中得到验证。世界上的许多人都有某种宗教信仰，尊重不同人的不同宗教信仰，有助于培养相互间的信任和理解。

4.种族优越感

由于各国经济发达程度的不同和各个民族历史上的差异，使得一些人认定一个种族优越于其他种族，认为自己民族的文化价值体系比其他民族的价值体系优越，这是形成跨文化差异的重要主观因素。

5.语言和沟通障碍

语言及文字差异是不同文化差异最直观的表现。不同语言及其表达方式的不同，也同样是跨文化差异形成的原因。对对方语言的不了解造成沟通上的障碍，很容易引起误会。

二、跨文化差异与跨文化冲突

1.跨文化差异

跨文化（inter-cultural）又叫交叉文化（cross-culture），是指具有两种不同文化背景的群体之间的交互作用和影响。当一种文化跨越了在价值观、宗教信仰、思维方式、语言、风俗习惯以及心理状态等方面与之不同的另一种文化时，我们就称之为跨文化。通常，跨文化企业是由来自不同文化背景的、存在跨文化差异的员工所组成的，并往往跨越了地域、民族、政体、国体的跨文化经营管理的经济实体。

当一个隶属于特定文化环境的组织进入一个新的社会文化背景或者两种及以上文化在同一个组织中交汇时，不同文化之间的差异就会明显地表现出来，并对组织成员的行为及整个组织的绩效产生显著的影响。这种跨文化差异可以分为三个层次：

（1）跨文化企业所在国家（民族或地区）的文化背景差异。这是跨文化差异的宏观层面。此层面的研究通常是以国家为单位，因而具有典型性和分明性。这一层次的跨文化差异还应包括双方母地区、母城市的文化背景差异。最典型的如港资企业、台资企业、中资企业，这些企业中的员工都来自中华民族，可是由于历史的原因，香港、台湾、大陆之间的文化内涵已大有不同。此外，即使同是大陆的员工，由于我国的多民族性和地域广阔性，汉族与少数民族的员工、东部与西部的员工之间均存在不同程度的文化差异，从而成为跨文化人力资源协调不得不面对的挑战。

（2）跨文化企业自身特有的企业文化差异。这是跨文化差异的中观层次。跨文化企业作为各种组织文化的聚集，例如，通过收购和合并，企业发展出多种多样的海外子企业，尽管企业总部的运作对其子企业的组织文化会产生重大影响，但是海外的分企业也向总部输入文化，也影响着总部的文化。

（3）跨文化企业内部的个体文化差异。它是跨文化差异的微观层次。任何不同的两个个体身上都可能存在跨文化差异，这主要是由于不同的个体有着不同的年龄、性别、工作态度、教育背景、宗教信仰、工作方法、技巧和经验。如年长者和年轻者、男性和女性、上级和下级、不同部门的员工之间就存在着文化差异。

2.跨文化冲突

跨文化冲突，是指不同形态的文化或者文化要素之间相互对立、相互排斥的过程，它既包含了跨国企业在他国经营时与东道国的文化观念不同而产生的冲突，又包含了在一个企业内部由于员工分属不同文化背景的国家而产生的冲突。

（1）从企业内部看，企业从事跨国经营活动时，往往为了实现其本土化的目标而招聘了来自东道国的人员进入企业，特别是一些全球性扩张的跨国企业，其内部成员往往来自多个国家和地区，这些人员由于各自所处的文化环境不同，从而导致了他们拥有各自不同的文化背景，这就必然在企业内部造成了文化冲突，这种文化冲突包括了企业成员之间的文化冲突和来自企业成员的文化与企业原先文化之间的冲突。冲突可能来自于价值取向不同、宗教信仰不同、风俗习惯的差异、语意翻译及表达上的误解等。

（2）从企业外部看，企业从事跨国经营活动进入东道国后，会受到来自东道国外在文化环境的影响，这种文化环境（包括有关政府机构、政府所颁布的有关法律和法规、中介组织、有关团体等）会在某些方面与企业原有的企业文化产生冲突。文化冲突的结果往往会导致跨国企业遭到来自企业内部和外部两方面的打击。

三、 文化差异对人力资源管理的影响

不同的文化对成长于其中的组织或个体造成了长期而稳定的影响。在人力资源管理方面，这种影响尤为直接与突出。霍夫斯泰德根据自己多年的研究，对不同国家的文化特征及对人力资源管理的影响进行了系统的总结，其研究结论见表11-1。

表11-1 文化取向和对人力资源管理的含义

项目 文化取向	主要价值观	代表国家（地区）	组织特征	报酬策略	招聘与绩效评估
高度个人主义	1.个人成就 2.自私 3.独立 4.相信个人控制与责任 5.相信命运可以创造 6.雇佣关系	美国 英国 加拿大 新西兰	1.组织不注重员工的福利 2.组织员工只注重自己的利益 3.以制度来防弊	1.以绩效为主 2.注重外部平等 3.注重外部报酬与成功 4.注重短期目标	1.注重证书与明显的绩效归于本身 2.组织的承诺变动性高 3.注重绩效胜于规范
高度权力距离	1.由上而下的沟通方式 2.重视层级的划分 3.权威主义 4.高度依赖主管 5.权利象征 6.白领阶层价值胜于蓝领阶层价值	马来西亚 菲律宾 墨西哥 阿拉伯 西班牙	1.集权与高组织层级 2.传统的命令链	1.层级报酬系统 2.明显的报酬差异	1.招募采用关系导向 2.非正式化的逻辑 3.主管有选择的权力 4.强调员工的忠诚 5.社会阶级与家庭影响个人的决策 6.缺乏正式的绩效评估
高度不确定性回避	1.害怕不确定性 2.对稳定有较高评价 3.对模糊有低容忍度 4.低风险倾向	希腊 匈牙利 意大利	1.机械结构 2.规则与政策主导公司 3.避免最有风险的决策	1.官僚的报酬政策 2.固定报酬重于变动报酬 3.主管对分配报酬无法自我裁决	1.官僚式的雇用 2.注重年资 3.有限制的外部雇用 4.有限度的外部绩效评估

续表

项目 文化取向	主要价值观	代表国家（地区）	组织特征	报酬策略	招聘与绩效评估
高度男性主义	1.注重物质 2.男人比女人拥有更高的权力与地位 3.强烈的刻板印象 4.报酬的不公平	澳洲 墨西哥 德国 美国	1.职业被标上男性或女性的标记 2.少数的女性有高职位	1.不平等的差别待遇 2.女性拥有父系利益	1.职业隔离 2.女性的玻璃天花板 3.少数的女性主管 4.绩效评估上男性有较高的评价
长期导向	1.未来导向 2.延迟的报酬 3.长期的目标	日本 中国香港 中国内地	1.稳定的组织 2.低员工变动 3.强组织文化	1.长期报酬 2.管理者的多重成就报酬 3.分配报酬以品质的信赖为主	1.升迁慢 2.内部升迁 3.高安定性 4.较少回馈 5.员工训练及发高度重视与投资

赵曙明和武博在分析和比较了美、日、德、韩四国历史差异及文化差异的基础上，发现由于人力资源管理发展与开发的历史背景不同，文化价值约束条件差异明显，深刻地影响着上述四国人力资源管理的形成与架构，其基本差异表现见表11-2。

表11-2 **美、日、德、韩人力资源管理差异表现**①

国家 差异	美国	日本	德国	韩国
企业性质	松散的集体	较强的凝聚力	松散的集体	大家庭
等级差别	以职能联系的管理等级	非常强调等级制度	等级弱化	极为强调森严的等级制度
雇佣关系	劳资买卖关系，忠诚度低，流动频繁	终身雇佣制度	双向选择，自由雇佣	准长期雇佣
人际关系	对立，人情关系淡薄，人际理性，制度化管理，顺序：法、理、情	和谐，人际微妙，和为贵，顺序：情、理、法	强调合作，照章办事，人际关系单一	企业强调员工忠诚于企业主
培训	为具体工作进行在职培训、职业培训、工作表现培训、人才管理培训	为多种工作进行在职培训，经营即教育	国家、企业共同提供培训，以能力为本，加强关键能力培训	普遍的在职培训和同工种相关培训
管理手段	集中在特定范围的特定工作，突出专业化	工作轮换，范围灵活	专业分工严格，强调技术和工作效率	大量工作轮换，范围机动灵活

① 赵曙明，武博.美、日、德、韩人力资源管理发展与模式比较研究[J].外国经济与管理，2002，24：31-36.

续表

差异＼国家	美国	日本	德国	韩国
绩效评估与升迁	能力主义、强力表现；快速评价、迅捷晋升；现实回报、无情淘汰的考绩制	年资序列制和日本式的福利型管理，重视能力、资历和适应性三者平衡，晋升机会平等	小幅度定期提薪、晋升、调换工作，公平竞争的择优机制	竞争的择优机制，重视员工责任感、忠诚度
劳资关系	劳资对立、零和思维	劳资和谐，劳资矛盾缓和	政府干预，劳资协调机制，职工会议，社会伙伴	稳定协调，工会力量弱，力量对比悬殊
市场化	市场调节，竞争-淘汰机制	市场化程度低	高度发达的人力资源市场，禁止突然解雇	发达的市场化，转职生成机制
员工参与管理	有限度参与管理，强调各司其职	强化员工主人翁意识，职工建议制	职工参与决定制，联合管理	—
招聘与引进	全球范围内的发达市场体制	重视教育、名牌大学，强调基本素质，注重与学校的合作	市场机制完善	—
法律法规	法律条文众多，重视保护雇员利益	有一定数量的约束性法律条文	法律条文众多，政府行为规范，专业化的司法组织	政府与企业主同属一条线
薪资水准	市场化动作，能力、绩效贴现	基于教育学历的服务年限	高工资，人员精干	最初学历、能力、绩效

由以上研究成果可知，各国的人力资源管理制度差异与其国家文化差异有着密切的关系。因此，进行跨文化经营的企业在人力资源管理活动中应当充分考虑文化差异因素。

第二节　跨文化人力资源管理的基本模式

一、跨文化人力资源管理的含义

跨文化人力资源管理即跨文化企业的人力资源管理，而跨文化企业是指由来自不同文化背景的、存在跨文化差异的员工所组成的企业。

赵曙明在学者法塔克（Phatak）、莫甘（Morgan）的研究基础上提出了跨文化人力资源管理的基本模型。该模型包括三个维度：一是人力资源管理活动，包括人力资源的获取、分配和利用。二是与跨文化人力资源有关的三种国家类型，即东道国、母国和第三国。三是跨国公司的三种员工类型，即东道国员工、母国员工和第三国员工。所谓的跨文化人力资源管理就是在人力资源管理活动、员工类型和企业经营所在国类型三个维度之间的互动组合①。跨文化人力资源管理的基本模型可以用图11-1来表示。

① 赵曙明.国际企业：人力资源管理[M].南京：南京大学出版社，2005：4.

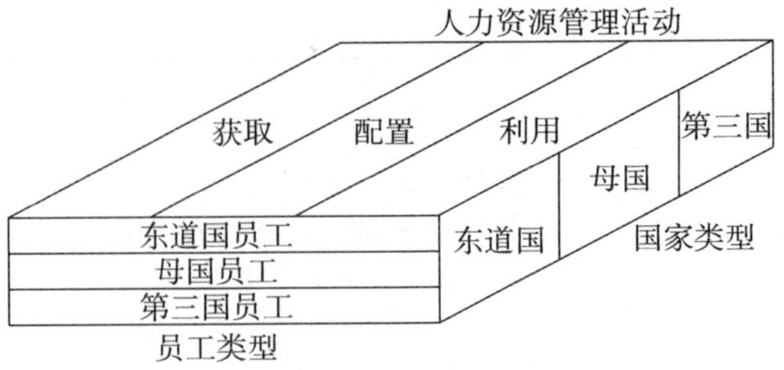

图11-1 跨文化人力资源管理的基本模型

文化差异对人力资源管理有着显著的影响。跨文化企业与单一文化背景下的企业具有不同的文化特征（见表11-3），人力资源管理活动也存在着明显的不同。

表11-3 **跨国企业与同一母国企业跨文化管理比较**①

	跨国企业	同一母国企业(以中国为例)
种族差异性	多数为不同种族	相同种族
国籍差异性	多数为不同国度	同一国度
历史文化	拥有不同的历史和文化渊源	拥有相同的历史和文化渊源
价值观	大多数迥然相异	比较接近,略有区别
传统习俗	相异性大	相异性小
文化和传统的标志物	基本上无相同标志物	有相同的标志物
与家庭的亲密性	比较独立,重视自己	比较亲密,家庭观念强
管理模式	比较民主	比较集权
中、高层管理人员	由母国选派	由董事会确定
雇员关系	较难融合	较易融合
歧视性	存在明显的种族歧视	能亲密相处,无歧视性
情、理、法关系	顺序多为:法、理、情	顺序多为:情、理、法

首先，跨文化企业人力资源管理的范围更宽。除跨国企业总部所在的母国以外，有关的人力资源管理活动还需要在东道国或第三国实施，包括母公司外派人员的薪酬福利计划、招聘东道国或第三国员工等。例如，IBM设在澳大利亚的机构招聘当地人员作为东道国员工，并且经常安排美国人作为母国员工到亚太地区任职，此外还派遣新加坡籍员工作为第三国员工到IBM在日本的公司工作。

其次，对管理者的要求更高。相对于国内人力资源管理者，跨文化人力资源管理者的职能范围增加了许多额外的内容。比如，重新安置和职前引导那些来自他国或即将派往他国的员工；参与语言方面的翻译、培训服务；加强对东道国员工的培训以实现管理的本土化；关心外派员工的生活等。

最后，管理者必须具备更广阔的专业视野。为了更好地履行人力资源管理的各项职能，跨文化人力资源管理者必须具备更多的专业知识。比如，了解东道国的风土人情、工作习惯及该国在人力资源管理方面的实践和相关的法律知识等，同时，还必须了解母国和

① 廖泉文.人力资源管理[M].北京：高等教育出版社，2003：363.

东道国之间的文化差异性，并评估这些差异性对外派人员的工作绩效可能带来的影响。

导致跨国经营失利的原因通常与人力资源的低效管理有关。如果对国外文化环境缺乏深入了解，那些在国内环境中曾被证明是成功的特定的管理理念和技术，在国外环境中常常会遭到挫折，导致失败和低成就。

需要注意的是，不仅是跨国企业或国际化企业需要注重文化差异对传统人力资源管理的影响，所有具有明显跨文化特征的组织都必须以跨文化管理的相关理论与方法为指导开展自身的人力资源管理活动。例如，同一国家不同区域的文化可能存在明显差异，甚至同一区域内部，不同企业的企业文化也可能显著不同，因此，在跨区域经营或合作经营过程中也会因文化差异产生文化冲突，面临着跨文化管理问题。为方便起见，本书仅以跨国企业为对象介绍跨文化人力资源管理问题。

二、跨文化人力资源管理的基本模式与影响因素

（一）跨文化人力资源管理基本模式

跨文化人力资源管理是跨文化管理的重要内容。在如何处理跨文化人力资源管理的问题上，学者普穆特（Perlmutter）1969年以管理导向的观点，将跨国公司跨文化人力资源管理实践分成了三类：[①]

1.民族中心模式

民族中心模式也被称为“母国中心模式”。母公司人员认为自己的科学技术最发达，管理方法最先进，管理经验最丰富，有将母国管理方式在国外照搬的趋向。其管理政策的核心是各子公司的中上层管理岗位均安排母国人员担任，东道国雇员只担任低层次或辅助性的岗位。在员工考核上，一般采用母公司的标准作为子公司员工评价和晋升的依据；在人员薪酬上，不执行东道国的薪酬标准，对外派人员支付额外的报酬和奖励。由于子公司经理与母公司人员不存在文化差异，因此子公司与母公司之间信息沟通顺畅。

坚持民族中心模式的跨国公司通过两种方式实施对子公司的管理：一是激进式，即通过母公司外派人员担任东道国子公司的高级管理岗位，把母公司的文化、习惯全盘移植到子公司中，让东道国的员工逐渐适应并接受外来文化，并按母公司文化背景下的工作模式来运行日常业务；二是渐进式，仍然由母公司外派人员担任东道国子公司的高级管理岗位，但并不试图在短时间内迫使东道国员工服从母国的人力资源管理模式，而是凭借母国强大的经济实力所形成的文化优势，进行逐步的文化渗透，使母国文化在不知不觉中深入人心，东道国员工逐渐适应，最终成为该文化的执行者和维持者。

采取民族中心模式的跨国公司具有“民族文化优越感”，即认为在本国文化环境中形成的管理模式比在东道国的更先进，在子公司完全照搬母公司的管理模式、规章制度，并以此来克服文化差异带来的文化冲突，解决跨文化管理问题。

2.多元中心模式

多元中心模式的基本思路是承认文化有差别，认为本国的管理模式未必适合东道国，因此主张入乡随俗。该模式核心的人事政策是不以母公司的人事政策为标准，各海外子公司遵循东道国的人力资源管理习惯。在人事安排上，除少数高层管理职位和技术职位以

① PERLMUTTER.The Evolution of The Multinational Corporation[J].Columbia Journal of World Business，1969，9：9-18.

外，其余岗位一般倾向于在东道国招聘和选拔合适的人选；在招聘和选拔的过程中，一般也遵循东道国当地人才的选拔标准，但是否具备利用母国公司国家语言成为一个必要条件；在员工考核上，子公司有自己的一套考核指标；在人员薪酬上，对外派人员按照母国公司的标准支付额外的报酬和奖励，对东道国员工按照当地薪酬标准支付工资。

采用多元中心人力资源管理模式，可以使跨国公司在生产、销售等方面更好地适应东道国市场的要求，也能减少母国和东道国之间的文化冲突，有效利用东道国的人力资源。

3.全球中心模式

该模式认为最佳人力资源管理方式应该是没有国籍色彩的，主张在选择海外子公司管理模式时，应该因地制宜。在人事安排上，倾向于在世界范围内挑选优秀的雇员，只要能力出众，就有可能成为最高领导；在员工考核上，按对整个企业贡献大小的全球标准来衡量雇员的业绩，并决定其能否获得提升；在人员薪酬上，采用全球相似的标准，只是根据地域差别进行必要的调整。

全球中心虽然被认为是一种理想的管理模式，但在实践中，管理操作非常复杂，需要处理的信息量很大，成本较高。另外，由于一些国家的政策和法律规定跨国公司的管理人员必须本土化，使该模式的实施在政治上有一定的风险。

跨文化人力资源管理几种模式的划分并不是绝对的，跨国公司在选择跨文化人力资源管理模式时不能生搬硬套，在实践中具体选择哪种模式受多种因素影响。

（二）影响跨文化人力资源管理模式选择的因素

影响跨文化人力资源管理模式选择的因素是多方面的，跨国公司所处的环境、本身的特性以及母公司的特性等都会对选择产生影响。

1.东道国的环境因素

东道国政策的影响。许多发展中国家的管理人才和专业技术人才严重缺乏，它们鼓励跨国公司到本国投资的一个重要目的就是为了发挥跨国公司培训本国人才的作用，因此，在政策上引导跨国企业大量招聘、培训和发展本国人力资源。在这种情况下，跨国公司就需要采取民族中心模式，并派出本国员工管理子公司并担任子公司的重要职务。[①]

东道国的管理、教育和技术发展水平。跨国公司可以在经济发达的地区和国家开展业务，也可以在经济比较落后的地区和国家开展业务。在经济发达国家和地区，存在着大量的素质良好的管理和技术人才，可以采用多元中心模式或是全球中心模式；而在经济落后的国家和地区，由于缺乏优秀的人才和技术，因此倾向于选择民族中心的模式。

文化差异的影响。在母国和东道国文化差异很大的情况下，跨国公司很难在所有业务单位中采取协调一致的人力资源管理政策。一项对来自美国、香港和中国内地的多名管理人员的调查结果显示，美国管理人员最关注的问题是工作能否顺利完成，中国内地的管理人员则最关心维持良好和谐的人际关系，而香港管理人员的态度介于两者之间。文化差异还可能反映在不同国家人们的生活习惯上，例如，荷兰人在职业生涯中，不习惯迁徙，因此员工的工作调动很困难，雇员的更换几乎是不可能的。因此跨国公司在选择跨文化人力资源管理时应充分考虑文化差异的影响。另外，东道国劳动力成本差异、生活习惯的差异等都会对跨国公司的人力资源管理产生影响。

---

① 宗蕴璋.人力资源管理[M].北京：电子工业出版社，2005：234-235.

2.子公司的特性

国籍。国籍差异对跨国公司跨文化人力资源管理模式的选择有一定影响。有些国家更支持民族中心模式，例如，与欧美跨国公司相比，日本的跨国公司更倾向于用本国的员工来填充海外子公司的管理职位空缺，也更倾向于延用原有的管理方式，因此日本公司更多地选择民族中心模式去进行跨文化人力资源管理。

设立的时间长短。指子公司在海外设立的时间。一般来说，设立时间越长，对东道国国情的了解就越清楚，越倾向于选择多元中心模式，反之就越倾向于选择民族中心模式。例如美国通用公司，在华经营多年，其人力资源管理模式体现出典型的多元中心模式，而金佰利公司在进入中国初期，由于对中国国情了解不充分，采用的是民族中心模式。

子公司规模。子公司规模对跨文化人力资源管理模式选择也有一定的影响。一般而言，子公司规模越大，母公司越会采取授权的管理方式，其人力资源管理模式越倾向于多元中心模式。

子公司对母公司的影响程度。在母公司集团化发展过程中，每个子公司在母公司的战略发展地位是不同的，因而母公司为了保持其核心竞争力及扩大核心产业的市场优势，对下属子公司的人事管理方式也相应采取不同的管理模式。一般而言，子公司对母公司的影响程度大，那么母公司对子公司将采用高度集权的管理模式，其人力资源管理模式就倾向于民族中心模式。反之，对于那些与母公司发展战略、核心能力、核心业务以及可预见的未来发展关系一般、影响不大的子公司，则采取分权式管理模式，也就倾向于采用多元中心模式。

控股程度。一般而言，母公司控股比例越高，就越有决策权和话语权，这时人力资源管理模式将由母公司根据自身情况决定，因此模式将呈现出多元化。例如，韩国化学、柯达公司、宝马中国都是母公司绝对控股的公司，但其人力资源管理模式分别为民族中心模式、多元中心模式和全球中心模式。反之，母公司控股比例越小，其决策权就越小，人力资源管理模式就倾向于多元中心模式。例如，上海大众、上海通用由于母公司是参股，其人力资源管理模式就是典型的多元中心模式。

另外子公司的组织类型、组织与产品生命周期等都会对模式的选择产生影响。

3.母公司的特性

母公司的战略定位。企业在不同的发展战略时期，其对应的人力资源管理模式是不同的。如果母公司采用紧缩型战略类型，对子公司将采取高度集权制管理，那么其子公司的人力资源管理模式将倾向于民族中心模式；而采用扩张型战略，会积极鼓励子公司开拓外部市场，形成集团公司多个经济和利润增长点，这时子公司应采取多元中心模式或全球中心模式。

母公司经营战略。如母公司采用集中型战略，企业会将所有资源集中到特定细分市场上从事生产、服务与经营，而母公司及其子公司的所有业务活动均集中围绕单一细分市场来组织开展。与这种战略相适应的人力资源管理模式则倾向于民族中心模式。反之，母公司采用差异化战略时，在同一产业中根据企业自身能力，同时选择多个细分市场，为不同的细分市场提供差异化或独特的产品和服务，母公司的生产经营活动在各个细分市场同时铺开，以占领各自领域的市场份额。这种战略下，跨国公司更倾向于选择多元中心模式。

母公司的管理态度。有些母公司倾向于给子公司更多自主性，而有些母公司倾向于集权控制。倾向于给子公司更多自主性时，跨国公司的人力资源管理模式倾向于多元中心模式，反之则倾向于民族中心模式。

母公司的管理能力。随着企业规模的扩大，管理层次的不断增加，企业内部的交易成本更大，信息传递的时间更长同时反应的速度也会更慢，因而在企业做大之后，必须采取适当的授权，才能提高企业的运行效率。因此，母公司的管理能力也会影响其跨文化人力资源管理模式的选择，如果母公司的管理能力相对较弱，那么倾向于选择多元中心模式，反之则倾向于选择民族中心模式。

三、跨文化人力资源管理策略选择

为避免文化冲突，根据以上跨文化管理人力资源基本模式，针对当前跨文化企业在跨国经营过程中人力资源管理所遇到的不同文化差异，通常有以下七种策略：

（一）本土化策略

跨国企业在海外进行投资时必须雇用相当数量的当地职员。这是因为，一方面，为了保护当地劳工，增加就业机会，许多国家都以法律规定的形式对跨国企业雇用本土雇员的数量提出具体要求；更重要的一方面是，本土雇员熟悉当地的风俗习惯、市场动态以及政府颁布的各项法规，雇用他们无疑方便了跨国企业在当地拓展市场并站稳脚跟。挑选和培训当地管理人员并依靠他们经营国外子公司，是许多跨国公司人事管理的基本指导思想。“本土化”有利于跨国公司降低海外派遣人员和跨国经营的高昂费用，并能使企业融入当地文化，减少当地社会对外来资本的危机情绪，同时，也有利于保障东道国经济安全、增加就业机会、适应社会变革并顺利与国际接轨。“本土化”能衔接当事双方的利益，是跨国公司解决异国环境障碍的核心策略。

（二）文化移植策略

这是“民族中心模式”下的策略。这种策略的核心是，跨国公司在世界各地子公司的重要职位都由母国人员担任。由于子公司与母国公司不存在文化差异，便于经营活动中有效的信息沟通。母国企业通过指派的高级主管和管理人员，把母国的文化习惯全盘移植到开发国或东道国的子公司中，让子公司聘用的当地员工逐渐适应并接受这种外来文化，并按这种文化背景下的工作模式来运行公司的日常业务。这种模式适合于无差异策略，推广单一产品的特大型跨国公司的人力资源管理政策就是统一由母公司制定，在世界范围内的子公司必须严格地执行这些已经标准化的管理政策。运用这种模式的跨国公司其经济实力必须是强劲的，在世界上的影响必须是巨大的，其企业文化已被世界各国广泛认识并且能够被其他民族所接受。典型例子是美国麦当劳公司。

（三）文化嫁植策略

这是“多元中心模式”下的策略。在确立母国文化成为子公司主体文化的基础上，“嫁接”开发国或东道国的文化，即人力资源政策以母公司制定的大政策框架为基础，海外子公司根据当地情况，制定具体的政策和措施。在人员配置上，母公司的高级管理人员由母国人担任，而子公司的高级管理人员大部分由母国人担任，少部分由当地人担任。其优势在于，采取了兼顾全球统一战略和东道国文化背景的灵活策略；劣势在于，两种文化能否“嫁接”成功，就如两种植物能否嫁接成功一样，会有很多具体条件的限制。

（四）多向交叉文化策略

这是“全球中心模式”和“多元中心模式”共同作用下的策略组合，可细分为以下四个不同层次的文化差异及对应的交叉文化管理策略：

（1）母国总公司本身存在着文化差异。由于掌管公司所有权的股东们本身就是由不同国籍的精英或富豪构成，由他们所组成的董事会在挑选高级管理人员时，并不以某一国的业务经营为目标，而是考虑如何在全球范围内最合理地利用自然资源、资金、技术乃至人力资源。因此也就很自然地在全球范围内实行经理人员的最优化组合，这使得他们会在整个企业中选拔和任用最适当的人选来担任最重要的职位，而不考虑其国籍。这种人事管理政策减少和避免了对整个公司系统内各单位经理国籍歧视的倾向，使得公司最大限度地挖掘人才的潜力，充分发挥了管理人员的能力和各方面优势。由于那些在母公司中，对整个跨国公司的运作具有重要决策权力的高级管理人员由不同国籍的人所组成，他们之间及他们与母公司当地员工之间存在着文化差异。

（2）子公司存在着文化差异。这种现象存在的原因在于跨国企业在海外企业的中、高级主管的人员构成不同。执行总裁、财务主管、技术主管、业务计划及生产方面的主管多来自跨国公司母国，这些职位掌控子公司的核心业务，来自母国的管理人员了解母公司国际化经营战略、熟悉产品技术、与母公司管理人员具有相同价值观，因此可有效避免在协调及合作方面产生问题，而且有利于企业在经营过程中对技术和信息的保密；而销售、劳动关系、公共关系等职能部门的管理人员多来自当地，容易受当地文化的影响。

（3）母公司和子公司之间存在着文化差异。跨国公司在从事跨国经营时，将每一个国家和地区都视为独立的个体，并不把母公司的人事运行模式强加于各子公司之上，既不以母公司的人事管理政策为其建立政策的基础，也不刻意模仿母公司的人事管理模式，而是根据各子公司的相应情况制定适合所在国国情的人事管理政策。各个海外子公司可以选用完全不同于母公司的人力资源管理政策，公司政策的制定完全参照当地企业模式制定，在管理人员的任用上，并没有十分明确的国籍概念，既任用母国人员，也聘请了大量的当地员工作为管理人员。这种分而治之、差别对待的人力管理政策十分适合那些国情和价值观完全不同于母国的东道国地区，尤其是那些宗教势力十分强大的伊斯兰国家。其优势在于能够最快、最好地适应当地复杂的企业环境；而劣势同样显而易见：未能形成母公司强硬、统一的人力资源管理政策，母公司和子公司之间存在着巨大的文化差异。

（4）个体之间存在着巨大的文化差异。包括三个方面：母公司自身存在着文化差异；子公司自身存在着文化差异；母公司和子公司之间存在着文化差异。个体间文化差异存在的原因在于公司的决策层以“任人唯贤”为其人力管理政策的基准。在任用管理人员方面，主要考虑的是该雇员的工作能力及与岗位的匹配度，选用最适合该岗位的职员，而对其国籍和文化背景并不重视，造成该跨国公司的整个集团系统中个体之间存在着巨大的文化差异。采用这种人事制度的企业主要是从事高科技产业的中小型跨国公司，松散的管理体系和宽松环境有利于充分发挥个体的潜力。但其缺点也是致命的，由于公司的各个成员都只重视自我的发展，没有统一而强健的人事管理体系，无法形成具有集体价值观的企业文化，使得企业对个体来说缺少长久的凝集力，职员更换工作频繁、管理困难。

随着国际商务活动的日益全球化，产品的快速创新和多样化，以及人类种族之间的空前交往和融合，“多向交叉文化”策略已经成为许多跨国公司纷纷采用的人事管理制度。

（五）文化相容策略

这种策略习惯上称之为“文化互补”。就是在跨国公司的子公司中并不以母国或开发国的文化作为子公司的主体文化，母国文化和东道国文化之间虽然存在着巨大的文化差异，但并不互相排斥，反而互为补充，同时运行于公司的操作中，充分发挥出跨文化优势。

（六）文化规避策略

这是当母国文化与东道国文化之间存在着巨大的不同，母国文化虽然在整个子公司的运作中占了主体，可又无法忽视或冷落东道国文化存在的时候，由母公司派到子公司的管理人员需特别谨慎，避免因文化差异导致文化冲突。特别在宗教势力强大的国家更要特别注意尊重当地人的信仰，否则，即使无心冒犯也有可能造成严重的后果。

（七）文化渗透策略

这是需要长时间观察和培育的过程。跨国公司派往东道国工作的管理人员，基于母国文化和东道国文化的巨大不同，并不试图在短时间内迫使当地员工服从母国的人力资源管理模式，而是凭借母国的强大的经济实力所形成的文化优势，对子公司的当地员工进行逐步的文化渗透，使母国文化在不知不觉中深入人心，东道国员工逐渐适应了这种母国文化并慢慢地成为该文化的执行者和维持者。

第三节 跨文化人力资源管理活动

认识文化差异，注重文化沟通，加强文化协调，实现文化整合是跨文化人力资源管理的重要任务。跨文化因素影响到传统人力资源管理的各个环节，其中人员选聘、员工培训、绩效评估与薪酬管理是跨文化人力资源管理的核心内容。

一、人员选聘

（一）员工的来源

1.母国人员

管理人员母国化是母国公司从本国利益出发，其分布在世界各地的子公司的重要职务都安排母国公民担任。优势：母国指派的高级管理人员熟悉母公司的基本情况、习惯做法以及人事状况等，特别是他们了解母公司的战略、目标、政策和经营观念，因而容易与母公司进行有效的沟通，有利于母公司对海外子公司的控制；一般来说，海外企业的生产技术大多是由母公司发展起来的，因而母公司人员比东道国人员更了解母公司的核心技术，这就有利于新产品、新技术引入子公司；而当子公司的利益与东道国的利益发生冲突时，如果东道国公民担任子公司经理，可能会把自己的民族利益放在首位，而母国人员在同样情况下则倾向于母公司的利益；另外，管理人员母国化有利于母公司培养自己的国际经营管理人才，扩大自身国际经营管理人才队伍。然而，这种政策也有不利之处：若被派遣人员不懂得东道国的语言、文化、政治、经济、法律等，就会遇到不少的障碍或感到极度不适应，难以对日常经营活动作出正确的判断和决策，难以和东道国政府及各行政部门，以及同公司上下级进行有效的沟通；可能将母公司的管理方式和管理风格不恰当的照搬到海外子公司去；母国人员的存在可能阻碍会当地有才干的管理人员的提升，挫伤他们的积极性，不利于充分开发和利用当地人力资源；派遣费用大大高于雇用当地人员。

实践证明，在下列情况下，子公司的关键职位应当由母国人员担任：处于创始阶段；从其他来源得不到称职的管理人员；国外子公司的经营期限是短暂的；东道国是一个多民族或多信仰的国家，雇用一个属于某一民族或某一宗教的当地人员将会使企业蒙受政治和经济上的损失；子公司的经营与整个企业其他地方的经营活动密切相关，则该子公司不应完全自由。

从人员配置的层次上看，跨国公司更倾向于在高级职位上使用母国外派人员，一般说来，跨国公司在高级管理职位上总是大量地使用母国外派人员，例如，美国跨国公司在亚洲的母国人员在高级管理职位所在比例为55%，中级管理职位所占比例为19%，低级管理职位为2%；欧洲跨国公司在亚洲的母国公司在高级管理职位所占比例为85%，中级管理职位所占比例为25%，低级管理职位为5%。

2.东道国人员

由于管理人员母国化存在各种弊端，特别是海外企业业务的扩大和地区分散化，以及国际市场的复杂多变，许多跨国公司已有意识的实行管理人员当地化。雇用东道国人员可以避免因文化差异而导致经营管理方面出现问题，有利于子公司同当地顾客、雇员、政府机构、工会组织等建立良好的关系，从而使子公司在东道国树立良好的企业形象。东道国人员一般任期比较长，职业生涯发展有保障、有潜力，士气和工作热情相对较高，这一定程度上可以保证子公司管理人员的相对稳定及经营政策的连续性。例如可口可乐公司一般尽量雇用当地的员工，只在需要特别技术或者当地员工尚需培训时，才使用美国员工。同时，雇用当地人员还可以降低人事成本：一方面降低或免除了外派人员培训和驻外津贴等费用；另一方面可使公司利用一些东道国的较低工资的优势（不过仍须超过当地标准支付报酬）来吸引高质量的人才。

然而，管理人员当地化也有潜在的不利之处：当地人员难以保障公司总部和子公司之间的信息沟通顺畅；往往不了解整个跨国公司的全球战略、产品及技术，从而在合作与协调方面会产生问题；减少了母国人员到国外任职机会，不利于母国人员取得跨国经营所必需的经验和知识。另外，一旦当地人员在子公司被提拔到最高职位时，就不能再提升了，这就是所谓的当地管理人员的“不可移动性”，这种情况往往会影响他们的士气，并且妨碍其下属的提拔。由于当地管理人员在子公司中被提升的可能性受到限制，海外企业就很难招聘和保留一些最有经营管理才能的外国人。

3.第三国人员

自二战以来，许多跨国企业从第三国选择合适的人才，这些人才精通外语，了解多国文化，从一个国家到另一个国家可以不受多少影响。在当今全球化的背景下，不少企业的无国界化趋势更加明显。许多跨国公司在招聘管理人员时，更多考虑的是人才的经营管理能力和创新精神，而非国籍。作为职业型的国际经理人员，他们按职业道德、准则和国际惯例办事，不具有民族主义倾向，因而能够被母国和东道国所接受。企业在全球范围合理的调配和使用人力资源，能克服企业内过分注重经理人员国籍的现象，避免近亲繁殖和高层管理人的狭隘，从而使公司更好的挖掘其跨国经营的潜能。但是这种选聘方法要花费大笔费用和时间，并很可能受到当地法律的限制。

研究表明，跨国公司海外子公司员工类型的构成随着企业国际化阶段的不同而不同。在企业海外投资的初期，当地国家的雇佣人员比例较低；随着业务的扩大，东道国雇员越来越多，甚至会占大多数。例如，外国公司在中国开设分公司，一般来讲，母公司在初期派出管理人员和技术人员，待生产经营稳定之后，再调回一部分母公司人员。随着跨国公司海外业务的扩大，其国际经理的需求进一步扩大，公司的海外职员越来越多，国籍问题的重要性下降，母公司对子公司的控制也进一步削弱。

（二）员工选聘的标准

1.对母国外派人员的选聘标准

许多公司面临的最棘手的工作之一就是选择合适的外派人员。如果外派的管理人员对当地文化“水土不服”而遭到失败，会给公司带来高昂的损失。就美国而言，根据国家外务委员会和SRI国际抽样调查，一次失败外派的直接成本在25万~50万美元。派遣不合适的职员，可能会损害与东道国的关系，不但会使公司失去商业机会，而且对于那些或许不该被派出的职员来说，也会有损于他们的职业生涯。图11–2列出了选聘外派人员时所涉及的关键因素。

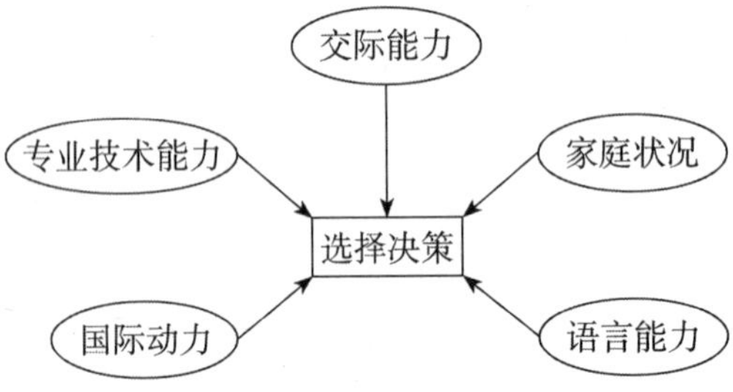

图11–2 外派人员选聘要素

（1）专业技术能力：包括技术技能、行政技能和领导技能。

（2）交际能力：包括文化容忍力和接受力、沟通能力、对模棱两可的容忍度、适应新行为和态度的灵活性、对紧张的适应能力等。

（3）国际动力：包括外派职位与原职位的对比程度、对派遣区位的兴趣、对国际任务的责任感、与职业发展阶段的吻合程度等。

（4）家庭状况：包括配偶愿意到国外生活的程度、配偶的交际能力、配偶的职业目标、子女的教育要求等。

（5）语言能力：包括口头和非口头的语言交流技能。

对所有的外派任职而言，使外派成功的因素并非同等重要，每个成功因素的重要性取决于四个方面的任职条件。这些条件是任职的时间长短、文化的相似性、需要与东道国员工沟通的程度、工作复杂度和工作责任大小。相关条件与因素选择的基本关系见表11–4。

表11–4 **不同任职条件下决定外派成功与否的因素的优先程度**

外派成功因素	任务时间长	文化差异大	与当地居民交往需求大	工作复杂、责任大
专业技能	高	不确定	中	高
交际能力	中	高	高	中
国际动力	高	高	高	高
家庭情况	高	高	不确定	中
语言技能	中	高	高	不确定

2.对东道国人员的选聘标准

在东道国员工录用过程中，跨国公司首先必须充分了解自己所处的人力资源环境。例如，大学毕业生的年龄可能因为受教育时间的长短具有很大的差别。在德国，大学课程漫长，还有附加学习时间和为国家服务的义务，毕业生可能28岁才进入劳动力市场；而在英国和日本，大学毕业生可能只有22岁。另外，不同的国家对教育赋予的含义是不同的，无论是学科和学时都是不一样的。对不同的教育体制的误解可能对招聘新员工时构成障碍。

在当地选聘员工，除了要注意他们的能力、经验以外，还要注意各个国家不同的文化背景因素。例如，美国很注重员工的技术能力，而在印度、韩国、拉丁美洲等国家和地区则常常出现重裙带关系、轻技术的现象。按照西方人的观点，积极主动、毛遂自荐的申请人可能得到比较高的评价；但在一个高度集体主义的文化里，这种行为则使其很难与其他员工融洽相处。

3.第三国员工的选聘标准

选聘第三国员工时，由于各国政府都希望本国人员得到就业机会，能否获得工作许可证是能否雇用第三国人员的关键条件。而个人因素，如专业能力、跨文化适应能力和家庭因素等的考量标准同选聘母国员工基本一致，但是，评估第三国员工的工作能力比评估母国员工的更为困难。语言能力也是一个重要因素，因为第三国员工至少必须能够流利使用通用的工作语言。选聘第三国人员的途径多种多样：一些美国跨国公司从多家美国商学院的留学生中招聘第三国员工；当前的趋势是招聘国外的本国人员，即出生在外国但和子公司的人员是同一国籍的人员。例如，一家英国跨国公司聘用了一个在加拿大出生的中国人管理其在中国的分公司，采用这一做法是为了减少跨文化沟通中的障碍，同时，这样也能部分解决当地缺乏合格经理的问题。

二、　人员培训

（一）培训内容

跨国企业的人员培训按培训对象不同大体分为两种类型：一是针对母公司或第三国的外派人员的培训。通常是文化意识的培训，目的是使外派的管理人员了解他们将赴任国家的文化环境，增强对东道国工作和生活环境的适应能力；二是对东道国的员工所提供的培训。主要是关于管理方法、管理技术和公司文化的培训，目的是使东道国当地管理人员的管理水平尽快达到公司要求的标准。

1.针对外派人员的培训

驻外人员不理解或不接受所在国的文化，在跨国任职时很可能会面临困境。接受跨文化培训是防止和解决文化冲突的有效途径。其中最主要的方法是针对外派人员的敏感性培训，包括两方面内容：一是系统培训有关母国文化背景、文化本质和有别于其他文化的主要特点，此为“知己”；二是培训外派管理人员对东道国文化特征的理性和感性分析能力，此为“知彼”。实践证明，比较完美的文化敏感性培训可在较大程度上代替实际的国外生活体验，使外派人员及其家属在心理上和应付不同文化冲击的手段上做好准备，减轻他们在东道国不同文化环境中不适应或痛苦的感觉。文化敏感性培训具体内容：文化教育，即请专家以授课的方式系统介绍东道国文化的内涵与特征；环境模拟，即通过各种手段从不同侧面模拟东道国的文化环境；文化研究，即通过学术研究和文化讨论的形式，组织学员探讨东道国文化的精髓及其对管理思维、管理风格和决策方式的影响；外语培训，这不仅仅是使学员掌握语言知识，还要使他们熟悉东道国文化中特有的表达和交流方式，如手势、符号、礼节和习俗等；组织各种社交活动，让学员与来自东道国的人员有更多接触和交流的机会。

2.针对东道国人员的管理、技术培训

跨国公司对东道国人员的培训主要侧重于生产技术和管理技术的培训。生产技术方面的相关培训，一般侧重于从母公司或第三国转移到东道国的生产技术，培训对象多数是生产部门和质量控制部门的管理人员。管理技能的培训，通常按管理的职能进行分类。例如，对营销部门管理人员的培训侧重于各种营销、分销广告和市场调查的管理技能；对财会部门管理人员的培训侧重于母国和东道国会计准则的差异、会计电算化方法、财务报表分析和外汇风险分析等。在多数大型跨国公司中，培训与管理人员的晋升联系在一起，不同等级的管理人员接受不同类型的培训。所以，管理人员晋升到新的岗位时，往往要通过新的培训计划培养所需要的技能。此外，在培训东道国管理人员时需考虑到由于他们自小接受的教育、经历和文化熏陶，在管理活动中容易偏向民族利益，因此，必须加强忠诚度培训，力图使他们站在较公正的立场上考虑与决策公司事务，使公司能实现跨国经营活动整体利益最大化的目标。

在培训和开发领域，国际人力资源管理的重心由针对海外派出人员的预备性培训转向建立面向子公司全体管理人员的国际管理开发体系，其目的在于提高管理人员的业绩水平和全球视角。培训与开发涉及的活动十分广泛：了解组织状况、具体工作职责和必须的工作技能，了解工作场所的社会、文化及法律环境，以及开发管理人员在特定社会文化背景下的人际技能等。研究表明，当培训与开发成为海外派出人员的特权时，企业文化的统一性、当地管理人员管理视角的拓展以及跨国公司的整体利益都将受到损害。因此，目前的趋势是将培训与开发拓展到整个管理层，以推动多文化、多国籍管理团队的形成。

（二）培训形式

1.外部培训

外部培训计划不是由某个跨国公司制定的，而是由独立的培训机构针对跨国企业的某一类管理人员而设计的，培训的地点不在自己企业内，而是委托社会训练机构办理或选送职工到企业外接受培训。它不是为特定组织安排的，其目的是用来扩大经理的眼界，例如，工商管理学院开设的有关跨国公司转移价格的讲座、专业化培训公司提供的沟通技能和人际关系技能培训。在对外派人员的培训上，许多跨国公司喜欢把管理人员送到东道国去培训，这样做可以使管理人员在承受工作压力之前，已亲身经历了文化差异的影响。

一些全球性公司，例如安德森咨询公司和花旗银行，在管理人员海外任职前安排有一年期的新手培训计划。内容为去所在国家或地区游历，亲身感受商业和文化差异。

通常，公司在雇员及其助手赴任前的几个星期中，安排为期两天的培训；其他培训安排在到任后的一到三个月内，内容包括文化课程和语言课程。有些公司提供远程学习，或到别的国家培训中心学习。在课程设计上，许多公司先是通过意向问卷调查或电话调查，对特定家庭在特定文化和海外生活方面的经验进行评价，然后，培训者根据该家庭的背景知识制定培训课程。课程内容主要包括：文化剖析，本国和东道国文化的比较；文化适应，文化冲击曲线理论，文化冲击的症状，以及怎样处理这些问题；商业和社会礼节，在这个国家生活的习惯信息；新的环境中，对管理人员工作条件和家庭角色的细致检验，预期可能出现的问题，并把新文化意识应用到这种情况中去。

2.内部培训

在企业的人力资源部或其他部门的统一安排下，利用企业内专设的培训教室，或在工作时间外利用企业的生产设备仪器所进行的培训活动称为企业内部培训。

这些培训计划涉及专题座谈会、课程、语言培训、书籍、网址、讨论、角色扮演以及模拟。人力资源部可以采取到其他地方的短期旅行、特殊课程、录像、见闻广博的小册子以及企业内部网络等方式，提供各种形式的培训。一些公司鼓励管理人员模拟与来自拥有另一种文化背景的客户不期而遇的情境，以预期可能出现的争议和误解。公司鼓励雇员通过对文化差异和工作方式的讨论，畅谈他们自己的文化，努力实现不同文化的相互教育。这种非正式的但可能非常有效的雇员培训雇员的战略，在全球性企业中拥有相当多的支持者。现在很多跨国公司在中国开设了自己的中国研究院，便是最好的内部培训方式。

内部培训计划是跨国公司根据自己的需要而制定的。一般说来，这种培训的效果更为明显和直接，因为它可以将来自不同民族和文化背景的培训人员组织在一起，用同一种语言讲述同一个问题，由于参与培训的学员可对问题进行有针对性的讨论，在讨论过程中相互了解各自的观点，并最终达成共识，就有可能预防公司在工作上可能出现的问题。在内部培训中，通常学员都能积极参与，并抱有一定的责任感，因为培训的课题与他们的工作和组织内现时存在的问题有较大的联系。

3.在职培训

通常是为了满足个别经理的要求为他们的特殊工作而设计的，其特点在于培训职工不离开工作岗位，以目前担任的工作为媒体接受训练。在职培训强调实践性，由更有经验的上级监督、指导受训练者在实际工作中的表现。由于在职培训可以在工作中进行，时间约束性小，对外派人员来说，更适合于文化差异的调节。

三、　绩效评估

（一）绩效评估者的选择

1.母国评估

很多情况下，国内的管理者无法理解海外归来者的经历，也就无法对他们作出评估，或者无法精确估量出他们对公司的价值。跨国公司的最高领导者通常要接受来自于母国总部的直接绩效评估，这种评估通常是从总部的战略出发进行的总体性的评价，往往难以对细节进行具体分析。

2.东道国评估

就日常工作业绩而言，国外工作人员的绩效，所在地的管理层最有发言权，经理拥有观察员工绩效的最佳位置。但是当地的文化会影响到对个人绩效的评价。例如，在不同文化背景下，积极参与决策这一行为可能受到正面和负面的两种评价。这样的偏好无法反映个人的真实绩效。另外，本地的管理层常常缺乏足够的眼光去看待这种绩效对整个公司的真实贡献。

3.全方位评估

跨文化企业内部，由于员工来自不同的文化背景，看问题的角度不尽相同。为了保持考评的公正性，企业在进行评估时，尤其在对母公司外派人员考评时，必须从全方位进行，考评者不能单一化，应该包括东道国被评估者的直接上级、下级、同事或客户，以及来自母国的上级。例如，对一名美国母公司外派到中国的员工进行考评，如果由东道国当地的直接上级、同事或下级负责评价，那么东道国的考评者可能因为戴着不同的“有色眼镜”而作出不恰当的考评。他的中方上司可能很不满意其美国下属的自认为很好的员工参与决策方案。此外，在中国那些能够与员工维持良好的人际关系的中方主管人员可能比那些单纯具有较高水平的客观工作绩效的美方主管人员更易被员工看成是好的管理者。而如果由母公司的美国管理者对这名外派人员进行考核，一方面由于距离遥远，沟通相对较少，信息不充分从而难以作出正确的评价；另一方面尽管成功的外派人员能够迅速地适应当地文化期望，但是母国管理人员几乎很少对当地情况有同样的理解，因此也会影响考评的客观性。

由上可以看出，准确的考评来自不同文化的员工难度较大，跨国公司通常采取以东道国当地评价为主，以公司总部的评价意见为辅的方法。如果公司总部负责确定最终的正式评价结果，也需征求一下曾在被评价对象正在工作的国家和地区工作过的员工的意见，这样可以减少评价的偏差。

（二）绩效评估指标

跨国公司的绩效评估标准通常由三部分组成（见表11-5）：硬目标是客观、可测量的目标，如投资的回报率、市场份额等；软目标倾向于以关系或特性为基础，比如领导风格或人际技巧，被考评人的跨文化人际交往能力、对外国的行为规范和价值观的理解力与敏感性，以及能否根据当地的文化环境调整企业策略等；情境目标就是将绩效发生时的环境作为情境变量，如不同的国家有各自的法律法规，不同的世界经济区域有各自的市场特点，在绩效评估中充分考虑这些环境的影响[①]。

表11-5 **跨文化绩效评估指标示例**

总目标	评价指标	评价内容
硬目标	财务指标	投资回报率、销售收入、市场份额等
	顾客指标	顾客满意度、顾客忠诚度等
	管理指标	管理成本高低、人员投诉率等
软目标	文化适应	人的文化敏感性、语言能力、跨文化沟通能力 跨文化团队的建设、企业内部文化冲突情况 与当地外部利益群体（政府、媒体、供应商、顾客等）的关系
	内部管理	总部战略的贯彻程度、企业文化的建设情况、下属员工的绩效等
	领导素质	沟通技能、领导技能、个人威信、上下级关系等
情境目标	环境因素	国际市场环境的影响、当地国家环境的影响等
	总部因素	是否获得了总部的有效支持、公司的战略等

① 于国祥，陈家振.国内外企业文化论述精选[M].北京：新华出版社，2007：425.

四、　薪酬管理

（一）外派人员的薪酬体系

1.外派人员的基本工资

（1）原在国（母国）基准法。这是国际上通行的做法，即母公司派到国外工作的管理人员，其基本工资通常与他们在国内的工资一致。这样做的好处在于派往不同国家人员的工资始终与母公司保持一致，不仅便于他们返回母公司工作，而且可以避免在不同国家流动时频繁调整工资。但是当东道国工资水平更高时，这种做法就没有激励性，这时母公司为了让其安心工作，通常会把基本工资提高到东道国水平。采用原在国基准法最大的不足之处在于，它使得同一跨国企业内部来自不同国家的同一职位的人员工资水平不同，导致难以妥善处理由此引发的争端。

（2）所在国（东道国）基准法，即让外派员工的基本工资与东道国相同职位的基本工资相一致。这种方法的优缺点正好与原在国基准法相反。如果东道国工资水平更高，则对雇员是个很大的激励，同时也增加了跨国企业内部报酬的公平度；但是如果东道国工资水平更低，这种做法显然不能让他满意。而且工资水平没与母国保持一致，不利于其返回母公司工作。此外，在不同国家调动时，还得处理相应的工资变动问题。

鉴于以上两种方法都有各自的优缺点，跨国经营的企业可以采取一种折中的方式，即根据原在国工资的一定比例来确定一个基准额，再根据所在国工资的一定比例来确定提高的数额，二者相加，便是外派员工的基本报酬。这样做既集中了以上两种方法的优点，同时又使缺点减小化。

2.外派人员的奖金

奖金指对外派人员及其家属到海外经历的不便和牺牲所给予的补偿，主要包括：

（1）流动工作奖金。发放流动工作奖金的目的是鼓励员工在各国子公司之间流动，它通常占基本工资的10%～20%，在国外任职就可以得到这部分奖金。这种方法的弊端在于雇员没有感受到从一个国家到另一个国家的经济刺激，返回母国通常意味着实际收入的减少。对此可以采取以下两种办法补救：一种方法是“逐步减少奖金”，即X年后（通常是三到五年）奖金在他们工资增长的情况下逐步减少；另一种方法是“单独支付流动奖金”，这种方法把奖金直接与人员的流动而不是与工作的分配相挂钩。在这两种情况下，雇员只有流动时才可得到奖金。

（2）满期工作奖金。目的是鼓励母公司外派人员整个合同期间都在海外工作，通常在合同期满时才发放。这种奖励适合于建筑业、石油业以及那些在特定时间或特定工程中需要员工始终坚持在国外工作的行业，还适合于那些在较艰苦地区工作的员工。

（3）探亲奖。此奖项主要用于支付外派人员及其家属中途返回母公司休假探亲的费用。发放此奖原因有二：一是跨国公司不希望派出人员及其家属与母国和母国文化长久隔绝；二是雇员回国休假时，至少要在总部待上几天，以重续与总部的人事联系，了解公司的新政策和管理形式。通行的做法是每年休假2～4个星期，支付额度是往返的全部交通费及其待在总部时的全部费用。

3.外派人员的津贴

跨国企业为了维持报酬的内部公平性，在整个公司范围内执行统一的与工作性质相适应的基本工资，然后根据员工所在地的情况，补偿数额不等的津贴。这一方法的理论依据主要是来自于国际经济中的购买力平等化理论，即派出员工的薪酬水平至少应能使他们在东道国保持与在本国时相同的住房条件、商品和服务消费水平以及储蓄水平，如果出现缺口则由公司来补。最常见的津贴包括：生活费津贴、房租津贴、子女教育津贴、艰苦条件津贴、迁居开支及调动津贴、税负调节津贴等。

（二）东道国员工的薪酬体系

跨国公司在为各国的子公司制定薪酬政策时，必须考虑到当地劳动力市场的工资行情、有关的劳动报酬方面的法律法规和当地的文化倾向。同时还要与母公司的整体经营战略相一致。总的说来，东道国员工的总体薪酬包括两部分：

1.工资

跨国企业既可采取固定岗位工资制，也可采取计时、计件工资制，使工资额随劳动量的变化而变化。国际企业的工资水平通常高于国内企业，否则就无法吸引到优秀的人才。企业决定是否发放奖金及发放数额有多个依据，如个人表现、团体表现及整个企业的经营状况等，跨文化环境中这些依据又和跨文化企业的企业文化有关。

2.福利和津贴

不同国家，对于员工的养老金、社会保障、医疗保险和其他各种福利的管理规定存在很大的差异，跨国企业应视情况而定。

（三）跨文化企业薪酬的支付手段

由于员工来自不同国家，因此跨国企业在制定薪酬时，必须考虑是支付母国货币、东道国货币还是某种币值坚挺的第三国货币。这主要是为了规避汇率波动以及减轻税负。因此，跨国企业应该对外派员工和东道国员工都采取综合性支付的方式，外派人员的薪酬分成两部分：一部分以东道国货币支付，其数额大致等于职员原来在母国国内用于消费的收入，以及海外生活费津贴、国外服务津贴和在东道国应交纳的税款等；另一部分以母国货币支付，借记在指定账户上代为储存起来，这部分通常按基本工资的一定比例计算。对东道国员工则通常以当地货币为主要币种，辅以少量币值坚挺的外币作为奖励性薪酬的支付币种。具体的比例视公司的政策而定。

本章概要

□ 内容结构

- 跨文化人力资源管理
  - 文化差异及人力资源管理的影响
    - 文化与文化差异
    - 跨文化差异与跨文化冲突
    - 文化差异对人力资源管理的影响
  - 跨文化人力资源管理的基本模式
    - 跨文化人力资源管理的含义
    - 跨文化人力资源管理的基本模式与影响因素
    - 跨文化人力资源管理策略选择
  - 跨文化人力资源管理活动
    - 人员选聘
    - 人员培训
    - 绩效评估
    - 薪酬管理

□ 主要概念和观念

文化　文化差异　跨文化人力资源管理　管理模式　管理策略

□ 重点实务

文化理解能力　文化沟通能力　冲突协调能力　模式与策略选择能力

□ 重点操作

文化理解与沟通模拟练习

单元训练

□ 理论题

（1）跨文化差异的冲突有哪些？如何处理跨文化冲突是最好的？

（2）跨国企业人力资源协调过程可能会遇到哪些“地雷”？如何排除这些“地雷”？

（3）跨国企业的跨文化冲突主要表现在哪些方面？其中最容易使冲突恶化并转化为法律诉讼的冲突是什么？

（4）跨国企业的“本土化”人力资源战略有何优点和缺点？如何推进本土化战略？同一母国的跨文化管理与跨国企业的跨文化管理最大的区别是什么？

□ 实务题

（1）举例说明文化差异的典型表现有哪些？

（2）制定应对文化冲突的基本策略。

（3）以具体企业为背景，说明其跨文化人力资源管理需要把握的要点。

□ 案例题

跨国公司的文化冲突

背景与情境：扬森公司总经理Sanford的助手是Schuster，他们都是美国人，但两人在对中国文化的认识和理解上相去甚远。Schuster熟悉中国语言和文化，又娶了中国妻子，因此在工作中深受中国文化影响，管理中注重人际关系，甚至会为一位被解雇的中国员工求情。而Sanford则认为，美国文化比较优越，它给中国带来了新思想和创新精神，跨国管理人员要以母国文化为准则，不能为当地文化所禁锢，否则将会丧失管理效率和工作效率。由此，两人在日常管理工作中就产生了冲突。跨文化经营管理就是在跨国经营中，对不同种族、不同文化类型、不同文化发展阶段的子公司所在国的文化采取包容的管理方法，并据此创造出公司独特文化的管理过程。

扬森公司总经理和他的助手的冲突就是文化上和价值观上的冲突，这样的情况存在于许多跨国公司中。

问题：

1.如果助手Schuster接受了总经理的价值观，确信美国文化比较优越，则扬森公司在中国的分公司将会遇到什么问题？由谁来与中国员工进行有效沟通？

2.如果Schuster说服了他的老板Sanford，让他确信注重人际关系、关心中国员工的社会福利一定会给企业带来好处，那么美国总公司对Sanford所管理的中国公司会有怎样的看法？这会影响Sanford的升迁吗？

3.如果把美国文化和中国文化的优点融合为一体，那么其价值取向会是怎样的？会导致怎样的企业文化和管理理念？请根据你个人的认识加以推理。

□ 实训题

“跨文化冲突与协调”训练

技能Ⅰ　文化差异的基本意识与思维

技能Ⅱ　文化差异敏感性与理解技能

技能Ⅲ　跨文化沟通技能

技能Ⅳ　跨文化背景下的管理决策与协调技能

要求：

（1）能够全面把握“跨文化人力资源管理”的理论与实务知识。

（2）能够运用相关知识，分析企业员工在不同跨文化背景下可能存在的问题。

（3）能够初步设计具有一定针对性、创新性和实效性的跨文化冲突应对策略。

【实训步骤】

将学生分成若干表演组与观摩组，给定一个跨文化冲突的角色扮演场景。表演后各自分组总结并进行全体分享。

【实训时间】

本章课堂教学内容结束后的双休日和课余时间，为期一周。